JN137922

Trade Liberalization and Regulatory Autonomy

貿易自由化と規制権限
WTO法における均衡点

邵 洪範――[著]

東京大学出版会

Trade Liberalization and Regulatory Autonomy:
The Balance Established in WTO Law
Hongbum SO
University of Tokyo Press, 2019
ISBN 978-4-13-036152-1

はしがき

　WTO (World Trade Organization，世界貿易機関) は，国際経済秩序を支えてきた重要な国際機関である。WTO は貿易自由化の促進及び維持を主な目的とし，物品及びサービスの貿易の拡大に大きな役割を果たしてきた。しかし他方で，加盟国の正当な国内規制権限の保障との関係で，WTO が多くの批判に直面してきたことも否定できない。WTO 加盟国は，国内における様々な社会的利益を効果的に実現するために，適切と考える各種の国内規制を実施する権利を有する。しかし，そのような国内規制及び当該規制を実施するために行使される加盟国の規制権限と WTO 法における貿易自由化の要請とが衝突する場合，そのような衝突を調整し，両者を調和させる必要が生じる。

　本書は，以上の問題を，貿易自由化の促進と加盟国の国内規制権限の保障との間における「均衡点」を探究する問題として把握し，WTO 法がどのように「均衡点」を見出してきたのかを論じるものである。WTO の紛争処理を担当するパネル及び上級委員会 (以下，紛争解決機関) は，上記「均衡点」を意識しており，「均衡点」を適切な形で導き出すことの必要性を強調している。本書でいう「均衡点」という概念のより具体的な意義については，次の2つのものが挙げられる。第1に，貿易自由化の価値と非貿易的価値との衝突に際して調整が求められるところの「均衡点」という意義である。いいかえれば，WTO 法が要請する貿易自由化の利益と加盟国が国内における非貿易的関心事項の実現を目指して行使する国内規制権限との間における「均衡点」である。第2に，WTO 紛争解決機関は，加盟国が行った国内規制の適法性を WTO 法に照らして評価する際に適切な審査権限に基づいて判断を下す必要があるが，加盟国により委任された紛争解決機関の適切な審査権限と加盟国が国家主権の一部として依然として保持する国内政策上の裁量との間における「均衡点」も重要な論点となる。

　第1の「均衡点」に関しては，物品貿易の文脈において加盟国の国内規制権限と密接な関わりのある関連協定，特に，関税と貿易に関する一般協定 (ガット)，貿易の技術的障害に関する協定 (TBT 協定) 及び衛生植物検疫措置

の適用に関する協定 (SPS 協定) に定められている貿易自由化に関する規範を概観し，これらの規範との関係で加盟国の国内規制権限がどのように具体化され，どのように保障されているかを検討した。特に，ガット時代から今日までの主要判例の動向を追跡し，WTO 紛争解決機関が加盟国の国内規制権限の保障という観点からどのような法理を導き出してきたのかを検討することで，時系列に沿った解釈論的枠組みの発展動向を明らかにした。具体的には，ガット，TBT 協定及び SPS 協定の各協定において加盟国の国内規制権限が保障される態様を把握した上で，これら 3 協定が頻繁に相互作用していること，特に WTO 紛争解決機関が解釈論の手法として用いる協定間の相互参照は，上記「均衡点」に大きな影響を及ぼしていることに注目した。本論で具体的に考察するように，協定間の相互参照に基づく解釈的枠組みの発展は，各協定に焦点を当てた個別的な研究のみならず，より広い見地から協定解釈の動向を考察する必要性を示唆している。

他方，第 2 の「均衡点」に関しては，WTO 紛争解決機関が用いる審査基準 (standard of review) の法理に注目した。加盟国が自らの政策上の裁量に基づいて辿り着いた結論に対して，WTO 紛争解決機関がどの程度まで介入し，どの程度まで評価を下すべきかという争点と関わるという意味で，審査基準の問題は WTO 法における加盟国の国内規制権限の範囲にも直結する争点となる。さらに，本書では WTO 法の文脈で発展した審査基準の法理が WTO 法以外の分野に影響を及ぼす可能性を考察し，国際法一般における審査基準の問題との関連性にも注目している。

本書は以上の検討を土台として WTO 法における加盟国の国内規制権限の現状を確認・評価することを主な目的としている。他方で本書は，ガット，TBT 協定及び SPS 協定における解釈の動向に焦点を当てるものであり，その意味で，主として物品貿易の文脈において提起される加盟国の国内規制権限に関する論点のみに絞って考察を行ったものである。もちろん，WTO 法における加盟国の国内規制権限に関する論点は，物品貿易の文脈に限定されるわけではない。サービス貿易に関する争点は GATS の文脈において，そして，知的財産権に関する争点は TRIPS 協定の文脈において同様に提起されうるものであり，いわゆる貿易救済措置 (アンチダンピング措置，相殺関税措置及びセーフガード措置) に関する各協定の解釈に関しても，加盟国の国内規制権限をめぐる争点は重要な論点となりうる。

以上の意味において，本書は，WTO 法における加盟国の国内規制権限に関する争点すべてを包摂しているわけではない。しかし，検討対象を物品貿易のみに限定したとはいえ，ガット，TBT 協定及び SPS 協定の解釈に関する紛争判例にはかなりの集積があり，これらの判例研究を通じて，加盟国の国内規制権限に関する争点に対し WTO 紛争解決機関がどのような問題意識を持ち，どのようにアプローチしているか (しようとしているか) を理解するための有用な手がかりを得られることが期待できる。

　本書は，加盟国の国内規制権限に関する WTO 法の発展動向との関係で，学界における批判的議論も可能な限り適切な箇所で紹介するよう努めているが，WTO 紛争解決機関の判例によって導き出された法理そのものにより大きな重みを置いている。これは，WTO 紛争解決機関が WTO 法の法理形成に重大な役割を担っており，WTO 法における加盟国の国内規制権限の位置づけを評価するためには，判例の集積によって形成されてきた法理そのものに焦点が当てられるべきと考えたためである。もちろん，WTO 紛争解決機関が導き出している法理を評価するに際しては，学界における先鋭的な論争を踏まえ，私見を加えて検討を行った。

　本書が刊行される 2019 年現在，WTO は重大な局面を迎えている。米国や中国といった経済大国の間で行われている，いわゆる貿易紛争の事態は，連日各メディアのヘッドラインを飾っている。このような国際情勢と相まって世界的な保護主義の拡大が懸念される中，国際経済秩序を牽引してきた WTO の実効性，ひいてはその存在意義を疑う見方も決して少なくない。従来各国は，WTO の構造改革を呼びかけるなど，国際経済秩序を再編成するための手段を講じてきた。しかしながら，ドーハ・ラウンドの交渉が挫折したことを見ても分かるように，構造改革の方法やその精緻化をめぐっては，各国の見解 (特に先進国と新興国の見解) がいまだに妥協に至っておらず，さしたる成果は得られていないのが現状である。WTO 体制の行き詰まりを招いたとされる要因としては，先進国と新興国の対立が深刻化しつつあること以外にも，保護主義への回帰を促すような各国の国際政治的・経済的又は安全保障上の様々な理由が挙げられるだろう。それらの根底には，WTO 法による国家主権の制約，そしてそれに起因する WTO 体制における正当性の危機という問題がある。WTO 法が過度に国家主権を制約しがちであるとの批判があるとすれば，本当に WTO 法の法理がそのように導き出されているかを批判的に

考察する必要がある。もちろん，法理の探究のみで現在 WTO 体制が直面している諸問題のすべてを打開しきれるわけではないだろう。しかし，加盟国の国内規制権限に関する問題に対して WTO がどのように対処してきたかを法理の観点から考察することは，国際情勢的にも時宜にかない，学術的に非常に大きな意義があると考えられる。

　WTO 法は国際経済法の規範及び法理の形成を牽引してきた重要な規範体系である。その意味で，加盟国の国内規制権限に関する WTO 法の研究は，WTO 法以外の分野，例えば類似した国家主権の保障の問題が注目を浴びている国際投資法の研究分野に対しても，間違いなく有用な着眼点を提供しうると思われる。この点を含めて本書が WTO 法の観点から国家主権の保障という問題を考察するための議論や問題意識を少しでも提起し，国内外における関連研究分野に有益な視点を多少なりとも提供することができるならば，筆者としてこれに勝る喜びはない。

＊　　　　＊　　　　＊

　本書は，筆者が 2017 年に東京大学大学院法学政治学研究科に提出した博士論文に加筆修正を行ったものであるが，本書の完成に至るまでには様々な方々のご指導とご援助を賜った。岩沢雄司先生には，筆者が 2011 年に文部科学省国費留学生として渡日し，東京大学法学政治学研究科修士課程に入学して以来，指導教員として終始暖かい励ましと親切丁寧なご指導を賜った。筆者が WTO 法における国内規制権限の問題に関心を持ち始め，大きなインスピレーションを得ることができたのも，2012 年の修士課程在学時に参加させて頂いた，岩沢先生の「国際法の基本問題」というゼミがきっかけであった。WTO 法が直面する諸問題，特に貿易的価値と非貿易的価値とが衝突する局面において，加盟国に保障されるべき政策上の裁量という観点から問題意識を見出す大事な機会であった。岩沢先生のご指導の下で取りまとめた修士論文では，ガット 20 条における必要性審査を中心に加盟国の国内規制権限を論じた。博士論文に繋がる架け橋となった同修士論文は，2014 年に国家学会雑誌に掲載されたほか，第 1 回小田滋賞優秀賞を受賞することができた。これら以外にも，大学院における研究生活全体にわたり，岩沢先生から賜ったご学恩は計り知れない。本書の刊行のきっかけを作ってくださったのも岩沢先生である。この場を借りて，心より厚く感謝申し上げる。

大学院生の頃には，中川淳司先生と中谷和弘先生からも数々のご学恩を賜った。修士課程から博士課程にわたって両先生のゼミに参加する機会に多数恵まれ，WTO 法のみならず国際法及び国際経済法の全般についての多様な知見を学ぶことができた。中川先生は筆者の修士論文及び博士論文の審査委員としてご参加くださり，特に筆者が抱えていた問題意識や研究の方向性について貴重なアドバイスをくださった。中谷先生には 2019 年 4 月からの日本学術振興会外国人特別研究員の受入教員として，研究課題の相談を含めて日々ご指導を頂いている。

　本書が先生方のご恩に少しでも報いられるものであることを切に願っている。

　さらに，東大国際法研究会及び国際経済法研究会において本書の元となった博士論文の内容を発表する機会を頂き，柳赫秀先生，森肇志先生，寺谷広司先生，北村朋史先生を含めて多くの国際法及び国際経済法の先生方より貴重なコメントを頂くことができた。そのすべてを本書に盛り込むよう努力したところではあるが，本書に反映できなかったものは，今後の研究課題としたい。

　本書は，平成 30 年度東京大学学術成果刊行助成の支援の下で刊行された。同助成の審査の一部として，匿名の査読者からも非常に有益なコメントを多数頂いた。そして本書の刊行を快諾し，編集の労をとって頂いた東京大学出版会，特に山田秀樹氏には，本書の執筆過程において大変お世話になった。無事に執筆作業を終えることができたのは，最初から最後まで多大なご配慮とご尽力を頂いたおかげである。なお，博士課程在学時，博士論文の執筆に際しご支援を頂いた社会科学国際交流江草基金にも感謝申し上げる。

　日本語のネイティブチェックを含め，文章の整理や校正に関しては，先輩の松田浩道さん及び同僚の嶋津元さんに大きなお力添えを頂いた。御礼申し上げたい。もちろん，本書に誤りがあれば，それはすべて筆者の責任である。

　最後に，遠くからいつも支え応援してくれた両親と家族に感謝する。

　　2019 年 3 月 5 日

　　　　　　　　　　　　　　　　　　　　　　　　　邵　　洪　範

目　次

はしがき　i
略語一覧　xi

第1章　貿易自由化と規制権限 …………………………………… 1
　　　　── 本書の枠組み
1.1　背　景　1
　　1.1.1　WTO法における国内規制権限　1
　　1.1.2　貿易自由化の目的と加盟国の規制権との間における均衡点　5
　　1.1.3　ガット，TBT協定，SPS協定の相互参照　7
　　1.1.4　WTO法における審査基準と国内規制権限　8
1.2　本書の研究目的及び構成　8

第2章　ガットにおける国内規制権限 ………………………… 11
2.1　内国民待遇（3条4項）　12
　　2.1.1　一　般　12
　　2.1.2　同種の産品の判定　15
　　2.1.3　不利な待遇の審査　21
　　2.1.4　3条4項における規制目的の役割──最終決着　31
2.2　一般的例外条項（20条）　39
　　2.2.1　一　般　39
　　2.2.2　規制目的（政策目的）　43
　　2.2.3　各号における審査　55
　　2.2.4　柱書における審査　81
2.3　小　括　99

第3章　TBT協定における国内規制権限 ……………………… 103
3.1　はじめに　103

3.2　強制規格（適用対象）　109
　　　3.2.1　特定可能な産品　110
　　　3.2.2　産品の特性　110
　　　3.2.3　遵守が義務的であること　117
　　　3.2.4　PPMs及びラベルの要件に関する争点　119
　　3.3　無差別原則（2条1項）　126
　　　3.3.1　同種の産品の判定　127
　　　3.3.2　不利な待遇——「正当な規制上の区別」の基準の導入　132
　　　3.3.3　評　価　140
　　3.4　必要性原則（2条2項）　146
　　　3.4.1　正当な規制目的を追求すること　147
　　　3.4.2　必要である以上に貿易制限的でないこと　151
　　　3.4.3　評　価　159
　　3.5　小　括　161

第4章　SPS協定における国内規制権限 …………………… 165
　　4.1　はじめに　165
　　4.2　SPS措置（適用対象）　168
　　4.3　SPS協定の主たる権利義務　169
　　　4.3.1　基本的な権利及び保護水準の設定　169
　　　4.3.2　無差別原則及び一貫性原則　172
　　　4.3.3　科学的根拠の原則及び危険性評価　180
　　　4.3.4　必要性原則（5条6項）　209
　　4.4　小　括　213

第5章　ガット，TBT協定及びSPS協定の関係 …………… 217
　　5.1　ガットとSPS協定　218
　　5.2　ガットとTBT協定　221
　　5.3　TBT協定とSPS協定　227
　　5.4　ガット20条の援用可能性　231

第6章　ガット，TBT協定及びSPS協定の相互参照 ……………… 241
　　　　　──国内規制権限への含意

6.1　無差別原則　242
　6.1.1　ガットとTBT協定　243
　6.1.2　ガットとSPS協定　246
　6.1.3　小　括　248

6.2　必要性原則　253
　6.2.1　ガットとTBT協定　254
　6.2.2　ガットとSPS協定　258
　6.2.3　小　括　261

6.3　適切な保護水準の保障　263
　6.3.1　ガットにおける保護水準　264
　6.3.2　TBT協定における保護水準　267
　6.3.3　SPS協定における保護水準　268
　6.3.4　小　括　273

6.4　一貫性原則　275
　6.4.1　SPS協定における一貫性原則　275
　6.4.2　ガット及びTBT協定における一貫性原則　276

6.5　科学的根拠の原則及び国際基準との調和原則　277
　6.5.1　SPS協定　277
　6.5.2　ガット　280
　6.5.3　TBT協定　282
　6.5.4　小　括　285

第7章　WTO法における審査基準 ……………………………… 287

7.1　審査基準の定義　287
7.2　WTO法における審査基準の動向　292
　7.2.1　パネルの役割と客観的な評価──WTO初期の事例　292
　7.2.2　その後の展開　300
7.3　その他の国際法の分野への移植可能性　311
7.4　小　括　315

第 8 章　結　論 …………………………………………………………… 321
　　　──規制権限の現在と課題

主要文献目録　　333
索　　引　　357

略語一覧

ALOP: Appropriate Level of Protection
BISD: Basic Instruments and Selected Documents
DSU: Dispute Settlement Understanding
EC: European Community
ECtHR: European Court of Human Rights
GATS: General Agreement on Trade in Services
GATT: General Agreement on Tariffs and Trade
GMO: Genetically Modified Organism
IC: Indigenous Communities
ICJ: International Court of Justice
LTRM: Least Trade-Restrictive Means
MFN: Most Favored Nation
MRM: Marin Resource Management
NAFTA: North American Free Trade Agreement
NT: National Treatment
NTBs: Non-Tariff Barriers
PPMs: Process or Production Methods
SPS: Sanitary and Phytosanitary
TBT: Technical Barriers to Trade
TEDs: Turtle Excluder Devices
TFEU: Treaty on the Functioning of the European Union
TRIMs: Trade-Related Investment Measures
TRIPs: Trade-Related Aspects of Intellectual Property Rights
TTM: Thailand Tobacco Monopoly
UN: United Nations
WTO: World Trade Organization

第 1 章　貿易自由化と規制権限
　　　── 本書の枠組み

1.1　背　景

1.1.1　WTO 法における国内規制権限

　WTO 法における加盟国の国内規制権限の位置づけは，国際経済法の分野で長く議論されてきた重要な争点の 1 つである。ガット及び WTO 体制は貿易自由化を主な目的とし，WTO 協定及びその付属書では貿易自由化を促進するための様々な義務を定めている[1]。ガットが規定する最恵国待遇（ガット 1 条）及び内国民待遇（ガット 3 条）をはじめとする無差別原則，並びに数量制限の一般的廃止の原則（ガット 11 条）は，そのような貿易自由化原則の代表的な例である。他方で，加盟国は国内における様々な非貿易的関心事項に効果的に対処すべく，国内規制を採用する場合がある。このような国内規制は，時に，貿易自由化を促進するというガット及び WTO 体制の根本的な目的と緊張関係をもたらす。このような緊張関係は，加盟国が追求する社会的な価値の多様性を考えると，避けられないことかもしれない[2]。加盟国は，人，動物又は植物の生命又は健康の保護，公徳の保護，詐欺的慣行の防止，消費者の保護，環境保護，安全保障など，国内における特定の非貿易的関心事項に対するニーズに対応するために，主権の一環として，様々な形の国内規制を実施する。ただし，国内規制が特定の輸入産品を規制する形で実施されたり，輸入産品の特性に厳しい条件を付ける形で実施されたりするなど，国際貿易に影響を及ぼすような形で行われる場合も少なくない[3]。他方，国内規制が

---

[1]　WTO Appellate Body Report, *China—Measures Affecting Trading Rights and Distribution Services for Certain Publications and Audiovisual Entertainment Products* (*China—Publications and Audiovisual Products*), WT/DS363/AB/R, adopted 19 January 2010, para. 222.

[2]　Sungjoon Cho, 'Linkage of Free Trade and Social Regulation: Moving Beyond the Entropic Dilemma' (2005) 5(2) *Chicago Journal of International Law* 625, 626.

[3]　John H Jackson, 'National Treatment Obligations and Non-Tariff Barriers' (1989) 10 *Michigan*

正当な規制目的を追求するという名の下で，実際には保護主義の手段として講じられる場合も少なくない。国内規制が真に加盟国における社会的な懸念に対処するために採用されたとしても，国際貿易に対する悪影響を不可避的に伴う場合もある。国際貿易に影響を及ぼす国内規制はWTO法の文脈においてどのように評価すべきだろうか。国際貿易に影響を及ぼす国内規制の適法性は何を基準にして，さらには，どの範囲で許容されるのだろうか。そこで，WTO法における国内規制権限の範囲をどのように理解すべきかという問題が浮上する[4]。

WTO法において，加盟国の国内規制権限 (domestic regulatory autonomy) 及び規制権 (right to regulate) という概念は，加盟国が自ら重要であると判断する政策目的を追求する裁量，又は，国内で受忍可能な危険性の水準を設定する自由として具現化される[5]。同概念には，仮に国際貿易に対する悪影響を伴うとしても，正当な規制目的に照らして国内規制を採用する加盟国の裁量，又は，非貿易的関心事項に関する国内のニーズに応じて，国内規制に社会的若しくは文化的な選好を反映させる加盟国の政策的な裁量が含まれる[6]。WTO法における国内規制権限及び規制権の位置づけは，加盟国からWTOに移譲された権限の射程，そして主に貿易上の関心事項を規律するWTO体制が非貿易的関心事項に適切に対処できるかという，WTO体制自体の正当性とも密接な関連を有する。そのような意味で，WTO法における国内規制権限の捉え方は，WTO体制の存在意義にも関わる問題となり，WTO体制の効果的な運用及び安定的な発展という観点からも欠かせない，非常に重要な争点となる。

WTO法における国内規制権限の位置づけとの関係で特筆すべきは，過去においては，関税及び輸入割当など，各国が用いる伝統的な保護主義の手段，又は規制措置に保護主義の意図が明白に表れる（原産地を基準とする差別など），いわゆる法律上の (de jure) 差別が主な問題として議論されたのに対し，

Journal of International Law 207, 209.

[4] Robert E Hudec, 'GATT/WTO Constraints on National Regulation: Requiem for an "Aim and Effects" Test' (1998) 32(3) *International Lawyer* 619, 620.

[5] JHH Weiler, 'Brazil-Measures Affecting Imports of Retreaded Tyres (DS322)' (2009) 8(1) *World Trade Review* 137, 139.

[6] Ming Du, 'Domestic Regulatory Autonomy under the TBT Agreement: From Non-discrimination to Harmonization' (2007) 6(2) *Chinese Journal of International Law* 269, 274.

近年では，加盟国が採用する国内規制の類型が一層多様化しているという事実である。ガットの効果的な運用及び多岐にわたる交渉ラウンドの成果として，加盟国によって設けられていた関税率は飛躍的に引き下げられる結果となったが，近年では，いわゆる非関税障壁 (non-tariff barrier)，特に規制措置の外面から保護主義の意図をうかがい知ることのできない，事実上の (de facto) 差別をもたらす国内規制の方に議論の焦点が当てられている[7]。実際，ガットの効果的な適用により関税をもって保護主義の目的を達成できなくなった加盟国にとって，国内規制のような非関税障壁は保護主義の目的を達成するためのよい手段となる。

ガット体制では，基本的に無差別原則の適用を徹底させることにより，国際貿易に影響を及ぼす国内規制への対処を試みていた。しかし，ガットの規定だけでは多面化する様々な国内規制の類型に十分に対処しきれないとの認識から，ウルグアイ・ラウンドの結果，非関税障壁の中でも技術的障害 (TBT 措置) 及び衛生植物検疫措置 (SPS 措置) をより包括的に規律するために TBT 協定 (貿易の技術的障害に関する協定) 及び SPS 協定 (衛生植物検疫措置の適用に関する協定) が，WTO 協定の一括受諾の対象として採択されるに至る。TBT 協定及び SPS 協定は，ガットの関連規定をさらに発展させることを目的としている。21 世紀の国際貿易の流れとして，国内規制の類型はさらに多面化する傾向にあり，WTO 法における国内規制の取り扱いは，今後もさらに重要性を増していくことが予想される[8]。その意味で，WTO 法における国内規制権限の範囲を考察するに際しても，様々な類型の国内規制を念頭に置き，ガットの文脈のみならず，TBT 協定及び SPS 協定における解釈動向にも注目する必要がある。Marceau and Trachtman が指摘するように，加盟国に保障されるべき正当な規制権限の概念は，ガット，TBT 協定及び SPS 協定における解釈基準の発展を踏まえてこそ，正確に理解できる[9]。

WTO 法の下で許容される正当な国内規制権限と保護主義はどのように区

---

7) Jackson ('National Treatment Obligations') 212.
8) World Trade Organization Secretariat, *World Trade Report 2012: Trade and Public Policies: A Closer Look at Non-Tariff Measures in the 21st century* (Geneva, 2012) 37, at <https://www.wto.org/english/res_e/booksp_e/anrep_e/world_trade_report12_e.pdf>
9) Gabrielle Marceau and Joel P Trachtman, 'A Map of the World Trade Organization Law of Domestic Regulation of Goods: The Technical Barriers to Trade Agreement, the Sanitary and Phytosanitary Measures Agreement, and the General Agreement on Tariffs and Trade' (2014) 48(2) *Journal of World Trade* 351, 352.

別すべきだろうか。両者を区別するための基準を明確にするのは決して容易ではない[10]。Jackson が指摘したように，正当な政策目的を追求する余地を加盟国に与えると同時に，それによって貿易自由化の利益が犠牲になることを牽制するという仕組みを確立することは，国際経済法が長い間抱えてきた難問の1つなのである[11]。WTO を設立するマラケシュ協定（以下，WTO 設立協定）前文は，貿易政策と非貿易的関心事項のための政策を調和（coordinating）させる重要性を確認しており，WTO の上級委員会やパネル（以下，「紛争解決機関」）も非貿易的関心事項に関する政策を実施する加盟国の裁量を一貫して強調してきている[12]。ただし，WTO 紛争解決機関は，特定の価値の達成を目指して政策を立案又は実施し，国内規制の実施水準（保護水準）を自由に決定する加盟国の裁量を強調しながらも[13]，その裁量の行使が WTO 法で定める要件を遵守するような形でなされるべきことを指摘している[14]。ガット，TBT 協定及び SPS 協定は加盟国の国内規制及びその根底にある国内規制権限の適法性を評価するための具体的な要件を設けている。その意味で，加盟国の国内規制権限の範囲，すなわち，加盟国の規制権がどこまで許容され，どの時点で制限されるかを理解するためには，国内規制権限との関係で，これら3協定で定められている義務及び要件がどのような形で解釈されているかを検討する必要がある[15]。ガット，TBT 協定及び SPS 協定における加盟国の国内規制権限に関しては，特に以下のような争点が密接に関連づけられる。

---

[10] Hudec ('Requiem') 620; Ming Du, 'The Rise of National Regulatory Autonomy in the GATT/WTO Regime' (2011) 14(3) *Journal of International Economic Law* 639, 673.

[11] John H Jackson, *World Trade and the Law of GATT* (The Bobbs—Merrill Company, 1969) 788.

[12] WTO Appellate Body Report, *United States—Standards for Reformulated and Conventional Gasoline* (*US—Gasoline*), WT/DS2/AB/R, adopted 20 May 1996, p. 30 ("WTO Members have a large measure of autonomy to determine their own policies on the environment (including its relationship with trade), their environmental objectives and the environmental legislation they enact and implement.").

[13] WTO Appellate Body Report, *Korea—Measures Affecting Imports of Fresh, Chilled and Frozen Beef* (*Korea—Beef*), WT/DS/161/AB/R, WT/DS169/AB/R, adopted 10 January 2001, para. 176 ("It is not open to doubt that Members of the WTO have the right to determine for themselves the level of enforcement of their WTO-consistent laws and regulations.").

[14] *US—Gasoline*, Appellate Body Report, p. 30 ("So far as concerns the WTO, that autonomy is circumscribed only by the need to respect the requirements of the *General Agreement* and the other covered agreements.").

[15] 本書で「3協定」又は「3つの協定」と書かれている部分は，特別な参照がない限り，一般にガット，TBT 協定及び SPS 協定を指す。

1.1.2　貿易自由化の目的と加盟国の規制権との間における均衡点

　WTO 法における国内規制権限の範囲は，一方で正当な規制目的を追求するために行使される加盟国の規制権と，他方で不必要な貿易制限を防止し，貿易自由化を促進するという WTO 体制の目的との間における「均衡点 (balance)」の確立によって具体化される。WTO 紛争解決機関はこの「均衡点」という用語を多様な文脈で用いている。上級委員会は，WTO 設立協定前文の「統合された一層永続性のある多角的貿易体制を発展させること」という文言を手がかりに，WTO 協定は「全体として (as a whole)」貿易と非貿易的関心事項との間における「均衡点」を反映していると強調しており[16]，ガットの文脈においては，ガット 20 条の柱書が，一方で 20 条を援用する加盟国の権利と，他方でガットの下で保障される他の加盟国の実体的権利との間における「均衡点」を維持する必要性を示唆していると説明している[17]。TBT 協定に関しては，TBT 協定の目的が，貿易自由化の目的と加盟国の規制権との間における「均衡点」を確立することであると強調し[18]，SPS 協定に関しては，同協定が定める科学的根拠の原則が，時として衝突しうる国際貿易促進の利益と人の生命又は健康を保護する利益との間で繊細にかつ慎重に確立された SPS 協定の「均衡点」を維持させるための，極めて重要な役割を果たすと確認している[19]。このように，紛争解決機関は WTO 協定の解釈に際し

---

16) WTO Appellate Body Reports, *China—Measures Related to the Exportation of Various Raw Materials* (*China—Raw Materials*), WT/DS394/AB/R／WT/DS395/AB/R／WT/DS398/AB/R, adopted 22 February 2012, para. 306 ("The preamble concludes with the resolution 'to develop an integrated, more viable and durable multilateral trading system'. Based on this language, we understand the *WTO Agreement, as a whole*, to reflect the balance struck by WTO Members between trade and non-trade-related concerns.").

17) WTO Appellate Body Report, *United States—Import Prohibition of Certain Shrimp and Shrimp Products* (*US—Shrimp*), WT/DS58/AB/R, adopted 6 November 1998, para. 156 ("Turning then to the chapeau of Article XX, we consider that it embodies the recognition on the part of WTO Members of the need to maintain a balance of rights and obligations between the right of a Member to invoke one or another of the exceptions of Article XX, specified in paragraphs (a) to (j), on the one hand, and the substantive rights of the other Members under the GATT 1994, on the other hand.").

18) WTO Appellate Body Report, *United States—Measures Affecting the Production and Sale of Clove Cigarettes* (*US—Clove Cigarettes*), WT/DS406/AB/R, adopted 24 April 2012, para. 174 ("[t]he object and purpose of the *TBT Agreement* is to strike a balance between, on the one hand, the objective of trade liberalization and, on the other hand, Members' right to regulate.").

19) WTO Appellate Body Report, *EC Measures Concerning Meat and Meat Products* (*Hormones*

て考慮すべき「均衡点」という概念に多様な表現を用いて言及しているが，それは，加盟国の義務遵守によって実現される貿易自由化という協定の目的と，加盟国が依然として保持する正当な規制権との間における「均衡点」，すなわち，加盟国の権利と義務の間で導き出される「均衡点」に他ならない。その意味で，WTO法における国内規制権限の範囲は，特に国内規制の適法性が問題となるガット，TBT協定及びSPS協定の枠内で想定されている権利と義務との間の「均衡点」という概念を踏まえて考察する必要がある。

ただし，ガット，TBT協定及びSPS協定において，この「均衡点」という概念が具現化又は確立される態様は必ずしも同一ではない。これは，各協定の文言や構造，そして各協定が貿易自由化を促進するために用いる具体的な規範が異なることに起因する。例えば，ガットにおいては，無差別原則をはじめとする義務条項が加盟国に適用される一方，義務条項に違反する国内規制を正当化するための一般的例外条項が設けられており，このような「規則―例外」の構図の下で加盟国が享受する国内規制権限の範囲は決定される。他方で，TBT協定及びSPS協定においては，正当な目的に基づき国内規制を採用する加盟国の権利が協定前文で認められている一方，そのような権利の行使が協定で定められた貿易自由化の義務によって制限を受けるという構造となっている。要するに，TBT協定及びSPS協定の下では，協定で定められた義務がどの程度，協定前文で確認されている加盟国の規制権を配慮するような形で解釈され，貿易自由化の目的と加盟国の正当な規制権との間における均衡点がどのように導き出されるかにより，加盟国が享受する国内規制権限の範囲は影響を受ける。

以上のように，WTO紛争解決機関は加盟国の国内規制権限と貿易自由化を促進するという協定の目的との間において確立されるべき「均衡点」を意識しており，ガット，TBT協定及びSPS協定の解釈に際しても，この「均衡点」を踏まえた解釈基準を提示している。その意味で，WTO法における国内規制権限の範囲を理解するためには，これら3協定の解釈において，上記の「均衡点」がどのような形で導き出されているかを検討する必要がある。

(*EC―Hormones*), WT/DS26/AB/R, WT/DS48/AB/R, adopted 13 February 1998, para. 177 ("The requirements of a risk assessment under Article 5.1, as well as of 'sufficient scientific evidence' under Article 2.2, are essential for the maintenance of the delicate and carefully negotiated balance in the *SPS Agreement* between the shared, but sometimes competing, interests of promoting international trade and of protecting the life and health of human beings.").

1.1.3　ガット，TBT 協定，SPS 協定の相互参照

　ガット，TBT 協定及び SPS 協定は，WTO 協定の一括受諾方式の対象として，原則として加盟国に同時に適用される。すなわち，WTO 設立協定 2 条 2 項[20]により，ガット，TBT 協定及び SPS 協定は WTO 協定の一部をなすものとして同等に WTO 法の法源となり，これら 3 協定で定められる規定は加盟国に累積的に適用される[21]。ただし，今日では WTO 設立協定及びその付属書が法的に 1 つの協定として位置づけられるとしても，ガット，TBT 協定及び SPS 協定で定められる関連規定は異なる 15 個の作業部会の下で交渉が進められた経緯があり，これら 3 協定における関連規定の相互関係が必ずしも十分に調整されているとはいいがたい[22]。その結果，これら 3 協定はその適用範囲が重なる場合もあれば，文言の類似性の故に，一方の協定の下で展開される解釈基準がその他の協定の解釈において参照の基準となる場合もある。

　興味深いことに，紛争解決機関は貿易自由化を促進するという協定の目的と加盟国の規制権との間における均衡点を取り上げながら，この均衡点に照らして，ガット，TBT 協定及び SPS 協定の相互参照に基づいた解釈を展開している。協定間の相互参照は，ガット，TBT 協定及び SPS 協定において確立されるべき均衡点が原則として異ならないとの前提の下で，各協定の解釈を相互補完する形でなされる。近年の事例においては，ガット，TBT 協定及び SPS 協定における解釈基準が相互補完を通じて一方向へと収斂していくような現象も見受けられる。このような現象は，各協定の解釈基準が相互参照の手法を通じて互いに影響を及ぼす形で展開されることにより，各協定の下で保障される国内規制権限の範囲も一定の影響を受けることを意味する。ガット，TBT 協定及び SPS 協定の解釈における相互参照の動向は，WTO 法における国内規制権限の範囲を理解する際に，これら 3 協定のそれぞれの文言及び文脈に即した個別的な検討だけでは十分でないことを示唆する。むし

---

[20]　WTO 設立協定 2 条 2 項は，「附属書 1，附属書 2 及び附属書 3 に含まれている協定及び関係文書（以下「多角的貿易協定」という）は，この協定の不可分の一部を成し，全ての加盟国を拘束する」と規定する。

[21]　Bradly J Condon, 'Treaty Structure and Public Interest Regulation in International Economic Law' (2014) 17(2) *Journal of International Economic Law* 333, 334.

[22]　Marceau and Trachtman ('A Map of the World Trade Organization Law 2014') 352.

ろこれら3協定の相互関係及びその相互作用の推移を意識し，より広い見地から，その動態的な相互参照の動向を踏まえる必要がある。

1.1.4　WTO法における審査基準と国内規制権限

　WTO法における国内規制権限の範囲は，紛争解決機関が国内規制の評価に際して用いる審査基準によって大いに影響を受ける。審査基準とは，「立法機関若しくは規制当局の決定に対して司法機関が与えるべき敬譲 (deference) 若しくは配慮の程度」又は「立法機関若しくは規制当局が行った政策決定に対して司法機関が介入する程度」と定義される。国際法の分野，特にWTO法においては，加盟国によって行われた各種の検討及び決定に対し，パネルがどの程度の敬譲を与えて審査を行うべきか，又は，パネルが自らの審査権限に基づいて加盟国の決定を再評価し，加盟国が至った決定とは異なる結論を導き出すことは可能か，その際にパネルの審査権限にはいかなる制限があるか，といった問題が提起される。特に今日では，国内における科学的，社会的又は倫理的な価値評価を適切に反映すべく，複雑な事実関係に基づいて国内規制が採用される場合が多いことから，紛争解決機関がいかなる審査基準に基づき，国内規制の根底にある事実関係を評価すべきかという問題が学界でも盛んに議論されている。

　WTO法における審査基準は，加盟国が行った行為や決定に対して紛争解決機関がどの程度の厳格さで審査を行うかを方向づけるという意味で，審理の結果に多大な影響を及ぼしうる。さらに，国内決定についての紛争解決機関の介入の程度にも影響を及ぼすことから，審査基準はWTO法における加盟国の国内規制権限及び政策的な裁量とも密接な関連があるといえる。WTO法における国内規制権限の範囲を明確にするためには，WTO法における適切な審査基準がどのように定義され，どのような形で適用されているかを明らかにし，それが加盟国の国内規制権限の保障という観点から適切なものであるかを検討する必要がある。

1.2　本書の研究目的及び構成

　本書の研究目的及び構成は次のとおりである。本書は以上の背景を踏まえて，WTO法が，貿易的価値 (貿易自由化の促進) の実現と非貿易的価値を実現

するために行使される加盟国の規制権との抵触及び調整の問題にどのように対処してきたのかを検証することにより，WTO 法における国内規制権限の範囲を明らかにし，その現状を評価することを目的とする。そのために本書は，第 1 に，ガット，TBT 協定及び SPS 協定の規範構造を明らかにし，紛争解決機関が提示する解釈基準に照らして，各協定の下で加盟国の国内規制権限がどのような形で保障されているかを検討する。第 2 に，ガット，TBT 協定及び SPS 協定が頻繁に相互参照の手法を通じて解釈されていることを実証し，そのような相互参照の手法が各協定の下で保障される加盟国の国内規制権限にどのような影響を及ぼすかを検討する。第 3 に，紛争解決機関が用いる審査基準を検討し，加盟国の国内規制権限との関係で，紛争解決機関が適切な審査基準の法理を導き出しているかを検討する。

本書は次のように進める。第 2 章から第 4 章までは，ガット，TBT 協定及び SPS 協定のそれぞれにおいて，加盟国の国内規制権限と密接な関連を有する関連規定を選別し，関連規定の文言及び規範構造，そして紛争解決機関が展開する解釈基準に基づき，その法的性質を明らかにする。

第 2 章では，ガットを中心に検討を進める。ガットでは「規則―例外」という構図の下で加盟国の国内規制権限が論じられてきたことを念頭に置き，規則の面と例外の面で加盟国の国内規制権限がどのように取り扱われているかを検討する。規則の面からは，内国民待遇を定めるガット 3 条 4 項を中心に，加盟国が主張する正当な規制目的及び政策的な裁量が国内規制を正当化するための根拠として考慮されうるか否かを，事例の発展動向に照らして検討する。他方で，例外の面からは，一般的例外条項を定めるガット 20 条を中心に，紛争解決機関がいかに柔軟性をもって同条を解釈し，加盟国の国内規制権限を意識した解釈基準を導き出しているかを検討する。これによって，ガット 3 条 4 項と 20 条との間で確立される，貿易自由化の目的と加盟国の規制権との間における適切な均衡点のあり方を考察する。

第 3 章では，TBT 協定を中心に検討を進める。同章では，無差別原則を定める 2 条 1 項及び必要性原則を定める 2 条 2 項の規範構造に焦点を当てて，紛争解決機関が展開する解釈を中心に，同協定における加盟国の国内規制権限の位置づけを検討する。特に，ガット 20 条のような一般的例外条項が設けられていない TBT 協定の構造的な限界を紛争解決機関がいかに克服し，どのように貿易自由化の目的と加盟国の規制権との間における適切な均衡点を

導き出しているかを考察する。

　第4章では，SPS協定を中心に検討を進める。同章では，加盟国の国内規制権限と密接な関連を有する規定，特に，無差別原則，科学的根拠の原則，必要性原則，暫定的措置の規範構造に焦点を当てて，紛争解決機関が展開する解釈を中心に，同協定における加盟国の国内規制権限の位置づけを考察する。

　第5章及び第6章では，ガット，TBT協定及びSPS協定の相互関係及び相互参照の動向に焦点を当てる。

　第5章では，ガット，TBT協定及びSPS協定の関係を確認し，これら3協定がWTO法の一部として加盟国に同時にかつ累積的に適用される関係にあることを確認する。

　第6章では，ガット，TBT協定及びSPS協定で定められる関連規定が相互作用する態様に注目する。特に，近年の事例において紛争解決機関が協定間の相互参照の手法を頻繁に用いていることに注目し，このような相互参照の動向を通じて，ガット，TBT協定及びSPS協定の解釈が互いに影響を及ぼす形で展開され，その結果，各協定における加盟国の国内規制権限の範囲もその影響を受けていることを確認する。同章では，紛争解決機関が用いる相互参照の手法の規範的な根拠及び法的意義を考察し，このような相互参照の動向を通じて，一定の状況下ではこれら3協定の解釈基準が一方向へと収斂していく可能性があることを実証する。また，このような現象を，WTO法の一貫したかつ調和的な解釈原則の観点に照らして評価する。

　第7章では，WTO法における審査基準について検討する。紛争解決機関が用いる審査基準は，加盟国の国内規制権限及び政策的な裁量に多大な影響を及ぼす概念であることを確認し，これまでの関連事例において，紛争解決機関が加盟国の国内規制権限の観点から適切な審査基準を導き出しているかを考察する。

　最後に，第8章の結論では以上の検討をまとめ，WTO法における国内規制権限の現状を評価し，国内規制権限に関する法理の明確化のために解決が必要な諸問題を指摘した上で，今後の展望を提示する。

第 2 章　ガットにおける国内規制権限

　ガットは，貿易自由化を促進するために様々な義務条項の遵守を厳格に義務づける一方，一般的例外条項を設け，義務条項に違反する措置に対して，一定の条件の下でそれを正当化する余地を加盟国に与えている。このような「規則—例外」の構図は，ガットが貿易自由化という協定の根本的な目的を徹底させながらも，例外を設けることにより，加盟国の正当な規制権を保障できるようにする[1]。このような「規則—例外」の構図を採用するガットの適用及び解釈においては，加盟国の国内規制権限の取り扱いに関しても，義務条項の側面と，一般的例外条項の側面とに分けて検討する必要がある。

　義務条項の側面では，特に，内国民待遇を定めるガット 3 条の解釈に際して，加盟国の規制権限がどのような方法で保障されるべきかをめぐり，ガット時代から今日まで，論争が繰り返されてきた長い歴史がある。ガット 3 条 1 項は，3 条の適用及び解釈において考慮されるべき「一般原則 (general principal)」を定め[2]，3 条 2 項は税措置に関する内国民待遇原則を，そして 3 条 4 項は国内における全ての法令及び要件に関する内国民待遇原則を定める。ガット及び WTO 体制を支えてきた主たる原則の 1 つである内国民待遇原則が貿易自由化の促進に大いに貢献してきたことに異見はなかろうが，同原則が非保護主義的な目的を追求するために国内規制を採用する加盟国の裁量に大いに影響を及ぼしてきたことも事実である[3]。国内規制の適法性が問題となるガット 3 条 4 項の適用及び解釈において，非保護主義的な目的を追求する加盟国の正当な規制権はどの程度許容されるべきだろうか。この争点は，特に，

---

1) Emily Reid, 'Regulatory Autonomy in the EU and WTO: Defining and Defending Its Limits' (2010) 44(4) *Journal of World Trade* 877, 888.
2) WTO Appellate Body Report, *European Communities—Measures Affecting Asbestos and Asbestos-Containing Products* (*EC—Asbestos*), WT/DS135/AB/R, adopted 5 April 2001, para. 93.
3) Weihuan Zhou, '*US—Clove Cigarettes* and *US—Tuna II* (*Mexico*): Implications for the Role of Regulatory Purpose under Article III:4 of the GATT' (2012) 15(4) *Journal of International Economic Law* 1075, 1076.

同条項の適用及び解釈において，加盟国の国内事情及び正当な規制目的 (regulatory purpose) が果たす役割とも密接な関連がある。加盟国の正当な規制目的又は国内規制の背後にある動機について考慮することを許す解釈，すなわち，加盟国の正当な規制目的を踏まえて規制措置の適法性を判断するような解釈は，ガットにおける国内規制権限の範囲に大きな影響を与える。

他方で，ガットは義務条項の違反となる国内規制に対して，それを正当化するために援用されうる一般的例外条項を設けている。ガット20条は，正当化の対象となる特定の政策目的を限定列挙の形で明示し，規制措置が正当化されるための要件を定めている。その意味で，同条は加盟国の規制権限に対するセーフティーネットとしての機能を果たす。ガット20条が加盟国の国内規制権限を配慮するような形で解釈されるか，又は，厳格に解釈されるかによって，ガットにおける加盟国の国内規制権限の範囲も影響を受ける。

以下では，ガットにおける国内規制権限の範囲を明確にすべく，義務条項の側面と一般的例外条項の側面とに分け，前者ではガット3条4項の解釈における加盟国の国内規制権限の取り扱いを，後者ではガット20条の解釈における加盟国の国内規制権限の取り扱いを先例で踏襲されている解釈の動向に照らして検討し，ガットが貿易自由化という協定の目的と加盟国の正当な規制権との間における適切な均衡点をどのように導き出しているかを考察する。

2.1 内国民待遇 (3条4項)

2.1.1 一 般

無差別原則は，ガットにおける加盟国の国内規制をめぐる争点の中でも，最も重要な原則の1つである。ガット1条は，輸出国の間における差別を規律する最恵国待遇原則を，同3条は，輸入産品と国内産品との間における差別を規律する内国民待遇原則を定めており，国内の課税措置及びその他の国内措置をその対象とする。特に，内国民待遇原則は，国内規制によってもたらされる保護主義的な効果を防止する機能を有し，その意味で貿易自由化の促進に大いに貢献してきたガット上の核心的な原則である[4]。本書では，主

---

[4] Nicholas DiMascio and Joost Pauwelyn, 'Nondiscrimination in Trade and Investment Treaties: World Apart or Two Sides of the Same Coin?' (2008) 102(1) *American Journal of International Law* 48, 48-89.

2.1 内国民待遇（3条4項） 13

に3条4項で定められる，国内課税措置以外の国内規制をめぐる争点について，加盟国の国内規制権限との関係に照らして考察する。

　ガット3条4項は，「いずれかの締約国の領域の産品で他の締約国の領域に輸入されるものは，その国内における販売，販売のための提供，購入，輸送，分配又は使用に影響を与える全ての法律，規則及び要件に関し，国内原産の同種の産品 (like products) に許与される待遇より不利でない待遇 (treatment no less favourable) を許与される。この項の規定は，輸送手段の経済的運用にのみ基づき産品の国籍には基づいていない差別的国内輸送料金の適用を妨げるものではない」と規定する（傍点は筆者による）。

　ガット3条4項の解釈に関しては，先に3条1項に言及しておく必要がある。ガット3条1項は，「締約国は，内国税その他の内国課徴金と，産品の国内における販売，販売のための提供，購入，輸送，分配又は使用に関する法令及び要件並びに特定の数量又は割合による産品の混合，加工又は使用を要求する内国の数量規則は，国内生産に保護を与えるように (so as to afford protection) 輸入産品又は国内産品に適用してはならないことを認める」と規定する。上級委員会によると，3条の目的は，広くいえば保護主義の防止であり，国内産品との関係で，輸入産品の競争条件の平等性を確保するものであるが[5]，3条4項は，国内産品に保護を与えるように，市場における国内産品と輸入産品との間の競争関係に影響を及ぼすことを防止するという，3条1項の一般原則を反映する条項と理解される[6]。特に，3条1項は同条4項を含む3条全体に意味を与える条項であり，このような両者の関係に照らすと，3条4項は同条1項の目的を考慮して解釈されなければならない[7]。

　ただし，3条1項への参照を明確にしている3条2項2文とは異なり，3条4項は，同条1項との関係を明確にしていないことから，3条4項の解釈において同条1項の一般原則が具体的にどのような形で反映されるべきかをめぐり，多くの議論が提起されてきた。この点に関するガット及びWTO紛争解決機関の実行は一貫しているとはいいがたい。特に，「保護を与えるように」という3条1項の文言及び「保護主義」を防止するという3条全般を貫く一

---

5) WTO Appellate Body Report, *Japan—Taxes on Alcoholic Beverages* (*Japan—Alcoholic Beverages II*), WT/DS8/AB/R, WT/DS10/AB/R, WT/DS11/AB/R, adopted 1 November 1996, p. 16.
6) *EC–Asbestos*, Appellate Body Report, para. 98.
7) *Ibid.*, para. 93.

般原則に鑑みれば，国内規制に反映されている規制目的又は保護目的に対する検証が不可欠にも見えるが[8]，3条4項の解釈において，同条1項の一般原則をどのような形で考慮し，加盟国の規制目的をどのように取り扱うべきかに関しては，紛争解決機関のアプローチも様々な変遷を重ねてきた。国内規制の目的を考慮し保護主義の意図の有無に照らして当該規制の適法性を評価するアプローチは，加盟国の国内規制権限にも影響を与える。国内規制に反映されている規制目的が保護主義ではなく正当なものである場合，国内規制が輸入産品に悪影響を与えるとしても，当該国内規制はそもそも3条4項に違反しないと解釈される余地があるからである。その意味で，3条4項の解釈において規制目的が果たす役割は，加盟国が享受する国内規制権限に直結する争点となる。

学界においても，3条4項の解釈における規制目的の役割又は意義については様々な観点から論争がなされてきた。特に，3条4項の解釈における規制目的の役割に関しては，大きく分けると3つの立場がある[9]。第1は，内国民待遇の審査においては，加盟国の規制目的は原則として考慮されるべきではないとする見解である。このような見解は，加盟国の規制目的はもっぱらガット20条の文脈でのみ意味を有すると指摘する。第2は，輸入産品と国内産品が同種の産品であるかどうかの判定において，加盟国の規制目的が考慮されるべきとする見解である。第3は，輸入産品に不利でない待遇が与えられているかどうかの審査において，加盟国の規制目的が考慮されるべきとする見解である。

国内規制が3条4項違反と判断されるには，次の3つの要素が認定されなければならない。①問題の国内規制が，国内における販売，販売のための提

---

[8] 問題の規制措置が，国内産品に「保護を与えるように」適用され，その意味で保護主義の手段として用いられているかを検討する際には，当該措置の目的が重要な関連要素となろう。例えば，WTO Appellate Body Report, *Chile—Taxes on Alcoholic Beverages* (*Chile—Alcoholic Beverages*), WT/DS87/AB/R, WT/DS110/AB/R, adopted 12 January 2000, para. 71 ("Thus, we consider that a measure's purposes, objectively manifested in the design, architecture and structure of the measure, *are* intensely pertinent to the task of evaluating whether or not that measure is applied so as to afford protection to domestic production.").

[9] World Trade Organization Secretariat (*World Trade Report 2012*) 189; *see also* Simon Lester, 'The Intent of a Measure and the "Likeness" / "Less Favorable Treatment" Elements' (*International Economic Law and Policy Blog*, 2 November 2011) at <http://worldtradelaw.typepad.com/ielpblog/2011/11/the-intent-of-a-measure-and-the-likeness-less-favorable-treatment-elements.html>.

供,購入,輸送,分配又は使用に影響を与える法律,規則及び要件であること,②輸入産品と国内産品が同種の産品であること,③輸入産品が国内産品に比べて不利な待遇を被っていること,が累積的に立証されなければならない[10]。①の争点は,加盟国の国内規制権限との関係からは,比較的問題となることは少ない。残りの②と③の要素,すなわち,「同種の産品」及び「不利でない待遇」の両要素については,加盟国の国内規制権限との関係で非常に重要な先例が蓄積されており,ガットにおける国内規制権限の範囲を理解するための重要な研究素材を提供している。次項では,3条4項の解釈において核心的な要素となる「同種の産品」及び「不利でない待遇」をめぐる解釈を,国内規制権限との関係,特に規制目的の捉え方に照らして検討することとしたい。

2.1.2 同種の産品の判定

国内規制が3条4項の違反と判定されるには,国内規制によって影響を受ける輸入産品が,国内産品と「同種の産品」であることが証明されなければならない。同種の産品という概念は,ガット・WTO法において最も不思議な概念の1つである[11]。この概念は,ガット3条4項のみならず,3条2項及びその他のWTO協定の条項にも用いられている。ただし,同種の産品とそうでない産品を区別するための普遍的かつ画一的に適用可能な明確な基準は,いまだ完全に確立されているとはいえない状況である。同種の産品という概念について,*Japan—Alcoholic Beverages II* 事件の上級委員会は,「アコーディオンをイメージさせるような相対的なものであり,『同種の産品』というアコーディオンはWTO協定の異なる規定が異なる場所で適用されるに応じて伸びたり縮んだりする」とし,「これらの場所におけるアコーディオンの幅は『同種の産品』という用語が用いられる特定の条文やその条文が適用される特定のケースの脈絡と状況に応じて決定される」と指摘している[12]。

---

10) *See, e.g., Korea—Beef*, Appellate Body Report, para. 133; WTO Appellate Body Report, *Thailand—Customs and Fiscal Measures on Cigarettes from the Philippines*(*Thailand—Cigarettes (Philippines)*), WT/DS371/AB/R, adopted 15 July 2011, para. 127; WTO Appellate Body Reports, *European Communities—Measures Prohibiting the Importation and Marketing of Seal Products* (*EC—Seal Products*), WT/DS400/AB/R / WT/DS401/AB/R, adopted 18 June 2014, para. 5.99.
11) Ming Du and Qingjiang Kong, '*EC—Seal Products*: A New Baseline for Global Economic Governance and National Regulatory Autonomy Debate in the Multilateral Trading System' (2016) 13(1) *Manchester Journal of International Economic Law* 1, 22.
12) *Japan—Alcoholic Beverages II*, Appellate Body Report, p.21. このような描写は,「同種の産

3条4項における同種の産品の概念が検討された *EC—Asbestos* 事件で，上級委員会は「同種性」の判定というものは，基本的に産品間の競争関係 (competitive relationship) の性質及び程度の決定に関するものであるとし[13]，競争関係を確認するためには，伝統的な4つの基準[14]である，①産品の物理的特性及び性質 (physical properties)，②市場における産品の最終用途 (the product's end-uses in a given market)，③消費者の選好・習慣 (consumer tastes and habits)，④関税分類 (tariff classification) に照らして，ケースバイケースに判断されるべきとの方針を提示している[15]。ただし，これらの基準は網羅的なものではなく，産品間の競争関係を示すその他の証拠も関連要素として参考にすることができる[16]。ガット3条は基本的に市場における産品間の競争関係を想定しており，産品間の競争関係が存在しない場合は，そもそも加盟国が実質的に国内規制を通じて国内産品を保護しえないことから，同種性の判定においては産品間の競争関係が決定的な要素となる[17]。産品間で競争関係が存在するか否かを判断するための方法として，経済学における需要弾力性のようなより洗練された方法も想定できるが，上記の4つの基準も産品間の競争関係を評価するという意味で有効性があると評されている[18]。

EC—Asbestos 事件以後，上級委員会は一貫して産品間の同種性を，輸入産品と国内産品の間における競争関係，特に上記の4つの基準に基づく検討のみで判定する立場を踏襲している[19]。競争関係中心のアプローチの下では，当然ながら政策関連の要素よりも，主に市場関連の要素に照らして産品間の同種性が検討される。いいかえれば，このアプローチの下では，国内規制が導入された動機，すなわち，国内規制の背後にある規制目的に大きな役割を

品」という用語が同じ表現で用いられているガット3条2項及びその他のWTO協定の条文の解釈において，「同種の産品」の概念が有する範囲が，それらの条文が置かれている脈絡や状況によって異なりうることを強調するために使われている。

13) *EC—Asbestos*, Appellate Body Report para. 99.
14) 一般に，Working Party Report, *Border Tax Adjustments*, adopted 2 Dec. 1970, BISD 18s/97, para. 18 で示された基準をいう。
15) *EC—Asbestos*, Appellate Body Report, para. 101.
16) *Ibid.*
17) *Ibid.*, para. 117.
18) *See* Marceau and Trachtman ('A Map of the World Trade Organization Law 2014') 361.
19) Ming Du, 'Taking Stock: What Do We Know, and Do not Know, about the National Treatment Obligation in the GATT/WTO Legal System?' (2015) 1(1) *Chinese Journal of Global Governance* 67, 71.

果たさせることはできない[20]。

 そこで，同種の産品の判定と加盟国の規制目的との関係が論点として浮上する。上記のとおり，ガット3条1項の一般原則は，国内規制が国内産品に保護を与えるように輸入産品と国内産品との競争関係に影響を及ぼすことを防止するというものである[21]。同条項は，3条全体の解釈に意味を与える（informs）ものとして，3条における義務の理解及び解釈の方針を提供するとされる[22]。「保護を与えるように」という文言は，国内規制の背後にある加盟国の動機についての検証が何らかの形で行われるべきことを示唆するが，3条1項が同条4項の解釈に方針を提供するという意味に照らせば，加盟国が保護主義的な意図を有しているかどうか，すなわち，3条4項の解釈において加盟国の規制目的が考慮されるべきかどうかが争点となる。この点は，原産地を特定しない原産地中立的な国内規制，すなわち，差別を法的には定めてはいないものの，事実上の差別をもたらすような国内規制の適法性が審査される場合と密接な関連がある。3条1項の文言の役割に重点を置いて同種の産品の概念を理解すると，同種性の判定においては加盟国の規制目的（保護目的）が関連する要素となろう。加盟国が有する保護主義の意図を明らかにするためには，加盟国が追求する（と主張する）規制目的についての検証が伴わなければならないからである。このような捉え方をすると，もし，加盟国の規制目的が保護主義的ではなく，正当なものである場合，すなわち，同種の国内産品に保護を与えるという加盟国の保護主義が証明されない限り，国内規制によって影響を受ける産品は同種の産品ではないと判定される余地が生じる。この場合，保護主義を防止するという3条1項の一般原則への違反は否定されるからである。しかしながら，上記のとおり，上級委員会は4つの伝統的な基準に基づき，もっぱら市場中心のアプローチを通じて産品の同種性を判定すべきとの立場を強調している。3条4項の解釈において，同条1項が解釈の方針を提供するとしても，少なくとも産品の同種性に関しては，市場中心のアプローチが適用されている。それでは，3条1項と同条4項の具体的な関係をどのように理解すべきだろうか。

 実は，産品間の同種性をもっぱら市場中心の関連要素に基づいて捉えるア

---

[20] Marceau and Trachtman ('A Map of the World Trade Organization Law 2014') 361.
[21] *EC—Asbestos*, Appellate Body Report, para. 98.
[22] *Japan—Alcoholic Beverages II*, Appellate Body Report, p. 18.

プローチは，長い間様々な観点から批判されてきた[23]。まずは，「同種の産品」という用語自体の曖昧さである。辞書的な意味の参照は，3条4項における「同種の産品」の解釈に必ずしも役に立つとはいいがたい。特に，EC—Asbestos 事件では，同用語の解釈に関する困難さが集約的に示されている[24]。第1に，産品には多様な性質及び特性があるはずであるが，「同種の産品」という用語そのものは，どのような性質及び特性が重点的に考慮されるべきかについて明確にしていない。第2に，産品は特定の性質及び特性のみを共通して有する場合もあれば，多くの性質及び特性を共通して有する場合もある。ただし，「同種の産品」という用語は，産品が同種であると認められるために共通して有すべき性質及び特性の範囲を明確にしていない。第3に，「同種の産品」という用語は，誰の観点から把握されるべきかについて明確にしていない。2つの産品について消費者が持つ見解は，生産者の見解と異なる場合がある。

　他方，紛争解決機関が採用する市場中心のアプローチは，ガットの構造的な側面からして望ましくないとの見解もある[25]。国内規制がガット3条4項に違反すると判定された場合，規制当局は，ガット20条の規制目的に照らして，当該措置の正当化を主張することになろうが，後述するとおり，先例では20条の要件が非常に厳しく解釈される傾向にあり，20条による正当化を証明することは，規制当局にとって決して容易な作業ではない。さらに，20条は限られた規制目的のみを正当化の対象としており，正当化のための立証責任も規制当局に置かれる。このような20条の規範構造の故に，20条で明示されていない規制目的に関しては，そもそも加盟国が正当化を主張できなくなる可能性もある。もし3条4項の解釈において，加盟国の規制目的が関連要素として考慮され，正当な規制目的の存在が3条4項の違反を治癒できるように解釈される場合，以上のような構造的な問題は解消できる。

　市場中心のアプローチをガットにおける規範的な優先順位の観点から批判する見解もある[26]。市場中心のアプローチは，国内規制の根拠となる加盟国

---

23) 上級委員会自身も，（匿名の委員の個別意見として）もっぱら市場中心のアプローチに照らして同種性の判定を行うことには，疑問の余地があるように思われると指摘したことがある。EC—Asbestos, Appellate Body Report, para. 154.
24) See, Ibid., para. 92.
25) Du ('Rise of National Regulatory Autonomy') 657.
26) Ibid.

の規制目的及び動機はさておき，市場関連の要素のみに焦点を当てるものであり，その意味で，WTO 法が重視する既定の価値は貿易自由化の促進で，国内規制に反映される非貿易的関心事項は正当化の対象となる「例外」にすぎないという図式を確立させる。これは，WTO 体制が貿易自由化の価値を偏重しているという批判を招く恐れがあろう。

以上のような諸問題を背景に，「同種の産品」の判定で用いられるべき新しい解釈論として，ガット末期の 90 年代には，いわゆる「目的効果 (aim and effects) アプローチ」が一時的に導入されたこともあった。目的効果アプローチは，3 条 1 項の役割に注目する。目的効果アプローチの下では，産品間の同種性は，産品に対する市場の認識，すなわち，市場中心の関連要素のみならず，加盟国の規制目的をも踏まえて判定される。ガット時代の US—Malt Beverages 事件で目的効果アプローチの基本的な枠組みが立てられ，その後の US—Taxes on Automobiles 事件で，3 条 2 項及同条 4 項における「同種の産品」を判定するための解釈論として，同アプローチが具体化されることになった[27]。目的効果アプローチの下では，同種性の判定において，3 条 1 項の「保護を与えるように」国内規制を適用してはならないとの指示に従い，国内規制の目的と効果が同時に考慮される[28]。同事件のパネルは，国内規制によってもたらされた国内産品の競争機会に対する有利な変化が，正当な政策を追求したことによる偶然の結果ではなく，加盟国の意図 (desired) であったことが証明される場合，加盟国の保護主義の目的が肯定されると指摘した[29]。

目的効果アプローチは，伝統的な市場中心のアプローチに比べて，加盟国の規制権限及び政策的な裁量への考慮をよりうまく確保できるものと理解さ

---

[27] *See, e.g.*, GATT Panel Report, *United States—Measures Affecting Alcoholic and Malt Beverages* (*US—Malt Beverages*), DS23/R, adopted 19 June 1992, BISD 39S/206, paras. 5.25, 5.71; GATT Panel Report, *United States—Taxes on Automobiles* (*US—Taxes on Automobiles*), DS31/R, 11 October 1994, unadopted, paras. 5.11-5.16.

[28] 主観性を表す目的 (aim) という用語から，目的効果アプローチは「主観的アプローチ (subjective approach)」と称されることもある。例えば，Wonmog Choi, 'Overcoming the "Aim and Effect" Theory: Interpretation of the "Like Product" in GATT Article III' (2002) 8 *U.C. Davis Journal of International Law and Policy* 107, 114.

[29] GATT Panel Report, *US—Taxes on Automobiles*, paras. 3.37, 5.10 ("A measure could be said to have the *aim* of affording protection if ananalysis of the circumstances in which it was adopted, in particular an analysis of the instruments available to the contracting party to achieve the declared domestic policy goal, demonstrated that a change in competitive opportunities in favour of domestic products was a desired outcome and not merely an incidental consequence of the pursuit of a legitimate policy goal.")

れる。目的効果アプローチの下で，パネルは加盟国の規制目的に照らして保護主義の存在を確かめることになり，その結果，保護主義ではない正当な規制目的を追求する加盟国の国内規制権限及び政策的な裁量は，同種の産品の判定によって妨げられない[30]。加盟国の保護主義的な意図が否定される場合，国内規制によって影響を受ける国内産品と輸入産品との同種性も否定されることから，輸入産品の競争関係に影響を与える国内規制がそもそも3条4項に違反しないと判断される状況も想定可能である。

　しかしながら，目的効果アプローチは，加盟国の国内規制権限の保障という観点からは評価できるとしても，いくつかの問題を抱えている。これらの問題は，*Japan—Alcoholic Beverage II*事件のパネル報告書に集約的に示されている。同報告書では，3条2項の文脈における目的効果アプローチの問題が指摘されているが，これらの問題は3条4項の文脈においても当てはまる[31]。第1に，文言上の根拠の不在が挙げられる。3条2項1文と同様に，3条4項は，3条1項を直接参照していない。他方，3条2項2文は，3条1項を直接参照しており，その意味で，参照の不在にも一定の意味が与えられるべきである。第2に，目的効果アプローチの適用によって申立国に課される過度な立証責任の問題である。申立国は，国内規制によってもたらされる差別的な効果のみならず，同規制が国内産品に保護を与えるために導入されたという，保護主義的な意図までも立証しなければならない立場に置かれる[32]。これは決して簡単ではなかろうし，申立国にとって不当な負担になる恐れがある。第3に，目的効果アプローチは，ガット3条と20条の機能的な分担を無意味にする恐れがある。ガット20条は，ガットの規定に違反する措置を正当化するために援用される一般的例外条項であるが，目的効果アプローチの下では，国内規制の3条4項への適法性が問われる時点で規制目的が既に考慮されることから，加盟国の規制目的を中心とするガット20条の審査を無意味にする恐れがある。

　目的効果アプローチが持つ以上の問題点の故に，*Japan—Alcoholic Beverages II*事件の上級委員会は目的効果アプローチの適用を拒否し，再び市場中

---

30) GATT Panel Report, *US—Malt Beverages*, para 5.72.
31) WTO Panel Report, *Japan—Taxes on Alcoholic Beverages* (*Japan—Alcoholic Beverages II*), WT/DS8/R, WT/DS10/R, WT/DS11/R, adopted 1 November 1996, as modified by Appellate Body Report WT/DS8/AB/R, WT/DS10/AB/R, WT/DS11/AB/R, paras, 6.16-6.18.
32) Choi ('Overcoming') 118.

心のアプローチに基づいて産品間の同種性を判定する立場に回帰するに至る。その後の *EC—Banana III* 事件でも同様に，上級委員会は *Japan—Alcoholic Beverages II* 事件を引きながら，目的効果アプローチの採用を拒否し[33]，これによって3条4項の文脈で目的効果アプローチは姿を消すことになった[34]。上記のとおり，3条4項の文脈における同種の産品は，もっぱら市場における産品間の競争関係のみに照らして判定されることになっている。

2.1.3 不利な待遇の審査

2.1.3.1 概　観

ガット3条4項は，国内措置が同種の輸入産品に対し，国内産品に比べて「不利でない待遇 (treatment no less favorable)」を与えることを求める。一般に同要件は，「同種の国内産品に比べて，輸入産品に不利でない競争条件 (conditions of competition) を提供する」義務と解される[35]。ガット3条4項の目的は輸入産品に対する機会の平等性を確保することであるが[36]，産品の原産地に基づいて差別を設ける「法律上 (de jure) の差別」と，外面からは原産地中立的に見えるにもかかわらずその適用において特定の輸入産品の競争機会を歪曲する「事実上 (de facto) の差別」とは，いずれも輸入産品に不利な待遇を与える範囲において，3条4項の規律対象となる。正当な規制目的を追求する加盟国の国内規制権限及び政策的な裁量との関係では，上述したとおり「同種の産品」の判定をめぐって様々な議論が行われてきたわけであるが，近年は，「不利な待遇」の方に議論の焦点が移ってきている。

ガット3条4項における「不利な待遇」とは具体的に何を意味するだろうか。輸入産品に「不利な待遇」が与えられているか否かの審査においては，問題の国内規制によって輸入産品に悪影響を及ぼすように競争条件が変更さ

---

33) WTO Appellate Body Report, *European Communities—Regime for the Importation, Sale and Distribution of Bananas (EC—Banana III)*, WT/DS27/AB/R, adopted 25 September 1997, para. 241.
34) しかし，紛争解決機関が目的効果アプローチを放棄したことに対し，当時学界では多くの批判が寄せられた。特に，原産地中立的な国内規制に関しては，当該規制が追求する非保護主義的な政策目的が考慮されるべきとの主張であった。この点に関しては，Hudec ('Requiem') 619-649; Donald H Regan, 'Regulatory Purpose and "Like Products" in Article III:4 of the GATT (With Additional Remarks on Article III:2)' (2002) 36(3) *Journal of World Trade* 443 を参照のこと。
35) *Korea—Beef*, Appellate Body Report, para. 135.
36) GATT Panel Report, *United States—Section 337 of the Tariff Act of 1930 (US—Section 337)*, L/6439, adopted 7 November 1989, BISD 35S/116, para. 5.11.

れているか否かが重点的に検討される[37]。輸入産品の競争条件に及ぼす悪影響は，問題となる規制措置の設計及び構造を精査することによって識別できる[38]。ただし，規制措置が輸入産品に「異なる待遇 (different treatment)」を与えているという事実だけでは，ガット3条4項の違反を成立させない。Korea—Beef事件の上級委員会は，輸入産品と国内産品の間で設けられる「異なる待遇」は，3条4項の違反を成立させるための十分条件ではないと指摘した上で，「不利な待遇」が与えられているか否かの判断に際しては，輸入産品に悪影響を及ぼすように「競争条件」が変更されているかが検討されなければならないと指摘し[39]，韓国の措置が産品の原産地を基準にして規制上の区別を設けていたことを手がかりに，当該措置がガット3条4項に違反すると判定したパネルの決定は誤りであるとした[40]。すなわち，「異なる待遇」はそれが「不利な待遇」に至らない場合，原則として3条4項で問題とならない。ただし，原産地を基準にして異なる待遇を与える「法律上の差別」は，輸入産品に不利な待遇が与えられていることを示す顕著な徴表となる[41]。同様に，輸入産品と国内産品とに形式上同等な待遇が与えられているという事実は，それだけで3条4項における適法性を保障しない。規制措置によって形式上同等な待遇が与えられているとしても，その適用によって輸入産品の競争条件に不利な変更が発生するならば，当該措置は3条4項の違反となる。その意味で，「不利な待遇」の審査は効果審査を伴う[42]。他方，単に同種の輸入産品の一部に不利な待遇が与えられているという事実だけでは「不利な待遇」が認められるには十分でなく，輸入産品群に対して同種の国内産品群と比べて総合的に不利な待遇が与えられていることが示されなければならない[43]。

　それでは，ガット3条4項の解釈において，輸入産品に対して悪影響を及ぼすように競争条件が変更されているという事実は，「不利な待遇」の存在を成立させるための十分条件であろうか。「同種の産品」の解釈と同様に，「不

---

37) *Korea—Beef*, Appellate Body Report, para. 137.
38) *Thailand—Cigarettes (Philippines)*, Appellate Body Report, para. 130.
39) *Korea—Beef*, Appellate Body Report, paras. 136–137.
40) *Ibid.*, para. 138.
41) *Thailand—Cigarettes (Philippines)*, Appellate Body Report, para. 130.
42) Marceau and Trachtman ('A Map of the World Trade Organization Law 2014') 362.
43) *EC—Asbestos*, Appellate Body Report, para. 100 ("A complaining Member must still establish that the measure accords to the group of 'like' imported products 'less favourable treatment' than it accords to the group of 'like' domestic products.").

利な待遇」の審査においても，加盟国の規制目的が果たす役割をめぐり，多くの議論が展開されてきた経緯がある[44]。「不利な待遇」の審査における規制目的の役割は，ガット3条1項の役割と密接な関連がある。以下では，「不利な待遇」の審査における規制目的の役割を，紛争解決機関が関連事例で提示してきた解釈に照らして検討することとしたい。

2.1.3.2 「不利な待遇」の審査の変遷

「不利な待遇」の審査において，規制目的の役割に関する重要な説明がなされた事例としては，*EC—Banana III* 事件がある。同事件のパネルは，ガット3条1項が同条4項の文脈を構成する一部分であり，後者の解釈において前者が考慮されるべきとした。次いで，パネルは，3条1項は「国内規制が国内産品に保護を与えるように適用されてはならない」という一般原則を定めていること，そして規制措置の設計，様式，構造から保護主義的な適用は識別可能であることを指摘した上で，問題のECの措置は国内の生産者に保護を与えるように適用されていると結論づけた[45]。他方，上級委員会は異なる解釈を展開する。上級委員会は，3条4項が同条1項を参照していないことから，3条4項における審査は，問題となる規制措置が国内産品に保護を与えているか否かについての個別的な考慮を要しないと指摘した[46]。上級委員会の論理によれば，結局，3条4項の「不利な待遇」の審査において，加盟国の規制目的又は措置の背後にある保護主義的な意図の有無が個別的な要件として考慮される余地はない。上級委員会は，3条4項が同条1項を直接指していないことを強調しており，その意味で，このような解釈は文言主義的解釈に従ったものであるといえる。しかしながら，「不利な待遇」の審査における規制目的の役割をめぐり，以降の事例で展開されてきた解釈は，必ずしも一貫していない[47]。

---

[44] ガット時代にまで遡る，3条4項における審査の変遷過程の概要については，例えば，DiMascio and Pauwelyn ('Nondiscrimination') 62-66 を参照のこと。

[45] *EC—Banana III*, Appellate Body Report, para. 215.

[46] *Ibid.*, para. 216 ("Article III:4 does *not* specifically refer to Article III:1. Therefore, a determination of whether there has been a violation of Article III:4 does *not* require a separate consideration of whether a measure 'afford[s] protection to domestic production'.").

[47] *See, e.g.*, Amelia Porges and Joel P Trachtman, 'Robert Hudec and Domestic Regulation: Resurrection of Aim and Effects' (2003) 37(4) *Journal of World Trade*, 783, 791; *see also* William J Davey and Keith E Maskus, '*Thailand—Cigarettes (Philippines)*: A More Serious Role for the

EC—Asbestos 事件の上級委員会は,「不利な待遇」の審査に際して,以下のような解釈を展開した。上級委員会は,もしある産品が同種のものであるとしても,その事実だけで規制措置がガット3条4項に違反すると判定されるわけではなく,申立国としては,問題の規制措置によって同種の輸入産品群に不利な待遇が与えられていることを証明しなければならないとした上で,不利な待遇という用語は,国内規制が「国内産品に保護を与えるように適用されてはならない」というガット3条1項の一般原則の「表れ (expression)」であり,したがって,同種の輸入産品に対する不利な待遇が存在するのであれば,同種の国内産品に対する「保護」が存在することに等しいと指摘した。ただし,ここで上級委員会は,「加盟国は国内産品群に比べて,同種の輸入産品群に不利な待遇を与えることなく,同種の産品間で区別を設けることができる[48]」という説明を付け加えている。以上の説明は,「不利な待遇」の審査における規制目的の役割を明確にするものではない。上級委員会はまず,不利な待遇という用語には,保護主義を防止するという3条1項の一般原則が反映されていると指摘しつつも,規制措置の規制目的(保護主義の意図があるか否か)についての追加的な検討は行っていない。結局,以上の説明だけでは,不利な待遇の存在がもっぱら輸入産品の競争条件に対する悪影響のみに照らして判断されるべきか,それとも規制目的についての検討が追加的になされるべきかが定かではない。すなわち,「輸入産品の競争条件に対する悪影響」が不利な待遇の存在を成立させるための十分条件となるか否かが定かでないのである。さらに混乱を招くのが,「不利な待遇を与えることなく,同種の産品間で区別を設けることができる」という上級委員会の説明である。この説明をどう理解すればよいか。上級委員会は,単に異なる待遇の存在のみでは,不利な待遇の存在を肯定しえないとの *Korea—Beef* 事件の説明を再確認しているだけだろうか。それとも,上級委員会は,もし国内規制が正当な規制目的の下で採用されているのであれば,加盟国が同種の産品間で区別を設けることを妨げないという意味でこういっているのだろうか[49]。もしそうであれ

Less Favourable Treatment Standard of Article III:4' (2013) 12(2) *World Trade Review* 163, 175-177.

48) *EC—Asbestos*, Appellate Body Report, para. 100 ("... However, a Member may draw distinctions between products which have been found to be 'like', without, for this reason alone, according to the group of 'like' imported products 'less favourable treatment' than that accorded to the group of 'like' domestic products.").

ば,「不利な待遇」の審査において規制目的が追加的な関連要素となる余地が生じる50)。

Dominican Republic—Cigarettes 事件においては,「不利な待遇」の審査における規制目的の役割に関し, さらに曖昧な説明が加えられている。同事件で問題となった措置は, タバコの原産地にかかわらず課される, 国内のタバコ生産者及び輸入業者に対する税印紙貼付要件 (bond requirement) である。同要件の下で国内生産者と輸入業者には, 固定された金額の税印紙の貼付が義務づけられたが, 申立国のホンジュラスは, 国産タバコの市場占有率が輸入タバコより高く, 同要件の下で固定された税金額が課されることになると, 後者は前者に比べて産品の単位当たり費用が高くなることから, このような要件は3条4項に違反すると主張した51)。税印紙貼付要件によってもたらされた輸入産品に対する悪影響が, 不利な待遇に該当するか否かが争点となった同事件で上級委員会は, ドミニカ共和国の市場において国産タバコの市場占有率が輸入タバコより高く, その結果, 貼付要件によって輸入産品の単位当たりの費用が高くなっているにすぎないと指摘し, 同要件によって輸入タバコに不利な待遇が与えられているとのホンジュラスの主張は受け入れられないとした。上級委員会は, その具体的な根拠を以下のように述べている。規制措置が輸入産品に悪影響を及ぼすように競争条件を変更している場合には, それはまさに不利な待遇になろうが,「もし輸入産品に対する悪影響が産品の外国原産地とは無関係の要因及び状況によって説明可能である場合, 措置によってもたらされる悪影響の存在は必ずしも輸入産品に不利な待遇を与えていることを意味しない52)」ということであった。上級委員会は, 本件の場合, 市場占有率がそのような要因及び状況に当たるとしている。貼付要件

---

49) Du ('Taking Stock') 75.
50) Porges and Trachtman は, *EC—Asbestos* 事件でなされた上級委員会の説明に注目し, 不利な待遇の審査において, 異なる待遇が産品の原産地, すなわち, 外国産品であることに起因するかが追加的に検討される余地が生じ始めたと指摘した。詳細は, Porges and Trachtman ('Resurrection') 794-797.
51) WTO Panel Report, *Dominican Republic—Measures Affecting the Importation and Internal Sale of Cigarettes* (*Dominican Republic—Cigarettes*), WT/DS302/R, adopted 19 May 2005, as modified by Appellate Body Report WT/DS302/AB/R, para. 7.295.
52) WTO Appellate Body Report, *Dominican Republic—Measures Affecting the Importation and Internal Sale of Cigarettes* (*Dominican Republic—Cigarettes*), WT/DS302/AB/R, adopted 19 May 2005, para. 96 ("... However, the existence of a detrimental effect on a given imported product resulting from a measure does not necessarily imply that this measure accords less

によって発生した産品の単位当たりの費用の差異は，ホンジュラス産タバコの輸入業者がドミニカ共和国の国内生産者に比べて，より低い市場占有率を有しているという状況によって説明可能であり，それは輸入タバコの原産地とは無関係であることから，単に貼付要件によって輸入産品の単位当たりの費用が高くなっていることを示すのみでは，不利な待遇の存在を成立させるに十分ではないという説明である。

　以上の上級委員会の説明は，どのように理解すべきだろうか。「輸入産品に対する悪影響が産品の外国原産地とは無関係の要因及び状況によって説明可能である場合，措置からもたらされる悪影響の存在は必ずしも輸入産品に不利な待遇を与えていることを意味しない」という上級委員会の説明を一見すると，規制措置によってもたらされる差別的な効果以外の追加的な要件が「不利な待遇」の審査において読み込まれているかのような印象を受けないではない[53]。上級委員会の説明だけに焦点を当てて見てみると，原産地とは無関係の様々な要因及び状況が不利な待遇の審査において考慮されうるとの解釈も不可能ではない。もしそうであれば，保護主義的な意図を有しない規制目的は産品の原産地とは無関係な要因及び状況であることから，上級委員会の説明を，「不利な待遇」の審査で加盟国の規制目的が追加的に考慮される余地を残す解釈として理解することも可能である[54]。このような読み方をすると，規制措置によってもたらされる輸入産品に対する悪影響が正当な規制目的に起因するものであれば，不利な待遇の存在は否定されることになろう[55]。その場合，原産地を特定していない，いわば事実上の差別を伴う規制措置が，正当な規制目的を有する場合に3条4項の審査で救済されるという可能性がある。

　他方で，次のような読み方も可能である。上級委員会は，輸入産品に対する悪影響が，貼付要件そのものから生じるのではなく，国産タバコと輸入タバコが市場において同等な占有率を有していないという事情から生じていることを強調するために，このような説明を加えていると理解することもでき

---

favourable treatment to imports if the detrimental effect is explained by factors or circumstances unrelated to the foreign origin of the product, such as the market share of the importer in this case.")

53) Zhou ('Implications') 1087.
54) *Ibid*.
55) *Ibid*.

よう。この読み方によれば，上級委員会は規制措置と輸入産品に対する悪影響の関連性，すなわち，「因果関係 (causation)」を確認しているにすぎないということになる。いいかえれば，紛争解決機関は規制措置の効果のみを考慮し，規制措置と輸入産品に対する悪影響の因果関係が確認される場合，不利な待遇の存在を肯定することになる[56]。ここでは，加盟国の規制目的に対する追加的な考慮は必然的ではない。

Dominican Republic—Cigarettes 事件以降のいくつかの事例において，前者の読み方に従い「不利な待遇」が審査されているのは興味深い。すなわち，当時のパネル及び多くの識者は，規制措置が輸入産品に悪影響を及ぼすように競争条件を変更しているという事実だけでは3条4項の違反が成立せず，外国原産地とは無関係の非保護主義的な要因で説明できるかどうかが追加的に検討されるべきと認識し，もし説明できるのであれば，不利な待遇は成立しないと理解し始めたのである[57]。このような解釈の下では，申立国は輸入産品に対する悪影響の存在のみならず，それが外国原産地という事実に起因すること，すなわち，保護主義の目的の存在を証明しなければならない立場に置かれる。*EC—Biotech Products* 事件がその例である。

EC—Biotech Products 事件で問題となった規制措置は，バイオテク（遺伝子組換え体, Genetically Modified Organism, GMO）産品に対する各種の承認手続制度である。申立国のアルゼンチンは，これらの規制措置が適用された結果，非バイオテク産品に比べて，バイオテク産品に不利な待遇が与えられていると主張した[58]。「不利な待遇」の審査を進めた同事件のパネルは，*Dominican Republic—Cigarettes* 事件で述べられた上級委員会の説明を参照しながら，同種の国内産品と輸入産品との間に設けられる「異なる待遇」は，輸入産品に対する「不利な待遇」を必ずしも意味しないため，産品間で異なる承認手続上の待遇を設けることが必然的に禁じられるとはいいがたいと指摘した上で[59]，「異なる待遇」が産品の原産地以外の要因及び状況，例えば，バイオテ

---

56) *Ibid*.
57) Du ('Taking Stock') 76.
58) WTO Panel Reports, *European Communities—Measures Affecting the Approval and Marketing of Biotech Products* (*EC—Biotech Products*), WT/DS291/R, Add.1 to Add.9 and Corr.1 / WT/DS292/R, Add.1 to Add.9 and Corr.1 / WT/DS293/R, Add.1 to Add.9 and Corr.1, adopted 21 November 2006, para. 7.2502.
59) *Ibid*., para. 7.2408.

ク産品がもたらす「危険性」についての「異なる認識」などによって説明可能である場合は，差別的な待遇の存在だけで「不利な待遇」の存在は証明されないと指摘した[60]。

このようなパネルの解釈は，*Dominican Republic—Cigarettes* 事件の上級委員会の説明に大きな影響を受けたものと考えられる。*Dominican Republic—Cigarettes* 事件で説明された，「もし輸入産品に対する悪影響が産品の外国原産地とは無関係の要因及び状況によって説明可能である場合」という要素が，追加的な要件として「不利な待遇」の審査に導入されているのである。すなわち，*EC—Biotech Products* 事件のパネルがいうように，「安全性」や「異なる認識」といった産品の原産地とは無関係の要因が存在する場合には，輸入産品の競争条件に対する悪影響は，それだけで不利な待遇を成立させない。しかも，パネルの審査では，3条4項への違反を主張する申立国の側が，産品間に設けられている「異なる待遇」が外国原産地に起因すること，すなわち，輸入産品に悪影響を与える意図の下で設けられていることを立証する立場に立たされている[61]。同事件の解釈は，パネルが *Dominican Republic—Cigarettes* 事件の説明を，「不利な待遇」の審査において規制目的を含むその他の加盟国の国内事情を考慮する根拠として理解していることを示唆する[62]。

他方，このようなアプローチは，以降の事例では，対照的な方向へと展開される。*Thailand—Cigarettes* (*Philippines*) 事件がよい例である。同事件では，タイが実施していたタバコに対する付加価値税要件が3条4項に違反するかどうかが問題となった。タイは，*Dominican Republic—Cigarettes* 事件の上級委員会の説明を参照しながら，ガット3条4項は産品の原産地に基づく差別のみを規律すると主張し，もし本件措置によって国産タバコに有利になるように競争条件が変更されたとしても，それは，産品の原産地とは無関係であると主張した[63]。特にタイは，輸入タバコと国産タバコに対する待遇の差異は，タイタバコ専売 (Thailand Tobacco Monopoly: TTM) の特殊な位置づけに起因するとし，したがって，租税回避，詐欺，輸入タバコの偽造に対処

---

60) *Ibid.*, para. 7.2411.
61) *Ibid.*, para. 7.2515.
62) Zhou ('Implications') 1087.
63) WTO Panel Report, *Thailand—Customs and Fiscal Measures on Cigarettes from the Philippines* (*Thailand—Cigarettes* (*Philippines*)), WT/DS371/R, adopted 15 July 2011, as modified by Appellate Body Report WT/DS371/AB/R, para. 7.740.

するという正当な目的によって説明できると主張した[64]。この点に関し，パネルはまず，3条4項における規制措置の適法性は，規制措置の背後にある目的及び意図に基づいて判断されるべきではないと指摘しながら，規制措置の意図がどのようなものであるかを問わず，輸入産品の競争条件が否定的に変更されているかどうかに焦点が当てられるべきとした[65]。これは，3条4項の審査における規制目的（又は保護目的）の検証をまたも明白に拒否する解釈である。

「不利な待遇」の審査において加盟国の規制目的が考慮される余地はないとのパネルの解釈に対し，タイはこの問題を上級委員会の段階で付託事項としなかったが，上級委員会は不利な待遇の概念に触れるに際して，不利な待遇の存在が肯定されるには，問題の規制措置と輸入産品の競争条件に対する悪影響との間に「真正な関係 (genuine relationship)」が常に存在しなければならないと指摘している[66]。上級委員会がいう「真正な関係」とは何を意味するだろうか。真正な関係の具体的な意味について上級委員会は踏み込んで説明していないが，一見するに，*Dominican Republic—Cigarettes* 事件の説明から導き出される2つ目の読み方，すなわち，規制措置と輸入産品に対する悪影響との間における「因果関係」を強調するものとして理解することもできよう[67]。上記のとおり，不利な待遇の審査において規制目的が考慮される余地を残す1つ目の読み方（原産地とは無関係の要因及び状況として，正当な規制目的を考慮するアプローチ）とは違い，2つ目の読み方の下では，規制目的への考慮は必然的でない。この読み方の下では，規制措置からもたらされる効果のみが重視され，果たして輸入産品に対する悪影響が加盟国の規制措置に帰属するものか否かが主な争点となる。

その後の *US—Clove Cigarettes* 事件では，以上のようなアプローチが再確認されている。上級委員会は「不利な待遇」の審査において，輸入産品に対する機会の平等性に焦点が当てられるべきとした *US—Section 337* 事件[68]，そして産品間の競争条件に照らして審査が行われるべきとした *Korea—Beef*

---

64) Ibid.
65) パネルは，タイの正当な目的に関しては，20条の文脈で検討すべきと付け加えている。*Ibid.*, para. 7.746.
66) *Thailand—Cigarettes (Philippines)*, Appellate Body Report, para. 134.
67) Zhou ('Implications') 1091.
68) *US—Clove Cigarettes*, Appellate Body Report, para. 176.

事件を再度参照しつつ[69]，3条4項における「不利な待遇」の判断基準は，輸入産品に悪影響を及ぼすように市場における競争条件を変更することを防止することであると説示した[70]。他方で，被申立国の米国は，*Dominican Republic—Cigarettes* 事件を引きつつ，パネルがそのような悪影響が産品の原産地とは無関係であるか否かをさらに踏み込んで検討すべきだったと主張したが，上級委員会はこの主張を退け，*Dominican Republic—Cigarettes* 事件でなされた説明は，輸入産品に対する悪影響が国内規制に「起因するか (attributable)」否かを確認するために用いられたにすぎないと指摘した[71]。すなわち，*Dominican Republic—Cigarettes* 事件の説明は，規制措置と輸入産品に対する悪影響との間における因果関係の存在を確かめるためになされたにすぎないということである。さらに，上級委員会は，*Thailand—Cigarettes (Philippines)* 事件を引きつつ，同事件で述べられた「真正な関係」という概念がこのような解釈を裏づけるとし，輸入産品に対する悪影響が産品の原産地と関連するか否か，又はその他の要因及び状況によって説明可能であるか否かについての追加的な検討は要しないと結論づけた[72]。

これによって，*Dominican Republic—Cigarettes* 事件で述べられた謎めいた説明を，不利な待遇の審査において規制目的を考慮する余地を残す根拠として捉えるのは妥当ではないことが明らかになった。その論理的な帰結として，不利な待遇の存在は，その規制目的が何であれ，規制措置によって「輸入産品に悪影響を及ぼすように競争条件が変更された」ことが証明される時点で成立することになる。すなわち，悪影響の存在こそが不利な待遇の十分条件となる。上記のとおり，3条4項における規制目的の役割をめぐり，これまでの事例において解釈が一貫した形で展開されてきたとはいいがたい。「不利な待遇」の審査が重ねてきた変遷を，規制目的の役割を中心に振り返ると，輸入産品の競争条件に対する悪影響が重点的に検討されていた従来の解釈が，*EC—Asbestos* 事件で曖昧さが加えられ，*Dominican Republic—Cigarettes* 事件の上級委員会の説明を通じて，その後の事例では規制目的への考慮を可能にするかのような方向へと解釈が発展し，そして再び規制目的への考慮を

---

[69] *Ibid.*, para. 177.
[70] *Ibid.*, para. 179.
[71] *Ibid.*, footnote. 372.
[72] *Ibid.*

不要とする解釈基準に戻ってきているのが分かる。「同種の産品」の判定と同様に，「不利な待遇」の審査において規制目的が考慮される余地がないとすれば，結局，3条4項の文脈では規制目的を通じて加盟国の正当な国内規制権限が反映される可能性はないという結論になる。

　これで，ガット3条4項における規制目的の役割に関する議論は一段落したようにもみえた。しかし，ここでTBT協定という変数が現れる。2012年を皮切りに展開され始めた，TBT協定2条1項に関する解釈基準は，ガット3条4項における規制目的の役割に関する議論を再度呼び起こし，この争点に決着がつくのは，2014年に判決が下された*EC—Seal Products*事件となる。

2.1.4　3条4項における規制目的の役割——最終決着

　上記のとおり，ガット3条4項の審査において検討される2つの要素，つまり「同種の産品」及び「不利な待遇」の解釈において，規制目的は原則として関連要素として考慮されない方向で紛争解決機関の実行が定着してきている。他方，TBT協定における無差別原則の違反が争点となった*US—Clove Cigarettes*事件，*US—Tuna II（Mexico）*事件，そして*US—COOL*事件の上級委員会報告書が2012年に発出された。TBT協定2条1項は，ガット3条4項に似た形で無差別原則を定めており，ガット3条4項と同様に「同種の産品」及び「不利な待遇」の概念を用いている。TBT協定における無差別原則の詳細については節を変えて述べることにして，ここではTBT協定2条1項の解釈がいかなる形でガット3条4項の解釈に影響を与えたかについて触れるに留める。

　TBT協定は，協定に違反する措置を正当化するために援用される，ガット20条のような一般的例外条項を設けていない。このようなTBT協定の構造的な特徴から，TBT協定の規範構造が明らかになる以前は，ガット3条4項のように市場中心のアプローチのみでTBT協定2条1項が解釈されるならば，加盟国の国内規制権限を深刻に侵害する恐れがあるとの指摘も学説ではなされていた。TBT協定2条1項の文脈で「同種の産品」及び「不利な待遇」を解釈する際には，加盟国の国内規制権限が適切に考慮されるようにすべく，より緩和された解釈が行われるべきとの議論もなされていた[73]。

---

73)　同種の産品のアコーディオンのように伸びたり縮んだりする性質に着目して，柔軟に同種の

TBT協定が本格的に検討された以上の3件の事例で，上級委員会は，TBT協定2条1項の「不利な待遇」の審査において，「輸入産品に対する悪影響がもっぱら正当な規制上の区別に起因するか」を検討するアプローチを採用した。すなわち，上級委員会は，「正当な」規制目的を直接に考慮することにより，2条1項の枠内で加盟国の国内規制権限が保障されるような解釈基準を提示したのである。このようなアプローチの下では，規制目的が保護主義ではなく，正当なものと判断される場合には，規制措置によってもたらされる悪影響は不利な待遇を成立させない。一見するに，この「もっぱら正当な規制上の区別に起因するか」という表現は，*Dominican Republic—Cigarettes* 事件でなされた，「原産地とは無関係の要因又は状況で説明可能であるか」という表現を連想させる。以上のような展開は，TBT協定の文脈で用いられる解釈基準が，ガット3条4項の文脈においても当てはまるかという新たな論争に繋がる。

　TBT協定における法理の発展を背景に，ガット3条4項が解釈されたのが *EC—Seal Products* 事件である。同事件で問題となったのは，ECが実施していたアザラシ及びアザラシ製品の輸入規制措置であるが，特にその措置がガット3条4項に違反するか否かが主な争点となった。被申立国のECは，「不利な待遇」の審査において，輸入産品の競争条件に対する悪影響が決定的な (dispositive) 要素であるかを疑問視し，輸入産品の競争条件に対する悪影響がもっぱら正当な規制上の区別に起因するか否かという要件が追加的に検討されるべきと主張した[74]。このようなECの主張は，TBT協定2条1項の解釈動向から影響を受けたものと見られる。

　上級委員会はまず，これまでの先例で踏襲されてきた解釈基準を整理し，ガット3条4項における不利な待遇の意味を次のように説示した。第1に，「不利でない待遇」という用語は，輸入産品が国内産品と競争できるような状態にすべく，機会の平等性を確保するものである。第2に，形式的な待遇の差異は，同条項でいう「不利な待遇」の必要条件でも十分条件でもない。第3に，規制措置によって輸入産品の競争条件に悪影響がもたらされていると

産品の概念を解釈するアプローチである。Gabrielle Marceau and Joel P Trachtman, 'The Technical Barriers to Trade Agreement, the Sanitary and Phytosanitary Measures Agreement, and the General Agreement on Tariffs and Trade: A Map of the World Trade Organization Law of Domestic Regulation of Goods' (2002) 36(5) *Journal of World Trade* 811, 874-875.

74) *EC—Seal Products*, Appellate Body Report, para. 5.100.

判断される場合，そのような悪影響は「不利な待遇」に該当する。最後に，規制措置が輸入産品に悪影響を及ぼすように競争条件を変更していると判断されるには，措置と悪影響との間に「真正な関係」が存在しなければならない[75]，ということである。

ECは，*Dominican Republic—Cigarettes* 事件及び *EC—Asbestos* 事件でなされた上級委員会の説示を手がかりとしながら[76]，保護主義を防止するという3条1項の一般原則をパネルが適切に考慮しなかったと主張した[77]。しかし上級委員会は，3条4項と同条1項との関係については，文言主義的アプローチを強調しつつ，3条4項は同条1項を直接に参照しておらず，参照の「欠如（omission）」にも意味が与えられるべきとし，3条4項はそれ自体，同条1項に反映されている一般原則の表れであると説示した[78]。すなわち，同種の輸入産品に対して「不利な待遇」が存在するのであれば，その時点で同種の国内産品に対する「保護主義」が存在するに等しい，ということである[79]。いいかえれば，保護主義を防止するというガット3条全般の精神は，「不利な待遇」の概念そのものに反映されているという説明である。上級委員会の結論をまとめると，輸入産品の競争条件に及ぼす悪影響は，それだけで「不利な待遇」の十分条件となり，「不利な待遇」の概念には保護主義を防止するという3条1項の一般原則が既に反映されている。したがって，3条4項の審査において，加盟国が正当と主張する規制目的は原則として規制措置を正当化するための根拠として考慮されず[80]，規制目的及びそれを踏まえて主張される加盟国の正当な国内規制権限は，もっぱらガット20条の文脈でのみ有意義な形で考慮されることになる。

以上のように，*EC—Seal Products* 事件の上級委員会は，3条4項における規制目的の役割を明確にしている。すなわち，3条4項の解釈においては，「同種の産品」の判定においても，「不利な待遇」の審査においても，少なくとも上級委員会が明示的に用いる解釈基準の下では，措置の規制目的は考慮

---

75) *Ibid.*, para. 5.101.
76) *Ibid.*, paras. 5.103–5.110.
77) *Ibid.*, para. 5.111.
78) *Ibid.*, para. 5.115.
79) *Ibid.*
80) Robert Howse, 'The World Trade Organization 20 Years On: Global Governance by Judiciary' (2016) 27(1) *European Journal of International Law* 9, 46.

対象となりえない。規制目的はもっぱらガット20条の文脈でのみ、国内規制権限との関係で有意義な要素となる。これまで、一貫しない形で展開されてきた先例により、3条4項の文脈における規制目的の役割に曖昧さが残されていたが、*EC—Seal Products* 事件は、この争点に関する上級委員会の明確な立場を明らかにしている点で、評価に値する。

　EC—Seal Products 事件で示された解釈は、加盟国の国内規制権限の観点からどう評価できるだろうか。上級委員会は結局、輸入産品に対して異なる競争条件をもたらす全ての国内規制が、規制目的やその偶発性にもかかわらず、一応ガットに違反するといっているのだろうか。Howseは、このような審査の下で生き残れる規制はほぼなかろうと指摘し、特に安全性、環境、又は健康などの政策に関連する多くの国内規制は事実上、輸入産品に対しては異なる待遇を設けることが稀ではないため、同事件で確認された厳密な解釈はガットの趣旨に合致しない恐れがあると指摘する[81]。このような厳密な解釈は、ガットにおける国内規制権限を過度に制限する面があることから、多角的貿易体制の正当性そのものを損ねる恐れがあるとの指摘も見られる[82]。

　紛争解決手続の実行の観点からは、次のような争点が挙げられよう。まず、ガット3条4項の解釈において規制目的が考慮される余地がないとすれば、当然の帰結として、規制目的はもっぱらガット20条の下で考慮されることになる。ただし、ガット20条の下では積極的抗弁として規制措置の正当性を主張する立証責任は被申立国にあることから、ガット3条4項の文脈で規制目的が考慮される解釈基準に比べて、国内規制権限の観点からは規制当局に不利である[83]。さらに、ガット20条の構造からも憂慮される点がある。ガット20条は、正当化の対象となる規制目的を限定列挙の形式で定めているため、もし3条4項に違反すると判定された措置の規制目的が20条の各号で列挙されるものに該当しない場合は、当該措置はそもそも正当化される余地を否定

---

[81] *See, e.g.,* Robert Howse, Joanna Langille and Katie Sykes, 'Sealing the Deal: The WTO's Appellate Body Report in *EC—Seal Products*' (2014) 18(12) *American Society of International Law Insights*, at <https://www.asil.org/insights/volume/18/issue/12/sealing-deal-wto%25E2%2580%2599s-appellate-body-report-ec-%25E2%2580%2593-seal-products>.

[82] *See, e.g.,* Gene M Grossman, Henrik Horn and Petros C Mavroidis, 'Legal and Economic Principles of World Trade Law: National Treatment' (IFN Working Paper No. 917, 2012) 129.

[83] Joel P Trachtman, 'The WTO Seal Products Case: Doctrinal and Normative Confusion' (*American Journal of International Law Unbound*, 25 June 2015), at <https://www.asil.org/blogs/wto-seal-products-case-doctrinal-and-normative-confusion>.

される結果となる。その他，TBT 協定 2 条 1 項との一貫性の観点からも懸念される点がある。同条項及び TBT 協定は正当な規制目的の範囲を限定列挙しておらず，開放型で定めていることから，理論的にはガット 20 条によって正当化されえない規制目的が TBT 協定 2 条 1 項の文脈では正当なものと判定される状況が発生しうる[84]。もしそうであれば，TBT 協定 2 条 1 項の下で保障される国内規制権限の範囲は，ガット 3 条 4 項及び 20 条の下で保障される国内規制権限の範囲よりも広くなる[85]。いいかえれば，国内規制権限の観点からは，TBT 協定に比べてガットの方がより厳格な規範体制となってしまい，協定間の非対称性が生じる。そうなると，TBT 協定の機能が損なわれる恐れがあろう。そのような状況下では，申立国が問題の措置を TBT 協定で問題とせずに，単にガット 3 条 4 項の違反のみを主張する可能性があるからである[86]。これは，既存のガット上の諸規範に比べて，強制規格に関するさらに深化された規範体制を実現するために作成された TBT 協定の趣旨に反しよう[87]。

　EC は，ガットと TBT 協定の間に生じうる以上のような非対称性の問題に言及したが，上級委員会は，実質的に TBT 協定 2 条 1 項の下では正当と認められ，ガット 20 条の下では正当と認められえない規制目的を EC が自ら例示できていないと述べている[88]。EC は，そのような例示を挙げることがガット 20 条の解釈に関する将来の事例で不利益になることを意識したのかもしれない。他方，上級委員会の説明を，TBT 協定 2 条 1 項の下でカバーされる規制目的の範囲はガット 20 条が想定する規制目的の範囲と実質的に異ならないことを示唆するものとして理解することもできる。このような捉え方をする

---

84) ガットはあらゆる種類の国内措置に適用されうることから，TBT 措置は理論的にガットと TBT 協定の両方の文脈で適法性が問題となる場合がある。ここでの議論は，強制規格の適法性がガットと TBT 協定において同時に問題となっている状況を想定する。
85) *See, generally*, Robert Howse, Joanna Langille and Katie Sykes, 'Pluralism in Practice: Moral Legislation and the Law of the WTO after Seal Products' (NYU School of Law, Public Law Research Paper No. 15–05, 2015).
86) *EC—Seal Products*, Appellate Body Report, para. 2.183.
87) Howse, Langille and Sykes ('Pluralism') 51.
88) *EC—Seal Products*, Appellate Body Report, para. 5.128 ("We further note that, beyond stating that the list of legitimate objectives that may factor into an analysis under Article 2.1 of the TBT Agreement is open, in contrast to the closed list of objectives enumerated under Article XX of the GATT 1994, the European Union has not pointed to any concrete examples of a legitimate objective that could factor into an analysis under Article 2.1 of the TBT Agreement, but would not fall within the scope of Article XX of the GATT 1994.").

と，ガット20条の解釈において，紛争解決機関が様々な規制目的をより柔軟に取り入れていく可能性も考えられよう。この点に関する詳細は，節を変えて検討することとしたい。

　*EC—Seal Products*事件によって，ガット3条4項における規制目的の役割をめぐる議論が一段落したことには利点がある。まず，目的効果アプローチが注目された当時に提起された多くの問題を回避することができる。*EC—Banana III*事件で確認されたように，規制目的をガット20条のみで考慮するアプローチは，3条4項と20条の機能的な分担を明確にする。さらに，3条4項と20条との関係という意味において，今まで踏襲されてきた先例との一貫性を保つことができる。もし上級委員会が3条4項の文脈で規制目的を考慮する余地を残すような解釈を展開する場合は，今までの先例を通して踏襲されてきた法理の再構成を余儀なくされることになろう。他方で，3条4項の下で規制目的を考慮することが，必然的に20条の意味をないがしろにするとはいえないとの見解も存在する[89]。すなわち，原産地を特定する「法律上の差別」に関しては，依然として20条が機能性を維持できるという指摘である。ただし，そもそも目的効果アプローチがなぜ*Japan—Alcoholic Beverages II*事件で放棄されたかを想起する必要がある。3条4項の違反を立証するために，申立国や紛争解決機関が国内規制の背後にある規制目的を特定し，それを問題にすることは非常に難しく，負担のかかる作業となる上に，市場中心のアプローチに比べて適切な解釈基準として定型化するのも容易でない。紛争解決機関が採用する適切な方法論の観点から考えるに，必要性審査及び柱書審査のような20条の文脈で発展してきた解釈基準の方が，この種の問題への対応により適合していると思われる。

　*EC—Seal Products*事件が3条4項における規制目的の役割に終止符を打ったとしても，同条項の文脈で規制目的が考慮されるべきことを論じる見解は依然として存在する[90]。また，ガットの起草過程を手がかりに，3条4項が正当な規制目的の下で採用される原産地中立的な規制措置まで禁じてはいな

---

89) Regan ('Regulatory Purpose') 455.
90) *See e.g.*, Alexia Herwig, 'Competition, Not Regulation-or Regulated Competition: No Regulatory Purpose Test under the Less Favourable Treatment Standard of GATT Article III: 4 following EC-Seal Products' (2015) 6(3) *European Journal of Risk Regulation* 405, 405–417. さらに，3条4項の審査における規制目的の役割を強調する伝統的な立場としては，一般に，Hudec ('Requiem') 619–649 を参照。

いとする見解もある[91]。他方で，上級委員会が3条4項の解釈において強調する「真正な関係」を手がかりに，上級委員会が規制目的への考慮を完全に放棄してはいないとする見解もある[92]。規制措置と輸入産品に対する悪影響との間に常に存在しなければならないとされる「真正な関係」及び「因果関係」という要素は，軽微ながらも，加盟国の国内規制権限及び規制目的に対するセーフティネットとして機能する可能性がある[93]。すなわち，紛争解決機関は，問題の規制措置と輸入産品に対する悪影響の因果関係を確かめなければならないが，この文脈で様々な要因及び状況，例えば環境，地理，民主主義の関連要素，変動する消費者心理，倫理，価値，市場の構造に影響を及ぼす輸出国の政府政策などの事情を包括的に考慮し[94]，輸入産品に対する悪影響が規制措置に起因するかを検討することになろう。将来の事例においては，そのような真正な関係及び因果関係の存在をめぐる論証が3条4項の審査において重要な役割を果たすことになるかもしれない[95]。

　産品の同種性の判定においても規制目的が一定の状況下で勘案される可能性はある。すなわち，同種性の判定において，産品間の競争関係に反映される範囲内においては，「規制的関心事項 (regulatory concerns)」が考慮されうる[96]。これは，正当な規制目的の存在が，原則としてガット3条4項の審査で直接的に影響を及ぼさないとしても，産品間の競争関係という経済学の概念に投影される限りにおいては，規制目的が一定の役割を果たしうることを意味する[97]。「規制的関心事項」がいかなる形で3条4項の解釈に反映される

---

[91] ガットの起草作業を手がかりに，3条4項の解釈における規制目的の役割を強調する研究としては，Weihuan Zhou, 'The Role of Regulatory Purpose under Articles III: 2 and 4—Toward Consistency between Negotiating History and WTO jurisprudence' (2012) 11(1) *World Trade Review* 81 を参照。

[92] Howse, Langille and Sykes ('Pluralism') 51.

[93] *See, e.g.*, Paola Conconi and Tania Voon, 'The Tension between Public Morals and International Trade Agheements' (2016) 15(2) *World Trade Review* 211, 219.

[94] Robert Howse, 'The WTO Appellate Body Ruling in Seals: National Treatment Article III:4' (*International Economic Law and Policy Blog*, 23 May 2014), at <http://worldtradelaw.typepad.com/ielpblog/2014/05/the-wto-appellate-body-ruling-in-seals-national-treatment-article-iii4.html>.

[95] *Ibid.*

[96] *US—Clove Cigarettes*, Appellate Body Report, para. 120. ("To the extent that they are relevant to the examination of certain 'likeness' criteria and are reflected in the products' competitive relationship, regulatory concerns underlying technical regulations may play a role in the determination of likeness.").

[97] Henrik Andersen, 'Protection of Non-Trade Values in WTO Appellate Body Jurisprudence:

ことになるかは，法理を洗練させてゆく必要があると思われるが，もしそれが消費者の選好・習慣又は需要弾力性を通じて投影される場合には，一定の状況下で規制目的が3条4項における審査の結果を左右する可能性がある。*EC—Asbestos*事件の上級委員会は，産品に関連づけられる，健康上のリスクといった要素は，3条4項の同種性の審査で一定の役割を果たしうることを認めている。すなわち，3条4項の審査の下で，加盟国の規制目的を個別の要件として正面から考慮はしないものの，産品による危険性のような要素は，産品の物理的な特性又は消費者の選好・習慣といった基準の下で，市場における産品間の競争関係を確認するに際して，関連する証拠（relevant evidence）として考慮されうることを認めている[98]。

3条4項の審査における規制目的の役割は限定的であるとの上級委員会の解釈に賛成しようとしまいと，紛争解決機関は今後も規制目的を考慮しない方針を維持していくと思われる[99]。結局，加盟国の規制目的及びそれを踏まえて具体化される国内規制権限の範囲は，もっぱら20条における争点となる。ガットにおける国内規制権限は，「規則―例外」という構図の下で，ガット3条4項と20条の間において具現化又は確立される均衡点によって決定される。以下では，その点を念頭に置き，20条の法的構造及び要件を概観し，加盟国の国内規制権限がいかなる形で保障されているかを，紛争解決機関が提示する解釈基準に照らして検討することとしたい。

Exceptions, Economic Arguments, and Eluding Questions' (2015) 18(2) *Journal of International Economic Law* 383, 400.

98) *EC—Asbestos*, Appellate Body Report, paras. 113–114; *see also*, Porges and Trachtman ('Resurrection') 795.

99) 不利な待遇の審査に関する以上のような解釈は，サービス貿易に関する一般協定（GATS）の文脈でも同様に適用されている。2016年に判断が下された*Argentina—Financial Service*事件の上級委員会は，GATS17条の内国民待遇原則の解釈につき，*EC—Seal Products*事件の解釈を引きながら，規制的な側面（regulatory aspects）を不利な待遇の審査に関連づけたパネルのアプローチが誤りであるとしている。特に，ガットにおける「規則―例外」という図式の下で均衡点が具現される様相は，GATSの文脈でも同様に当てはまると指摘している。WTO Appellate Body Report, *Argentina—Measures Relating to Trade in Goods and Services* (*Argentina—Financial Services*), WT/DS453/AB/R and Add.1, adopted 9 May 2016, paras. 6.118–6.121.

2.2 一般的例外条項 (20 条)

2.2.1 一　般

ここでは，ガット 20 条の一般的構造を概観する。ガット 20 条は，次のように規定する。

> 「この協定の規定は，締約国が次のいずれかの措置を利用すること又は実施することを妨げるものと解してはならない。ただし，それらの措置を，同様の条件の下にある諸国の間において恣意的若しくは正当と認められない差別待遇の手段となるような方法で，又は国際貿易の偽装された制限となるような方法で，適用しないことを条件とする。
>
> (a) 公徳の保護のために必要な措置
> (b) 人，動物又は植物の生命又は健康の保護のために必要な措置
> (d) この協定の規定に反しない法令 (関税行政に関する法令，2 条 4 及び 17 条の規定に基づいて運営される独占の実施に関する法令，特許権，商標権及び著作権の保護に関する法令並びに詐欺的慣行の防止に関する法令を含む。) の遵守を確保するために必要な措置
> (g) 有限天然資源の保存に関する措置。ただし，この措置が国内の生産又は消費に対する制限と関連して効果的な場合に限る。」
> 〔(c) (e) (f) (g) (h) (i) (j) は省略〕

ガット 20 条は，同条で定める要件を充たすことを条件に，ガットに一応違反すると判定された措置を正当化するために援用される例外条項である。ガット 20 条は，正当化の対象となる政策領域を (a) 号から (j) 号まで限定列挙の形で規定している。同条は，同条で定める一定の条件の下で，貿易自由化というガット・WTO 体制の中心的な価値に対し，特定の政策目的のために採用される国内規制が優位に立つことを認める。すなわち，3 条 4 項の無差別原則に違反する国内規制は，同規制が重要な非貿易的価値を実現するための誠実な (*bona fide*) 目的を有し，20 条で定める要件を充たすことが証明されれば，正当化されることになる[100]。同条は，例外条項を援用するか，それとも

貿易自由化という価値に全面的に従うかを選択できるという，加盟国の主権に基づく権利の一環として理解できる[101]。

ガット20条は，安全保障上の例外を定める21条，関税同盟や自由貿易地域による例外を定める24条，及び義務免除を定める25条5項とともに，ガットにおける例外体系の一部分をなす[102]。他方，サービス貿易に関しては，GATS14条がガット20条に類似する例外条項を設けている。知的財産の分野に関しては，TRIPS協定が13条，17条，26条2項，30条，31条，及び73条において，ガット20条とは異なる形式ではあるが，正当な政策目的のために採用される措置を例外の対象としている[103]。

ガット以外のWTO法の義務違反について20条が適用される場合もある[104]。さらに，ガット20条は一般的例外条項としてWTO法以外の国際条約においてその適用が肯定される場合もある。実際，同条は様々な地域的貿易協定及び二国間投資協定における例外条項のモデルとして参考にされてきており，それらの協定の中では20条を直接取り込み，その援用を明示する場合も少なくない[105]。ただし，ガット20条の文言をモデルにして導入された条文であるとしても，その解釈基準が必ずしも20条の文脈で発展してきたものと一致するとはいえない。20条の文脈で発展してきた法理がその他の分野において参考になる場合もあろうが[106]，ガットとその他の法体制は一般的な法的構造や趣旨を異にするため，常にそうであるとはいいがたい。条文を比較又は参照するに際しては，各体制の根幹をなす基本原則や法的性質を常に考慮する必要がある[107]。

ガット20条は，大きく分けると，柱書と10個の各号で構成される。20条

---

100) *Korea—Beef*, Appellate Body Report, para. 157.
101) Wolfrum, Stoll and Hestermeyer (*Trade in Goods*) 455.
102) *Ibid.*
103) *Ibid.*, 456.
104) 例えば，WTO加盟議定書の義務違反に対し，加盟国がガット20条を援用できるかどうかが争点となったことがある。この点に関する詳細は，本書第5章の5.4を参照のこと。
105) NAFTA (North American Free Trade Agreement, 北米自由貿易協定) 第2101条 (一般的例外) もその例である。同条では，ガット20条がNAFTAの一部をなすと規定している。Wolfrum, Stoll and Hestermeyer (*Trade in Goods*) 456.
106) Sappideen and He は，国際投資紛争分野にガット20条の法理を借用する利点について論じている。Razeen Sappideen and Ling L He, 'Dispute Resolution in Investment Treaties: Balancing the Rights of Investors and Host States' (2015) 49(1) *Journal of World Trade* 85, 85–116.
107) 例えば，ガット20条の文言と類似性が見られるTFEU (Treaty on the Functioning of European Union, 欧州連合の機能に関する条約) 第36条 (旧TEC (Treaty establishing the Europe-

は加盟国が遵守すべき積極的義務としてではなく，例外として機能する条項であるため，問題の措置が一応のガット違法性を有しない場合にはその存在意味がないが，もし当該措置のガット違法性が一応証明されると，被申立国は，ガット 20 条の下で当該措置の正当化を主張するために次の 3 点を立証しなければならない。

① 措置がガット 20 条の各号における政策目的のいずれかを達成するために設計されていること
② 措置がガット 20 条の各号の要件を充たすこと
③ 措置がガット 20 条の柱書の要件を充たすこと

もし被申立国がこれらの 3 点を充たすことができれば，問題の措置は 20 条によって最終的に正当化されるものとみなされる。一般に，①と②は「各号段階」と，③は「柱書段階」と称される。

各号では，正当化の対象となる異なる 10 個の政策目的を並列的に規定している。それらの政策目的として，「公徳の保護（(a) 号）」，「人，動物又は植物の生命又は健康の保護（(b) 号）」，「ガットに反しない法令の遵守の確保（(d) 号）」，「刑務所労働の保護（(e) 号）」，「（美術的，歴史的又は考古学的価値のある）国宝の保護（(f) 号）」，「有限天然資源の保存（(g) 号）」，及び「特定の重要な鉱物資源の保護，政府間商品協定に基づく義務又は特別な国内市場の状況において影響を受ける産品の保護など（(c) 号 (h) 号 (i) 号及び (j) 号）」が挙げられる。上記の①は，問題の措置がこれらの政策目的のいずれかを達成するために設計されているか否か，又は当該措置の目的が各号の政策目的の射程に入るか否かの検討が求められる段階であり，国内規制措置が追求する政策目的そのものの性質や規制措置とのおおよその関係が主たる争点となる。

各号は，「必要な (necessary)（(a) 号，(b) 号及び (d) 号）」，「関する (relating to)（(c) 号，(e) 号及び (g) 号）」，「ために (imposed for)（(f) 号）」，「従って (in pursuance of)（(h) 号）」，「関わる (involving)（(i) 号）」，そして「不可欠の (essential)（(j) 号）」など，関連する政策目的ごとに異なる文言を用いている[108]。

---

an Community, 欧州共同体設立条約）第 30 条）は，EU 法体制という特殊な状況に照らして解釈されなければならない。Wolfrum, Stoll and Hestermeyer (*Trade in Goods*) 456.
108) これらの異なる文言は，加盟国が実現を図る特定の利益と国内措置との関係の評価に際して，

これらの文言は政策目的とそれを実施するために採用される規制措置との間における「関連（nexus）」を評価することによって[109]，目的と手段との関係を確認するものである[110]。問題の規制措置と上記の政策目的との間において関連が確保されているか否かが，上記の②の段階の核心をなす。この②の段階の中でも，特に (a) 号，(b) 号及び (d) 号における「必要な」措置であるか否かが問われる審査は「必要性審査（necessity test）」と称され，(g) 号における「関する」措置であるか否かが問われる審査は「関連性審査（"relating to" test）」と称される。各号の要件に加え，柱書は正当化のための更なる要件を定めている。柱書上の要件を充たしているか否かの問題が上記の③の段階における争点となり，紛争解決機関によってその解釈基準が蓄積されてきている。

　ガット20条の一般的構造についての明確化が本格的に試みられたのは，US—Gasoline 事件においてである。同事件の上級委員会は，規制措置が20条で正当化されるためには，20条の各号における要件のみならず，柱書における要件も検討されなければならないと指摘し，この審査は，いわば「2段階（two-tiered）」の構造であることを確認した[111]。20条における審理の順序としては，先に問題の規制措置が各号における要件を充たしているか否かが検討され，要件充足性が肯定されれば，当該措置は「暫定的に正当化（provisional justification）」されたものとみなされる。「暫定的に正当化」された規制措置は，次の柱書上の要件を充たしているか否かに照らして検討され，最終的に正当化の可否が決定される[112]。同事件では柱書と各号の役割の分化についても説示されている。柱書の要件は規制措置それ自体よりも，むしろ規制

　　関わっている利益ごとに各々異なる程度の関連が求められることを示唆する。詳細は，US—Gasoline, Appellate Body Report, p. 16.
109) EC—Seal Products, Appellate Body Report, para. 5.169.
110) 内記香子「ガット20条における必要性要件——WTO 設立後の貿易自由化と非貿易関心事項の調整メカニズム」『日本国際経済法学会年報』第15号（2006年）219頁。
111) US—Gasoline, Appellate Body Report, p. 22.
112) 20条審査におけるこのような順次的な構成は，偶然ではなく，20条の根本的な構造及び論理（logic）によるものと理解される。詳細は，US—Shrimp, Appellate Body Report, para. 119. ただし，特定の状況，特に規制当局による抗弁の仕方によっては，20条審査の順序が守られなかったとしても，柱書の要件に関連する各号の関連要素をパネルが特定し，検討しうることから，20条審査における既定の順序に従っていないという事実が，そのまま審査の誤りになるわけではないとも解されている。しかしながら，後述のとおり，柱書の審査においては，各号の審査で検討された事項が非常に重要な関連要素となることから，上級委員会は，各号が先に検討される審査の順序を強く勧めている。詳細は，Indonesia—Import Licensing Regimes, Appellate Body Report, para. 5.100.

措置が適用される態様を問題とするものであり，したがって，柱書の一般的な目的は「例外の濫用防止」であるとされる[113]。このような2段階の審理構造は，その後の事例においても踏襲されており，20条の解釈における一般原則として確立している。

2.2.2 規制目的（政策目的）

各号段階における要件が充されているか否かの判断に際して，紛争解決機関はまず，規制措置が各号で規定する政策目的のいずれかを達成するために「設計」されたか否かを確認することになる。以下では，各号が対象とする主題 (subject matter)，すなわち，20条の文脈でいかなる政策目的が争点となるかを概観する。各号が想定する措置の射程に問題の規制措置が入るか否かの検討は，規制措置の一般的構造，さらには規制措置が追求する政策目的を特定する作業を伴うことから，20条における審査の全般的な流れに大きな影響を及ぼす[114]。一般的に，各号における主題の範囲は紛争解決機関によって広く解釈される傾向があるが，その詳細な範囲の確定をめぐっては，潜在的に様々な論点が提起されうる。以下では，特に先例が比較的多く蓄積されている (a) 号，(b) 号，(d) 号及び (g) 号における問題を，紛争解決機関の解釈に照らして検討する[115]。

2.2.2.1 (a) 号

(a) 号は「公徳 (public morals)」の保護のために必要な規制措置を正当化の対象とする。一見するに，公徳という用語そのものは非常に抽象的であり，その意味や内容が定かではないことから，その概念を一律的に定義することは容易ではないように思われる。ガット時代では，公徳の保護に関する規制措置が問題となった事例はなく，その意味や内容についての明確化が本格的に試みられる機会はなかった。ガットの起草作業時における会合の際にも，

---

113) *US—Gasoline*, Appellate Body Report, p. 22.
114) *EC—Seal Products*, Appellate Body Report, para. 5.133.
115) *India—Solar Cells* 事件では，(j) 号でいう「不可欠の (essential)」の基準が検討されている。上級委員会は，本書で後述する「必要性審査」の枠組みが「不可欠審査」にも有用に参考にされうることを確認している。実際，同事件では，前者に非常に似た形で後者の審査の枠組みが提示されている。詳細は，WTO Appellate Body Report, *India—Certain Measures Relating to Solar Cells and Solar Modules* (*India—Solar Cells*), WT/DS546/AB/R, adopted 14 October 2016, paras. 5.62-5.63.

公徳という文言をいかに定義すべきかにつき，特に議論は行われていなかったようである[116]。

公徳の概念がWTO法の文脈で本格的に検討された初めての事例は *US—Gambling* 事件である。ガット20条(a)号ではなく，「サービスの貿易に関する一般協定(GATS)」14条(a)号の文脈で公徳の概念が検討された同事件で，パネルはGATS及びWTO協定の目的に照らして「公徳の保護」という文言の一般的な意味を検討すべきとしつつ[117]，公徳及び公の秩序という用語の解釈に関しては，繊細なアプローチが求められること，そして同概念の内容が，社会的，文化的，倫理的，又は宗教的な価値観に応じ時間と場所により異なりうることを指摘した上で[118]，公徳とは「共同体や国家により維持される善悪の行為の基準 (standards of right and wrong conduct maintained by or on behalf of a community or nation)」を指すとの見解を示した[119]。このような解釈は，公徳の定義に関し，規制当局側の裁量を広く保障するものといえる。

GATSの文脈ではなく，ガット20条(a)号の文脈で同用語が検討された事例としては，*China—Publications and Audiovisual Products* 事件(2010年)，*EC—Seal Products* 事件(2014年)，そして *Colombia—Textiles* 事件(2016年)がある。*China—Publications and Audiovisual Products* 事件では，文化関連製品によって公徳が影響を受けることを防止する目的の下で設けられた各種の検閲制度が[120]，*EC—Seal Products* 事件では，動物福祉及び愛護に関する公衆の懸念に対処するために設けられた特定産品の規制措置が[121]，各々(a)号が想定する「公徳」を保護するための措置の射程に入ると判断されている。また，*Colombia—Textiles* 事件では，マネーロンダリングに対処するために

---

116) Charnovitzは，ガットの起草過程においては，公徳の例外が酒精飲料の貿易に関連しうるということ以外に，特に議論は展開されなかったと指摘する。詳細は，Steve Charnovitz, 'The Moral Exception in Trade Policy' (1997) 38 *Virginia Journal of International Law* 689, 705.
117) WTO Panel Report, *United States—Measures Affecting the Cross-Border Supply of Gambling and Betting Services* (*US—Gambling*), WT/DS285/R, adopted 20 April 2005, para. 6.459.
118) *Ibid.*, para. 6.461.
119) *Ibid.*, para. 6.465.
120) WTO Panel Report, *China—Measures Affecting Trading Rights and Distribution Services for Certain Publications and Audiovisual Entertainment Products* (*China—Publications and Audiovisual Products*), WT/DS363/R, adopted 19 January 2010, para. 7.725-7.781.
121) WTO Panel Report, *European Communities—Measures Prohibiting the Importation and Marketing of Seal Products* (*EC—Seal Products*), WT/DS400/R, WT/DS401/R, adopted 18 June 2014, as modified by Appellate Body Reports WT/DS400/AB/R WT/DS401/AB/R, para. 7.409-7.411.

導入された各種の複合関税措置が，コロンビア自国内における「公徳」に対処するための措置として，(a) 号の射程に入るものと判断されている[122]。これらの事例においても，US—Gambling 事件で提示された公徳の基準がそのまま踏襲され，公徳という概念の定義及びその内容に関しては，規制当局側の裁量が広く認められている[123]。

他方，(a) 号の射程内に入る措置と認められるためには，公徳の保護のために「設計 (designed)」されたものであることが証明されなければならない。ここでいう「設計」とは，公徳の保護に一定の貢献を果たすものであればよいとされる。すなわち，「設計」要件というのは，公徳の保護と当該措置が，目的と手段の関係で関連性を有していると判断されることで充足される。もちろん，この貢献度の量的又は質的な側面に関しては，その後の必要性審査でより詳細に検討され，その他の関連要素との比較衡量が予定されている。この「設計」要件は，必要性審査が行われる前の先決的な問題として，当該措置の各号該当性を問うためのものであり，(a) 号の文脈のみならず，その他の各号の審査においても同様に適用されている[124]。

このように，今日までの事例では，公徳の意味や内容につき相当な柔軟性が認められている。しかし，被申立国の主張が誠実なものであるか否かを評価するための適切な基準が，紛争解決機関から提示されていないのは憂慮されるべき点であるとの指摘もある[125]。これは結局，20 条 (a) 号に包摂される規制目的の範囲が無限に拡張されうることを意味するため，きわめて多様な規制措置の根拠として (a) 号が援用される余地を残す[126]。賭博から公序良俗

---

122) WTO Appellate Body Report, *Colombia—Measures Relating to the Importation of Textiles, Apparel and Footwear* (*Colombia—Textiles*), WT/DS461/AB/R and Add.1, adopted 22 June 2016, paras. 5.92–5.93.
123) *EC—Seal Products* Appellate Body Report, para. 5.199.
124) 例えば，(d) 号の審査においても，この「設計」要件が検討されており，同じ法理が適用されている。すなわち，「設計」要件においては，規制目的との関係で貢献があるか否かの問題に関連し，貢献の「程度」は必要性審査の領域で検討が行われる。*Colombia—Textiles*, Appellate Body Report, para. 5.132.
125) Shaffer and Pabian は，上級委員会が被申立国に提出が求められる証拠の範囲及び国内産業が利益を得ているか否かを確認するための関連要素を特定して例示すべきだったと指摘する。Gregory Shaffer and David Pabian, 'European Communities—Measures Prohibiting the Importation and Marketing of Seal Products' (2015) 109(1) *American Journal of International Law* 154, 159.
126) 伊藤一瀬「EC—アザラシ製品の輸入及び販売を禁止する措置 (DS400, 401)——動物福祉のための貿易制限に対する WTO 協定上の規律」(RIETI Policy Discussion Paper Series 15-P-005, 経済産業研究所，2015 年) 34 頁。

を保護するという目的，動物の愛護に関する目的，さらには，国内におけるマネーロンダリングの慣行に対処するという目的が，各々「公徳」を保護するという政策目的の範疇に含まれると判断されているように，公徳の概念は相当な拡張性を有する。特に，これらの政策目的が，ガット20条の限定列挙で明示されているものではないという事実も興味深い。このような基準の下では，加盟国が公徳を理由に，自国民の好き嫌いに基づいて特定の産品をいつでも規制できるようになってしまうとの指摘もある[127]。このような懸念に対し，紛争解決機関が規制措置の仕組み，すなわち，規制措置が国内産品と輸入産品の両方に対し同等に適用されているか否かに焦点を当てることにより，公徳という政策目的の真正さを把握できるであろうとの指摘もなされている[128]。結局，公徳の定義やその内容に関しては，加盟国の広範な裁量が認められるものの，そのような広範な裁量は，必要性審査や柱書審査によって，措置の性質や運用の側面が綿密に検討されることにより，均衡がとられよう。実際，これまで公徳の保護が問題となった4件の事例の中で，最終的に正当化が認められた事例はいまだないという事実は，注目に値する。

(a)号の解釈に関して提起されるもう1つの問題は，「域外適用」的な性質を帯びる規制措置の位置づけである。すなわち，(a)号は，加盟国の域外に向けて適用される規制措置を正当化の対象としうるかという問題である[129]。*EC—Seal Products* 事件において，上級委員会はこの問題が有する（WTO法）体制上の重要性を強調しつつも，紛争当事国の間に特に議論が交わされていないことを理由に，踏み込んで検討はしないとした[130]。同事件で問題となっ

---

127) *See, e.g.*, Conconi and Voon ('Tension') 232, referring to Joost Pauwelyn, 'The Public Morals Exception after Seals: How to Keep It in Check?' (*International Economic Law and Policy Blog*, 27 May 2014), at <http://worldtradelaw.typepad.com/ielpblog/2014/05/the-public-morals-exception-after-seals-how-to-keep-it-in-check.html>.

128) Robert Howse, 'Reply to Joost Pauwelyn' (*International Economic Law and Policy Blog*, 27 May 2014), at <http://worldtradelaw.typepad.com/ielpblog/2014/05/the-public-morals-exception-after-seals-how-to-keep-it-in-check.html>.

129) 実際，この問題は(a)号だけではなく，(b)号や(g)号の文脈においても同様に提起される争点である。

130) *EC—Seal Products*, Appellate Body Report, para. 5.173. 上級委員会は，ECの措置がEUの内外で発生しているアザラシの狩猟行為，そしてその狩猟行為に対するEU内の公徳に対応するためのものであることから，ガット20条(a)号に管轄権上の制限が想定されているかどうか，そしてその制限の性質又は範囲については触れないとした。類似した争点が問われた *US—Shrimp* 事件の上級委員会は，ガット20条(g)号に管轄権上の制限が想定されているかどうか，そしてその制限の性質又は範囲については触れないとしながらも，ウミガメが米国の領海に泳いで出入

たアザラシの狩猟行為は、申立国のカナダ及びノルウェーだけではなく、ECの管轄領域内でも行われていた事情であり、それに対応するための規制措置も非人道的な狩猟方法に対するEC領域内の公徳に関わるものであった。その意味で同事件は、完全に領域外の事柄を対象とした当局の規制措置が、(a)号で正当化されうるかどうかを明確にする事例とはいいがたい。この問題は特に、最終産品に痕跡を残さない産品非関連の生産工程及び生産方法をもって域外の事柄を規制する措置の位置づけとも密接な関連を有する[131]。産品非関連の生産工程及び生産方法をめぐる争点に関しては、節を変えてTBT協定（第4章）の関連部分でより詳細に考察することとしたい。

2.2.2.2 (b)号

(b)号では「人、動物又は植物の生命又は健康の保護のために」必要な規制措置を正当化の対象とする。(b)号は文言上「環境」という用語を明示してはいないが、環境という非貿易的関心事項と貿易価値との間における価値衝突の局面に関連して、よく取り上げられる条文である。このことから(b)号は各号の中でも最も頻繁に援用される条文の1つとなっており、解釈についても事例の蓄積が比較的多い。

まず「人の生命又は健康」に関する事例としては、ガット時代の*Thailand—Cigarettes*事件で、喫煙が人の健康にとって非常に危険であることが認められていることから、タバコの消費を減らすための規制措置は20条(b)号が想定する政策目的の射程に入ると確認されている[132]。*EC—Asbestos*事件では、フランスによって実施されていたアスベスト製品に対する規制措置が、人の生命又は健康を保護するために設計された措置であると認められ、(b)号が想定する政策目的との関連性が肯定されている[133]。*Brazil—Retreaded*

りする移住性生物であることを確認し、同事件の特殊な状況下では、ウミガメと米国の間に「十分な関連（sufficient nexus）」が存在すると指摘するに留めるとした。(g)号における争点の詳細は、*US—Shrimp*, Appellate Body Report, para. 133.

131) Barbara Cooreman, 'Addressing Environmental Concerns through Trade: A Case for Extraterritoriality?' (2016) 35(1) *International and Comparative Law Quarterly* 229, 230.

132) GATT Panel Report, *Thailand—Restrictions on Importation of and Internal Taxes on Cigarettes* (*Thailand—Cigarettes*), DS/10/R, adopted 7 November 1990, BISD 37S/200, para. 73.

133) WTO Panel Report, *EC—Measures Affecting Asbestos and Asbestos-containing Products* (*EC—Asbestos*), WT/DS135/R, adopted 5 April 2001, as modified by Appellate Body Report WT/DS135/AB/R, para. 8.194.

Tyres 事件においても同様に,廃タイヤが蓄積され,放置されているという環境と人の健康に対する危険性との因果関係が認められ,再生タイヤを輸入規制する措置が (b) 号における政策目的の範疇に属すると判断されている[134]。

「動物の生命又は健康」に関しては,未採択ではあるものの,ガット時代の *US—Tuna* 事件[135]で検討が行われ,イルカの生命又は健康を保護するために採用されたマグロの輸入規制措置が (b) 号における政策目的に該当すると確認されている。「植物」に関しては,いまだ本格的に検討がなされた事例はないが,文言に照らして考えるに,生きている植物,ひいては山林及び野生植物群までも含む広い概念であると思われる。「生命又は健康 (life or health)」という文言から推測するに,(b) 号は生きている動物や植物の保護に関する規制措置のみを対象としていると考えられる。これは,有限天然資源のような非生物資源もカバーする (g) 号と対比される点である。

他方,(b) 号に関する事例では,「保護のために (to protect)」という文言の性質についても検討がなされている。*EC—Asbestos* 事件では,人,動物又は植物の生命又は健康の「保護のために」必要な政策は,危険性の存在が前提されるべきとされ[136],規制措置と危険性との関連性が考慮されるべきと指摘されている[137]。規制当局が規制措置と危険性との関連性を証明するために用いる危険性評価は,必ずしも定量的な分析を反映している必要はないとされる。つまり,科学的証拠に基づくものであれば,危険性評価が定性的な分析に基づいているという事実は,ここでいう危険性評価としての適格性に影響を与えない[138]。ここでいう科学的証拠は,必ず科学界における多数説に根拠づけられる必要はなく,非主流の見解に基づくものであっても科学的証拠としての性質の妨げとはならない[139]。

---

134) WTO Panel Report, *Brazil—Measures Affecting Imports of Retreaded Tyres* (*Brazil—Retreaded Tyres*), WT/DS332/R, adopted 17 December 2007, as modified by Appellate Body Report WT/DS332/AB/R, paras. 7.71, 7.82.
135) GATT Panel Report, *Restrictions on Imports of Tuna* (*US—Tuna* (*Mexico*)), DS21/R, 3 September 1991, unadopted, BISD 39S/155, paras. 5.24–5.29.
136) *EC—Asbestos*, Panel Report, para. 8.170.
137) これとは対照的に,(a) 号の文脈においては,危険性の存在が前提される必要はないとされる。(b) 号の下で正当化が問われる規制措置とは違い,危険性評価のような科学的な方法が「公徳」に常に関連するとはいいがたいからである。詳細は,*EC—Seal Products*, Appellate Body Report, para. 5.198.
138) *EC—Asbestos*, Appellate Body Report, para. 167.
139) *Ibid.*, para. 178.

2.2.2.3 (d)号

(d)号は「ガットに反しない法令の遵守を確保するために」必要な措置を対象とする。(d)号は，特定の政策目的を明示する (a)号及び (b)号とは違い，特定の国内法令の「遵守を確保する」ための措置を正当化の対象としているのが特徴的である。法令 (laws or regulations) の例として，関税行政，独占の実施，商標権及び著作権，及び詐欺的慣行の取締りなどが列挙されているが，「含む (including)」という文言が用いられていることから，これらの例示は網羅的なものではない。むしろ様々な政策目的に基づく規制措置が同号の射程に入りうる。すなわち，遵守の確保の対象となる国内法令がガットに反しない限り，それがいかなる政策目的を追求するものであるかは問題とされない。このように (d)号が対象とする政策目的が特定されていないことから，同号は，環境関連の規制措置を正当化するために頻繁に援用されている[140]。

規制措置が (d)号で想定する範疇に属するかどうかの評価には，第1に，正当化が主張される規制措置が，国内法令の遵守を確保するためのものであること，第2に，遵守の確保の対象となる国内法令がガットに反しないこと，の2点が累積的に検討されなければならない[141]。(d)号に関連する論点として，まずは「遵守を確保する措置」という文言が何を意味するかを確認しておく必要がある。*EC—Parts and Components* 事件において，(d)号が国内法令における「義務の履行確保」に関する措置のみを対象とするのか，それとも，法令の「目的の達成を保障」する程度の措置までもカバーするかが争点となったが，パネルは (d)号が想定するのは前者に限るとし，後者は (d)号でいう「遵守を確保する措置」ではないと指摘した[142]。

「法令」の範囲に関しては，*Mexico—Taxes on Soft Drinks* 事件において明確化が試みられている。同事件では，国際条約から生じる義務が (d)号でいう「法令」に該当するか否かが問われたが，上級委員会は「法令」というのは，加盟国の国内法体制の一部をなす諸規則を指すとし，国際条約によって

---

140) Wolfrum, Stoll and Hestermeyer (*Trade in Goods*) 528.
141) WTO Panel Report, *Canada—Measures Relating to Exports of Wheat and Treatment of Imported Grain* (*Canada—Wheat Exports and Grain Imports*), WT/DS276/R, adopted 27 September 2004, para. 6.218.
142) GATT Panel Report, *European Economic Community—Regulation on Imports of Parts and Components* (*EEC—Parts and Components*), L/6657, adopted 16 May 1990, BISD 37S/132, para. 5.17.

生じる義務は，同号が想定する「法令」ではないと指摘した[143]。ただし，これは，加盟国の国際的な義務を同号の射程から自動的に排除するような解釈ではない。すなわち，加盟国が締結した国際条約や規範性を有する国際文書 (international instrument) が，国内法への編入により国内法体系の一部を構成するか，又は国内において直接効果 (direct effect) がある場合には，(d) 号がカバーする「法令」として認められうる[144]。その意味で，特定の国際条約が国内実施のために国内法として変形された場合は，当該法令の遵守を確保するために導入される措置は，同号が想定する類型の措置に該当しうる。他方，特定の国際文書が国内法の一部を構成するという事実は，それだけで，(d) 号でいう「法令」の範囲に該当するような規則，義務，又は要件の存在を証明するとはいえないため，関連の事実や加盟国の国内法体系を各国の事情に照らし，ケースバイケースに判断しなければならない[145]。この点に関しては，国内における国際法の受容，編入，又は変形に関する理論や条約の自己執行性の判断で考慮される様々な基準を参照することが有用であろうが[146]，上級委員会は特に，規範性 (normativity) や特定性 (specificity) といった基準を提示している[147]。もちろん，この点に関しては，さらに詳細な説明がなされる必要があると思われるが，このような解釈は，(d) 号の潜在的な適用範囲を拡大させる効果があろう。すなわち，遵守の確保されるべき「法令」がその性質上国際規範によるものであるという事実は (d) 号の援用に対する妨げとはならないことから，加盟国は，国内法として十分な規範性や特定性を備えていることを前提に，国際法上の義務に照らして，国内規制の正当性を援用できるようになる。この点は，ガット 20 条が明示する，正当化対象の規制目的の限定列挙を克服するための重要な根拠となろう。以上のような解釈がさらに洗練を重ねていくと，長い間懸念されてきた，国際環境法上の義務と WTO 法との間における緊張関係を解消するための有用な手がかりが得られるかも

---

143) WTO Appellate Body Report, *Mexico—Tax Measures on Soft Drinks and Other Beverages* (*Mexico—Taxes on Soft Drinks*), WT/DS308/AB/R, adopted 24 March 2006, para. 71.
144) *Ibid.,* para. 79.
145) *India—Solar Cells*, Appellate Body Report, para. 5.141.
146) Marianna Karttunen and Michael O. Moore, 'India—*Solar Cells*: Trade Rules, Climate Policy, and Sustainable Development Goals' (2018) 17(2) *World Trade Review* 215, 243. さらに，条約の自己執行性に関しては，岩沢雄司『条約の国内適用可能性――いわゆる "SELF-EXECUTING" な条約に関する一考察』(有斐閣，1985 年) を参考のこと。
147) *India—Solar Cells*, Appellate Body Report, para. 5.141.

しれない[148]。

　特定の国際文書が(d)号でいう「法令」に該当するかどうかが問題となった *India—Solar Cells* 事件で被申立国のインドは，WTO設立協定の前文，気候変動枠組条約 (United Nations Framework Convention on Climate Change)，環境と開発に関するリオ宣言 (Rio Declaration on Environment and Development)，及びリオ＋20の成果文書「我々が求める未来 (The Future We Want)」を採択する国連総会の決議 (UN Resolution A/RES/66/288) に含まれている (embodied) 国際法上の義務を挙げながら，これらの国際文書は，そのまま自国内で直接効果があり，その意味で，(d)号でいう「法令」に該当すると主張したが，上級委員会は，インドの主張は受け入れられないとした[149]。ただし，上級委員会の決定は，当該国際文書がインドの国内法体系において直接効果があるという被申立国の主張を否定するものであって，国際文書が原則として同号の射程から排除されるべきことを一般論として示すものではない。

　(d)号が想定する措置に該当するためには，遵守の確保の対象となる法令そのものがガットに反しない必要がある。すなわち，対象となる国内法令は，最恵国待遇や内国民待遇といった無差別原則など，ガットで定められた諸原則に整合的なものでなければならない。この点は事例においても確認されている[150]。

2.2.2.4　(g)号

　20条(g)号では，「有限天然資源 (exhaustible natural resources) の保存」に関する規制措置を正当化の対象とする。有限天然資源を主な関心事項として取り扱っていることから，(g)号は(b)号と同様に，WTO法における貿易価値と環境価値との価値衝突という文脈で，重要な役割を果たす条文として

---

148) 国際環境法とWTO法の抵触の問題に関しては，例えば，Tania Voon 'Sizing Up the WTO: Trade-Environment Conflict and the Kyoto Protocol' (2000) 10(1) *Journal of Transnational Law & Policy* 71, 71-108 を参照。

149) *India—Solar Cells*, Appellate Body Report, paras. 5.138-5.141.

150) *See e.g.*, GATT Panel Report, *Japan—Restrictions on Imports of Certain Agricultural Products* (*Japan—Agricultural Products I*), L/6253, adopted 2 March 1988, BISD 35S/163, para. 5.2.2.3; GATT Panel Report, *United States—Restrictions on Imports of Tuna* (*US—Tuna* (*EEC*)), DS29/R, 16 June 1994, unadopted, para. 5.41; WTO Panel Report, *China—Measures Affecting Imports of Automobile Parts* (*China—Auto Parts*), WT/DS339, 340, 342/R, adopted 12 January 2009, para. 7.296.

認識されてきた[151]。(g)号をめぐるガット・WTO法における環境関連事例の始まりは1980年代に遡るが、ガット時代からWTO時代まで、様々な種類の主題が同号の下で検討されている。(g)号の適用範囲に関しては、「有限天然資源」の内容及び範囲をどのように捉えるべきかという論点が重要である。今日までの事例を見る限り、「有限天然資源」という概念は比較的広く解釈される傾向にあり、紛争解決機関が同概念の具体的な意味や内容を提示するより、紛争当事国の主張をそのまま受け入れる場合も少なくない。

ガット時代の *US—Taxes on Automobiles* 事件では、ガソリン燃料に対する課税措置が問題となったが、紛争当事国の間でガソリン燃料が「有限天然資源」に該当するかについての争いはなく、パネルもガソリンは有限天然資源である石油から生産されるという事実に注目し、当該措置は(g)号が想定する措置に該当すると決定した[152]。*US—Gasoline* 事件においても「有限天然資源」の範囲に関する争点が展開されている。同事件で問題となったのは、輸入ガソリンを差別的に規制する米国の措置であるが、被申立国の米国は「清浄な空気 (clean air)」が「有限天然資源」に該当し、したがって、それを保存するための当該措置は(g)号が想定する措置に該当すると主張した。その一方で、申立国のベネズエラは、(g)号がカバーするのは枯渇しうる有限な (exhaustible) 資源であり、清浄な空気は再生可能な (renewable) 空気の状態にすぎないことから、同号でいう有限天然資源ではないと反論した[153]。これらの主張に対しパネルは、清浄な空気というのはガソリンの消費によって放出される汚染物質によって枯渇しうる資源であり、単に資源が再生可能であるという事実は、それが「有限な」資源であることの妨げとはならないと指摘しながら、清浄な空気を保存するための米国の措置は(g)号が想定する措置に該当すると決定した[154]。

China—Raw Materials 事件では、中国が実施していた特定の原材料に対する輸出規制措置が問題となり、このような措置が(g)号によって正当化されるかが争点となった。中国はこれらの原材料が「有限天然資源」に該当する

---

151) Wolfrum, Stoll and Hestermeyer (*Trade in Goods*) 546.
152) *US—Taxes on Automobiles*, GATT Panel Report, para. 5.57.
153) WTO Panel Report, *United States—Standards for Reformulated and Conventional Gasoline* (*US—Gasoline*), WT/DS2/R, adopted 20 May 1996, as modified by Appellate Body Report WT/DS2/AB/R, paras. 3.59-3.62.
154) *Ibid.*, para. 6.37.

2.2 一般的例外条項（20条） 53

と主張したが，申立国は特に反論を提示せず，パネルも「有限天然資源」の内容や範囲について踏み込んで検討せずに，(g)号におけるその他の争点の検討を進めている[155]。他方，*China—Rare Earths* 事件の申立国は，希土類及びその他の鉱物資源が「有限天然資源」に該当するという点で同意するも，「有限天然資源」は資源の原型 (raw form) の状態に限るとし，(半) 工程された (processed and semi-processed) ものは同概念から除外されるべきと主張した。パネルは，直接にせよ間接にせよ，問題の規制措置が原型の資源を保存する目的を有するのであれば，(g)号の対象を原型の天然資源に限定する必要はなく，本件の解決のために「有限天然資源」という用語の意味や範囲を定義する必要はないとしつつ[156]，同措置が直接に有限天然資源に適用されてはいないものの，それらの資源の保存に関連しうるとの紛争当事国の見解に同意するとし，したがって，同措置は (g) 号が想定する措置に該当すると決定した。

他方，この「有限天然資源」という概念に生物資源も含まれるかについては，議論がなされてきた。(g) 号の文脈で争点となった生物資源は，今日までにマグロ，ニシン，サケ，イルカ及びウミガメが挙げられるが，これらの全ては「有限天然資源」と認められている。ガット時代の *US—Canadian Tuna* 事件では，マグロ群を保存するための措置が (g) 号で想定する措置に該当するかが争点となったが，申立国のカナダはマグロ群が「有限天然資源」に該当するとの米国の主張に同意し，パネルもこの問題に踏み込んで検討せずに，マグロ群が「有限天然資源」に該当すると認めた[157]。その後の *Canada—Herring and Salmon* 事件でも同様に，ニシン及びサケが「有限天然資源」に該当するとのカナダの主張に米国が同意したことから，パネルもこの点を特に考慮せずに，それらを「有限天然資源」と認めている[158]。他方，*US—*

---

155) WTO Panel Reports, *China—Measures Related to the Exportation of Various Raw Materials* (*China—Raw Materials*), WT/DS394/R, Add.1 and Corr.1 / WT/DS395/R, Add.1 and Corr.1 / WT/DS398/R, Add.1 and Corr.1, adopted 22 February 2012, as modified by Appellate Body Reports WT/DS394/AB/R / WT/DS395/AB/R / WT/DS398/AB/R, para. 7.369.
156) *Ibid.*, para. 7.250.
157) GATT Panel Report, *United States—Prohibition of Imports of Tuna and Tuna Products from Canada* (*US—Canadian Tuna*), L/5198, adopted 22 February 1982, BISD 29s/91, para. 3.13.
158) GATT Panel Report, *Canada—Measures Affecting Exports of Unprocessed Herring and Salmon* (*Canada—Herring and Salmon*), L/6268, adopted 22 March 1988, BISD 35S/98, para. 4.4.

Tuna EEC 事件では，イルカが「有限天然資源」に該当するか否かにつき，申立国と被申立国の見解が分かれたが，パネルはイルカが潜在的に絶滅しうることに注目し，イルカ保存の政策的な基盤はイルカが現在絶滅しているか否かによるものではないと指摘しながら，イルカを保存するための政策は「有限天然資源」を保存するための政策に該当すると決定した[159]。

 生物資源が (g) 号でいう「有限天然資源」の概念に含まれるか否かに関しては，US—Shrimp 事件で法理の洗練化が試みられている。申立国のタイ，インド及びパキスタンは，ガットの起草作業時には，20条 (g) 号の適用対象として鉱物資源のような非生物資源のみが想定されていたことを根拠として提示しながら，同事件で問題となったウミガメのような生物資源及び再生可能な資源は，(g) 号でいう「有限天然資源」ではないと主張した。すなわち，申立国の主張の核心は，生物資源は「再生可能」であることから，「有限」でないということである。この主張に対し，上級委員会は，「有限」天然資源と「再生可能な」天然資源は相互排他的な概念ではなく，生物資源も石油，鉄鉱石のような非生物資源と同様に「限定的 (finite)」であると指摘した上で，50年も前に作成された「有限天然資源」という用語は，現代各国が抱えている環境保護についての懸念に照らして解釈されるべきであり，WTO 協定前文の観点から見るに，「天然資源」という一般的用語はその内容及び参照において「静的 (static)」なものではなく，「発展的 (evolutionary)」なものであると力説した[160]。ここで上級委員会は，国連海洋法条約，生物多様性条約，そして移動性野生動物種の保全に関する条約を参照しながら，国際共同体において生物天然資源の保護に関する重要性が承認されていること，そして WTO 協定前文の「持続可能な発展 (sustainable development)」という目的が加盟国から明白に承認されていることに鑑みると，20条 (g) 号がもっぱら鉱物資源及び非生物天然資源のみを指していると解するのは適切でないとし，生物であれ非生物であれ，有限天然資源を保存するための措置は (g) 号の範疇に入ると結論づけた[161]。

 上級委員会から提示された，この「発展的解釈 (evolutionary interpretation)」は，(g) 号の文脈のみならず，20条全般における解釈原則としても重要な意

---

159) *US—Tuna (EEC)*, GATT Panel Report, para. 5.13.
160) *US—Shrimp*, Appellate Body Report, paras. 128–130.
161) *Ibid.*, paras. 130–131.

義がある。「発展的解釈」というものは，解釈の対象となる文言や文脈の性質が静的ではなく，時代の流れや世間の認識によってその意味及び内容が動態的に変動しうることを念頭に置き，そのような動態的な流れを踏まえて文言や文脈を解釈する原則である。この解釈原則によれば，例えば，(a)号における「公徳」の概念にも柔軟性が与えられる余地がある。「公徳」という概念に内在する，場所や時代の流れに応じて動態的に変動しうる性質は，「発展的解釈」によって影響を受ける可能性があろう。この点は，加盟国の国内規制権限の観点からも有意義な争点となる。例えば，人権の現代的な発展に伴い，「公徳」の概念がより拡張的に捉えられる可能性がある。発展的解釈を踏まえて協定の文言及び文脈を解釈するに際して，上級委員会がWTO法以外の国際条約及び国際規範を例示しているのは興味深い。このような上級委員会の態度は，現代的な意味に照らして協定の文言及び文脈を解釈するに当たって，各分野で精緻化され，具体化されている関連の国際規範が持つ重要性を，上級委員会が認識していることを意味すると同時に，国際法という世界でWTO法が孤立していないことを暗黙的に宣言するものである[162]。これは，必要に応じて，WTO法以外の国際条約及び規範性を持つ国際文書が，多方面に参照されうることを示唆する。この点は，本書で後述するとおり，特に紛争解決機関がWTO協定における正当な規制目的の範囲を決定するに際して，重要な糸口となりうる。

2.2.3 各号における審査

2.2.3.1 必要性審査

問題の規制措置が追求する規制目的が各号の(a)号〜(j)号で規定する10種類の政策目的のいずれかに該当する場合，すなわち，各号当該性が肯定された場合は，その次の段階として目的と手段の観点から規制措置と政策目的との関連が問われるという本格的な各号の審査が進められる。20条の(a)号，(b)号又は(d)号の該当性が肯定された規制措置が正当化されるためには，以上のような政策目的を達成するために「必要な」ものでなければならない。規制措置が「必要な」ものであるか否かを問う審査は「必要性審査」と称され，ガット時代から今日まで，紛争解決機関による解釈が蓄積されてきてい

---

[162] Pascal Lamy 'The Place of the WTO and its Law in the International Legal Order' (2006) 17(5) *European Journal of International Law* 969, 980-981.

る。ただし,「必要性審査」に際して紛争解決機関が展開してきた解釈基準は,必ずしも一貫しているとはいえず,「必要性審査」の法的性質が明瞭化されたのも比較的近年のことである。以下ではガット 20 条 (a) 号, (b) 号, そして (d) 号の文脈で行われる「必要性審査」の法的性質を,紛争解決機関が展開してきた解釈基準の変遷過程に照らして考察する。

(a) 伝統的な必要性審査——最小通商阻害性審査

　20 条における必要性の争点が本格的に検討された初めての事例は,1989 年の *US—Section 337* 事件である。その以前の *US—Spring Assemblies* 事件で,「必要性」の意味は「満足的かつ効果的な代替措置 (a satisfactory and effective alternative) が存在しないこと」と理解されるべきであると述べられたことがあったが[163],必要性審査に関して以降の事例で主要な指針となる基準は,*US—Section 337* 事件で初めて提示された。特許を侵害している輸入産品に対して輸入規制手続を規定する米国の 1930 年関税法 337 条が,輸入産品に対してのみ厳格な手続を規定していることから,ガット 3 条 4 項に違反すると判定されたが,被申立国の米国がガット 20 条 (d) 号による正当化を主張したのがその背景である。パネルは,20 条 (d) 号における要件が充たされているか否かを判断するためには,同条でいう「必要な」という用語を解釈する必要があるとし,もし加盟国にとって採用することが合理的に予測可能であった,ガットに非整合的でない代替措置が存在するならば,加盟国はガットに非整合的な措置 (本件措置) を 20 条 (d) 号における「必要な」措置として正当化を主張できないとした[164]。次いで,パネルは,ガットに整合的な措置が「合理的に利用可能 (reasonably available)」でない場合は,加盟国にとって「合理的に利用可能な」措置の中で,最もガットに非整合的な程度の少ない措置を探らなければならない,との見解を提示した[165]。ここでパネルは,規制措置の「保護水準 (実施水準)」についての見解も付け加える。すなわち,上記の解釈基準は,加盟国における実体特許法又はその実施水準が輸入産品と国内産品に同様に適用される限り,「このような実体特許法の実施水準 (level of enforcement) を変更するよう加盟国に求めるものではない」ということであっ

---

163) GATT Panel Report, *United States—Imports of certain Automotive Spring Assemblies* (*US—Spring Assemblies*), BISD 29S/110, adopted 26 May 1983, para. 58.
164) *US—Section 337*, GATT Panel Report, para. 5.26.
165) *Ibid.*

た[166])。これは，加盟国が特定の政策目的を達成するために自ら設定する措置の「保護水準（実施水準）」は，必要性審査によって阻害されないことを意味する。

この解釈基準は，「最小通商阻害性審査 (Least Trade-Restrictive Means (LTRM) Test)」と称され，以降のガット時代及びWTO初期の事例において，必要性審査の標準として踏襲されることになる。例えば，タイが実施していた輸入タバコの輸入規制措置が問題となった *Thailand—Cigarettes* 事件では，公衆の健康保護という政策目的に照らして，タイにとって採用することが合理的に予測可能であった，ガットに整合的又はよりガットに非整合的な程度が少ない代替措置が存在しない場合に限ってのみ，同措置は20条 (b) 号でいう「必要な」措置と認められると指摘されている[167])。WTO体制に入ってから初めて20条における必要性審査が検討された *US—Gasoline* 事件では，輸入ガソリンに不利な待遇を与えるとして，ガット3条に違反すると判定された米国のガソリン基準規則が20条で正当化されるかが争点となったが，パネルは，先例で提示された必要性審査の基準を引用しながら，米国にとって「合理的に利用可能な」ガットに整合的又はよりガットに非整合的な程度が少ない代替措置が存在するか否かが検討されるべきと指摘している[168])。その際に，同事件のパネルは，申立国側から提示された代替措置との比較以外に，潜在的に採用されうる代替措置を自ら提示し，自らそれが加盟国にとって合理的に利用可能なものであるかを立証するアプローチをとっている[169])。

このように，ガット時代及びWTO初期の事例では，必要性審査が「最小通商阻害性審査」として適用され，「合理的に利用可能な」ガットに整合的な又はよりガットに非整合的な程度が少ない代替措置が存在しないこと，という要件を中心に規制措置の必要性が判断されていた。ただし，このような解

---

166) *Ibid.*
167) 最小通商阻害性審査は *US—Section 337* 事件において，ガット20条 (d) 号の解釈の文脈で提示されたものであるが，*Thailand—Cigarettes* 事件のパネルは，20条 (b) 号の文脈においても同審査が同様に適用されうると指摘した。*Thailand—Cigarettes*, GATT Panel Report, p. 21.
168) *US—Gasoline*, Panel Report, paras. 6.25-6.28.
169) *Ibid.*, para. 6.27. ("…slightly stricter overall requirements applied to both domestic and imported gasoline could offset any possibility of an adverse environmental effect from these causes, and allow the United States to achieve its desired level of clean air without discriminating against imported gasoline. Such requirements could be implemented by the United States at any time.")

釈基準に対して，当時加盟国の反応は必ずしも好意的ではなかった。規制措置が「必要な」ものと認められるために，「合理的に利用可能な，ガット整合的な又はよりガットに非整合的な程度が少ない代替措置が存在しないこと」が証明されなければならないという形式そのものは，解釈基準として確立されていたように見えるが，同審査の根幹をなす「合理的に利用可能な」という用語の具体的な定義はこれらの事例ではほとんど提示されておらず，結局，同審査の中身は不明なままとなっていたからである[170]。提示される代替措置が，当局の社会的・政治的・経済的な状況を踏まえて，加盟国の適切な保護水準（実施水準）を確実に保障するものであるかについての考慮も十分になされず[171]，このような解釈の下では，いかなる措置が必要な措置と認められ，いかなる措置が必要な措置と認められないかが定かでないことから，規制当局は予見可能性の面から相当不安定な状態を余儀なくされていた。必要性審査において適用されるべき立証責任の原則にも曖昧さが残されていた。すなわち，上記の先例では，合理的に利用可能な代替措置の提示及び立証が，紛争解決機関の役割となるか，それとも，申立国の役割となるかが判然としない[172]。

一般に，国内における事実関係の評価に関しては，紛争解決機関に比べて規制当局の方がより適切な位置を占めていると考えられることから[173]，国内事情への十分な配慮を欠く当時の最小通商阻害性審査は，紛争解決機関が行使すべき適切な審査権限という観点からも，懸念を残すものであった[174]。必要性審査をめぐるこのような曖昧さと不完全さは，加盟国の観点から「紛争解決機関が国内事情における重要な争点を判断するのに適切な機関であるか」という不信感に繋がり，WTO紛争解決制度それ自体の正当性を疑問視する根拠となるに至った[175]。実際，「最小通商阻害性審査」の運用は，紛争解決

---

170) Catherine Button, *The Power to Protect Trade, Health and Uncertainty in the WTO* (Hart Publishing, 2004) 29; Ming Du, 'Autonomy in Setting Appropriate Level of Protection under WTO' (2010) 13(4) *Journal of International Economic Law* 1077, 1091.
171) Daborah A Osiro, 'GATT/WTO Necessity Analysis: Evolutionary Interpretation and its Impact on the Autonomy of Domestic Regulation' (2002) 29(2) *Legal Issues of Economic Integrations* 123, 127-128; Gisele Kapterian, 'A Critique of the WTO Jurisprudence on "Necessity"' (2010) 59(1) *International and Comparative Law Quarterly* 89, 103.
172) Petros C Mavroidis, *Trade in Goods: The GATT and the Other WTO Agreements Regulating Trade in Goods* (Oxford University Press, 2012) 340.
173) Button (*Power to Protect*) 29.
174) Kapterian ('A Critique') 103.
175) 例えば，WTO Panel Report, *Argentina—Measures Affecting the Export of Bovine Hides and*

機関が規制措置の背後にある真の合理性を熟考するよりも，貿易制限性の少ない措置の探求に固執しているかのように映り，ガット・WTO体制の貿易偏向的な立場を代弁するものとして，当時の学界や市民社会からも猛烈な非難が寄せられていた[176]。このような背景から，紛争解決機関としては，規制措置の保護主義的な運用を防ぎ，貿易自由化という多国間貿易体制の中心的価値を促進しながらも，加盟国からの不信感を払拭し，非貿易的関心事項に関する加盟国の国内規制権限を十分に配慮できるような，さらに洗練された解釈基準を考案することを余儀なくされた。このような展開は以降，「合理的に利用可能な代替措置」に対する新しい解釈基準の導入に繋がる。いわゆる，「比較衡量プロセス」の登場である。

(b) 新しい必要性審査──比較衡量プロセスを含む審査への変遷

ガット時代及びWTO初期の事例で用いられていた「最小通商阻害性審査」には，2001年の *Korea—Beef* 事件において画期的な変化が加えられる。韓国が実施していた，ガット違反と判定された輸入牛肉の流通規制が20条(d)号で正当化されるかが争点となった同事件で，上級委員会は「必要な」の用語に対する自身の見解から検討を進めた。上級委員会は「必要な」という用語が程度(degree)を表す形容詞であり，これは単に「便益(convenience)」を指す場合もあれば，「不可欠(indispensable)」又は「絶対的な物理的必要性(absolute physical necessity)」を指す場合もあるとの辞書的な意味に言及した上で[177]，「不可欠」又は「絶対的に必要な」措置は確実に20条(d)号における要件を充足するだろうが，そうでない措置も依然としてこの例外の範囲に含まれうると指摘した[178]。その意味で，上級委員会は，「必要な」は必要性の幅を指す用語であり，この幅というのは，「不可欠な」措置から「貢献する」措置までの両極からなるが，同条でいう「必要な」は前者により近く位置づけられると説明した[179]。

次いで上級委員会は，不可欠でない措置がそれでも(d)号における「必要

---

the Import of Finished Leather (*Argentina—Bovine Hides*), WT/DS155, adopted 16 February 2001, paras. 8.251-8.252; *see also*, Howse ('20 Years') 48-49.

176) Robert Howse, 'Human Rights in the WTO: Whose Rights? What Humanity? Comments on Petersmann' (2002) 13(3) *European Journal of International Law* 651, 657.

177) *Korea—Beef*, Appellate Body Report, para. 160.

178) *Ibid.*, para. 161.

179) *Ibid.*

な」措置とみなされるかを判断するに際しては，様々な要素を「比較衡量するプロセス (a process of weighing and balancing)」が含まれるべきとし，それらの要素としては，当該措置が法令の遵守にどの程度貢献 (contribution) するか，法令によって保護される共通利益又は価値の重要性 (importance of the common interests or values) はいかなるものであるか，そして法令が輸出入に与える影響 (accompanying impact) はいかなるものであるかなどが挙げられるとした[180]。ここで上級委員会は，「比較衡量プロセス」というのは，「最小通商阻害性審査」における一般的な考慮事項を包摂 (encapsulates) する概念であり[181]，加盟国がWTO協定に整合的な又は非整合的な程度がより少ない代替措置を採用することが合理的に予見可能であったか否かの判断に「含まれる (comprehended)」ものであると付け加えた。他方，上級委員会は，US—Section 337事件を引用しながら，WTO加盟国が適切な実施水準を自由に決定する権利を有することには疑問の余地がないとし，必要性審査の適用によって加盟国が設定する保護水準 (実施水準) は影響されないことを，同事件でも再確認した[182]。

　必要性審査において多様な要素を比較衡量するという同基準は，Korea—Beef事件で初めて提示されたものであり，その意味で同事件は伝統的な必要性審査と新しい必要性審査の分岐点となる事例である。以上のように，上級委員会は，規制措置の必要性を判断する際に，同措置が追求する共通利益又は価値の重要性，その価値の達成に向けた同措置の貢献度，そして同措置による貿易制限性を，比較衡量されるべき関連要素として挙げている。ただし，伝統的な基準である「最小通商阻害性審査」と「比較衡量プロセス」という新しい基準との接点は何であり，2つの基準の関係はどのように捉えられるべきかにつき，Korea—Beef事件は明瞭な説明を提供していない。「比較衡量プロセス」は「最小通商阻害性審査」を代替するために導入されたのか，それとも，補完するために導入されたのかなど，同審査の性質は同事件で明確にされていない。興味深いことに，以上のような上級委員会の説明にもかかわらず，韓国の措置が20条 (d) 号でいう「必要な」措置であるか否かはもっ

---

180) *Ibid.*, para. 164.
181) *Ibid.*, para. 166.
182) *Ibid.*, para. 176 ("It is not open to doubt that Members of the WTO have the right to determine for themselves the level of enforcement of their WTO-consistent laws and regulations.").

ぱら「最小通商阻害性審査」によって判断されている。*Korea—Beef*事件で提示された「比較衡量プロセス」の斬新さにもかかわらず，同審査をめぐる意味及び内容の不明確さは，以降の事例において紛争解決機関が対処すべき重要な課題となる。

その後の*EC—Asbestos*事件 (2001年) では，アスベスト及びアスベストを含む製品の加工，販売，及び輸入を一般的に禁止し，特定の場合に限ってのみ例外としてそれらの使用を許容する旨の政令を実施していたフランスの規制措置が問題となった。カナダは，同規制措置に対する代替措置として「管理された使用 (controlled use)」を提示したが，上級委員会は，本件措置が阻止しようとする危険性を代替措置が完全に排除できないならば，それは事実上フランスが設定した保護水準 (chosen level of protection) を保障する措置とはいえないため，合理的に利用可能なものではないと指摘し[183]，パネルが行った事実認定を根拠に「管理された使用」は，フランスの政策目的を達成できる代替措置ではないと結論づけた[184]。上級委員会は結論を導き出すに際し，代替措置が合理的に利用可能なものであるか否かの判断には，行政的な困難さ以外にも様々な要素が考慮されなければならないと指摘しつつ[185]，*Korea—Beef*事件でなされた「価値の重要性」への言及を引用しながら，本件措置が保護しようとする価値は「人の生命及び健康を保護すること」であり，これは「最高位に死活的で重要な (vital and important in the highest degree)」価値であることを確認した[186]。

この事例は，2019年の時点で，各号の必要性審査と柱書の要件の両方を充たすことにより，20条の文脈で最終的な正当化が認められた唯一の事例である (DSU21条5項による履行確認手続を除く)。本件では，*Korea—Beef*事件で強調された比較衡量が引用されているが，残念ながら「最小通商阻害性審査」と「比較衡量プロセス」の関係は依然として不明確なままとなっている。上級委員会の論理構成を見ると，比較衡量の対象となる3つの関連要素の1つである「価値の重要性」が先に確認され，「価値の重要性」が肯定されてから最終的に検討されるべき問題として，そのような価値を同等に達成する「合

---

183) *EC—Asbestos*, Appellate Body Report, para. 174.
184) *Ibid.*
185) *Ibid.*, para. 170.
186) *Ibid.*, para. 172.

理的に利用可能な」代替措置の存在が探られる構造となっている。ただし，「価値の重要性」に対する評価が必要性審査の全般にどのような影響を及ぼすかは，この時点で明確にされていない。すなわち，「価値の重要性」が肯定されたが故に代替措置との比較検討に移行したのか，それとも「価値の重要性」に対する評価にかかわらず必要性審査の結論は常に「最小通商阻害性審査」によって導き出されるべきなのかが定かでないのである。他方，加盟国が設定する「保護水準」についての上級委員会の説明は注目に値する。上級委員会によると，代替措置が本件措置と同等な保護水準を保障するものでない場合は，それがいかに貿易制限性の少ないものであっても，「合理的に利用可能な」ものとして認められない。これは，ガット時代からしばしば指摘されていた，紛争解決機関の貿易偏向的な立場にはっきりと決別を告げる説明として評価できよう[187]。本件では，加盟国が保護水準の根拠として用いる危険性評価が，定量的な方法でなされる必要は必ずしもないと確認され[188]，危険性評価に用いられる科学的根拠も多数説に依拠する必要はないと確認されている[189]。このような解釈は，加盟国の国内規制権限に一定の柔軟性を付与する。このような紛争解決機関の立場は，以降の事例においても踏襲されている。特に，この点は，本書の第6章及び第7章でも詳細に触れるが，SPS協定における審査基準や解釈基準の発展動向とも密接な関連がある。

 US—Gambling 事件 (2005年) では，必要性審査の意味及び内容がさらに具体化されていく。同事件では，ガット20条ではなく，GATS14条 (a) 号の文脈で必要性審査が行われたが，紛争解決機関はGATS14条とガット20条が一般的例外条項という文脈で同じ文言を用いていることから，ガット20条の文脈で発展してきた解釈基準を本件でも適用できると指摘した[190]。アンティグアからインターネット経由で行われる遠隔地越境賭博サービスに対する米国の規制措置が，GATS14条 (a) 号によって正当化されるかが争われた同事件で，上級委員会は必要性審査の一般的性質を次のように説示した。上級委員会によると，「比較衡量プロセス」というのは，WTO協定に整合的な

---

[187] Kapterian ('A Critique') 109.
[188] *EC—Asbestos*, Appellate Body Report, para. 167.
[189] *Ibid.*, para. 178.
[190] WTO Appellate Body Report, *United States—Measures Affecting the Cross-Border Supply of Gambling and Betting Services* (*US—Gambling*), WT/DS285/AB/R, adopted 20 April 2005, para. 156.

又は非整合的な程度がより少ない代替措置を採用することが加盟国にとって合理的に予測可能であったか否かの判断に含まれる審査であり、同審査は規制措置が追求する「価値の相対的な重要性 (relative importance of the interests or values)」の評価から始まる作業と理解される[191]。「価値の重要性」が確認されたならば、その他の関連要素が比較衡量され、この比較衡量プロセスの「後の段階」として、問題の規制措置と代替措置との比較検討が行われる[192]。結局、規制措置の必要性は、加盟国が追求する「価値の重要性」に照らして、「比較衡量プロセス」及び「代替措置の検討」を土台に評価される、ということである。同事件は、上級委員会が「比較衡量プロセス」と「最小通商阻害性審査」との関係に触れるに際して、「後の段階」という表現を用い、両審査の順序について示唆している点から、両審査の接点又は関係性が明らかになり始めた事例と評価できよう[193]。同事件では「合理的に利用可能な代替措置」の意味及び内容、そして代替措置の提示をめぐる立証責任の配分についての上級委員会の説明も提示されている。これらの争点については、節を変えて具体的に検討することとしたい。

必要性審査の意味及び内容がさらに具体化されている事例としては、*Brazil—Retreaded Tyres* 事件 (2007年) が挙げられる。同事件では、ブラジルが実施していた再生タイヤに対する輸入規制措置が、20条 (b) 号及び (d) 号によって正当化されるかが争点となった。上級委員会は「比較衡量プロセス」と「最小通商阻害性審査」の関係を説明するに際し、必要性審査においては、まず問題の「価値の重要性」に照らして、措置の貢献度や貿易制限性のような関連要素がともに検討されなければならないとし、もし検討の結果、当該措置が必要な措置であるとの「仮の結論 (preliminary conclusion)」が導き出されたら、この「仮の結論」は当該措置の貢献度を同等に保障する、より貿易制限性の少ない代替措置が存在するか否かの検討によって「確定 (confirmed)」されると説明した[194]。上級委員会によると、「比較衡量」というのは、必要

---

191) *Ibid.*, paras. 304-306.
192) *Ibid.*, para. 307 ("A comparison between the challenged measure and possible alternatives should then be undertaken, and the results of such comparison should be considered in the light of the importance of the interests at issue.").
193) この点を含めて、ガット20条の変遷過程については、邵洪範「ガット第二〇条における必要性審査についての批判的考察」『国家学会雑誌』第129巻第3・4号 (2016年) 321-389頁。
194) WTO Appellate Body Report, *Brazil—Measures Affecting Imports of Retreaded Tyres* (*Brazil—Retreaded Tyres*), WT/DS332/AB/R, adopted 17 December 2007, para. 156.

性審査の「総合的な結論 (overall judgement)」を導き出すために，関連する変数を個別的に検討した上で，それらを一緒に取り込み，互いの関係に照らして評価する「全体的な作業 (holistic operation)」である[195]。他方，同事件では，比較衡量される関連要素の1つであるところの，措置の貢献度についての説明も提示されている。上級委員会は措置の貢献度が必ず定量的な方法で評価される必要はないと指摘しながらも[196]，規制措置は目的の達成に「実質的な貢献度 (material contribution)」を有しなければならないとも付け加えている[197]。

Brazil—Retreaded Tyres 事件で示された必要性審査の一般的性質は，*China—Publications and Audiovisual Products* 事件 (2009年) でさらに明瞭化されている。同事件の上級委員会は，先例で踏襲されてきた必要性審査の動向に触れた後，これらの事例では様々な要素を比較衡量する「順次的なプロセス (sequential process)」が示唆されていると述べながら[198]，関連要素の比較衡量によって導き出された「仮の結論」を「中間結果 (intermediate findings)」と位置づけている。すなわち，比較衡量プロセスによって導き出される結論と必要性審査そのものの結論 (a final conclusion) との区別を強調しているのである[199]。「中間結果」という表現は同事件で初めて用いられた表現であり，必要性審査の法的構造の理解という意味で重要な意義がある[200]。他方で，同事件では「比較衡量プロセス」を通じて必要な措置としての「仮の結論」が肯定されない措置，すなわち「中間結果」が肯定されない措置は，その後の代替措置との比較検討の段階に移行しないという関係が示唆されている[201]。このような説明も「比較衡量プロセス」と「最小通商阻害性審査」の接点，そして各々が果たす機能の理解という意味で重要な手がかりとなる。

EC—Seal Products 事件 (2014年) においても，先例で踏襲されてきた必要性審査の一般的性質が確かめられている。同事件では，アザラシ及びアザラシから製造された製品を EC の域内で輸入及び販売を禁止する EC の規制措

---

195) *Ibid.*, para. 182.
196) *Ibid.*, para. 145.
197) *Ibid.*, para. 151.
198) *China—Publications and Audiovisual Products*, Appellate Body Report, paras. 242-248.
199) 邵「必要性審査」354頁。
200) Filippo Fontanelli, 'Necessity Killed the GATT—Art XX GATT and the Misleading Rhetoric about "Weighing and Balancing"' (2012) 5(2) *European Journal of Legal Studies* 35, 51.
201) 関根豪政「GATT 第20条における必要性要件の考察——比較衡量プロセスの内容と意義に関する検討」『日本国際経済法学会年報』第19号 (2010年) 178頁。

置が，20条 (a) 号で正当化されるかが争点となった。パネルの段階においては，「比較衡量プロセス」と「最小通商阻害性審査」の関係につき，前者の「仮の結論」的な性質と，「仮の結論」が後者によって最終的に「確定」されるという *Brazil—Retreaded Tyres* 事件の説明とが再確認され[202]，さらには代替措置が提示されない限り，「比較衡量プロセス」を充たした措置は「暫定的に必要な」措置とみなされるとの説明もなされている[203]。上級委員会もパネルの見解が全体として誤りではないとしている[204]。比較衡量の対象となる措置の貢献度については，仮定に基づく定性的な方法によっても評価できることが確認され[205]，*Brazil—Retreaded Tyres* 事件における解釈が踏襲されているが，他方，同事件でなされた「実質的な貢献度」という表現については，パネルがそれを1つの最小限の要件とみなし，措置の貢献度が一定の基準点を充たさなければならないと解釈したのに対し[206]，上級委員会はそのような解釈を拒否し，措置の貢献度は必要性審査の下で考慮される関連要素の1つにすぎないと強調している[207]。すなわち，措置の貢献度はあくまで「比較衡量プロセス」において，その他の関連要素との比較に照らして考慮されるべきものであり，貢献度の「実質性」が独立したかつ個別的な要件として求められるわけではないということである[208]。

Colombia—Textiles 事件（2016年）においても，必要性審査の順次的な構成は踏襲されている。コロンビアが実施していた，国内のマネーロンダリングの問題に対処するために導入された複合関税措置がガット20条 (d) 号で正当化されるかどうかが問われた同事件で，上級委員会は，上記の先例を参照しながら，措置が追求する価値の重要性に照らして措置の貢献度と貿易制限性を検討した上で，代替措置との検討に移行するという順次的な審査により措置の必要性を検討すべきと説明している。特に，上級委員会は，このような審査の枠組みが全体的な比較衡量を構成するものとして，その有用性を強

---

[202] *EC—Seal Products*, Panel Report, para. 7.630.
[203] *Ibid.*, para. 7.639.
[204] *EC—Seal Products*, Appellate Body Report, para. 5.289.
[205] *Ibid.*, paras. 5.221, 5.224.
[206] *EC—Seal Products*, Panel Report, para. 7.636.
[207] *EC—Seal Products*, Appellate Body Report, para. 5.215.
[208] Gabrielle Marceau, 'A Comment of the Appellate Body Report in *EC—Seal Products* in the Context of the Trade and Environment Debate' (2014) 23(3) *Review of European Community and International Environmental Law* 318, 324.

調している[209]。

(c) 必要性審査の現在（評価）

　*Korea—Beef*事件で「比較衡量プロセス」が初めて導入されて以来、その意味及び内容の詳細をめぐり、学界では様々な議論が行われてきた。必要性審査において、関連要素を比較衡量するプロセスが要求されるとの説明が同事件でなされたにもかかわらず、それが具体的にどのような作業を意味するかは、明快に説明されなかったからである。同事件では「比較衡量プロセス」というのが、「最小通商阻害性審査」における考慮事項を包摂すると同時に、「最小通商阻害性審査」に含まれると説明されている。これは一体何を意味するのだろうか。*Korea—Beef*事件では、比較衡量プロセスが最小通商阻害性審査との関係で、どのように作用するかが明確にされておらず、さらに、比較衡量プロセスで考慮されるべき関連要素、すなわち、措置が追求する価値の重要性、措置の貢献度、そして措置の貿易制限的な影響の各々については、追求する共通利益又は価値がより重要で死活的なものであればあるほど必要な措置とみなされやすい[210]、措置の貢献度が大きければ大きいほど必要な措置とみなされやすい[211]、輸入産品に対する影響が比較的に軽い措置は極めて広範な貿易制限性を伴う措置より必要なものとみなされやすい[212]、といったごく抽象的な説明に留まっており、その具体的な意味及び内容は検討されていなかった。

　ただし、*Korea—Beef*事件以来の展開を見ると、必要性審査における「比較衡量プロセス」の位置づけや「最小通商阻害性審査」との接点が徐々に明瞭になってきていることが分かる。現在は両審査の関係を、必要性審査を支える2段階の順次的な審査として理解しても無理はないと考えられる。*US—Gambling*事件で両者の審査が有する順序関係が示唆されて以来、*Brazil—Retreaded Tyres*事件では、「比較衡量プロセス」の結果が必要性審査における「仮の結論」を構成することが確認され、*China—Publications and Audiovisual Products*事件では、そのような「仮の結論」が「中間結果」に該当すると確認されている。そのような審査の順次的な構成は、近年の*EC—Seal*

---

209) *Colombia—Textiles*, Appellate Body Report, paras. 5.71-5.75.
210) *Korea—Beef*, Appellate Body Report, para. 162.
211) *Ibid.*, para. 163.
212) *Ibid.*

Products 事件及び *Colombia—Textiles* 事件でも踏襲されている。

　この「仮の結論」及び「中間結果」という表現はどう理解すべきだろうか。先例で確認されている必要性審査に照らして考えるに,「比較衡量プロセス」というのは,必要性審査の主役となる「最小通商阻害性審査」に移行する前に,一応の必要性が肯定されえない措置を事前に「ふるい落とす」機能を果たすと思われる。すなわち,代替措置との比較検討に先立ち,貢献度を全く有しない規制措置,例えば,規制目的を達成するために必要であると主張される措置が,実際には規制目的と何らかの関連性も有しない場合や無意味である場合など,必要性審査を明らかに充たしえない措置を事前に排除する過程なのである。もしこの段階で一応の必要性が否定される場合,すなわち,仮の結論が肯定されない場合は,規制当局による一応の証明の失敗として,当該措置の必要性審査はその時点で終了することになる。*China—Publications and Audiovisual Products* 事件で示されている解釈もそのような両者の関係を裏付けている[213]。「ふるい機能」のほかに,「比較衡量プロセス」でなされる関連要素の検討は,その後の最小通商阻害性審査に「情報を提供する」機能も果たす。「比較衡量プロセス」で得られた情報を土台に申立国は代替措置を提示することになり,合理的に利用可能な代替措置の存在が本格的に確かめられる。

　比較衡量プロセスによって仮の結論が肯定された,一応の必要性を充足する規制措置は,申立国が提示する代替措置との比較によって,その必要性が「確定」される。「最小通商阻害性審査」においては,申立国が提示する代替措置が合理的に利用可能なものであるか否かが主たる争点となる。上記のとおり,ガット時代及び WTO 初期の事例では「合理的に利用可能な」という用語の意味及び内容に,不明確さが多く残されていたが,事例の蓄積によってその意味及び内容がさらに明瞭化・洗練化されてきている。上級委員会によると,被申立国にとって実行困難な措置,措置が費用的又は技術的な面から,被申立国にとって不当な負担となる場合など,その性質が単に理論上のものにすぎない措置は「合理的に利用可能な」代替措置と認められない[214]。他方,*China—Publications and Audiovisual Products* 事件では,代替措置を採用することによって,追加的な行政的費用又は制度的な変化が発生するという事実だけでは,合理的な利用可能性の妨げとはならないことも確認されて

---

[213]　*China—Publications and Audiovisual Products*, Panel Report, para. 7.869.
[214]　*US—Gambling*, Appellate Body Report, para. 308.

いる[215]。*EC—Seal Products*事件では，規制当局ではなく，産業側が直面する過度な費用負担や遵守の困難さの故に，合理的な利用可能性が否定される可能性も原則として排除されないとされている[216]。すなわち，代替措置によって発生する過度な費用負担や遵守の困難さが産業側による当該措置への遵守能力に影響を与えると判断されるときは，合理的に利用可能な代替措置として認められない可能性がある。

　*US—Gambling*事件では，代替措置の提示をめぐる立証責任の原則が確認され，これは今や必要性審査における一般原則として確立している。上級委員会によると，合理的に利用可能な代替措置が存在しないことを被申立国が先に立証する必要はなく[217]，被申立国が本件措置に代替しうる，より貿易制限性の少ない代替措置の全てを自ら網羅し，これらもろもろの措置が合目的的でないことを立証する必要はないとされる[218]。被申立国としては問題の措置が「必要な」ものであるとの一応の証明を尽くすだけで十分である[219]。ただし，もし申立国がWTO協定に整合的な代替措置を提示する場合には，ここで立証責任が転換され，被申立国はなぜ提示された代替措置が合理的に利用可能でないかを立証する立場に置かれる。追求する利益又は価値に照らして，提示された代替措置が合理的に利用可能でないことを被申立国が証明できれば，問題の措置は各号でいう「必要な」措置と認められる[220]。上記のとおり，ガット時代及びWTO初期の事例においては，代替措置の提示をめぐる立証責任の関係が必ずしも明確ではなかったため，合理的に利用可能な代替措置の提示及び立証が，紛争解決機関の役割となるか，それとも申立国の役割となるかが判然としない状態であった[221]。紛争解決機関が「合理的に利用可能な」という用語を徐々に具体化し，代替措置の提示をめぐる立証責任の原則を明確にしたことは，必要性審査の明瞭化という意味で非常に大きな

---

215) *China—Publications and Audiovisual Products*, Appellate Body Report, para. 327.
216) *EC—Seal Products*, Appellate Body Report, para. 5.277.
217) *US—Gambling*, Appellate Body Report, para. 309.
218) *Ibid.*
219) *Ibid.*, para. 310.
220) *Ibid.*, para. 311.
221) *Thailand—Cigarettes*事件のように，パネルが代替措置を提示し，自らその合理的な利用可能性を立証した場合もあれば，代替措置を提示する責任が申立国に課された場合もあるなど，統一された立証責任の基準が確立されたとはいえない状態であった。詳細は，Mavroidis (*Trade in Goods*) 340.

2.2 一般的例外条項(20条)

成果であるといえる[222]。

申立国が提示する代替措置が合理的に利用可能なものと認められるには，基本的に，問題の措置との比較で少なくとも同等な貢献度を有する必要があると同時に，より貿易制限性の少ないものでなければならない。特定の利益又は価値に措置がどの程度貢献するかは，措置に設定されている保護水準とも密接な関連がある。要するに，申立国が提示する代替措置は，加盟国の保護水準を同等に保障すると同時に，WTO法に非整合的な程度がより少ないものでなければならない。事例によると，措置の貢献度というのは，定量化される必要はなく，定性的な分析によっても把握できるとされる[223]。ただし，貢献度が「実質的」であることを要件とした*Brazil—Retreaded Tyres*事例をきっかけに，貢献度という要素に一定の最小限の要件が課されるかのように理解されたこともあったが[224]，上記のとおり，*EC—Seal Products*事件の上級委員会はそのような解釈を拒否し，貢献度の実質性のみが独立した要件として求められるわけではないことを明らかにしている[225]。すなわち，貢献度が少ないと判断される場合にも，比較衡量される貿易制限性も大きくないならば，同条でいう必要性が充足される可能性がある[226]。

国際貿易に対する貿易制限性(trade-restrictiveness)という要素も比較衡量プロセス及び最小通商阻害性審査において核心的な役割を果たすことになるが[227]，その明確な定義はいまだ提示されていない[228]。貿易制限性という概念

---

222) 上級委員会は，紛争当事国から直接に特定又は提示されてもいない代替措置を検討したパネルの審査が誤りであると指摘している。詳細は，*US—Gambling*, Appellate Body Report, para. 308.
223) *Brazil—Retreaded Tyres*, Appellate Body Report, para. 145.
224) *EC—Seal Products*, Panel Report, para. 7.636.
225) *EC—Seal Products*, Appellate Body Report, para. 5.215.
226) *Colombia—Textiles*, Appellate Body Report, para. 5.77 ("Whether a particular degree of contribution is sufficient for a measure to be considered 'necessary' cannot be answered in isolation from an assessment of the degree of the measure's trade-restrictiveness and of the relative importance of the interest or value at stake. For example, a measure making a limited contribution to protecting public morals may be justified under Article XX(a) in circumstances where the measure has only a very low trade-restrictive impact, taking into account the importance of the specific interest or value at stake.").
227) 規制措置によってもたらされる貿易制限性は，比較衡量プロセスを通じて仮の結論が導き出される際に，規制措置の貢献度と比較衡量される。他方，最小通商阻害性審査においては，規制措置によってもたらされる貿易制限性が申立国から提示される代替措置の貿易制限性と比較検討される。
228) 貿易制限性は，検討される条項の性質によって，その定義や内容も変わりうる。詳細は，

自体が，用いられる WTO 法の文脈に応じて異なって解釈される余地を残すが[229]，ガット 20 条の必要性審査においては，既に違法性が判定されたガットの義務条項の性質に照らして，貿易制限性の性質が把握されるべきと考える[230]。例えば，必要性審査の対象となる措置がガット 3 条 4 項に違反すると判定された，いわば，差別的な措置である場合は，このような差別によって輸入産品に与えられている貿易制限的な効果又は貿易歪曲的な効果が，この文脈で密接な関連要素となろう[231]。必要性審査の下では，合理的に利用可能な代替措置は，このような貿易制限性に照らして検討されなければならない。他方，紛争解決機関は，頻繁に「WTO 協定に整合的な又は非整合的な程度がより少ない代替措置」という表現を用いているが，この「(非) 整合性 (consistency)」という用語はこの文脈において重要な論点となりうる。「WTO 協定に非整合的な程度がより少ない」代替措置の有無が問われるという意味で，合理的に利用可能な代替措置というのが，問題の措置に比べて貿易制限性が少ないだけではなく，より差別的でない必要もあると解釈される余地があるからである[232]。

そこで，必要性審査の文脈で検討されるべきなのは貿易制限性のみであるか，それとも措置によってもたらされる差別も含まれるか，という争点が浮上する。Bartels は，事例の推移を見る限り，この争点は 2 つの方向に向かって展開されてきたと指摘する[233]。1 つ目は，*Thailand—Cigarettes* (*Philippines*) 事件のように，もっぱら措置の差別に照らして必要性審査を行うアプローチ

Tania Voon, 'Exploring the Meaning of Trade-Restrictiveness in the WTO' (2015) 14(3) *World Trade Review* 451, 455–457.

229) 適用される WTO 法の文脈によっては，貿易制限性が市場における競争機会の観点から把握され，差別的な効果に照らして理解される場合もあれば，輸入割当のように純粋に市場アクセスの観点から把握される場合もある。Voon は，差別的な効果と貿易制限性は同一視されるべきではないと指摘する。TBT 協定では，TBT 措置の差別的な効果を 2 条 1 項で，TBT 措置の貿易制限性を 2 条 2 項で各々規律対象としており，先例では，2 条 1 項に違反する TBT 措置，すなわち，差別的な TBT 措置が，自動的に 2 条 2 項でいう必要である以上に貿易制限的な TBT 措置になるとはいえないと解されている。その意味で，措置によってもたらされる差別的な効果は貿易制限性の十分条件ではない。国内産品に対する同様の規制を伴う輸入規制は，差別的な効果があるとはいえないが，依然として貿易制限性をもたらす。詳細は，Voon ('Exploring') 474–475.

230) *Ibid.*, 464.

231) *Korea—Beef*, Appellate Body Report, para. 163

232) Lorand Bartels, 'The Chapeau of the General Exceptions in the WTO GATT and GATS Agreements: A Reconstruction' (2015) 109(1) *American Journal of International Law* 95, 106.

233) *Ibid.*, 107.

である[234]。2つ目は、その他の事例で踏襲されているように、もっぱら貿易制限性のみに焦点を当てて必要性審査を行うアプローチである。*Thailand—Cigarettes* (*Philippines*) 事件を除けば、上級委員会は、一般に貿易制限性のみをもって必要性審査を行う立場をとってきている[235]。Bartels は、以下の理由を根拠として挙げながら、必要性審査では措置の差別が考慮されるべきではないと主張する。第1は、20条の柱書で、措置の差別に対処するための別途の要件を設けているからである[236]。すなわち、柱書では、措置が「恣意的又は不当な差別」の手段となるような方法で適用されないことを要件とし、主に措置の差別に焦点を当てている。第2に、特定の措置は、論理的に「より貿易制限性の少ない措置」と「より差別的でない措置」の両基準を同時に充たしえない場合がある[237]。*Brazil—Retreaded Tyres* 事件で問題となった措置がその例である。ブラジルとしては、輸入規制の対象を MERCOSUR 諸国にまで拡大して適用するという、より非差別的な選択肢があったが、仮にこのような選択肢が合理的に利用可能な代替措置と認められるならば、必然的に国際貿易に対する「より貿易制限的な」措置を伴うことになる。この場合、より非差別的な措置が、むしろ必要である以上に貿易制限的な措置となり、必要性審査の根幹をなす「最小通商阻害性審査」と矛盾する結果となる。その意味で、上級委員会が必要性審査の文脈でもっぱら貿易制限性のみを考慮し、措置の差別への対処は柱書の役割とするアプローチをとったのは正しい解釈であると思われる[238]。このような解釈は、TBT 協定との一貫性の観点からも肯定できる。TBT 協定は、後述のとおり、2条1項で措置の無差別を、2条2項で貿易制限性の必要性を、各々独立した義務要件として定めている。このような TBT 協定上の区分は、WTO 協定における一貫したかつ調和的な解釈の観点から、ガットの解釈においても意味が与えられるべきと考える。

ただし、紛争解決機関が用いる方法論の側面から、必要性審査に曖昧さが残されていることも指摘しなければならない。措置の貢献度という要素と貿易制限性という要素は、必要性審査の「仮の結論」を導き出すために比較衡

---

234) *See Thailand—Cigarettes* (*Philippines*), Appellate Body Report, para. 179.
235) Bartels ('Chapeau') 107.
236) *Ibid.*, 108.
237) *Ibid.*
238) *Ibid.*

量されなければならないが，先例では，これら2つの要素がどのように比較衡量されるべきかにつき，明確な説明が提供されていない[239]。今日までの先例では，両者がいかなる基準に沿って比較衡量され，なぜ，措置の貢献度が貿易制限性に勝ることになるのか又は劣ることになるのかについての詳細は提示されておらず，むしろ紛争解決機関がこの問題を恣意的に取り扱っているような印象さえ与えられる。特に，*Brazil—Retreaded Tyres*事件で示され，その後の事例でも踏襲されているように，紛争解決機関は措置の貢献度を定性的な形で検討する方法も肯定しているが，この場合，比較衡量というのは非常に不可解なものとなる恐れがある。もちろん，このような解釈は厳密な定量的証拠の提示を義務づけられないという意味で，規制当局の負担を軽減させる面があるが，結局，両要素がどのように比較衡量されるべきかについての方法論の不在は，必要性審査の予見可能性及び一貫性を損ない，紛争解決機関による恣意が入り込む余地を残す[240]。

「比較衡量プロセス」が必要性審査における「仮の結論」を導き出すための段階であること，そして同プロセスで得られた情報が「最小通商阻害性審査」における重要な証拠となることを考えると，比較衡量に関する適切な方法論及び指針の提示は，紛争解決機関が今後抱えていく重要な課題となろう[241]。加盟国の国内規制権限の観点から，厳密な定量的証拠の提示を強いる解釈には無理がある。その意味で必要性審査における客観性の確保はある程度犠牲になる側面があるとしても，紛争解決機関が審理過程で許容される定性的な証拠の例及び証拠として求められる程度などの基準を自ら説示し，説明を加えることは，手続的な面でWTO紛争解決制度の予見可能性を向上させる効果があると考える。他方，*Colombia—Textiles*事件で示されているように，措置の貢献度及び貿易制限性が十分明確な形で評価できない場合には，比較衡量そのものが実現不可能な状態となり，紛争解決機関が適切な審査を行えない状況が発生しうる[242]。そのような状況は，多くの場合，当事国から提出

---

[239] 関根「GATT第20条」175-176頁。関根は，*Brazil—Retreaded Tyres*事件においては，何を手がかりにして両要素が比較衡量されているかが定かでなく，*China—Publications and Audiovisual Products*事件においては，貢献度の評価と仮の結論との関係が明確にされていないと指摘する。

[240] 客観性を担保できない現在の紛争解決機関のアプローチについての批判的考察は，特に，Chad P Bown and Joel P Trachtman, 'Brazil—Measures Affecting Imports of Retreaded Tyres: A Balancing Act' (2009) 8(1) *World Trade Review* 85, 125-126を参照のこと。

[241] 邵「必要性審査」369-370頁。

された資料の不明確さに起因する。その意味で，比較衡量に関する紛争解決機関の方法論の問題とは別に，当事国としては，紛争解決機関が明確な審査を行えるような情報又は証拠を積極的に提出する必要があると思われる。当事国，特に被申立国としては，問題の措置が規制目的に貢献する又は貢献しうることを抽象的に述べるよりは，措置がどの程度貢献をし，どの程度の貿易制限性を伴うかを，できる限り正確な形で示すのが望ましいと考える。

　曖昧さが残されているもう1つの争点は，「比較衡量プロセス」で考慮される「価値の重要性」の役割である。価値の重要性という要素は誰の視点から評価され，どのように必要性審査に投影されるべきかという争点は特に加盟国の国内規制権限の観点からも重要である。今日までの事例を見ると，価値の重要性がその他の関連要素と直接に比較衡量されるという，厳密な意味での「費用便益審査」の一環として適用されてはいないように思われる[243]。実際，現在までの事例の中で，措置が追求する価値の重要性が否定されたことは皆無であり，措置の貢献度や貿易制限性との比較衡量を通じて，当該価値を追求する加盟国の権利が否定されたこともない。ただし，価値の重要性が必要性審査の全般において，黙示的に加盟国の主張や論証に適用される審査基準や立証基準の厳格さと連動しうることを指摘する見解も存在する。要するに，加盟国が追求する価値が比較的重要でないと判断される場合は，加盟国の保護水準についての審査がより厳格になる傾向があるとの主張である[244]。

---

242) *Colombia—Textiles*, Appellate Body Report, para. 5.149 ("Without sufficient clarity in respect of these factors, a proper weighing and balancing that could yield a conclusion that the measure is 'necessary' could not be conducted. In the light of these considerations, the Panel's findings support the conclusion that Colombia has not demonstrated that the conclusion resulting from a weighing and balancing exercise is that the measure at issue is 'necessary' to secure compliance with Article 323 of Colombia's Criminal Code.").

243) 比較衡量プロセスが導入された当時は，これが価値の重要性，措置の貢献度，そして措置の貿易制限性を総合的に比較衡量するという「費用便益分析 (cost-benefit analysis)」又は「狭義 (*stricto sensu*) の比例性原則」の到来を意味すると理解した見解も少なくなかったが，その後の事例の動向を見てみると，価値の重要性が措置の貢献度及び貿易制限性と直接的に比較衡量されていないことが分かる。比較衡量プロセスを「費用便益分析」又は「狭義の比例性原則」として理解した当時の研究については，Marceau and Trachtman ('A Map of the World Trade Organization Law 2002'), 826-828, 851-853; Button (*Power to Protect*) 35 を参照。他方，比較衡量プロセスを「狭義の比例性原則」として理解するのは妥当ではなく，望ましくもないとの見解については，Donald H Regan, 'The Meaning of "Necessary" in GATT Article XX and GATS Article XIV: The Myth of Cost-Benefit Balancing' (2007) 6(3) *World Trade Review* 347, 347-369 を参照のこと。

244) Alan O Sykes, 'The Least Restrictive Means' (2003) 70 *The University of Chicago Law*

それに関連してよく取り上げられる事例としては，*Korea—Beef* 事件と *EC—Asbestos* 事件がある。*Korea—Beef* 事件の上級委員会は，同事件で問題となった韓国の措置の保護水準が，韓国が主張するとおりの，小売店で販売される牛肉の原産地に対する詐欺的慣行の「完全な排除」ではなく，そのような詐欺的慣行を「かなり減らす程度」にすぎないと指摘し，韓国が主張する「保護水準」を自らの判断で低めるような態度を見せる一方[245]，*EC—Asbestos* 事件では，フランスの主張をそのまま受け入れ，フランスが主張する保護水準，すなわち，危険性の「完全な排除」を基準にして，代替措置との比較を行う態度を見せている[246]。価値の重要性についての評価と審査の厳格さとの関係に注目する識者は，「詐欺的慣行の防止」のように，措置が追求する価値が相対的に重要でないと判断される場合には，加盟国が設定する保護水準についての審査が厳しくなる傾向が黙示的に示されていると指摘する[247]。

　US—Gambling 事件の上級委員会は，比較衡量プロセスは措置が追求する価値の「相対的な (relative)」重要性についての評価から始まると述べている[248]。価値の相対的な重要性というのは一体何を意味するのだろうか。結局，紛争解決機関はガット20条で列挙する政策目的の各々に優先順位が想定されており，その優先順位に応じて審査の厳格さも変動しうることを意味しているのだろうか。もしそうであれば，そのようなアプローチは，WTO法の法的構造からどう評価すべきだろうか。そもそも，そのようなアプローチは妥当であろうか[249]。そのようなアプローチの下では，加盟国が設定する「保護水準」の聖域的な性質も紛争解決機関の主観的な価値判断によって影響を受ける恐れがある。

　そのようなアプローチ（もし紛争解決機関がそう意図しているのであれば）は，WTO法の構造的な側面から考えても，紛争解決機関が一体どのような方法論に依拠して価値の相対的な重要性を判断できるかという疑問に繋がる[250]。

Review 403, 416.
245) *Korea—Beef,* Appellate Body Report, para. 178.
246) Kapterian ('A Critique') 109.
247) Du ('Autonomy in Setting') 1100–1101.
248) *US—Gambling,* Appellate Body Report, paras. 304–306.
249) Greert V Calster, 'Faites Vos Jeux-Regulatory Autonomy and the World Trade Organization after *Brazil Tyres'* (2008) 20(1) *Journal of Environmental Law* 121, 136.
250) Benn McGrady, 'Necessity Exceptions in WTO Law: Retreaded Tyres, Regulatory Purpose and Cumulative Regulatory Measures' (2009) 12(1) *Journal of International Economic Law* 153, 163.

価値の普遍的な性質や国際法における位置づけに照らして，優先順位を想定することは不可能ではないとしても，WTOの加盟国は多様であり，その文化的又は倫理的な背景も様々であることを考えると，画一的な基準に基づいて価値判断を下すのは適切ではなかろう。法体制の根底をなす様々な価値の順位確立は，立憲的な意味での正当性を要するが，紛争解決機関がWTO体制における価値の優先順位を確立するための正当な資格を有しているとはいいがたい[251]。紛争解決機関の役割を定める「紛争解決に係る規則及び手続に関する了解 (DSU)」でもそのような積極的な任務は定められてはいない。WTO体制は「消極的な統合体 (negative integration)」であり，各加盟国の国内で擁護される価値の多様性を犠牲にしてまで，画一的な価値順位を確立しようとする体制ではないのである。紛争解決機関の主観的な価値判断によって変動しうる解釈基準は，むしろガット20条が導入された趣旨や目的を損なう可能性がある[252]。加盟国が設定する保護水準についての評価に紛争解決機関の主観的な価値判断が入り込んでしまうと，必要性審査の一貫性を損ない，その結果，加盟国の国内規制権限及び政策的な裁量を不当に制限する方向で審査が行われる余地を生じさせる[253]。

現在までの事例で，適切と認める保護水準を決定する加盟国の権利は，根本的な原則と位置づけられ[254]，必要性審査で無条件に認められてきており，このような権利は紛争解決機関の価値判断によって妨げられないとされている。20条で正当化の対象とされている政策目的が並列的に列挙されている構造自体が，起草作業時にそれらの政策目的の各々の重要性が既に評価され，それが加盟国によっても承認されたことを意味するため，問題の措置の各号当該性が肯定される時点で，政策目的の相対的な重要性は紛争解決機関の審査範囲を超える問題となる[255]。その意味で，20条で「必要な」という表現が用いられ，正当化の対象と明示されている政策目的は，少なくとも必要性審査の下で価値の重要性という文脈では同等に重要なものと捉えられ[256]，一貫

---

[251] さらに，この点に関する論点は，Robert Howse and Elisabeth Tuerk, 'The WTO Impact on Internal Regulations—A Case Study of the Canada—EC Asbestos Dispute' in Gráinne Búrca and Joanne Scott (eds), *The EU and the WTO: Legal and Constitutional Issues* (2003) 326 も参照。

[252] Ibid.

[253] Du ('Autonomy in Setting') 1101.

[254] *Brazil—Retreaded Tyres*, Appellate Body Report, para. 210.

[255] Kapterian ('A Critique') 119.

した審査基準が適用されることが望ましいと考えられる。原則として加盟国が設定する保護水準は固定された要素として捉えられ，そのような保護水準に照らして，貿易制限性がより少ない代替措置の存在を確かめることが必要性審査の本質なのである。

　それでは，価値の重要性を含む関連要素の比較衡量は一体何を意味するだろうか。事例の発展動向を見て考えるに，価値の重要性という要素は結局，加盟国が設定する保護水準に投影されるものであり，価値の重要性を含む比較衡量というのも，代替措置が同価値の達成水準を同等に保障するか，すなわち，同等な保護水準を有しているかどうかを問う形でなされる。上級委員会も代替措置との比較検討が，価値の重要性に照らして行われるべきことを確認している[257]。その意味で，価値の重要性が措置の貢献度（保護水準）や貿易制限性と直接ぶつかり合い，相互相殺するような意味で比較衡量はされないものの，代替措置の貢献度（保護水準）との比較検討の文脈で，重要な基準点となるといえる。

　他方で，適切と認める保護水準を自由に設定する加盟国の権利は，実際にどの程度の保護水準が設定されているかを確認する紛争解決機関の審査権限を原則として妨げない。実際にどの程度の保護水準が設定されているかは，問題の措置がどの程度規制目的に貢献しているか，すなわち，その*実際の貢献度*を確認することによって客観的に評価できる。保護水準についての審査の厳格さが，価値の相対的な重要性によって変動しうるとの根拠として挙げられた *Korea—Beef* 事件も，実は韓国の措置がもたらす実際の貢献度を確認した結果，韓国の表面上の主張とは違い，それより低い保護水準が設定されていたことを，上級委員会が確認しているにすぎないと理解するのも可能である。すなわち，価値の相対的な重要性とは別に，主張される保護水準が本当にそうであるかどうかは，措置によってもたらされる実際の貢献度に照らして把握できるのである。このような理解は，価値の相対的な重要性という抽象的な概念に左右されることなく，より客観性の保たれた必要性審査を可能にする。

　US—Gambling 事件でなされた，「比較衡量プロセスは措置が追求する価値の『相対的な』重要性の評価から始まる」との説明が何を意味するかは必ず

---

256)　McGrady ('Necessity Exceptions') 162.
257)　*US—Gambling*, Appellate Body Report, para. 307.

しも明確ではないが，上記のとおり，WTO法の法的性質から鑑みるに，価値の相対的な重要性は，保護水準についての審査を厳格に行う根拠とはなりえないと考えられる。ただし，この点は，ガット20条の文言やWTO法体制の根本的な性質によって導かれる理論的な説明であり，その意味で，紛争解決機関が価値の相対的な重要性に照らして審査を行うことが望ましいか，それとも望ましくないかを論じるものにすぎない。すなわち，以上の説明にもかかわらず，紛争解決手続の実行において，直感的に非常に重要であると認識される価値に直面する紛争解決機関の構成員一人一人が，心的負担をもってより慎重に審査基準を適用する可能性を原則として排除するものではない。要するに，人の生命又は健康の保護のような，異論の余地のない重要な価値が問題となる場合や関わっている保護利益が非常に大きいと判断される場合に，紛争解決機関が規制当局の立証基準を緩和させたり，黙示的に加盟国の国内決定に敬譲を与えるように審査を行ったりする可能性を排除するものではない[258]。この問題は，いわゆる審査基準，すなわち，紛争解決機関が加盟国の国内決定を評価する際に適用する審査の強度及び厳格さに関連する争点である。WTO法における審査基準の詳細は第7章で論じることにしたい[259]。

問題の措置が「比較衡量プロセス」及び「最小通商阻害性審査」における要件を充足できた場合，当該措置は「暫定的に正当化」されたものとみなされ，柱書の審査により最終的な正当化の可否が確定される。

2.2.3.2 関連性審査

ガットに一応違反すると判断された規制措置がガット20条(g)号によって正当化されるためには，規制措置が有限天然資源の保存に「関する(relating to)」ものでなければならない。ガット20条の各号は，関連する政策目的ごとに各々異なる用語を用いて規制措置と政策目的の関連を評価するが，*Canada—Herring and Salmon* 事件のパネルは，「関する」という用語は「必要な」という用語と同一でないことから，「関する」措置は必要性審査を充足す

---

[258] Bown and Trachtman は，*Brazil—Retreaded Tyres* 事件で問題となった規制措置が，人の生命又は健康の保護に関するものであることから，紛争解決機関がそれを意識して，比較的緩やかな基準に基づいて関連要素を比較衡量しているのではないかと指摘する。詳細は，Bown and Trachtman ('A Balancing Act') 129-131.

[259] 主にSPS協定の文脈で発展した審査基準の法理は，ガット20条の解釈にも様々な影響を与えている。この点に関しては，本書の第6章における議論を参照のこと。

る必要は必ずしもないと指摘しながら,「関する」措置というのは,有限天然資源の保存を「主な目的とする (primarily aimed at)」ものであるとした[260]。「主な目的とする」という要件は,その後の事例においても「関する」の解釈基準として踏襲されることになる。US—Gasoline 事件の上級委員会は,「主な目的とする」という用語自体は協定の用語ではないと指摘しながらも[261],Canada—Herring and Salmon 事件を引用し,それが (g) 号の文脈で適用されるべき解釈基準であることを確認している[262]。

　(g) 号における「関する」を「主な目的とする」と解するアプローチは,US—Shrimp 事件でさらに具体化されている。US—Shrimp 事件の上級委員会は,措置が有限天然資源の保存に「関する」措置であるかどうかを決定する際には,当該措置と有限天然資源を保存するという正当な政策との「関連性 (relationship)」を検討すべきと指摘し[263],US—Gasoline 事件を引きつつ,規制措置と政策目的との「密接かつ真正な目的と手段の関係 (close and genuine relationship of ends and means)」を強調した[264]。この「密接かつ真正な目的と手段の関係」という要件は,既存の「主な目的とする」の基準を発展させるものと理解されており[265],以降の事例において,この「密接かつ真正な目的と手段の関係」という用語は,(g) 号における「関する」の基準として踏襲されている[266]。

　ガット 20 条 (g) 号の文言自体は,同号の基準を必ずしも詳細にしていないが,上級委員会は適切な評価のためには,問題の措置の設計及び構造についての精査が重要であると強調している[267]。上級委員会によると,措置の設計及び構造に基づく評価は客観的なものであり,それは加盟国の措置が宣言

---

[260] *Canada—Herring and Salmon*, GATT Panel Report, para. 4.6.
[261] *US—Gasoline*, Appellate Body Report, p. 19.
[262] *Ibid.*, p. 18.
[263] *US—Shrimp*, Appellate Body Report, para. 135.
[264] *Ibid.*, para. 136.
[265] Marceau and Trachtman ('A Map of the World Trade Organization Law 2014') 375; Eric W Bond and Joel P Trachtman, 'China-Rare Earths: Export Restrictions and the Limits of Textual Interpretation' (2016) 15(2) *World Trade Review* 189, 203.
[266] *China—Raw Materials*, Appellate Body Report, para. 355; WTO Appellate Body Reports, *China—Measures Related to the Exportation of Rare Earths, Tungsten, and Molybdenum* (*China—Rare Earths*), WT/DS431/AB/R / WT/DS432/AB/R / WT/DS433/AB/R, adopted 29 August 2014, para. 5.90.
[267] *Ibid.*, para. 5.96.

される目的どおりに機能しているか否かを評価するのに役に立つという[268]。例えば，有限天然資源の保存の目的を遂行すると宣言された措置が，措置の設計及び構造の精査を通じて，実際にはそのような目的を遂行できていないと判断される場合もある[269]。規制措置が単に偶発的に有限天然資源の保存を資するにすぎないときは，(g)号でいう「関する」措置とはいえない[270]。さらに，措置の設計及び構造についての精査は，措置が適用されている関連の市場の状況に照らして行われるべきであり[271]，同様の文脈において実施される国内措置が存在するか否か，そして当該措置がどのように国内の生産及び消費に適用されているかについての検討は，「関する」要件の審査で重要な要素となる[272]。

　ガット20条(g)号の審査は，全体的な(holistic)評価を伴うものであり，保存の対象となる有限天然資源の種類及び保存政策の性質など，様々な事実的又は法的な文脈に照らして，ケースバイケースに行われる[273]。もちろん，パネルとしては加盟国の主張や用語選択に配慮する必要があろうが，パネルは自らの審査を当該措置の文言に限定する必要はなく，当該措置についての規制当局の性格づけを疑わずに受け入れる必要もない[274]。

　他方，ガット20条(g)号の要件を充足するには，当該措置が有限天然資源の保存に「関する」措置であること以外に，当該措置が「国内の生産又は消費に対する制限と関連して効果的であること(made effective in conjunction with domestic restrictions)」が求められる。*US—Gasoline* 事件の上級委員会は，この文言を，規制措置が輸入産品のみならず，国内産品に対しても同様に適用されるべき要件として理解すべきとし，その意味で同要件は，加盟国が有限天然資源の保存という名の下で規制措置を採用する際に，有限天然資源の生産又は消費に対する「公平性(even-handedness)」を確保するよう求めるものであるとした[275]。上級委員会によると，「効果的である(made effective)」という用語が法制度の文脈で使われるときは，措置が「実施される」，「採用

---

268) *Ibid.*
269) *Ibid.*
270) *Ibid.*, para. 5.90.
271) *Ibid.*, para. 5.97.
272) *Ibid.*, para. 5.90.
273) *Ibid.*, para. 5.95.
274) *Ibid.*
275) *US—Gasoline*, Appellate Body Report, pp. 20–21.

される」、又は「適用される」という意味になる[276]。この「効果的である」という要件は、常に「実証的な効果審査 (empirical effects test)」を伴うとはいえないが[277]、措置による予測可能な効果 (predictable effects) は関連要素として参考になる[278]。同号にいう「関連して (in conjunction with)」という用語は「ともに又は共同で (together, jointly with)」と定義され、以上の解釈を総合的にまとめると、「国内の生産又は消費に対する制限と関連して効果的であること」という要件は、「貿易規制が国内の生産又は消費に対する規制と共同で実施されるべき要件」と理解できる[279]。

他方、*China—Raw Materials* 事件のパネルは、これに加えて、規制措置の「目的」に、国内の生産又は消費に対しても効果的な制限を行う加盟国の意向が示されている必要があるとしたが、上級委員会はそのような解釈を拒否し、貿易規制が国内の生産又は消費に対する規制と共同で実施されていることが証明されれば、同要件は充足されるとした[280]。

以上を要約すること、ガット 20 条 (g) 号の審査では、全体的に 2 つの要件が検討される[281]。第 1 に、規制措置が有限天然資源の保存に「関する」措置であるか否か、第 2 に、規制措置が国内の生産又は消費に関連して効果的に実施されているか否かが累積的に検討される。ガット 20 条 (g) 号の審査は、一見して (a) 号、(b) 号、そして (d) 号の文脈で行われる「必要性審査」に比べると、厳しい基準ではないように思われる。ただし、これまでの事例で (g) 号の要件が常に充足されているわけではない。*China—Raw Materials* 事件では、ガット 11 条 1 項に違反すると判定されたボーキサイト等の原材料に対する輸出規制が、ガット 20 条 (g) 号により正当化されるかが争われたが、パネルは、当該規制の設計及び構造に原材料を保存するという目的が示されているとはいえず、原材料の保護政策を意図しているとは思えないとし、総合的に判断するに[282]、当該規制が有限天然資源の保存に「関する」もので

---

276) *China—Raw Materials*, Appellate Body Report, para. 356.
277) その理由として上級委員会は、第 1 に、因果関係の確認が容易でないこと、第 2 に、当該措置に起因する効果が現れるには、相当の時間の経過が必要な場合があることを指摘している。詳細は、*China—Rare Earths*, Appellate Body Report, para. 5.98.
278) *Ibid.*, para. 5.100.
279) *China—Raw Materials*, Appellate Body Report, para. 356.
280) *Ibid.*, paras. 360-361.
281) (g) 号の審査の全般的な流れに関しては、Steve Charnovitz, 'The WTO's Environmental Progress' (2007) 10(3) *Journal of International Economic Law* 685, 699-702 も参照。
282) *China—Raw Materials*, Panel Report, paras. 7.418-7.434.

はないと結論づけた[283]。*China—Rare Earths* 事件でも同様に，パネルは，希土類鉱物の輸出規制により，これらの鉱物に対する需要が減少するはずであるとの中国の主張は説得力を欠いていると指摘しながら，その意味で当該措置は有限天然資源の保存に「関する」ものではなく，むしろ，国内消費のために希土類鉱物を確保することを目的とするものであると指摘した[284]。輸出規制に関する法令そのものに希土類を保存するという目的が示されているとの中国の主張についても，パネルは同様に，中国の主張には説得力が足りないとして「関連性審査」を充たしえないと指摘し[285]，当該規制の設計，構造，構成及び関連の国内規制の動向を総合的に鑑みるに，当該規制はガット20条 (g) 号で正当化されるものではないと結論づけた[286]。パネルの結論は，上級委員会の段階でいくつかの修正が加えられたが[287]，中国の規制措置がガット20条 (g) 号で正当化されないとの最終的な結論は支持されている[288]。

2.2.4　柱書における審査

2.2.4.1　一　般

　ガット20条は「この協定の規定は，締約国が次のいずれかの措置を利用すること又は実施することを妨げるものと解してはならない。ただし，それらの措置を，同様の条件の下にある諸国の間において恣意的若しくは正当と認められない差別待遇の手段となるような方法で又は国際貿易の偽装された制限となるような方法で，適用しないことを条件とする」と定める柱書を置いている。柱書では，規制措置が「恣意的又は不当な差別」として適用されないこと，そして「国際貿易に対する偽装された制限」として適用されないこ

---

283) *Ibid.*, para. 7.435.
284) WTO Panel Reports, *China—Measures Related to the Exportation of Rare Earths, Tungsten, and Molybdenum* (*China—Rare Earths*), WT/DS431/R and Add.1 / WT/DS432/R and Add.1 / WT/DS433/R and Add.1, adopted 29 August 2014, upheld by Appellate Body Reports WT/DS431/AB/R / WT/DS432/AB/R / WT/DS433/AB/R, para. 7.601 ("Rather than 'relating to the conservation of exhaustible natural resources', then, China's export quota on rare earths seems designed to reserve amounts of rare earth products for domestic consumption.").
285) *Ibid.*, para. 7.602.
286) *Ibid.*, para. 7.614.
287) パネルは「関連して効果的である」の要件を検討するに際して，「公平性 (even-handedness)」という要素を独立した要件として捉えたが，上級委員会は，そのような解釈は誤りであるとした。詳細は，*China—Rare Earths*, Appellate Body Report, para. 5.127.
288) *Ibid.*, para. 5.252.

とが要件とされている。各号段階の必要性審査では規制措置の貢献度及び貿易制限性などの関連要素が価値の重要性に照らして比較衡量される「比較衡量プロセス」と合理的に利用可能な代替措置の有無が問われる「最小通商阻害性審査」とが主な争点となるのに対し，柱書では，主に規制措置からもたらされる差別的な効果に焦点が当てられる。

　一般に，ガット20条柱書の目的は権利濫用の防止にあるとされる。ガット20条の起草過程においては，非貿易的関心事項を理由とする例外の重要性を締約国が認識するも，その無条件の適用，すなわち，権利の濫用が懸念されていた。正当な目的の下で行使される締約国の権利を保障しながら，その権利の無条件な行使を牽制するために考案されたのが，柱書の規定である[289]。US—Shrimp事件の上級委員会は，柱書が信義則の表れであり，この一般原則の適用は権利濫用を防止する機能を果たすと説示しながら[290]，柱書を適用及び解釈する作業は，ガット20条の下で例外を援用する加盟国の権利と，ガットの様々な実体的規定の下で保障される他の加盟国の権利との間における均衡点 (line of equilibrium) を探るという精緻な作業であると説明した。ガット20条を適用及び解釈する作業は，衝突しうるこれら両者の権利が相殺されることなく，加盟国の権利及び義務を損なうことのないようにする機能を果たす[291]。ここでいう均衡点は，固定された概念ではなく，規制措置の種類及び形態に応じ，変わりうるものとされる[292]。他方，権利の濫用防止原則，そして加盟国の権利及び義務の間における均衡点の探求は，柱書固有の特性ではない。加盟国の国内規制権限及びその限界の位置づけに関わってくるという意味で，この均衡点という概念は，むしろガット20条全般を貫く原則である[293]。一般に柱書の要件は，問題の規制措置の実体と手続との両面に適用さ

---

[289] 起草歴史に関する経緯については，General Agreement on Tariffs and Trade, *Guide to GATT Law and Practice: Analytical Index* (Geneva 6th ed, 1994), 563-564; 邵「必要性審査」324-325頁も参照。

[290] *US—Shrimp*, Appellate Body Report, para. 158.

[291] Ibid.

[292] Ibid.

[293] Bartels ('Chapeau') 101-104. Bartelsは，権利の濫用防止原則及び加盟国の権利と義務の均衡点を探るというガット20条柱書の機能を，柱書特有の性質として理解するのは妥当ではないと指摘する。彼は，そのような理解の仕方は，上級委員会が「措置自体」と「措置の適用」を概念上区分していることに起因する誤解であると指摘する。さらに，彼はその意味で，ガット20条の構造を各号と柱書との順次的な枠組みとして理解する必要はなく，両者とも水平的な要件として認識するべきであり，紛争解決機関が問題となっている政策目的との関係で，より具体的か

れるが[294]，各号段階の要件を充たした規制措置が権利の濫用に該当しないことを示す立証責任は，例外を援用する被申立国の負担となる[295]。

　長期間にわたって，柱書の審査では措置が適用される態様に焦点が当てられ，各号の審査では措置そのものに焦点が当てられるべきという二分法が確立されてきた。このような区分は，US—Gasoline 事件の上級委員会が示した定式に起因するものである。同事件の上級委員会は，「柱書はその明示的な文言上，問題の措置又はその詳細な内容よりも，むしろ措置が適用される態様を取り扱う」との見解を示している[296]。このような区分は，US—Shrimp 事件においてより明瞭になっている。同事件の上級委員会は，措置の適用とは区別される措置の一般的な設計については，柱書の審査より以前に行われる各号段階において検討されるべき事柄であると説明している[297]。すなわち，上級委員会は，措置そのものと措置が適用される態様とを区分し，この区分をもって各号又は柱書の機能を区別するという定式を強調しているのである。このような区分は，20条の柱書で明示されている「適用しないこと (not applied) を条件とする」という文言に着目したものと考えられる。このような説明は，概念上「適用されていない」抽象的な形態の措置と，それが「適用された」措置に分類されることを意味するが，1つの措置をこのように人為的に区分するのが妥当であるかは疑問である[298]。実際，US—Gasoline 事件

つ特殊な要件を定める各号を先に検討するのは司法経済の一環にすぎないと主張する。後述するとおり，「措置自体」と「措置の適用」とを厳密に区分し，前者は各号段階にのみ，後者は柱書にのみ関連するという既存の見解は適切でないということが先例によって明らかになっている。ただし，彼が主張するとおり，両者の審査が概念上水平的なものと位置づけられるとしても，紛争解決機関は，審査の順序として，各号を先に検討する方法を強く勧めている。20条の審査における2段階の順序を強く勧める上級委員会の見解については，WTO Appellate Body Report, *Indonesia—Importation of Horticultural Products, Animals and Animal Products* (*Indonesia—Import Licensing Regimes*), WT/DS477/AB/R, WT/DS478/AB/R, and Add.1, adopted 22 November 2017, para. 5.100 を参照。

294)　*US—Shrimp*, Appellate Body Report, para. 160.
295)　*US—Gasoline*, Appellate Body Report, pp. 22-23; *EC—Seal Products*, Appellate Body Report, para. 5.297.
296)　*US—Gasoline*, Appellate Body Report, p. 22 ("The chapeau by its express terms addresses, not so much the questioned measure or its specific contents as such, but rather the manner in which that measure is applied.").
297)　*US—Shrimp*, Appellate Body Report, para. 116. ("… general design of a measure, as distinguished from its application, is …to be examined in the course of determining whether that measure falls within one or another of the paragraphs of Article XX following the chapeau.").
298)　Bartels ('Chapeau') 99.

及び US—Shrimp 事件で示された区分にもかかわらず，その後の事例では以上のような概念上の区分が実質的には大きな意義を有しないことが明らかになっている。例えば，China—Rare Earths 事件の上級委員会は，パネルが措置の設計のみならず，予想される効果など，その他の証拠を精査し，当該措置が有限天然資源の保存に関するものであるか否かを審査すべきと指摘している[299]。すなわち，ガット 20 条の各号段階（「関する」審査）において措置の設計だけではなく，実際に適用される態様が考慮要素として参考になりうることが示唆されているのである。同様の意味で，EC—Seal Products 事件では，規制措置が柱書の要件を充たしているかどうかを判断するための実証的な証拠が十分でないことから，上級委員会は，措置の設計，構成，そして，明らかになった構造に基づき，措置による実際上の適用又は期待される適用を検討している[300]。ここでは，各号段階で検討される（べきとされる）措置そのものの内容，すなわち，措置の設計，構成，そして明らかになった構造が，柱書の文脈で参考になりうることを上級委員会が自ら肯定しているのである。近年の事例で示される解釈から鑑みるに，上級委員会が説明している「措置の一般的な設計」と「措置が適用される態様」との区分は，決して厳密な意味での区分ではないと思われる。すなわち，「措置の一般的な設計」と「措置が適用される態様」とは，各号段階と柱書段階の役割を厳密に区分する根拠とはなりえない。「措置の一般的な設計」は各号で，「措置が適用される態様」は柱書で検討されるという厳密な区分は，近年の事例で示されている紛争解決機関の態度と整合的でない。むしろ，上級委員会が意図している区分は，措置が検討される文脈に応じて重点的に考慮されるべき証拠類型の区分であると思われる[301]。EC—Seal Products 事件で説明されているように，規制措置が適用される態様は，当該措置の設計，構成，そして明らかになった構造

---

299) *China—Rare Earths*, Appellate Body Report, paras. 5.113, 5.138 ("Moreover, while panels are not required to examine empirical or actual effects in their assessment of whether a measure 'relates to' conservation within the meaning of Article XX (g), panels are not precluded from doing so.").

300) *EC—Seal Products*, Appellate Body Report, para. 5.302 ("It is thus relevant to consider the design, architecture, and revealing structure of a measure in order to establish whether the measure, in its actual or expected application, constitutes a means of arbitrary or unjustifiable discrimination between countries where the same conditions prevail.").

301) Arwel Davies, 'Interpreting the Chapeau of GATT Article XX in Light of the "New" Approach in *Brazil-Tyres*' (2009) 43(3) *Journal of World Trade* 507, 529-530; *see also* Bartels ('Chapeau') 101.

から切り離せない概念であり[302]，措置の一般的な設計と措置が適用される態様とは，両方とも原則として各号及び柱書の審査における有意義な考慮事項となる。その意味で，措置が適用される態様に焦点が当てられるとされる柱書の審査を，措置それ自体に対する検証を原則として排除するようなものとして理解してはならない。

柱書で争点となるのは，措置による差別が「恣意的又は不当な差別」に該当するかどうか，そしてこのような差別が「同様の条件の下にある諸国の間で」生じているかどうかである。これに加え，規制措置が「国際貿易に対する偽装された制限」であるかどうかが検討されなければならない。柱書の審査を通るには，これらの要件全てが充たされなければならない[303]。以下では，これらの要件を個別的に検討する。今までの先例を見る限り，US—Shrimp 事件以外の事例では，「恣意的な差別」と「不当な差別」とが同じ文脈で検討される傾向にあり，特に「不当な差別」を中心に柱書の要件が検討されていることから，本書では両者の要件を同じ文脈で一緒に検討する。

2.2.4.2 恣意的又は不当な差別

各号と同様に，柱書の文言も相当抽象的であり，何が「恣意的な差別」に該当するか又は何が「正当と認められない差別」に該当するかについては詳細にされていないことから，20条の文言だけでは，なかなかその具体的な意味を把握することは困難である。柱書における要件の意味及び内容も結局は，紛争解決機関の実行において踏襲されてきた解釈を参考にするしかないように思われるが，WTO初期の事例を見てみると，紛争解決機関は柱書の要件についての明確な基準を提示するというよりも，かなりケースバイケースに同要件を解釈していることが分かる。

柱書の解釈が初めて本格的に試みられたのは US—Gasoline 事件である。同事件では，米国がガソリン基準規則を用い輸入ガソリンに対する画一的な統一基準を採用したことが，柱書の要件と整合的であるかどうかが問題となった。輸入ガソリンに統一基準を採用した理由として，米国は（より非差別的な）

---

[302] *EC—Seal Products*, Appellate Body Report, para. 5.302.
[303] この点は，上級委員会が恣意的又は不当な差別の存在を肯定した後，当該措置が国際貿易に対する偽装された制限を構成するか否かについては追加的に検討していないことからも分かる。詳細は，*US—Shrimp*, Appellate Body Report, para. 184.

個別基準の採用によって発生する様々な行政的な問題を提示したが，上級委員会は，米国が個別基準の採用によって潜在的に発生しうる行政的な問題を緩和するための適切な手段を講じておらず，特に申立国であるベネズエラ及びブラジル政府との協力を図っていないと指摘した。さらに，上級委員会は，統一基準の適用によってもたらされる，ガソリン輸入業者への費用負担を米国が適切に考慮しなかったことを指摘し，以上の2点によってもたらされている差別的な効果は偶発的又は不可避なものでなく，予想可能なものであったことから，当該措置は「不当な差別」及び「国際貿易に対する偽装された制限」に該当すると結論づけた[304]。ここで上級委員会は，柱書審査の定型を示すというよりも，「以上の2点の問題は，パネルが同措置のガット3条4項違反を決定するに必要な（根拠の）程度を遥かに超えるものと見られる」と説明している。すなわち，上級委員会の解釈は，パネルが3条4項の文脈で行った審査から実質的に離れるものではなかった。同事件の上級委員会は，「恣意的な差別」，「不当な差別」並びに「国際貿易に対する偽装された制限」の3つの要件が相互に意味を分かち合う関係にあり，それらは必ずしも全面的に重複する概念ではないものの，密接な関連があると確認している[305]。ただし，何が「恣意的又は不当な差別」に該当するか，そしてどのような基準に照らしてそれらの要件が解釈されるべきかについては明確にされていない。

その後の *US—Shrimp* 事件では，米国の措置が「不当な差別」に該当するか否かの決定に際し，次のような事項が考慮されている。米国の措置はその適用の面において，①申立国側の国内事情を十分に配慮するものではなく，米国自身が採用する制度と同じ制度（ウミガメ除去装置（Turtle Excluder Devices, TEDs））を採用するよう他国を強いるものであり，米国の承認なしには関連のエビ産品が米国の市場から排除されてしまうこと[306]，②米国が輸入規制を実施する前に申立国等のエビ輸出国とともにウミガメの保護のための2国間又は多国間協定に向けた交渉に真剣に臨んでいないこと[307]，③他国の制度が米国からの承認を受けるために付与される経過期間が国ごとに異なっていたこと[308]，そして，④TEDsの技術移転において米国が尽くした努力の差異が加

---

304) *US—Gasoline*, Appellate Body Report, pp. 28-29.
305) *Ibid.*, p. 25.
306) *US—Shrimp*, Appellate Body Report, paras. 161-165.
307) *Ibid.*, paras. 166-167.
308) *Ibid.*, para. 173.

盟国間で存在していたこと[309]，という以上の4点が指摘され，結果として米国の措置によってもたらされた差別は「不当な差別」に該当すると結論づけられている[310]。他方，同事件では，米国の措置が適用される態様が柔軟性を欠いていること[311]，そして，承認手続で求められる要件が透明性及びデュー・プロセスを欠いていることが指摘され[312]，同措置は「不当な差別」のみならず，「恣意的な差別」をも構成すると判断されている[313]。

このように，WTO初期の事例では，「恣意的又は不当な差別」についての明確な基準は提示されず，紛争解決機関は事例の性質に応じ，ケースバイケースに同要件を検討するアプローチをとっていた。すなわち，「恣意性」又は「不当性」という概念が何を基準に，そして誰を基準にして判断されるべきかが明確にされておらず，その意味で予見可能性の面から加盟国が十分納得できるような法解釈が行われていたとはいいがたい。このような不明瞭な紛争解決機関の実行は，法理の明確性という観点から望ましいものではない。

柱書における要件の具体的な基準が不明確な中，*Brazil—Retreaded Tyres*事件では，差別の「理由」及び「合理性」に焦点が当てられるべきとの解釈が提示された。ブラジルは，人の生命及び健康を保護するという目的の下で再生タイヤの輸入規制を実施していたが，同措置にはMERCOSUR諸国からの再生タイヤを対象外とする例外が設けられていた。ブラジルは，このような規制上の区別はMERCOSUR仲裁裁判所の判決により発生した国際的義務を遂行するために必要不可欠なものであると主張したが，上級委員会は，このような差別の「理由（rationale）」が各号段階で暫定的に正当性が認められた，「人の生命及び健康の保護」という本件措置の目的と「合理的な関連性（rational connection）」がなく，むしろ，このような目的に対して逆効果となると指摘し，したがって，本件措置によってもたらされた差別は，「恣意的又は不当な差別」に該当すると結論づけた[314]。上級委員会の説明からも分かるように，このような解釈基準は，柱書の要件に加盟国の規制目的を関連づけるものである。

---

[309] *Ibid.*, para. 175.
[310] *Ibid.*, para. 176.
[311] *Ibid.*, para. 177.
[312] *Ibid.*, paras. 178-183.
[313] *Ibid.*, para. 184.
[314] *Brazil—Retreaded Tyres*, Appellate Body Report, paras. 227, 228, 232, and 258.

*Brazil—Retreaded Tyres*事件がそれ以前の先例と区別される点は，問題の規制措置に例外が存在し，その例外が差別的な効果をもたらしていることである。上級委員会は，このような状況下で，「規制措置の主たる政策目的（本件では，人の生命及び健康を保護すること）」に照らして，例外からもたらされている差別的な効果が「恣意的又は不当な差別」を構成するかどうかを判断している。柱書の審査における規制目的の役割に関しては，これまでの事例における解釈は必ずしも一貫していない。例えば，*US—Shrimp*事件では，柱書の審査において規制目的が措置に正当性を与えることはできず，規制目的の正当性，そして規制目的と措置自体及び措置の一般的な設計・構造との関係は，各号段階で検討されるべき事柄であると強調されている[315]。このような解釈は，規制措置が20条で列挙されている政策目的のいずれかを達成するために設計されているかどうか，という先決的な審査が各号段階で行われるという事実と，規制措置の一般的な設計及び構造に関する審査は各号で，そして措置が適用される態様は柱書で審査されるという当時の解釈動向とに影響を受けたものと考えられる。その意味で，*Brazil—Retreaded Tyres*事件は，規制目的の役割に関する従来の先例を変更するものであるといえる。措置の規制目的に照らして柱書の審査を行うべきとする解釈は，以降の事例においても踏襲されている。それでは，*Brazil—Retreaded Tyres*事件の基準は，法理的にどう評価すべきだろうか。

　*Brazil—Retreaded Tyres*事件の基準によれば，規制措置に例外があり，その例外によってもたらされる差別が正当化されるためには，その差別と20条の下で正当化が主張される規制措置の「主たる目的」との間に「合理的な関連性」が存在しなければならない。これに関しては，次のような論点が挙げられる。このような解釈は，①措置に例外を設けた理由又は目的が措置の「主たる目的」と「合理的な関連性」を有しない場合，そのような例外の理由又は目的がいかなるものであっても柱書では正当化されえないことを意味するか，それとも，②措置に例外を設けた理由又は目的が措置の「主たる目的」

---

[315] *US—Shrimp*, Appellate Body Report, para. 149 ("The policy goal of a measure at issue cannot provide its rationale or justification under the standards of the chapeau of Article XX. The legitimacy of the declared policy objective of the measure, and the relationship of that objective with the measure itself and its general design and structure, are examined under Article XX (g), and the treaty interpreter may then and there declare the measure inconsistent with Article XX (g).").

と「合理的な関連性」を有しないとしても，原則として20条による正当化の余地は残されているか，といった点である。後者の問題は，また，③例外を設けた理由又は目的が20条の各号で列挙する政策目的の1つであればよいか，それとも，④20条の各号の列挙とは別に，様々な理由又は目的が正当化の根拠となりうるか，といった疑問に繋がる。*Brazil—Retreaded Tyres* 事件の基準を厳格に捉えると，①の解釈に近いと思われるが，以降の *EC—Seal Products* 事件において，同基準に一定の修正が加えられている。ただし，③と④については，依然として不明確さが残されている。この問題は，特に規制措置が「複数」の目的を有する場合に，これらの目的が20条の文脈でどのように評価されるべきかという争点とも密接な関連がある。一般に規制措置に設けられる例外は，措置の「主たる目的」とは異なる理由又は目的に向かっている場合が多いことから[316]，規制措置の例外を *Brazil—Retreaded Tyres* 事件の基準のように厳格に捉える場合，加盟国が国内政策を決定する際に享受する，国内規制権限及び政策的な裁量が不当に阻害される恐れがある。

EC—Seal Products 事件では，依然として曖昧さは残されているものの，*Brazil—Retreaded Tyres* 事件の基準に修正が加えられている。*EC—Seal Products* 事件で争点となったのは，公徳を保護するために実施されていた，アザラシ及びアザラシを含む製品を輸入規制するECの措置であるが，同措置には3種類の例外が設けられていた。その1つがIC (indigenous communities, 先住民)例外である。同例外の下では，先住民の生活文化及び伝統を保存するという目的の下で，先住民の狩猟によるアザラシ製品は輸入規制の対象外とされていた。要するに，ECの措置には，非人道的なアザラシの狩猟に対する公徳(動物福祉の一環として)の懸念に対処するという目的と，先住民の生活文化及び伝統を保存するという目的とがあり，その意味で同措置はこの2つの政策目的を同時に達成しようとするものであった。IC例外はアザラシの非人道的な狩猟を許容するものであることから，ECの措置の「主たる目的」である「公徳の保護」に反する。もし *Brazil—Retreaded Tyres* 事件の基準がここで厳格に適用されるとすれば，IC例外の性質の故に，ECの措置は柱書の「恣意的又は不当な差別」に該当することになろう[317]。しかし，パネルと

---

316) Henry H Jia, 'The Legitimacy of Exceptions Containing Exceptions in WTO Law: Some Thoughts on *EC—Seal Products*' (2015) 14(2) *Chinese Journal of International Law* 411, 412.
317) *Ibid.*, 413.

上級委員会は,そのようなアプローチに従っていない。

　パネルはまず,EC の措置が強制規格に該当するとの前提の下で,この争点を TBT 協定の文脈で検討した。興味深いことに,パネルは,IC 例外が先住民の生活文化及び伝統を保存することを目的とし,先住民の生計維持に貢献するものであることから,原則として正当化できる (justifiable) ものと判断した。その際に,パネルは,先住民の経済的及び社会的利益の保護に関しては,国連先住民権利宣言や ILO (国際労働機関) における先住民条約 (1989 年の先住民及び種族民条約 (第 169 号)) など,国際的な規範が確立されており,本件措置の立法過程において先住民の権利及び文化を保護する重要性が強調されていることを確認した上で[318],IC 例外の目的は,動物福祉という EC の措置の「主たる目的」と「合理的な関連性」を有しないとしても,その正当性は十分に認められると説示した[319]。ただし,パネルは IC 例外の設計及びその適用の態様を問題とし,結果的には,EC の措置が TBT 協定 2 条 1 項に違反すると結論づけた[320]。上級委員会の段階においては,EC の措置が強制規格に該当しないと判断されたことから以上のようなパネルの結論は法的効果がないとされたが[321],Qin が指摘するように,パネルが展開した解釈は規制措置が複数の目的を有する場合に,規制措置の「主たる目的」以外にその他の目的をどのように取り扱うべきかという論点に関して,参考にできる解釈手法を提供しているといえる[322]。

　他方で,EC の措置が強制規格ではないと判断した上級委員会は,ガット 20 条の文脈でこの争点を展開した。ただし,そのアプローチの仕方は,パネルのそれとは異なる。上級委員会は,EC の措置によってもたらされている差別が「恣意的又は不当な差別」に該当するかどうかを審査すべきとし,こ

---

318) *EC—Seal Products*, Panel Report, paras. 7.292–7.293.
319) *Ibid.*, para. 7.298 ("…the cause or rationale for the exception granted under the EU Seal Regime to products derived from IC hunts is justifiable despite the rational disconnection to protecting seal welfare, because it is founded on the unique interests of Inuit and indigenous communities, which are and have been recognized broadly, as discussed above.").
320) *Ibid.*, paras. 7.317–7.319.
321) *EC—Seal Products*, Appellate Body Report, para. 5.70.
322) Julia Y Qin, 'Accommodating Divergent Policy Objectives under WTO Law: Reflections on *EC—Seal Products*' (*American Journal of International Law Unbound*, 25 June 2015)
　at <https://www.asil.org/blogs/accommodating-divergent-policy-objectives-under-wto-law-reflections-ec%E2%80%94seal-products>.

の審査に際しては，当該差別が「各号段階で暫定的に正当化が認められた政策目的」と調和しうるか (reconciled with)，又は「合理的な関連性」を有しているか否かが，最も重要な考慮要素の1つであると指摘しながらも[323]，唯一の基準ではなく，規制措置の性質や事案の状況に応じ，追加的な要素が全体的な評価に照らして考慮されなければならないとした[324]。このような解釈は，措置の「主たる目的」と「合理的な関連性」を有しない，その他の目的も20条の審査において参考にされる余地を残すものである。見方によれば，20条の各号で限定列挙されている政策目的以外の目的も，この文脈で考慮されうると理解することも可能である[325]。その意味で，上級委員会の解釈は，*Brazil—Retreaded Tyres* 事件で提示された厳格な基準をかなり緩めるものであるといえよう[326]。

Brazil—Retreaded Tyres 事件で示された基準は，その硬直性のため，複数の目的を有する規制措置の評価には適さない[327]。一般に加盟国が実施する政策は，国内の政治的な妥協の結果として導き出されるものであり，衝突しうる様々な利益の均衡をとるべく，例外が設けられることも稀ではない[328]。もし，*Brazil—Retreaded Tyres* 事件の基準が厳しく適用されるとすれば，衝突しうる複数の利益の均衡をとるべく採用された規制措置は，ガット20条による正当化の道が事実上遮断される結果となろう。このように，規制措置の例外に反映されている目的が「主たる目的」と「合理的な関連性」を有しないという事実だけで，正当化の余地がなくなってしまうのは，加盟国が国内政策を立案する際の選択肢を過度に制限する結果になる恐れがある。*EC—Seal*

---

[323] *EC—Seal Products*, Appellate Body Report, para. 5.318.

[324] *Ibid*., para. 5.321; *see also*, Appellate Body Report, *United States—Measures Concerning the Importation, Marketing and Sale of Tuna and Tuna Products—Recourse to Article 21.5 of the DSU by Mexico* (*US—Tuna II* (*Mexico*) (*Article 21.5—Mexico*)), WT/DS381/AB/RW and Add.1, adopted 3 December 2015, para. 7.93.

[325] Qin ('Accommodating').

[326] そもそも *Brazil—Retreaded Tyres* 事件で示された基準が，加盟国が1つの措置で複数の規制目的を追求することを妨げる意図の下で提示されたわけではないとの見解もある。詳細は，Philip I Levi and Donald H Regan, '*EC—Seal Products*: Seals and Sensibilities (TBT Aspects of the Panel and Appellate Body Reports)' (2015) 14(2) *World Trade Review* 337, 365 以下を参照。

[327] Gracia M Durán, 'Measures with Multiple Competing Purposes after *EC—Seal Products*: Avoiding a Conflict between GATT Article XX-Chapeau and Article 2.1 TBT Agreement' (2016) 19(2) *Journal of International Economic Law* 467, 475.

[328] Levy and Regan ('Seals and Sensibilities') 363.

Products 事件で示されたように，EC の措置の「主たる目的」と「合理的な関連性」を有しないとしても，IC 例外はそれなりに正当な目的を追求するために導入されたものであり，周知のとおり，先住民の権利及び文化を保護することは，国際的にその正当性が広く認識されている[329]。それでは，*EC—Seal Products* 事件で示された上級委員会のアプローチは，厳格な *Brazil—Retreaded Tyres* 事件の基準の放棄を意味するのか。残念ながら，この点に関しては，依然として不明確さが残されている。

Brazil—Retreaded Tyres 事件の基準への自身の見解を明確にせずに，上級委員会は，IC 例外によってもたらされている規制上の差別が，動物福祉に関する公徳の保護という EC の措置の目的といかに調和できるか，又は，関連 (related to) するかが証明されていないと指摘しながら[330]，結果としては，EC の措置が柱書の要件を充たしえないと結論づけている。一見して，このような説明は，*Brazil—Retreaded Tyres* 事件の基準とその論理構成が非常に似通っている。ただし，上級委員会は，自身の最終的な結論を根拠づけるために 2 つの追加的な理由を提示する。第 1 に，IC 例外を享受するための要件として，狩猟が先住民共同体の生計維持のために行われる必要があるが，生計維持の定義が定かでなく，曖昧さがあり，濫用の恐れがあることから，「恣意的又は不当な差別」として適用される可能性があること[331]，第 2 に，IC 例外を促すよう，EC がグリーンランドの先住民に対して行った取り組みと同等な程度の努力を，カナダの先住民に対しては尽くしていないこと[332]，である。これら 2 つの追加的な理由は，IC 例外が導入された理由又は目的を問題にするものではなく，その設計又は適用される態様を問題とするにすぎない。すなわち，これらの 2 つの理由を見ると，先住民の生活文化及び伝統を保護するという IC 例外の目的は妨げられず，むしろ，IC 例外の目的は正当であるとの前提の下で，それが「恣意的又は不当な差別」となるように設計又は適用されているかが重点的に検討されているのである。

Bartels は，上級委員会が提示した追加的な理由は，先住民の生活文化及び伝統を保護するという IC 例外の理由と，動物福祉に関する公徳を保護する

---

329) Durán ('Measures with Multiple') 476.
330) *EC—Seal Products*, Appellate Body Report, para. 5.320.
331) *Ibid.*, paras. 5.324–5.327.
332) *Ibid.*, paras. 5.333–5.337.

というECの措置の「主たる目的」との間に「合理的な関連性」がないにもかかわらず，理論的にはIC例外も20条の下で正当化が許容されうるとの上級委員会の立場を示唆すると主張する。彼は，もしそうでなければ，IC例外が公徳を保護するというECの措置の「主たる目的」と調和できないと判定された時点で審査は終了したはずであると指摘する[333]。ただし，もしそうであるとしても，何故20条の下でIC例外が正当化されうるかについては，上級委員会が詳細に説明しておらず，規制措置の「主たる目的」以外の目的が20条の下で正当化されるための規範的根拠は依然として不明確なままである[334]。このような不明確さは，上級委員会が先住民の生活文化及び伝統を保存するという目的の「正当性 (legitimacy)」を明示的に確認していないことに起因する[335]。その意味で，上級委員会のアプローチはパネルとは対照的である。上記のとおり，パネルが先住民の生活文化及び伝統を保存するというIC例外の目的を正面から「正当な」ものと確認したのに対し[336]，上級委員会はこのような段階を省略している。特に，上級委員会は先住民の生活文化及び伝統の保存が有する正当性を黙認しているようには見えるものの，パネルの段階でなされた，国連先住民族権利宣言やILOにおける先住民条約への参照を完全に無視している。Shaffer and Pabianは，このような上級委員会のアプローチは，WTO協定を一般国際法から孤立させるような解釈の仕方であると批判し[337]。

　措置の「主たる目的」と「合理的な関連性」を有しない理由又は目的の位置づけが明確でないことから，次のような論点が浮上する。まずは，規制措置の例外に反映されている目的が20条の柱書の文脈で正当化されうるならば，その範囲を決定しなければならないという問題である。Bartlesは，想定できる4つの選択肢を提示する[338]。第1に，正当化されうる目的を，20条の各号で限定列挙するものに限定するアプローチである。*EC—Seal Products*

---

[333]　*See, e.g.,* Bartels ('Chapeau') 119.
[334]　Durán ('Measures with Multiple') 480.
[335]　Du and Kong ('A New Baseline') 27.
[336]　同事件のパネルは，ECの措置が強制規格に該当するとの前提の下で，TBT協定の文脈でこの点を検討しているが，後述するとおり，パネルがTBT協定2条1項を解釈する際に用いた基準は，ガット20条の解釈基準に非常に似ている。
[337]　Shaffer and Pabian ('Prohibiting') 160.
[338]　Bartels ('Chapeau') 118.

事件の状況と照らし合わせると，IC 例外に反映されている目的は，先住民の生活文化及び伝統の保存に関する「公徳」に包摂されうる。ただし，このようなアプローチは，紛れもなく加盟国の国内規制権限及び政策的な裁量の保障という観点からは，最も厳しいものである。第2に，WTO 協定に明示されている価値及び目的を基準とするアプローチである。EC—Seal Products 事件の状況に照らし合わせると，先住民の生活文化及び伝統を保存するという目的は，WTO 協定前文の「持続可能な発展」のような価値に包摂されうる。第3に，一般国際法及びその他の国際基準に反映されている様々な価値及び目的を基準とするアプローチである。EC—Seal Products 事件のパネルのアプローチはこれに該当しよう。最後に，規範性への考慮なしに，紛争解決機関が特定の目的の正当性を認めるアプローチである。これは，加盟国の国内規制権限の観点からは最も緩やかなアプローチであろう。ただし，紛争解決機関が実際にこのアプローチを採用する可能性はごく低いものと考えられる。第2のアプローチが恐らく最も論争の余地が少ないものであろうが，一般国際法との関係を重んじる第3のアプローチが採用される可能性も十分あると考えられる[339]。

　Brazil—Retreaded Tyres 事件の基準に修正が加えられ，今後紛争解決機関がより柔軟な態度をもって柱書の要件を解釈していく可能性が示唆されているのは評価に値する[340]。EC—Seal Products 事件で示された上級委員会の解釈をきっかけに，20条の下で正当化の対象となる規制目的の範囲が各号の限定列挙よりも拡大されていく可能性が出てきたともいえよう。このような動向は，本書の第3章で詳細に検討するとおり，TBT 協定の下で正当化の対象となる規制目的の範囲とガット20条の下で正当化の対象となる規制目的との範囲の間には，原則として非対称性が生じえないとの上級委員会の態度からもうかがい知ることができる[341]。近年の事例において，(a) 号の「公徳」が非常に柔軟に解釈され，様々な規制目的が同概念に包摂されうること，そして，(d) 号の「法令」における (国内法体制の一部としての) 国際規範の受容可能性が示されていることは，このような上級委員会の意図又は方向性を示唆

---

339) US—Shrimp 事件の上級委員会が WTO 法以外の国際条約を参考にしながら，有限天然資源という用語を解釈しているのは，本書の内容との関わりで興味深い。詳細は，US—Shrimp, Appellate Body Report, paras. 130-131.

340) Conconi and Voon ('The Tension') 223.

341) EC—Seal Products, Appellate Body Report, paras. 5.127-5.128.

するものかもしれない。さらに，本書で既に触れたとおり，上級委員会はWTO協定の発展的解釈を行う重要性を認識しており，現代的な意味及び文脈に照らして協定を解釈するに際して，各分野で精緻化又は具体化されている関連の国際規範及び国際基準が持つ重要性と有用性を認識している。時として，国際規範及び国際基準に対する参照が，それらの根拠となる国際条約及び宣言を積極的に明示するような形でなされることもある。WTO法以外の国際規範及び国際基準への参照は，発展的解釈を通じて70年も前に作成されたガット20条の限定列挙の限界を克服するための糸口を提供しうると考えられる。上述のとおり，上級委員会は，パネルが行った国際条約及び宣言への参照を特に問題とせずに，先住民の生活文化及び伝統の保存が有する国際規範性，そしてその重要性と正当性を黙認しながら，ガット20条の審査に取り組んでいる。ただし，上級委員会は，20条の限定列挙の限界を克服する必要性を認識しながらも，その方法論の具体化に関して，悩みを抱えているようにも見える。

　他方，柱書の要件が充足されると認定されるには，規制目的が正当であるだけでは十分ではない。上級委員会が説明しているように，差別の理由又は規制目的との合理的な関連性は，差別の恣意性又は不当性を審査する際に密接に関連づけられるが，柱書の審査における唯一の基準ではない。したがって，差別の恣意性又は不当性を裏づける様々な状況が同審査で考慮されうる。特に，差別に対する合理的な説明が求められるという意味で，問題の差別が規制当局にとって果たして必要(不可欠)なものであったどうかも重要な考慮事項となりうる[342]。すなわち，加盟国にとって合理的に利用可能な，「より非差別的な」措置が存在する場合には，問題の規制措置は「恣意的又は不当な差別」に該当しうる。*US—Gasoline*事件の上級委員会は，輸入ガソリンに統一基準を適用するに際して，米国が申立国と事前に協力しなかったことを問題とし，米国にとって差別的な程度がより少ない手段が存在したことを手がかりに，「恣意的又は不当な差別」の存在を肯定している[343]。*US—Shrimp*事件の上級委員会も同様に，米国がエビの輸入規制を実施する前に，申立国と2国間又は多国間協定の締結に向かって真剣に交渉しなかったこと[344]，米

---

342) Du and Kong ('A New Baseline') 27.
343) *US—Gasoline*, Appellate Body Report, pp. 26–27.
344) *US—Shrimp*, Appellate Body Report, paras. 166–167.

国の承認を受けるために付与された経過期間において加盟国間に差異があったこと[345]，そして技術移転のために米国が尽くした努力に関し加盟国ごとに差異があったこと[346]を問題とし，米国にとって差別的な程度がより少ない選択肢が存在したことを理由に，「恣意的又は不当な差別」の存在を肯定している。*EC—Seal Products* 事件では，IC 例外の要件には曖昧さがあり，濫用の恐れがあることから，実際には商業的狩猟からのアザラシ産品が IC 例外の下で許容される可能性があること[347]，そして EC がグリーンランドの先住民に対して行った取り組みと同等な努力をカナダの先住民には尽くしていないこと[348]が問題とされ，EC にとって差別的な程度がより少ない選択肢が存在したことを理由に，EC の措置は「恣意的又は不当な差別」を構成すると結論づけられている。

　一般に，各号段階で行われる必要性審査では，立証責任を負う被申立国が先に規制措置が必要なものであるとの一応の証明に成功すると，代替措置の提示は申立国の責任となり，申立国が代替措置を提示すれば，そこで立証責任は転換され，被申立国が代替措置を採用しなかった理由を説明しなければならない立場に置かれる。柱書の審査においても，異なる立証責任の法理を適用する別段の理由はないと思われる。柱書の審査もガット 20 条における審査の一部として行われるものであり，必要性審査との一貫性を保つべく，同様な立証責任及び証拠提示義務が柱書の審査で適用されるのが望ましいと考える[349]。

2.2.4.3　同様の条件の下にある諸国の間において

　ガット 20 条柱書における恣意的又は不当な差別については，「同様の条件の下にある諸国の間において」という文言が一緒に考慮されなければならない。柱書の要件は，差別そのものを禁じてはおらず，「同様の条件の下にある諸国の間において」設けられる恣意的又は不当な差別のみを問題にする。この文言は，柱書の要件の中でも比較的注目されることのなかった要件であ

---

345)　*Ibid.*, para. 173.
346)　*Ibid.*, para. 175.
347)　*EC—Seal Products*, Appellate Body Report, paras. 5.324–5.327.
348)　*Ibid.*, paras. 5.333–5.337.
349)　*See, e.g.*, Bartels ('Chapeau') 121.

る[350]）。*US—Gasoline* 事件の上級委員会は，この文言を解釈するに際し，柱書で問題となる差別は，輸出国の間だけではなく，輸出国と輸入国の間の差別を含むと指摘したが[351]，このような説明は，この文言の意味及び内容を必ずしも明確にするものではない。特に，「条件 (conditions)」という用語の意味をどのように理解すべきかが同要件の核心であると思われるが，「条件」という用語が初めて本格的に解釈されたのは *EC—Seal Products* 事件である。同事件の上級委員会は，「条件」という用語には多様な意味が想定されると指摘しながらも，恣意的又は不当な差別を確認するという意味において関連する「条件」のみを柱書で考慮すべきと指摘している[352]。

　規制措置が追求する規制目的は，同条でいう「条件」の解釈に関連するとされる[353]。ただし，現在までの先例で，関連の当事国における「条件」が同様でないと判断された事例は皆無である。関連諸国の「条件」は，問題の措置が追求する政策目的に照らして考慮されることから，例えば，環境政策に関する規制に関しては，技術的な能力に応じて関連諸国ごとに規制上の区別を設けることは恣意的又は不当な差別を構成しないと判断される可能性がある[354]。これは，環境に関する問題に対処するという意味で，これらの国家の条件が必ずしも同様であるとはいえないからである。その意味で，同条でいう「条件」は，場合によって規制措置に設けられる規制上の区別を正当化する機能を果たしうる[355]。その際に，諸国（紛争当事国を含む）が置かれている条件が同様でないことを示す立証責任は，一般に被申立国が負担するとされ[356]，被申立国としては，問題の規制上の区別が，規制措置の影響を受ける関連諸国が直面する条件が異なるが故に設けられていることを証明しなければならない。

---

[350] *Ibid.*, 112.
[351] *US—Gasoline*, Appellate Body Report, p. 23.
[352] *EC—Seal Products*, Appellate Body Report, para. 5.299.
[353] *Ibid.*, para. 5.300; *Indonesia—Import Licensing Regimes*, Appellate Body Report, para. 5.99.
[354] 仮に，途上国には関連の技術移転の特恵を提供し，先進工業国にはそのような待遇を与えないことは，柱書で禁じる恣意的な又は不当な差別には該当しない場合がありうる。詳細は，Wolfrum, Stoll and Hestermeyer（*Trade in Goods*）477.
[355] Bartels ('Chapeau') 112.
[356] *EC—Seal Products*, Appellate Body Report, para. 5.301.

2.2.4.4 国際貿易に対する偽装された制限

ガット 20 条柱書は以上の要件に加え，措置が「国際貿易に対する偽装された制限」とならないように適用されることを要件とする。この要件は，文言の意味が不明確で曖昧であることから，紛争解決機関により提示されてきた解釈も比較的洗練されておらず，その摘用される様相も一貫していない[357]。「国際貿易に対する偽装された制限」は，多様に解釈される余地があり，紛争解決機関が提示してきた解釈も様々である。ガット時代の関連事例においては，偽装された制限であるかどうかの審査は，規制措置が公表されているか否かに照らして検討されるべきとされたことがあるが[358]，US—Gasoline 事件の上級委員会は，措置の隠蔽性や非公開性が「偽装された制限」的な性質を網羅するわけではないと指摘している[359]。すなわち，「国際貿易に対する偽装された制限」とは，措置の隠蔽性や非公開性と密接な関連があろうが，それらに限らない。他方，EC—Asbestos 事件では，同文言の意味がさらに具体化されている。パネルはまず，ガット 20 条で正当性が問われる措置は，そのいずれも国際貿易に制限的な性質を有するはずであり，「偽装された制限」の文言を解釈する際には，「制限 (restriction)」ではなく，「偽装 (disguised)」に焦点が当てられるべきとした[360]。「偽装する」という動詞は加盟国の「意図」の存在を暗示するため，同要件は，措置の背後にある目的や動機に関連づけられる。パネルは，この要件が問題にするのは保護主義的な目的の存在であり，措置の立法過程，法的文言又は政府機関の声明等を精査することによって，そのような目的を把握すべきとしている[361]。

「国際貿易に対する偽装された制限」という要件は，柱書におけるその他の要件とも密接な関連がある。「恣意的な差別」，「不当な差別」及び「国際貿易に対する偽装された制限」の 3 つの概念は相互に意味を分かち合う関係にあり，それらは必ずしも全面的に重複する概念ではないものの，密接な関連があるとされる。そこで，「偽装された制限」は，20 条の各号当該性が肯定さ

---

[357] Chang-Fa Lo, 'The Proper Interpretation of "Disguised Restriction on International Trade" under the WTO: The Need to Look at the Protective Effect' (2013) 4(1) *Journal of International Dispute Settlement* 111, 112.
[358] *US—Canadian Tuna*, GATT Panel Report, para. 4.8.
[359] *US—Gasoline*, Appellate Body Report, p. 25.
[360] *EC—Asbestos*, Panel Report, para. 8.236.
[361] *Ibid.*

れた措置が，偽装の形で「恣意的又は不当な差別」を構成するような状況を含むとされる[362]。すなわち，措置が「恣意的又は不当な差別」に該当するかどうかを審査する際に考慮される要素は，「国際貿易に対する偽装された制限」が存在するかどうかを審査する際にも参考になる[363]。

　紛争解決機関の解釈を総合的に考慮すると，「国際貿易に対する偽装された制限」の要件は，形式的に各号段階を充たしている規制措置の背後にある目的や動機を精査することにより，保護主義の意図が存在するかどうかを確認するものであるといえよう。措置が表面上は正当な規制目的を主唱しながらも，その背後に保護主義の意図を隠している場合には，形式的に各号の要件を充たすことができたとしても，柱書の審査における「偽装された制限」が存在するか否かの検討によりその正当化が拒否される。上記のとおり，措置の「主たる目的」以外にその他の目的が措置に反映されている場合，その他の目的も「恣意的又は不当な差別」の審査で考慮される余地があることを想起すると，それらの目的の正当性は，「偽装された制限」の要件の審査においても決定的な役割を果たしうる。このような解釈は，「国際貿易に対する偽装された制限」が「恣意的又は不当な差別」と意味を分かち合う関係にあるとの上級委員会の見解とも整合的である。

2.3　小　括

　以上，ガット3条4項及び20条が，紛争解決機関によってどのように解釈されているかを検討し，その規範構造を考察した。上述したとおり，ガットは基本的に「規則－例外」という構図で構成されており，このような「規則－例外」の構図の下で，ガットで保障される加盟国の国内規制権限も論じられる。「規則」の面からは，貿易自由化という協定の目的が反映されている義務条項が適用され，「例外」の面からは，加盟国の国内規制権限及び政策的な裁量の正当性を通じて，ガットの義務条項に一応違反する措置に対する正当化の道が開かれている。結局，ガットにおける国内規制権限の範囲は，貿易自由化を促進するために加盟国に適用される「規則」と，「例外」によって保障される加盟国の国内規制権限との間における均衡点がどのように導き出

---

[362]　*US—Gasoline*, Appellate Body Report, p. 25.
[363]　*Ibid*.

れるかによって決定される。国内規制との関係では,「規則」の面でガット3条4項の解釈が争点となるが,先例で踏襲されているように,同条項の審査においては,正当な規制目的及び国内事情に基づいて行使される正当な国内規制権限が実質的に考慮される余地はなく[364],3条4項における審査は,もっぱら市場における産品間の競争関係に焦点を当てて行われる。その意味で,加盟国の国内規制権限が実質的に保障されるのは,「例外」を定めるガット20条の適用及び解釈の文脈においてである。上級委員会が強調しているように,ガット20条を適用及び解釈することは,加盟国の権利と義務の均衡点を探る精緻な作業となる。

　ガット20条の審査は大きく各号段階と柱書段階との2段階の構成で行われる。各号段階では「比較衡量プロセス」と「最小通商阻害性審査」からなる必要性審査((g)号の文脈では関連性審査)が行われる。ガット時代及びWTO初期では,必要性審査が加盟国の国内事情を十分に考慮しきれないとの批判が多く寄せられ,時として同審査がガット・WTO体制の貿易偏向的な立場を代弁するものとして認識されたこともあった。そのような懸念に対処するために導入されたのが,*Korea—Beef*事件の比較衡量プロセスである。近年の事例においては,比較衡量プロセスを含む必要性審査の法的性質が明確になってきている。特に,必要性審査の適用及び解釈において,正当な規制目的に照らして適切な保護水準を設定する加盟国の権利は,特権と位置づけられ,比較衡量プロセスを含む必要性審査の適用によって妨げられない。国内事情に照らして適切な政策を立案し,適切な保護水準又は実施水準を設定する加盟国の権利は,ガット20条の適用及び解釈において,加盟国の国内規制権限を保障する最後の砦である。ガット20条の審査における以上のような解釈の発展動向からは,ガット・WTO体制が貿易の価値を偏重するのではないかといった世間の批判を払拭し,正当な目的の下で行使される加盟国の国内規制権限を十分にかつ積極的に考慮しようとする紛争解決機関の強い意思をうかがい知ることができる。さらに,必要性審査において,被申立国の立証基準に関しても,比較的緩やかな基準が適用されている。加盟国としては,国内規制の基盤となる根拠を,関連分野における多数説に依拠する必要はな

---

[364] 上述したとおり,産品の「同種性」の判定において,産品間の競争関係に反映される範囲に限っては,加盟国の規制的関心事項が勘案される余地があり,「不利な待遇」の審査においても,規制措置と輸入産品に対する悪影響との因果関係の存在が問われる局面で,加盟国の政策的な裁量が軽微ながらも考慮される余地がある。

く，関連の証拠を定量的な手法で示すことも義務づけられない。このような解釈は，SPS協定の文脈で発展した法理から影響を受けたものであるが，本書で指摘したとおり，必要性審査の客観性及び明確性の面で，懸念される点もある。紛争解決機関が，今後の事例において，必要性審査で受け入れられる定性的な証拠の類型を例示するなど，一定の指針を明確にするのが法理の透明性及び予見可能性の面から望ましいと考える。

他方で，柱書の審査については，WTO初期ではこれといった基準が示されず，ケースバイケースに柱書の要件が解釈され，審査に紛争解決機関の恣意が入り込む余地も残されていたが，*Brazil—Retreaded Tyres*事件で差別の理由に焦点が当てられるべきとの基準が示されて以来，柱書の審査の法的性質も明確になってきている。特に，*EC—Seal Products*事件で示された柔軟な解釈は，紛争解決機関が今後ガット20条の下で正当化が許容されうる政策目的の範囲を拡大し，加盟国の国内規制権限及び政策的な裁量をより幅広く受け入れるような形で，審査を行う可能性を示唆する。このような柔軟な解釈が有する意義は以下のとおりである。第1に，ガットにおける「規則」の面で，加盟国の正当な規制目的及び政策的な裁量が国内規制の評価で何の影響も与えない今日の解釈的枠組の下で，*Brazil—Retreaded Tyres*事件の基準のような厳格な解釈は，加盟国の正当な国内規制権限及び政策的な裁量を過度に制限する結果になる恐れがある。上述したとおり，今日の国内規制は，国内における多様な利害関係が妥協された結果としてなされることが多く，*Brazil—Retreaded Tyres*事件で示されたような厳格な基準は，加盟国が国内における多様な価値の均衡をとる政策的な裁量を阻害する恐れがある。このような基準は，複数の政策目的を同時に追求する国内規制の評価に適さない。このような流れの中で，ガット20条(a)の「公徳」についての柔軟な解釈は注目に値する。ガット20条(a)号は，潜在的にガット20条の下で正当なものと受け入れられる政策目的の範囲を拡大させる条文であり，紛争解決機関が用いる「発展的解釈」の手法を通じて，ガット20条の適用範囲をより拡張させる根拠を提供する。さらに，本書で確認したとおり，(d)号も20条の潜在的な適用範囲を拡大させる性質を有しており[365]，加盟国がガット20条に

---

365) ガット20条(d)号で例示されている規制目的は，文字通りに例示にすぎず，様々な規制目的が同号の射程内に入りうる。そもそも措置が追求する規制目的を特定し，それに関する価値の重要性を確認するという「比較衡量プロセス」が，20条(d)号による正当化が問題となった*Korea—Beef*事件で初めて導入されたという事実も，本書の内容との関わりで興味深い。

明示されていない政策目的，特にWTO法以外の国際法から導き出される国際的義務又は国際規範を根拠に国内規制の正当化を主張できる余地が残されている。

　第2に，ガットとTBT協定の調和的な解釈の問題である。この点に関しては，第3章で具体的に検討するが，TBT協定は正当化の対象となる規制目的を限定列挙せずに，より多くの規制目的を正当化の対象として想定している。このような状況下で，もし，ガット20条が厳格に解釈される場合，TBT協定の下で正当化の対象となる規制目的が，ガット20条の下では正当化の対象となりえない状況が理論上発生する。TBT協定の規律対象となる強制規格は，ガットで規律される国内規制に包摂される概念であることから，このような状況は協定間の非一貫性又は非対称性を生じさせ，戦略的な適用法の選別の問題をもたらす可能性がある。そのような現象はTBT協定が導入された趣旨からして望ましくないし，WTO協定の一貫したかつ調和的な解釈原則にも整合的でない。したがって，上級委員会がガット20条における規制目的の範囲をTBT協定における範囲に合わせるべく，ガット20条における規制目的の範囲をより柔軟に捉えるのが望ましいと思われる。本章，そして第3章で考察するとおり，このような動きはすでに始まっているかもしれない。

第 3 章　TBT 協定における国内規制権限

3.1　はじめに

「貿易の技術的障害に関する協定 (Agreement on Technical Barriers to Trade, 以下 TBT 協定)」は，貿易の技術的障害，特に強制規格，任意規格，そして適合性評価手続に関する規則を定める。TBT 協定における強制規格 (technical regulation) とは，「産品の特性又はその関連の生産工程若しくは生産方法について規定する文書であって遵守することが義務づけられているもの[1]」と，任意規格 (standard) とは，「産品又は関連の生産工程若しくは生産方法についての規則，指針又は特性を一般的及び反復的な使用のために規定する，認められた機関が承認した文書[2]」と定義される。任意規格は強制規格に類似する概念であるが，その遵守が義務づけられないという点で強制規格と区別される。適合性評価手続 (conformity assessment procedure) とは，「強制規格又は任意規格に関連する要件が充たされていることを決定するため，直接又は間接に用いるあらゆる手続」と定義される[3]。

産品の流通及び販売に関する技術的要件は，今日の国内及び国際貿易の場面で普遍的に適用されている。政府当局は，国内における特定の社会的利益を実現するために，頻繁に各種の規制や統制メカニズムを通じて産品の製造過程や販売及び消費の段階に介入する。そのような社会的利益の例としては，公衆の健康保護，環境保護，詐欺的慣行の防止，国内の安全保障上の利益の確保など，様々なものが挙げられる。実際，今日では国内で流通されるほとんどの産品につき，政府当局が求める産品の特性又は包装，ラベル表示の要

---

1)　TBT 協定附属書 1.1 の規定。
2)　TBT 協定附属書 1.2 の規定。
3)　TBT 協定附属書 1.3 の規定。

件への遵守が義務づけられているといっても過言ではない[4]。例えば，自動車の生産に関する安全性規則，幼児用食品に関する添加物要件，タバコの包装に関する表示規則，玩具の生産及び包装に関する素材要件，電子機器の生産に関する電子波要件など，現実社会における日常品の消費品目にも様々な技術的要件及び規格が適用されている。しかしながら，技術的要件の適用によってもたらされる影響が国際貿易に対する不必要な障害となる場合も少なくない。例えば，国内産品に比べて輸入産品により厳格な技術的要件が適用されるなど，特定の技術的要件が市場における輸入産品の競争機会に悪影響を与える場合もある。さらに，技術的要件が正当な目的を達成するために必要な程度を大きく上回る義務又は要件を設けることにより，国際貿易に否定的な影響を及ぼす場合もある。技術的要件及び規格が市場の競争関係を歪曲し，国内産品を優先する意図をもって実施される場合，それは，ガット及びWTO法で規律される保護主義となる。

実は，TBT協定はガット及びWTO法の歴史において技術的障害及び非関税障壁に対処するための初めての試みではない。WTOが設立される以前のケネディ・ラウンド及び東京・ラウンドにおいて，個別的な協定及びコードを通じて，いわゆる非関税障壁に対処するための方策が模索されたことがある。ガットの効果的な運用，そして数次にわたるラウンド交渉の成果として，ガットの締約国により設けられていた関税率は飛躍的に引き下げられる結果となったが，他方でこのような流れは，関税譲許の適用を通じて保護主義の目的を図れなくなった締約国にとって，強制規格のような技術的障害及びその他の潜在的な国内規制を通じて保護主義の手段を講じる誘因となった。このような懸念に対処すべく，東京・ラウンドの産物として，1979年に採択されたのが「貿易の技術的障害に関する協定（スタンダード協定）」である。スタンダード協定は，技術的障害を採用する際に加盟国が遵守すべき無差別原則を定め，国際貿易に対する不必要な障害を防止するための各種の規定を定めるほか，国内規格と国際基準との調和を促進し，規格の運用に関する透明性の強化を定めるものであった。スタンダード協定で定められた多くの規定は

---

4) Arkady Kudryavtsev, 'The TBT Agreement in Context' in Tracey Epps and Michael J Trebilcock (eds), *Research Handbook on the WTO and Technical Barriers to Trade* (Edward Elgar, 2013) 17.

以降のTBT協定に反映されることになる[5]。ただし、スタンダード協定は基本的に複数国間協定の形、すなわち、当時のガット締約国全てに適用されるものではなく、もっぱら34か国の批准国のみに適用されるものであったことから、その実効性には疑問が持たされていた。このようなスタンダード協定の性質は、技術的障害に関する統一した規範が全ての締約国に適用されないという意味で、規範の「断片化 (fragmentation)」の懸念を呼び起こすものであった[6]。ガットの関税譲許により、各国の関税率が著しく引き下げられたにもかかわらず、各国が国内規制として採用する技術的障害が氾濫する現象、そしてスタンダード協定がもたらす規範の断片化の懸念を打開すべく、実効性を担保できる多角的協定の締結に向けたコンセンサスが締約国の間で浮上することになった。この問題はウルグアイ・ラウンドにおける核心的な争点となり、その結果、一括受諾の形式として、TBT協定がWTO協定の附属書の一部として採択され、全てのWTO加盟国に対して拘束力を持つ、貿易の技術的障害に関する規範が確立されるに至る。

TBT協定は、技術的障害の中でも特にその遵守が義務的である強制規格と、そうでない任意規格、そしてそれらの適合性を評価する適合性評価手続を主な規律対象とする。TBT協定前文は、同協定がガットの目的を発展させる (further) ためのものであるとし (前文2節)、加盟国が「自国の輸出品の品質を確保するため、人、動物又は植物の生命又は健康を保護し若しくは環境の保全を図るため又は詐欺的な行為を防止するために必要であり、かつ、適当と認める水準の措置をとることを妨げられるべきでない」としている (前文6節)。すなわち、TBT協定では、特定の正当な目的の下で、適切と判断する保護水準をもって、TBT措置を適用する加盟国の基本的な権利が認められている。他方で、前文5節は、加盟国の措置が「国際貿易に不必要な障害」をもたらすことのないように希望するとし、前文6節は、加盟国の措置を「同様の条件の下にある国の間において恣意的又は不当な差別の手段となるような態様で、又は、国際貿易に対する偽装した制限となるような態様で適用しないこと」としながら、上記のような加盟国の権利が無制限ではないことを

---

5) スタンダード協定の起草歴史及びスタンダード協定の文言がTBT協定に持ち込まれた経緯については、Simon Lester, 'Finding the Boundaries of International Economic Law' (2014) 17(1) *Journal of International Economic Law* 3, 3-9 を参照。

6) Marceau and Trachtman ('A Map of the World Trade Organization Law 2014') 354.

明確にしている。前文で確認されている以上のような加盟国の基本的な権利及び義務，そして TBT 協定の趣旨及び目的が，TBT 協定の義務条項に持ち込まれ，具体化されている。

協定前文に反映されている TBT 協定の趣旨及び目的に鑑みるに，TBT 協定には，一方では，正当な目的を追求するための加盟国の権利を保障しながらも，他方では，そのような権利の濫用的な行使を防止し，貿易自由化の促進を目指す，という目標があるといえよう。TBT 協定における国内規制権限の範囲も，両者の間における均衡点に照らして探られなければならない。第 2 章で検討したとおり，ガットの文脈では，貿易自由化を促進するという協定の目的と加盟国の規制権との間における均衡点は，「規則－例外」という構図の下で，義務条項と例外条項の間で確立される均衡点によって具体化される。TBT 協定における協定の目的と加盟国の規制権との関係については，次のような論点が提起される。第 1 に，ガットの文脈で適用される解釈基準が，TBT 協定の文脈でそのまま適用されうるかどうか，第 2 に，ガットの義務条項と例外条項との間で確立される均衡点という概念が，TBT 協定の文脈で参考になりうるかどうか，第 3 に，ガットと TBT 協定の関係はどのように理解されるべきか，である。ガットと TBT 協定の関係についての詳細は第 5 章及び第 6 章で考察することにして，本章では，TBT 協定の主要な義務条項，特に，無差別原則を定める 2 条 1 項と，必要性原則を定める 2 条 2 項を検討し，紛争解決機関が展開している解釈基準に照らして，貿易自由化の目的と加盟国の規制権との間における均衡点がどのような形で確立されているかを考察する。

TBT 協定の 2 条 1 項及び同条 2 項についての解釈基準が具体的に示されたのは最近のことである。2012 年に上級委員会が 3 つの事例，すなわち，*US—Clove Cigarettes* 事件，*US—Tuna II (Mexico)* 事件，そして *US—COOL* 事件を TBT 協定の文脈で検討し，TBT 協定の規範構造の明確化を試みている。TBT 協定 2 条 1 項は，強制規格が「いずれの加盟国の領域から輸入される産品についても，同種の国内原産の及び他のいずれかの国を原産地とする産品に与えられる待遇よりも不利でない待遇を与えること」を定める。他方，2 条 2 項は，強制規格が「正当な目的の達成のために必要である以上に貿易制限的であってはならない」と定める。2 条 1 項では「同種の産品 (like products)」及び「不利でない待遇 (treatment no less favorable)」という概念が，2 条 2 項

では「必要（necessary）」という文言が用いられていることから，ガット3条4項及び20条の解釈基準がTBT協定の文脈でどのように影響を与えるかが重要な論点となる。

　第2章で確認したとおり，ガットにおける国内規制権限に関しては，主に一般的例外条項を規定する20条に焦点が当てられる。これは，義務条項の面，特に3条4項の審査においては，国内規制の根底をなす規制目的や政策的な考慮事項が，国内規制の適法性の評価に影響を与えることはないからである。規制目的及び政策的な考慮事項はもっぱらガット20条の文脈でのみ，国内規制の正当化の文脈で考慮される。したがって，ガットにおける国内規制権限の範囲というのは，ガット20条がいかに柔軟性をもって解釈されるかによって影響を受ける。そこで提起される争点の1つは，ガットとTBT協定が有する文言の類似性から，ガットの文脈で展開されてきた解釈基準をそのままTBT協定の文脈で適用することは可能であるかという問題である。これは，TBT協定の構造，すなわち，TBT協定はガット20条のような一般的例外条項を設けていないという事実との関係で，重要な争点となる。ガットの文脈では，「同種の産品」及び「不利でない待遇」という概念は無差別原則という義務条項の下で，そして「必要な」という用語は義務条項に一応違反すると判定された措置の正当化の文脈で検討されるのに対し，TBT協定の下では，2条1項と同条2項は両者とも義務条項として位置づけられる。すなわち，これらの条項は，ガットの文脈における「規則－例外」としてではなく，「規則－規則」という並列的な構図で位置づけられる。このようなガットとTBT協定の構造の相違から，ガットの文脈で展開されてきた解釈基準，特に3条4項の下で踏襲されてきた解釈基準をそのままTBT協定2条1項の文脈で適用することは，TBT協定の趣旨及び目的の観点から問題を生じさせる恐れがある。ガット20条によって保障されている加盟国の国内規制権限が，TBT協定の文脈では実現されえなくなり，その結果，TBT協定がガットに比べて遵守が非常に厳しいものと解される可能性が出て来るのである[7]。今日，加盟国が採用する多くの強制規格は，輸入産品と国内産品にそれぞれ異なる要件を定める場合も稀ではないが，ガット3条4項の解釈基準がTBT

---

[7] Benn McGrady, 'Principles of Non-Discrimination after *US—Clove Cigarettes, US—Tuna II, US—Cool* and *EC—Seal Products* and their Implications for International Investment Law' (2015) 16(1) *Journal of World Investment and Trade* 141, 159.

協定2条1項の文脈でそのまま適用されるとなれば，世の中に存在するおおよその強制規格は一応 TBT 協定の義務違反と判定される恐れがあろう[8]。このような現象は起草者の意図するものではないはずである。

　紛争解決機関が TBT 協定の構造的な問題にどのように対処し，前文で明白に確認されている貿易自由化の目的と加盟国の規制権との間における均衡点を導き出すべきかについては，学界でも様々な議論が行われてきた。例えば，ガット20条を TBT 協定の義務違反に対する例外条項として活用するアプローチ[9]，TBT 協定2条2項を同条1項に対する正当化条項として活用するアプローチ[10]，さらには，TBT 協定2条1項自体に柔軟性を与えて解釈するアプローチ[11]，はそのような試みの例である。しかしながら，上級委員会は2012年の3つの事例の報告書を発出するに際して，これらの選択肢の中，TBT 協定2条1項自体の解釈的枠組みに加盟国の正当な規制目的が考慮される余地を入れ込むことにより，ガットの文脈で確立されているものと類似した均衡点を，TBT 協定で実現させるアプローチを採用している。以下では，TBT 協定2条1項及び同条2項についての紛争解決機関の解釈を検討した上で，紛争解決機関が一般的例外条項の存在しない TBT 協定の構造的限界をどのように克服し，TBT 協定の主要な文脈を構成する，貿易自由化の目的と加盟国の規制権との間における適切な均衡点を導き出しているかを考察する。この争点は，TBT 協定における国内規制権限の範囲を理解するという意味で有用な情報を提供する。本章の順序としては，TBT 協定2条1項及び同条2項の規範構造を本格的に検討する前に，まず TBT 協定の適用対象となる「強制規格」の意味及び内容について触れる。

---

8) Gabrielle Marceau, 'The New TBT Jurisprudence in *US—Clove Cigarettes*, WTO *US—Tuna II*, and *US—COOL*' (2013) 8(1) *Asian Journal of WTO and International Health Law and Policy* 1, 4.

9) このような見解は，WTO 協定全般（加盟議定書を含む）に対するガット20条の適用可能性を中心に展開されている。例えば，Julia Y Qin, 'Reforming WTO Discipline on Export Duties: Sovereignty over Natural Resources, Economic Development and Environmental Protection' (2012) 46(5) *Journal of World Trade* 1147, 1147–1190; *See also*, Henry H Jia, 'Entangled Relationship between Article 2.1 of the TBT Agreement and Certain Other WTO Provisions' (2013) 12(2) *Chinese Journal of International Law* 723, 723–769.

10) Andrew T Guzman and Joost Pauwelyn, *International Trade Law* (Aspen Publishers, 2009) 533.

11) Marceau and Trachtman ('A Map of the World Trade Organization Law 2002') 822.

3.2 強制規格（適用対象）

　TBT協定の主要な義務条項である2条1項及び同条2項は，両者とも「強制規格 (technical regulation)」を対象とする。TBT協定はガットの目的をより発展させるために導入された協定であり，特定の類型の国内規制に対してのみ適用される特殊な義務体制であることから[12]，同協定の適用範囲は重要な争点となる。そもそも問題の規制措置が，TBT協定が適用対象とする類型のものでない場合，同協定は適用されず，ガットやその他の協定が適用される。したがって，TBT協定の義務違反が問題となる事例においては，先決的な段階として，問題の規制措置がTBT協定で定めるところの「強制規格」に該当するか否かが検討される。TBT協定附属書1.1は，「強制規格」を以下のように定義する。

> 「強制規格：産品の特性又はその関連の生産工程若しくは生産方法について規定する文書であって遵守することが義務づけられているもの（適用可能な管理規定を含む。）。強制規格は，専門用語，記号，包装又は証票若しくはラベル等による表示に関する要件であって産品又は生産工程若しくは生産方法について適用されるものも含むことができ，また，これらの事項のうちいずれかのもののみでも作成することができる。」

　*EC—Asbestos*事件及びその後の*EC—Sardines*事件では，規制措置が「強制規格」に該当するための3つの要件が示されている。すなわち，第1に，関連する文書が特定可能な (identifiable) 産品群に適用されていること（明示的に特定されているかどうかは問わない），第2に，関連する文書が1つ以上の産品の特性 (product characteristics) を規定していること，第3に，産品の特性の遵守が義務的 (mandatory) であること，である[13]。これらの要件が充たされているか否かは，規制措置の全体に (as a whole) 照らして判断されなけれ

---

12) *EC—Asbestos*, Appellate Body Report, para. 80.
13) *Ibid.*, paras. 66-70; WTO Appellate Body Report, *European Communities—Trade Description of Sardines* (*EC—Sardines*), WT/DS231/AB/R, adopted 23 October 2002, paras. 175-176.

ばならない[14]。これは、規制措置が「強制規格」に該当するか否かの審査において、単に措置の形式的な性質を評価することだけでは十分でなく、その設計及び国内法の脈絡で適用される状況など、より広い見地からの判断が必要であることを意味する[15]。以下では上述の要件を具体的に検討する。

3.2.1　特定可能な産品

強制規格は「特定可能な産品」に適用されなければならない。さもなければ、規制の実行そのものが有意義な形で実現できないからである[16]。しかしながら、関連の産品が必ず明示的又は直接的に特定されている必要はない。*EC—Asbestos* 事件の上級委員会は、この要件は、対象の産品が産品名として明示的に特定されるべきことを意味するわけではないとし、産品の「特性」を要件とするなど、何らかの形で産品が特定可能な状態であればよいと説明している[17]。先例を見ると、同要件は紛争当事国の間で比較的大きな論点として発展してはいないように思われる。*US—Clove Cigarettes* 事件では、問題の米国の措置が「タバコ」という「特定可能な産品」に[18]、*US—Tuna II (Mexico)* 事件では、問題の米国の措置が、「マグロ産品 (tuna products)」という「特定可能な産品」に適用されていると確認されている[19]。*US—COOL* 事件でも同様に、米国のCOOL措置が、牛肉や豚肉の食用部位肉 (muscle cuts) とひき肉、そして特定の家畜 (牛と豚) という「特定可能な産品」に適用されていると確認されている[20]。

3.2.2　産品の特性

強制規格の当該性の判定において、最も議論を呼ぶのが「産品の特性 (product characteristics)」に関する要件である。産品の特性は、客観的に示される

---

[14] *EC—Asbestos*, Appellate Body Report, para. 64.
[15] Kudryavtsev ('The TBT Agreement') 28.
[16] *EC—Asbestos*, Appellate Body Report, para. 70.
[17] *Ibid.*
[18] *US—Clove Cigarettes*, Panel Report, paras. 7.27-7.28.
[19] WTO Panel Report, *United States—Measures Concerning the Importation, Marketing and Sale of Tuna and Tuna Products* (*US—Tuna II (Mexico)*), WT/DS381/R, adopted 13 June 2012, as modified by Appellate Body Report WT/DS381/AB/R, para. 7.62.
[20] WTO Panel Reports, *United States—Certain Country of Origin Labelling (COOL) Requirements* (*US—COOL*), WT/DS384/R / WT/DS386/R, adopted 23 July 2012, as modified by Appellate Body Reports WT/DS384/AB/R / WT/DS386/AB/R, para. 7.207.

産品の特徴 (features), 品質 (qualities), 属性 (attributes), 顕著な標識 (distinguishing mark) などを指し, 成分 (composition), 大きさ (size), 模様 (shape), 色 (colour), 生地 (texture), 硬度 (hardness), 張力 (tensile strength), 燃焼性 (flammability), 伝導性 (conductivity), 密度 (density), 粘度 (viscosity), などの要素とも関連する[21]。TBT 協定附属書 1.1 は, 産品の特性に該当する要素を列挙している。すなわち, 専門用語, 記号, 包装又は証票若しくはラベル等による表示に関する要件は, 産品の特性に該当する[22]。このような列挙は, 産品の固有の特徴及び品質のみならず, 表示方法や産品の外見のような事項も産品の特性という概念に包摂されることを意味する[23]。さらに, 附属書 1.1 の定義によれば, 強制規格は, これらの事項を含むことができ, また (or), これらの事項のうちいずれかのもののみ (exclusively) でも作成することができると規定されている。「また」と「のみ」という用語からも分かるように, 強制規格は産品の特性に関する以上の列挙の中で 1 つだけを要件として規定することができ, 複数の特性を要件として規定することもできる[24]。

産品の特性を要件として規定する措置と, 一般的な輸入規制は区別される。つまり, 特定の産品の特性を要件とする措置とは違い, 一般的な輸入規制は強制規格に該当しない。*EC—Asbestos* 事件では, アスベストを輸入規制する EC の措置が, TBT 協定の対象となる強制規格に該当するかが検討されたが, 上級委員会は, アスベストの輸入規制は, アスベストの特性を要件とするものではないことから, 一般的な意味での強制規格ではないと指摘しながらも, EC の措置は純粋な形態のアスベストの輸入規制のみならず, アスベストを「含む」産品も規制すると指摘し, これは「アスベストを含まないこと」という産品の特性を規定するものであると指摘した[25]。一般に, 産品の特性は, 積極的又は消極的な形のいずれによっても規定されうると理解される[26]。すなわち, 強制規格は, 産品が特定の特性を有すべきことを規定するか又は有しないことを規定することもできる。*EC—Asbestos* 事件では, EC の措置に消極的な形で産品の特性を規定する側面があることから, 結果的に, 強制規

---

[21] *EC—Asbestos*, Appellate Body Report, para. 67.
[22] *Ibid*.
[23] *Ibid*.
[24] *Ibid*.
[25] *Ibid*., para. 71.
[26] *Ibid*., para. 69.

格に該当すると判断されている。

　EC—Asbestos 事件の上級委員会の解釈は，ECの措置が完全な輸入規制ではなく，一定の条件の下では，特定のアスベスト（クリソタイルアスベスト）が許容されうるという例外が存在したことからも影響を受けているように思われる。すなわち，ECの措置には，厳格な行政的要件を充たすことを条件に，限られた期間内では，クリソタイルアスベストの使用を許容するという例外が設けられていた。規制措置に設けられる例外には，産品が特定の状態であること又は特定の特性を有している状態であることなど，例外に該当するための一定の条件又は状況が個別的な要件として規定されていることが普遍的であり，このような例外の性質は，場合によっては強制規格の適格性を有することがある。同事件のパネルは，ECの措置を「規制の部分」と「例外の部分」に区分し，前者は強制規格に該当しないのに対し，後者は強制規格に該当すると判断したが，上級委員会はパネルの解釈を覆している[27]。上級委員会は，ECの措置の「規制の部分」なしには，「例外の部分」の法的な重要性が失われると指摘しながら，ECの措置における「規制の部分」と「例外の部分」は全体として総合的に (integrated whole) 考慮されなければならないとし，結果的に，ECの措置は強制規格に該当すると結論づけた[28]。

　ECの措置が強制規格に該当するか否かの判断において，上級委員会が考慮した点は以下のようにまとめられる。第1に，ECの措置はアスベストを一般的に輸入規制するものである。これはECの措置が強制規格に該当しないことを裏づける側面である。第2に，ECの措置がアスベストを「含む」産品も輸入規制する。これは，産品の特性を規定するものであり，当該措置が強制規格に該当することを裏づける側面である。第3に，措置は「例外の部分」を有している。これも産品の特性を規定するものであり，当該措置が強制規格に該当することを裏づける側面である。上級委員会は，これらの3つの側面を総合的に考慮した結果，ECの措置が強制規格に該当するとの結論を導き出しているのである。ただし，強制規格の適格性を判断するに際して，規制措置に反映されている様々な側面を総合的に考慮すべきとする上級委員会の見解には同意できるとしても，ECの措置がTBT協定でいうところの強制規格に該当し，その結果としてTBT協定が適用されることになるとすれ

---

[27] *Ibid.*, para. 76.
[28] *Ibid.*, paras. 72–75.

ば，ECの措置が有する「一般的な輸入規制」の側面は，どのように扱われるべきなのかは定かではない[29]。この点に関して上級委員会は，事実認定が不十分であることを理由として，追加的な検討を行っていない。他方，*EC—Asbestos*事件に非常に似た争点が，以降の*EC—Seal Products*事件において問題となる。

*EC—Seal Products*事件で問題となったECの措置は，法的構造が*EC—Asbestos*事件のECの措置と類似している。すなわち，当該措置の下では，第1に，アザラシそのものの輸入が全面的に規制され，第2に，アザラシを「含む」産品も規制され，第3に，3つの「例外（先住民例外，海洋資源管理例外，旅行者例外）」が設けられていた。ECの措置の下では，「例外」の要件が充たされない限り，基本的にアザラシ及びアザラシを含むあらゆる産品は，EC域内への輸入が規制される仕組みとなっていた。パネルはまず，*EC—Asbestos*事件を引きながら，アザラシを「含む」産品の輸入規制は，全ての輸入産品がアザラシを「含まない」ことを要件とするものであり，その意味で消極的な形で産品の特性を要件とする規制であるとした[30]。次いで措置の「例外」については，「狩猟の主体，類型，目的」を基準として，当該規制の適用を免れる要件を規定するものであるという意味で，それは客観的な特徴 (objectively definable feature) を要件とするものであり，最終産品の特性を規定するものであるとした上で[31]，結果的にECの措置は強制規格に該当すると結論づけた[32]。

これに対して上級委員会は，以上のパネルの結論を覆している。上級委員会は，強制規格の適格性を判断するに際しては，措置における「中枢的かつ核心的な側面 (integral and essential aspects)」を把握しなければならないと指摘しながら，当該措置が総合的に (as a whole) 検討されなければならないとし[33]，パネルの解釈はもっぱらECの措置における1つの部分 (a single component)，すなわち，ECの措置がアザラシを「含む」産品を輸入規制するものであるという事実のみに依拠した解釈であり，その意味で，ECの措置に

---

[29] 松下満雄「ECのアスベスト及びその製品に係る輸入禁止措置」『WTOパネル・上級委員会報告書に関する調査研究報告書』（経済産業省，2001年度版）106頁。
[30] *EC—Seal Products*, Panel Report, para. 7.106.
[31] *Ibid.*, para. 7.110.
[32] *Ibid.*, para. 7.111.
[33] *EC—Seal Products*, Appellate Body Report, para. 5.19.

反映されているその他の要素についての全体的な検討を欠いていると指摘した[34]。むしろ，上級委員会は，ECの措置の「中枢的かつ核心的な側面」は「例外」であると強調しながら[35]，パネルがIC例外における「狩猟の主体，類型，目的」の基準を産品の特性として把握したのは誤りであり[36]，ECの措置の「規制の部分」と「例外の部分」とを総合的に考慮するに，ECの措置は産品の特性を規定するものではなく[37]，それが強制規格に該当するとしたパネルの判断は支持できないと結論づけた[38]。

ECの措置が強制規格に該当しないとの最終的な決定を下すに際して，上級委員会が考慮した点は以下のようにまとめられる。第1に，ECの措置はアザラシ一般を輸入規制するものである。これは，ECの措置が強制規格に該当しないことを裏づける側面である。第2に，ECの措置はアザラシを「含む」産品も輸入規制する。これは，ECの措置が強制規格に該当することを裏づける側面である。第3に，ECの措置の「例外」，すなわち，上級委員会によって「中枢的かつ核心的な側面」と位置づけられた「例外」は「狩猟の主体，類型，目的」に関する要件を規定するものである。これは，パネルの段階では「産品の特性」を規定するものと認められたが，上級委員会の段階では「産品の特性」を規定するものではないと確認されている。すなわち，この点は，ECの措置が強制規格に該当しないことを裏づける側面である。

上級委員会の解釈については，Levy and Reganが指摘するように，2つの見方がある。1つ目は，上級委員会が以上の3つの点を総合的に検討し，強制規格の適格性を判断していると理解する見方である。この場合，強制規格の適格性を裏づける根拠は1つであるのに対し，強制規格の適格性を否定する根拠は2つである[39]。その結果，1対2として，ECの措置は強制規格に該当しないと結論されていると理解することができる。

2つ目は，上級委員会が，ECの措置における「中枢的かつ核心的な側面」に重きを置き，それに照らして強制規格の適格性を判断していると理解する

---

34) *Ibid.*, para. 5.28.
35) *Ibid.*, para. 5.41.
36) *Ibid.*, para. 5.45.
37) *Ibid.*, para. 5.58.
38) *Ibid.*, para. 5.59.
39) Levy and Regan ('Seals and Sensibilities') 356.

見方である[40]。上級委員会は，強制規格の適格性を判断するに際しては，措置の「中枢的かつ核心的な側面」に特別な重みを置く必要があると，かなり強い口調で説明している。興味深いことに，上級委員会はECの措置の「中枢的かつ核心的な側面」は，アザラシに対する「規制の部分」ではなく，むしろ「例外の部分」であると強調しながら，ECの措置の「規制の部分」は「例外の部分」から派生された（derivative of）ものであるとまで説明している[41]。上級委員会はこれを裏づけるために，次のような説明を付け加えている。すなわち，*EC—Asbestos* 事件では，アスベストが有する発癌性及び毒性といった物理的な性質の故に，アスベストを「含む」産品も規制されたのに対し，*EC—Seal Products* 事件では，アザラシ自体が問題にされるより，むしろECの措置の「例外」が充たされない場合に限って，アザラシを「含む」産品が規制されること[42]，そして特定の産品にアザラシが含まれているかどうかの分別は容易でなく，その意味で，アザラシとその他の原材料からなる「複合産品」の規制は，その実行の面からして，*EC—Asbestos* 事件で争点となった，アスベストを「含む」産品の規制のような重要な要素とはなりえないこと[43]，さらに，*EC—Asbestos* 事件で問題となったECの措置の「例外」は一時的に適用されるのが原則であり，その意味で限定的な例外であったのに対し，*EC—Seal Products* 事件で問題となったECの措置の「例外」はそうでないこと[44]，をその理由として挙げている。

　Levy and Regan が指摘するように，これらの2つの見方は，両方とも産品の特性と強制規格の適格性をめぐる争点を明確にするものではない[45]。1つ目の見方によれば，仮にECの措置が「例外」を設けておらず，もっぱらアザラシ一般及びアザラシを含む産品を輸入規制するものであったときの状況を説明できない。すなわち，強制規格の適格性を裏づける根拠とそうでない根拠が1対1の関係にある場合に，最終的な結論はどのように導き出される

---

40)　*Ibid.*, 357.
41)　*EC—Seal Products*, Appellate Body Report, para. 5.41.
42)　*Ibid.*
43)　*Ibid.*, para. 5.42 ("This may suggest, albeit indirectly, that the regulation of the 'mixed products' is not an equally important feature of the EU Seal Regime as far as the *operation* of the measure is concerned, as it was the case for the regulation of products containing chrysotile asbestos fibres under the measure at issue in *EC—Asbestos*.").
44)　*Ibid.*
45)　Levy and Regan ('Seals and Sensibilities') 358.

べきかが定かでない。2つ目の見方，すなわち，措置の「中枢的かつ核心的な側面」に重きを置き，それに照らして結論を導き出すという解釈にも，不明確さが残されている。*EC—Seal Products* 事件の上級委員会は，いくつかの理由を根拠として挙げながら，EC の措置における「例外」が「中枢的かつ核心的な側面」であり，「規制の部分」は単に前者から派生されるものにすぎないと指摘しているが，このような解釈の妥当性には疑問がある。EC の措置の「規制の部分」は，そもそも動物福祉に関する公徳に対処するために採用されたものであり，その前提の下で，特定の基準が充たされる場合に限ってのみ，「例外」が適用されるという論理構成の方がより妥当ではなかろうか。EC の措置の「規制の部分」と「例外の部分」はそれぞれ異なる規制目的の達成を目指しており，前者が後者に従属されるような関係にあるとはいいがたいからである。結局，規制措置が特定の産品一般を輸入規制すると同時に，特定の産品を「含む」産品も輸入規制する場合，そして，規制措置に例外が設けられている場合に，当該措置が有するこれらの様々な側面が強制規格の適格性という文脈でどのように比較検討され，どのように結論が導き出されることになるのかは，依然として不明確さが残されているといわざるをえない。

　他方，Levy and Regan は，*EC—Asbestos* 事件で上級委員会が産品の特性として列挙している事項からも分かるように[46]，一般に TBT 協定は「技術的な (technical)」規制に対処するものであることから，規制措置に反映されている「技術的な」性質に照らして「産品の特性」を捉えるのが望ましいと指摘する[47]。今日まで強制規格の適格性が肯定された事例においては，輸入産品に「アスベスト」という物質が含まれているか否か，又は，「クローブ」という物質が含まれているか否かなど，規制措置及び規制対象の技術的な性質が重視されている[48]。*EC—Seal Products* 事件でも，結論としては，上級委員会がパネルの判断を覆し，「狩猟の主体，類型，目的」は，TBT 協定でいうところの「産品の特性」ではないと強調している。「狩猟の主体，類型，目的」という要素は，どうやら上級委員会にとって「技術的な」性質を想起

---

46) 上級委員会は産品の特性として，成分，大きさ，模様，色，生地，硬度，張力，燃焼性，伝導性，密度，粘度など，非常に「技術的な」要素を例示している。詳細は，*EC—Asbestos*, Appellate Body Report, para. 67.

47) Levy and Regan ('Seals and Sensibilities') 359.

48) *Ibid*.

させる要素ではなかったようである。以降の事例において，上級委員会が規制措置及び規制対象の技術的な性質に重きを置き，強制規格の適格性を判断する立場を明確に示すかどうかは，今後注目すべき争点の1つであると考える。

3.2.3　遵守が義務的であること

措置が強制規格に該当するための3つ目の要件は，措置で規定する要件の遵守が義務的 (mandatory) であることである。この要件は強制規格と任意規格を区別する決定的な要素である。*EC—Asbestos* 事件の上級委員会は，強制規格は産品の特性を拘束力ある形 (binding and compulsory fashion) で規定するものでなければならないと指摘し[49]，アスベスト及びアスベストを含む産品の輸入規制を定めるフランスの政令は，「義務的な」ものであると判断した[50]。

他方，*US—Tuna II (Mexico)* 事件では，問題の措置が「義務的な」ものであるか否かにつき，紛争当事国の間で見解が分かれた。同事件で問題となったのは，米国の市場で販売されるマグロ産品に「イルカに安全」というラベルを使用するための要件であった。申立国のメキシコは，同措置が適用された結果，特定の要件を充たさない限りメキシコ産のマグロ産品に「イルカに安全」のラベルを使用することができなくなり[51]，同要件への遵守が当該ラベルを使用するための唯一の手段となっていると指摘しながら[52]，米国の措置は法律上 (de jure) 義務的なものであり，もしそうでないとしても，事実上 (de facto) 義務的なものであると主張した[53]。他方で，米国は，同措置は任意的な (voluntary) ラベルの要件であり，その意味でマグロ産品に「イルカに安全」のラベルが付着されていることを義務化するものではないとしながら[54]，義務的なラベルの要件というのは，同ラベルの使用が米国の市場において産品を販売，輸入，分配するための前提条件となっている場合を指すとし[55]，その意味で，米国の措置は義務的なものではないと反論した。

---

[49]　*EC—Asbestos*, Appellate Body Report, para. 68.
[50]　*Ibid.*, paras. 74–75.
[51]　*US—Tuna II (Mexico)*, Panel Report, para. 7.80.
[52]　*Ibid.*, para. 7.83.
[53]　*Ibid.*, para. 7.113.
[54]　*Ibid.*, para. 7.91.
[55]　*Ibid.*, para. 7.92.

この点に関して，パネルは米国の主張を受け入れず，メキシコの主張を認めている。すなわち，パネルは，先例を引きながら，ラベルの表示なしに市場で販売することができるという事実だけで，当該要件が義務的なものではないと判断されるべきではと指摘し[56]，米国の措置が米国法上執行可能なものとして拘束力を有していること[57]，そして同措置はイルカの保護との関係でマグロ産品に含まれるマグロがどのような方法で漁獲されているかを示すための要件を定めており[58]，「イルカに安全」であるとの状態を示すための唯一の基準となっていること[59]，を根拠として挙げながら，遵守が義務的なラベルの要件に該当すると結論づけた[60]。他方，パネルの決定には一人のパネリストからの個別意見が付されている。個別意見によれば，義務的なラベルの要件というのは，当該ラベルの表示なしには市場で産品を販売することができない場合を指し，ラベル表示の有無にもかかわらず市場で産品を販売することができる場合は，TBT協定でいうところの「義務的な」ものではないという。すなわち，米国の措置は「イルカに安全」のラベルを使用しなければならないという意味での義務を定めてはおらず，米国の措置の要件を遵守するかどうかはもっぱら関連業者の裁量に任されていることから，米国の措置は強制規格に該当しないという見解である[61]。

　この点は，上級委員会の段階で検討されている。上級委員会はまず，強制規格の適格性を判断する際には，措置の特性と事案の状況を総合的に考慮しなければならないと指摘した上で，米国の措置の場合，①ラベルの使用に関する特定の要件を規定し，同要件を充たさないマグロ産品には「イルカに安全」，「イルカ」，「ネズミイルカ」，「海洋哺乳類」などの用語を含む，いかなるラベルの使用も禁じられるという意味で，実質的に「イルカに安全」という用語を使用するための単一の定義を定めるものであること，②当該措置の要件を充たさずに同用語を使用することは，詐欺的行為とみなされていること，③TBT協定附属書1.1では「市場」や「領域」といった文言は用いられておらず，その意味でラベルなしに市場で販売が許容されているという事実

---

56) *Ibid.*, para. 7.137.
57) *Ibid.*, para. 7.142.
58) *Ibid.*, para. 7.143.
59) *Ibid.*, para. 7.144.
60) *Ibid.*, para. 7.145.
61) *Ibid.*, paras. 7.146–7.188.

は，当該措置が強制規格に該当するか否かの判定に決定的な要素とはなりえないこと，④米国の市場で「イルカに安全」のラベルなしにマグロ産品の販売ができるとしても，「イルカに安全」であることを主張するためには，全ての生産者，輸入業者，輸出業者，配給業者，販売者が同要件を遵守する必要があること，などを根拠として挙げながら，結論としては，当該措置が義務的であるとしたパネルの決定を支持した[62]。

3.2.4 PPMs及びラベルの要件に関する争点

強制規格の適格性の判断をめぐり，依然として紛争解決機関の実行の面で不明確さが残されている争点は，TBT協定における「生産工程及び生産方法 (process or production methods, PPMs)」の位置づけである。TBT協定附属書1.1で定める強制規格の定義には，第1文で産品の特性又はその関連の生産工程若しくは生産方法 (their related processes and production methods) について規定する文書が含まれるとし，第2文では，産品又は生産工程若しくは生産方法 (process or production method) について適用される，専門用語，記号，包装又は証票若しくはラベル等による表示に関する要件が含まれると定めている。

附属書1.1でいう「又はその関連の生産工程若しくは生産方法 (以下，PPMs)」が何を意味するかについては，*EC—Seal Products* 事件で解釈が試みられている。上級委員会は，附属書1.1の文言，すなわち，「又は」，「その」，「関連の」，「生産工程」，「生産方法」の各々を通常の意味に照らして解釈した上で，強制規格の射程には産品の特性に関連するPPMsが含まれうると指摘しながら，ある措置が関連するPPMsを規定するものであるかを判断する際には，PPMsの要件と産品の特性が「十分な関連 (sufficient nexus)」を有しているかどうかを検討しなければならないと説明した[63]。同事件で申立国は，ECの措

---

62) WTO Appellate Body Report, *United States—Measures Concerning the Importation, Marketing and Sale of Tuna and Tuna Products* (*US—Tuna II* (*Mexico*)), WT/DS381/AB/R, adopted 13 June 2012, paras. 190-199.

63) *EC—Seal Products*, Appellate Body Report, para. 5.12 ("[w]e understand the reference to 'or their related processes and production methods' to indicate that the subject matter of a technical regulation may consist of a process or production method that is *related* to product characteristics. In order to determine whether a measure lays down related PPMs, a panel thus will have to examine whether the processes and production methods prescribed by the measure have a sufficient nexus to the characteristics of a product in order to be considered related to those characteristics.").

置における IC (先住民) 例外及び MRM (Marine Resource Management, 海洋資源管理) 例外において PPMs が規定されていると主張したが，上級委員会はパネルの段階で行われた検討の不十分さを理由として，この争点に踏み込んで検討はしていない。ただし，上級委員会は，TBT 協定の射程に入る PPMs とそうでない PPMs との境界線は，重要な争点になるとの説明を付け加えている[64]。このように，紛争解決機関の実行においては，TBT 協定における PPMs の位置づけ，特に PPMs と TBT 協定の規律範囲との関係については，依然として不明確さが残されている。

　一般に PPMs は，2 つの類型に分類される。1 つ目は「産品関連 (product related, pr) PPMs」であり，2 つ目は「産品非関連 (non-product related, npr) PPMs」である。「産品関連 PPM」というのは，最終産品の特性に密接に関連づけられるものとして，産品自体の性質から痕跡が見つけられる PPMs のことをいう。例えば，産品の生産過程において投入される化学物質の種類等を要件とする規制は，化学物質等によって最終産品の特性が影響を受けることから，「産品関連 PPMs」を要件とする規制となる。これに対し，「産品非関連 PPMs」というのは，最終産品の物理的な特性にいかなる影響も与えない PPMs のことをいう。例えば，エビの漁法に関して，ウミガメに被害を与えないような方法を採用することを要件とする規制は，同規制が適用される場合とそうでない場合と，エビ産品の物理的な特性には何の影響も与えない。このように，最終産品の物理的な特性からいかなる痕跡も見つけられない PPMs を「産品非関連 PPMs」という。実際，「産品非関連 PPMs」を要件とする貿易規制は，環境保護に関する紛争事例で多く見られる典型的な例である[65]。US—Shrimp 事件や US—Tuna II (Mexico) 事件のように，環境保護政策の一環として採用された，「産品非関連 PPMs」を要件とする規制措置の正当性が WTO の紛争事例で争点となったことも少なくない。その意味で，貿易と環境の価値衝突の局面において，WTO 法における PPMs の位置づけの問題は，非常に重要な論点の 1 つとなる[66]。ただし，不明確さが残されてい

---

64) *Ibid.*, para. 5.69 ("We further note that the line between PPMs that fall, and those that do not fall, within the scope of the TBT Agreement raises important systemic issues.").

65) Johannes Norpoth, 'Mysteries of the TBT Agreement Resolved? Lessons to Learn for Climate Policies and Developing Country Exporters from Recent TBT Disputes' (2013) 47(3) *Journal of World Trade* 575, 577-578.

66) Steve Charnovitz, 'The Law of Environmental "PPMs" in the WTO: Debunking the Myth of Illegality' (2002) 27(1) *Yale Journal of International Law* 59, 59-60.

るのは,「産品関連PPMs」を要件とする規制と「産品非関連PPMs」を要件とする規制の両方ともが,TBT協定でいうところの強制規格の射程に入るかという問題である[67]。最終産品の物理的な特性に明らかに影響を与える「産品関連PPMs」が強制規格の内容を構成しうるということは疑問の余地がないように思われるが,「産品非関連PPMs」と強制規格との関係については,学界でも様々な議論が行われている。

TBT協定附属書1.1における「産品の特性又はその関連のPPMs」という文言自体に重きを置くべきとする識者は,強制規格の範囲を狭く解し,産品の物理的な特性に影響を与える「産品関連PPMs」を要件とする規制のみが強制規格に該当すると主張する[68]。学界の多数説と思われるこの見解は,後述するTBT協定の起草過程[69]からその根拠を探る。他方で,附属書1.1の規定には,産品の特性がもっぱら産品の物理的な特性のみを指すと解する根拠はないことから,強制規格が対象とするPPMsは,最終産品に物理的な痕跡を残す「産品関連PPMs」のみならず,産品の特性と何らかの関連を有するものであれば「産品非関連PPMs」を要件とする規制も強制規格に該当しうるという主張も可能である。すなわち,PPMsが産品の特性に関連する限り,それが最終産品の物理的な特性に痕跡を残すものであるかどうかは問わず,強制規格の射程に入りうると理解する立場である[70]。この解釈によれば,協定が想定する「産品の特性」の範囲をどのように把握すべきかが決定的な要素になる。もし,産品の特性という文言が産品の物理的な特性に限らず,より広く解される場合には,「産品関連PPMs」のみならず,「産品非関連PPMs」も「産品の特性又はその関連のPPMs」の部分に該当する余地がある[71]。こ

---

67) 他方,産品非関連PPMsに基づく規制は,ガットの規律対象となる。協定違反が認められる場合は,20条による正当化の援用も可能である。
68) Manoj Joshi, 'Are Eco-Labels Consistent with World Trade Organization Agreements?' (2004) 38(1) *Journal of World Trade* 69, 75.
69) World Trade Organization Secretariat, *Negotiating History of the Coverage of the Agreement on Technical Barriers to Trade with Regard to Labelling Requirements, Voluntary Standards and Production Methods Unrelated to Product Characteristics*, CTE, WT/CTE/W/10, G/TBT/W/11 (Geneva, 29 August 1995).
70) Marceau and Trachtman ('A Map of the World Trade Organization Law 2002') 861.
71) Erich Vranes, *Trade and the Environment: Fundamental Issues in International Law, WTO Law, and Legal Theory* (Oxford University Press, 2009) 342; *see also*, Ming Du, 'What is a "Technical Regulation" in the TBT Agreement? Some Reflections on *EC- Seal*' (2015) 6(3) *European Journal of Risk Regulation* 396, 396–404.

のような解釈を擁護する論者は，附属書1.1の「産品の特性」をもっぱら物理的な特性のみと理解するのは妥当ではなく，「産品の特性」という通常の意味に従えば，「産品非関連PPMs」を要件とする規制も原則として強制規格に該当しうると主張する[72]。そもそも産品に痕跡を残すものや物理的に含まれるようなPPMsのみが「関連のPPMs」と認められるのであれば，それは「産品の特性」と違いがないのではないか，「産品の特性」「又は」「関連のPPMs」で並ぶ文章の構成を説明できないのではないかという議論も可能である。もちろん，附属書1.1の第1文が指すのは，「関連のPPMs」であることから，「産品非関連PPMs」が強制規格の適格性を有しうるとしても，それは産品の特性と何らかの形で関連性を有するものに限る。

ただし，PPMsを広く捉えるアプローチは，TBT協定の起草過程の観点からは議論の余地がある。「産品関連PPMs」を要件とする規制が強制規格に該当するという認識は起草過程においても広く認められていたが，「産品非関連PPMs」については，その処遇に関するコンセンサスが加盟国の中で得られなかったように思われる[73]。附属書1.1の第1文で，「産品の特性又はその関連のPPMs」と明示されていることは，TBT協定が想定するPPMsを「産品関連PPMs」に限定すべきとの主張を裏づけるようにも見える。しかしながら，後述するとおり，附属書1.1の構成を全体的に見てみると，いくつかの曖昧さが存在する。ウルグアイ・ラウンドの起草過程においては，協定の実効性を確保すべくあらゆる類型のPPMsをTBT協定の規律対象とすべきと主張する先進国と[74]，これに猛烈に反対する途上国側とが対立軸を形成していた[75]。「産品非関連PPM」は，環境又は動物保護の政策との関係で，輸入

---

72) *Ibid.*
73) World Trade Organization Secretariat, *Trade and Environment at the WTO* (Geneva, 2004) 17-18, at <https://www.wto.org/english/tratop_e/envir_e/envir_wto2004_e.pdf>.
74) World Trade Organization Secretariat (*Negotiating History*), para. 121.
75) Marceau and Trachtman ('A Map of the World Trade Organization Law 2002') 861; Norpoth ('Mysteries') 577-578. 特に，Norpothは，「産品非関連PPMs」に基づく国内規制については，一般に途上国からの反発を招く傾向があると指摘する。その理由としては，第1に，「産品非関連PPMs」に基づく規制を実施するには，情報の確保が前提となるが，途上国の立場からはそれが容易でないこと，第2に，「産品非関連PPMs」の要件を遵守するための生産費用が増えること，第3に，技術的かつ金銭的な困難さ，第4に，各市場で設けられる異なる要件は，輸出業者の市場アクセスを制限する恐れがあること，第5に，輸入国が自国の政治的な選好を域外的に他国に強いる効果をもたらす恐れがあること，第6に，産品の輸出のための承認を受ける手続上の困難さ，などが挙げられる。

国が輸出国の政策を対外的にかつ域外的に強制する効果をもたらす恐れがあるからである。特にメキシコは，TBT 協定における PPMs の範囲を明確にすべく，「関連の (related)」という文言の挿入を提案したが，産品の特性とは非関連の PPMs を TBT 協定の規律範囲から排除することがその意図であったことを明らかにしている[76]。このような提案は，強制規格の適格性を論じるに際し，PPMs の範囲を狭く捉えるものであり，「産品関連 PPMs」のみを規律対象とする意図があったと思われる。結局，メキシコの提案は受け入れられ，TBT 協定の最終的な文言にもその旨が反映されることになった[77]。しかし，興味深いことに，「関連の」という文言は，強制規格を定義する附属書 1.1 第 1 文のみに用いられ，第 2 文では「関連の」という文言が用いられていない。TBT 協定の起草過程は，TBT 協定の規律対象として「産品非関連 PPMs」を含むべきかどうかをめぐり，加盟国の中でも十分なコンセンサスが得られなかったことを示唆する。その結果，同問題が起草作業の最後まで決着がつかず，TBT 協定の最終的な文言にも第 1 文と第 2 文の間に差異が生じている。

　附属書 1.1 の第 2 文は，「強制規格は，専門用語，記号，包装又は証票若しくはラベル等による表示に関する要件であって産品又は生産工程若しくは生産方法について適用されるものも含む」と定める。第 1 文とは違い，第 2 文では「生産工程若しくは生産方法」という文言の前に「関連の」という文言が置かれていない。第 1 文との差異をどのように理解すればよいか。これに関しては，第 2 文が第 1 文の例示 (illustrative) にすぎないと理解する見解，すなわち，第 2 文を第 1 文に従属するものとして捉える見解がある[78]。もし第 2 文を第 1 文の例示として理解する場合，第 1 文の「関連の PPMs」を「産品関連 PPMs」のみを指すと理解するならば，第 2 文で列挙されている表示方法等も「産品関連 PPMs」を基準としたものに限定されることになろう。これに対し，第 2 文は第 1 文の例示ではなく，むしろ追加的な要素を指すと理解する見解もある[79]。すなわち，第 2 文で列挙されているものは，第 1 文

---

76) World Trade Organization Secretariat (*Negotiating History*), para. 146 ("In introducing its proposal, Mexico made it clear that the intent was to exclude PPMs unrelated to the characteristics of a product from the coverage of the Agreement.").

77) *Ibid.*, para. 147.

78) *Ibid.*, paras. 20–21; *see also*, Joshi ('Eco-Labels') 75.

79) World Trade Organization Secretariat (*Negotiating History*), para. 21.

の例示ではなく，強制規格の2つ目の類型を指すと理解する見解である。この見解は，第2文で「適用されるものも (also) 含む」という文言が使われていることに注目する。第2文は「関連のPPMs」という文言を用いていないことから，後者の解釈をとる識者は，第1文と第2文の文言の差異に注目し，第2文で規定する「包装又はラベル等による表示に関する要件」は，それが「産品の特性又は関連のPPMs」であるかどうか，すなわち，「産品関連PPMs」を要件とするか，それとも「産品非関連PPMs」を要件とするかを問わず，原則として強制規格に該当すると指摘する[80]。

　第2文の性質をめぐる以上のような学界の論争にもかかわらず，この問題は紛争解決機関の実行の面からは，上級委員会の説明により，一段落したと見ることもできる[81]。すなわち，上級委員会は，第2文で列挙する「専門用語，記号，包装又は証票若しくはラベル等による表示に関する要件」は，第1文の「産品の特性」についての「例示 (examples)」であることを明白にしている[82]。上級委員会の説明を踏まえて考えるに，第2文で規定する「包装又はラベル等による表示に関する要件」は，それ自体として産品の特性に該当し，したがって，これらが「産品関連PPMs」を規定するかどうかは，原則として問題にならない。産品の包装又はラベルは，産品に付着されるものであり，その意味で産品の特性を構成することになる。この点は，消費者の視点から考えると，容易に理解できる。Levy and Reganが指摘するように，消費者がマーケットで向かい合うのは，マグロ自体ではなく，ラベルが付着された缶詰の形のマグロ産品である。その意味で，マグロの缶詰に貼付されるラベルは抽象的な意味でのマグロ自体の固有の特性と関連しないとしても，当該（缶詰）産品自体の特性を構成する一部となる[83]。このことから，包装又はラベル等による表示に関する要件は，それらが「産品非関連PPMs」を基準とするものであるとしても，第2文の定義に該当し，強制規格と認定される。このような解釈は，第2文で「関連の」という用語が用いられていないことに注目するというよりも，包装又はラベルに関する要件の性質に基づく

---

[80] Conconi and Voon ('The Tension') 217.
[81] Du ('Technical Regulation') 394–404.
[82] *EC—Asbestos*, Appellate Body Report, para. 67 ("In the definition of a 'technical regulation' in Annex 1.1, the *TBT Agreement* itself gives certain examples of 'product characteristics'—'terminology, symbols, packaging, marking or labelling requirements'.").
[83] Levy and Regan ('Seals and Sensibilities') 355.

ものである[84]。「産品非関連 PPMs」をもってラベルの要件を規定する規制措置が強制規格に該当するという解釈は，*US―Tuna II* (*Mexico*) 事件でも確認されている。すなわち，パネルは，米国の措置の内容がラベルの表示に関する要件であることを確認し，附属書 1.1 の第 2 文の範囲に含まれる強制規格であると結論づけている[85]。上級委員会も，同要件が強制規格に該当するとのパネルの決定を支持している[86]。

紛争解決機関の実行に鑑みると，第 2 文で規定するラベル等の表示に関する要件は，「産品非関連 PPMs」を規制するものであれ「産品関連 PPMs」を規制するものであれ，強制規格の適格性が認められると理解してもよいと思われる[87]。ただし，このような解釈は，第 2 文の「包装又はラベルに関する要件」に限って当てはまるものであり，第 1 文の「関連の PPMs」の意味に「産品非関連 PPMs」が含まれるべきことを必ずしも意味しない。

他方，*EC―Seal Products* 事件の上級委員会が「十分な関連」という基準を示したことに注目し，「産品関連 PPMs」と「産品非関連 PPMs」との区別を見直すべきとする見解もある。Marceau は，特定の PPMs を要件とする規制と規制の対象となる産品との間に何らかの「関連 (nexus)」，「接点 (connection)」，「十分なつながり (sufficient link)」がある場合には，最終産品に物理的な痕跡を残さない PPMs であるとしても，「産品関連 PPMs」とみなすべきと主張する[88]。例えば，規制措置が特定の・マ・グ・ロの漁法を要件として，・マ・グ・ロ産品を輸入規制するものであれば，PPMs と規制対象となる産品が直接の関連を有していることから，それは最終産品に物理的な痕跡を残すものであるかどうかを問わず，「関連の PPMs」の範疇に含まれるべきとする主張である。上級委員会が示している「十分な関連」という基準は，「痕跡を残すこと」又は「物理的に含まれていること (being physically incorporated)」のよう

---

84) Pauwelyn は，これで PPMs をめぐる論争は終焉したのではないかと議論する。詳細は，Joost Pauwelyn 'Tuna: The End of the PPM distinction? The Rise of International Standards?' (*International Economic Law and Policy Blog*, 22 May 2012) at <https://worldtradelaw.typepad.com/ielplog/2012/05/tuna-the-end-of-the-ppm-distinction-the-rise-of-international-standards.html>.
85) *US―Tuna II* (*Mexico*), Panel Report, para. 7.78.
86) *US―Tuna II* (*Mexico*), Appellate Body Report, para. 199.
87) Norpoth ('Mysteries') 581.
88) Marceau ('A Comment') 327.

な強い密接さを求めるものではないように思われる[89]。Marceauの解釈によれば，「産品非関連PPMs」というのは，特定の規制目的を達成するために設けられる要件が，規制対象となる産品と直接の関連を有しない場合を指すという[90]。例えば，A国における児童労働の慣行が，B国が定める労働基準の要件を充たすことができず，その結果，A国からの全ての品物の輸入がB国により規制される場合，このような規制は「産品非関連PPMs」を要件とするものとなる。労働基準の遵守を要件とするPPMsが，その規制対象となる産品に直接的な関連を有するとはいえないからである。このような区分法は，最終産品に物理的な痕跡を残すかどうかを主な基準としてきた従来の区分法とは異なる。*EC—Seal Products* 事件のパネルは，「狩猟の主体，類型，目的」が「産品の特性」に該当すると判断し，この点を「関連のPPMs」の観点からは検討しないとした[91]。他方，上級委員会は，「狩猟の主体，類型，目的」は「産品の特性」を構成するものではないと指摘しながらも，この点を「関連のPPMs」の観点から踏み込んで検討しないとしたが，もし上級委員会が，IC例外の性質を「関連のPPMs」の観点からアザラシ産品との「十分な関連」を問うような形で審査を行ったならば，ECの措置が強制規格と判定される余地もあったかもしれない[92]。上級委員会が「十分な関連」という基準を示したことにより，第1文の「関連のPPMs」の解釈に一定の柔軟性が与えられるようになったとも思われるが，「十分な関連」が肯定されるためにPPMsと対象産品との間にどの程度の密接さが必要であるかについては依然として明確にされていない。「十分な関連」という基準に潜在的な柔軟性が想定されているとしても，その具体的な基準の精緻化は，今後強制規格の適格性をめぐって重要な争点の1つになると考えられる。

3.3　無差別原則（2条1項）

TBT協定2条1項は，次のように強制規格の無差別原則を定める。

---

89) *Ibid.*
90) *Ibid.*
91) *EC—Seal Products*, Panel Report, para. 7.112.
92) 類似した論旨としては，Alexia Herwig, 'Too much Zeal of Seals? Animal Welfare, Public Morals, and Consumer Ethics at the Bar of the WTO' (2016) 15(1) *World Trade Review* 109, 109-137.

「加盟国は，強制規格に関し，いずれの加盟国の領域から輸入される産品についても，同種の国内原産の及び他のいずれかの国を原産地とする産品に与えられる待遇よりも不利でない待遇を与えることを確保する。」

TBT協定2条1項は，ガットに非常に似た形で無差別原則を定めている。ただし，同条項は内国民待遇と最恵国待遇を同時に規律し，強制規格のみに適用されるという点で，ガットの無差別原則と対比される。TBT措置が同条項に違反すると判定されるには，第1に，当該措置が「強制規格」であること，第2に，問題となる輸入産品と国内産品が「同種の産品」であること，第3に，当該措置によって同種の国内産品に与えられる待遇よりも「不利な待遇」が輸入産品に与えられていること，という点についての証明が必要である[93]。

上述したとおり，同条項ではガット3条4項の文言，すなわち，「同種の産品」や「不利でない待遇」といった用語が使われていることから，ガット3条4項の文脈で発展した解釈基準がそのまま適用されうるかどうかが重要な争点となる。さらに，TBT協定はガット20条のような一般的例外条項を設けていないことから，ガットの下で確立されているような，貿易自由化の目的と加盟国の規制権との間における均衡点を，どのようにTBT協定の下で実現すべきかが重要な争点となる。これらの争点は，2012年 *US—Clove Cigarettes* 事件を皮切りに，後続の上級委員会の報告書が発出されるに伴って，明確化が進められている。強制規格の意味及び内容については，既に検討したとおりであり，以下では，TBT協定2条1項の審査において検討を要するその他の要素，すなわち，「同種の産品」及び「不利な待遇」がどのように解釈されてきているかを検討し，加盟国の国内規制権限の観点から，紛争解決機関が展開している解釈基準を評価する。

3.3.1 同種の産品の判定

上述したとおり，ガット3条4項の「同種の産品」は，基本的に産品間の競争関係の性質及び程度の決定に関するものと理解され，産品間の競争関係を確認するために，伝統的な4つの基準，すなわち，①産品の物理的特性及

---

[93] *US—Clove Cigarettes*, Appellate Body Report, para. 87.

び性質，②市場における産品の最終用途，③消費者の選好・習慣，④関税分類などの要素が考慮される[94]。ガット3条4項の文脈で踏襲されてきた，市場中心のアプローチがTBT協定2条1項を解釈する際にも同様に適用されるか否かをめぐっては，学界で様々な議論が行われてきた。例えば，TBT協定前文は，正当な規制目的を追求するために行使される加盟国の国内規制権限を認めているが，同協定にはガット20条のような一般的例外条項が存在しないことから，加盟国の国内規制権限に配慮した解釈，すなわち，加盟国の正当な規制目的を考慮して「同種の産品」を解釈すべきとのアプローチが提示されたこともあった[95]。このアプローチは，WTO協定で用いられる「同種の産品」という概念が「アコーディオンのように，WTO協定の異なる規定が異なる場所で適用されるに応じて伸びたり縮んだりする」という上級委員会の説明[96]にその根拠を求める。

　ガット3条4項の文脈で踏襲されてきた市場中心のアプローチをTBT協定2条1項の審査で同様に適用するという選択肢と，加盟国が追求する正当な規制目的を考慮して「同種の産品」を解釈するという両者の選択肢の間で，TBT協定における「同種の産品」の意味を初めて本格的に検討した*US—Clove Cigarettes*事件のパネルは後者のアプローチを，そして上級委員会は前者のアプローチを採用した。

　*US—Clove Cigarettes*事件では，タバコに各種の香りづけ及び添加物を使用することを規制する米国の措置がTBT協定に違反するかどうかが問題となった。特に，同措置の下ではメンソールタバコが禁止対象の香りづけ及び添加物から除外されていたことから，クローブタバコの最大輸出国であるインドネシアが当該措置を問題とし，米国の措置が主に国内産品からなるメンソールタバコを例外とした結果，クローブタバコが差別的な待遇を受けていると主張した。争点となったメンソールタバコとクローブタバコの「同種性」に関して，パネルはまず，TBT協定2条1項の文脈で同種性を判断するアプローチは大きく3つ，すなわち，第1に，ガット3条4項の解釈基準をそのまま移植する方法[97]，第2に，ガット3条4項の解釈基準を移植せずに，TBT

---

94) *EC—Asbestos*, Appellate Body Report, para. 99.
95) *See* Marceau and Trachtman ('A Map of the World Trade Organization Law 2002') 822.
96) *Japan—Alcoholic Beverages II*, Appellate Body Report, p. 21.
97) WTO Panel Report, *United States—Measures Affecting the Production and Sale of Clove Cigarettes* (*US—Clove Cigarettes*), WT/DS406/R, adopted 24 April 2012, as modified by Appel-

協定の文脈に照らして解釈する方法[98]，第3に，ガット3条4項に関する先例とTBT協定の文脈の両方を考慮する方法[99]，があると指摘した上で，TBT協定2条1項とガット3条4項で用いられる文言の類似性にもかかわらず，後者はより広い範囲の国内規制に適用されるのに対し，前者はもっぱら強制規格のみに適用されることから[100]，その意味でTBT協定2条1項は，その直接の文脈となる同条項とTBT協定の全体的な文脈に照らして解釈されなければならないと説明した[101]。TBT協定の全体的な文脈，特に加盟国の正当な国内規制権限を認める前文の趣旨に注目したパネルは[102]，TBT協定2条1項の文脈で「同種の産品」を解釈する際には，市場における競争関係のみを踏まえて判断すべきではなく，むしろ，公衆の健康の保護という米国の措置の規制目的に特別な注意が払われなければならないとした。パネルは，その意味で，産品の特性，最終用途，消費者の選好等の要素も当該措置の規制目的に照らして評価されなければならないとし[103]，それらの要素を踏まえて，メンソールタバコとクローブタバコとは「同種の産品」であると結論づけた[104]。

「同種の産品」の判定に際して，規制措置の背後にある規制目的を考慮すべきとしたパネルの解釈は，ガット時代の先例で話題となった「目的効果アプローチ」を連想させる[105]。つまり，「同種の産品」の判定においては，市場中心のアプローチだけでは十分でなく，加盟国の規制目的をともに考慮する必要があるという解釈である。この点は，メンソールタバコとクローブタバコがそれぞれ異なる特性を有し，検討される文脈によっては同種の産品とみなされない場合があるとしても，それらの異なる特性は，少なくとも公衆の健康の保護という規制目的の観点からはそこまで重要であるとはいえない，

---

late Body Report WT/DS406/AB/R, para. 7.91.
98) *Ibid.*, para. 7.92.
99) *Ibid.*, para. 7.93.
100) *Ibid.*, para. 7.106.
101) *Ibid.*
102) *Ibid.*, paras. 7.108-7.118.
103) *Ibid.*, para. 7.119.
104) *Ibid.*, para. 7.248.
105) Joshua Meltzer and Amelia Porges, 'Beyond Discrimination? The WTO Parses the TBT Agreement in *US—Clove Cigarettes, US—Tuna II (Mexico), US—COOL*' (2013) 14 *Melbourne Journal of International Law* 699, 712.

と強調するパネルの説明からも分かる[106]。

しかしながら、規制目的を考慮して「同種の産品」を判定すべきとのパネルの解釈に上級委員会は同意していない。上級委員会は、メンソールタバコとクローブタバコとが「同種の産品」であるとのパネルの最終的な決定を支持しながらも、パネルが採用したアプローチを覆している。上級委員会は、パネルと同様に、TBT協定及び諸規定の目的に照らして「同種の産品」を解釈すべきとしながら、これらの文脈的な要素と協定の目的とに鑑みるに、市場中心のアプローチの採用は原則として妨げられないとした上で[107]、次のような説明を付け加えている。すなわち、TBT協定2条1項の「不利でない待遇」という文言自体から、「産品間の競争関係の性質や程度」を踏まえて「同種の産品」を判定すべきことが示唆されるという。「不利でない待遇」という文言は、市場における状況に照らして評価されるべきものであり、その意味で、「不利でない待遇」は、「産品」を市場に関連づける (links) ことになる[108]。同様の意味で「同種の産品」は、輸入産品に「不利でない待遇」が与えられているか否かの審査において、比較対象となる産品の範囲を決定する概念である。上級委員会によると、この文脈で加盟国の規制目的が考慮されてしまうと、「同種の産品」として認められるほどの十分な競争関係を有する産品群が「同種の産品」の範疇から排除される結果となり[109]、産品間に実際に存在する競争関係が歪曲される恐れがあるという。結局、TBT協定の文脈そのものが、「同種の産品」を市場における競争関係に照らして把握すべきことを暗示するということである。

上級委員会は、「同種の産品」の判定において、規制目的が考慮されるべきでない追加的な理由を2つ挙げている。第1に、一般に規制措置には複数の目的が反映されている場合があるが、これらの目的の全てを規制措置の法的文言や設計から識別することは容易でなく、規制措置に反映されている全ての目的を把握し、これらの目的の中で同種性の判定に最も関連する規制目的を特定するのも容易ではないこと[110]、第2に、規制措置が複数の目的を有する場合、もしパネルがこれらの目的の中で1つの目的のみに集中し、その他

---

106) *US—Clove Cigarettes,* Panel Report, paras. 7.244-7.247.
107) *US—Clove Cigarettes,* Appellate Body Report, para. 108.
108) *Ibid.,* para. 111.
109) *Ibid.,* para. 116.
110) *Ibid.,* para. 113.

の目的を考慮しなかった場合，これは恣意的な結論に繋がる恐れがあり，その意味で，規制目的を考慮する解釈が常に加盟国の国内規制権限を保障できるとはいえないこと[111]，を挙げている。これらの理由は，上級委員会がガット3条4項の文脈で「目的効果アプローチ」の採用を拒んだ際に示した理由づけに似ている。ただし，上級委員会はTBT協定2条1項における「同種の産品」の判定の文脈で，規制的関心事項が一定の状況下で限定的に考慮されうることを認めている。すなわち，ガット3条4項の文脈と同様に，規制的関心事項は，産品間の競争関係に影響を及ぼす範囲内では関連要素となりうる[112]。上級委員会は，以上を総合的に鑑みるに，TBT協定2条1項における「同種の産品」の判定も「産品間の競争関係の性質及び程度」に関するものであると結論し[113]，パネルが採用したアプローチを問題としながらも，メンソールタバコとクローブタバコとが「同種の産品」であるとの最終的な決定を支持した[114]。

　以上のように，上級委員会の解釈によると，TBT協定2条1項における「同種の産品」の判定においては，原則として措置の規制目的は考慮されない。このような解釈は以降の事例においても踏襲されている。*US—Tuna II (Mexico)* 事件では，米国産のマグロ産品と，メキシコ産のマグロ産品がTBT協定2条1項でいう「同種の産品」に該当するかどうかが問われたが，パネルはメキシコの主張を受け入れ，伝統的な4つの基準，すなわち，市場中心のアプローチに照らして，これらの産品が「同種の産品」であると認定している[115]。*US—COOL* 事件でも同様に，伝統的な4つの基準に照らして，カナダ及びメキシコから輸入された牛や豚が，米国産の牛や豚と「同種の産品」であると認定されている[116]。以上の動向から考えるに，TBT協定2条1項における「同種の産品」の該当性は，原則としてガット3条4項の「同種の産品」と同じく，もっぱら市場における競争関係に照らして判断されることになるといえよう。

---

111) *Ibid.*, para. 115.
112) *Ibid.*, paras. 119-120.
113) *Ibid.*
114) *Ibid.*, para. 160.
115) *US—Tuna II (Mexico)*, Panel Report, paras. 7.235-7.251.
116) *Ibid.*, paras. 7.252-7.256.

3.3.2 不利な待遇――「正当な規制上の区別」の基準の導入

 それでは，TBT 協定 2 条 1 項の解釈において，規制措置によって輸入産品に「不利な待遇」が与えられているかどうかの審査に際しては，加盟国の規制目的は役割を有しえるのだろうか。同種の産品の判定において，ガット 3 条 4 項の下で発展してきた解釈基準が TBT 協定 2 条 1 項の文脈でも適用されることは上述のとおりであるが，「不利な待遇」の審査において，ガットの解釈基準をそのまま適用できるかについては，TBT 協定の趣旨及び目的との関係でいくつかの問題が提起される。ガット 3 条 4 項の「不利な待遇」の審査では，輸入産品の競争条件に悪影響がもたらされているかどうかが重点的に検討され，規制目的への考慮は原則としてガット 20 条の文脈でなされる。他方，TBT 協定はガット 20 条のような一般的例外条項を設けていないことから，「不利な待遇」に関するガットの解釈基準がそのまま TBT 協定 2 条 1 項の審査で適用される場合には，TBT 協定前文で強調されている加盟国の正当な国内規制権限が保障されない恐れがある。すなわち，ガット 3 条 4 項の解釈基準がそのまま TBT 協定 2 条 1 項で適用される場合，産品間で規制上の区別を設けるほとんどの強制規格は，一応 TBT 協定に違反するものと判定される可能性がある。このような状況下で，TBT 協定 2 条 1 項の「不利な待遇」の概念を解釈した *US—Clove Cigarettes* 事件の上級委員会は，「不利な待遇」の審査の枠内で，加盟国の規制目的への考慮を可能にする斬新な解釈基準を導き出した。いわゆる，「正当な規制上の区別 (a legitimate regulatory distinction)」の基準である。

 US—Clove Cigarettes 事件では，TBT 協定 2 条 1 項の「不利な待遇」の解釈基準をめぐり，被申立国の米国と申立国のインドネシアの間で争いがあった。特に，両当事国は基本的に「不利な待遇」を「輸入産品の競争機会に対する悪影響」と解すべきことには同意しながらも，これが唯一かつ最終的な基準であるかについては見解を異にした。特に米国は，「輸入産品の競争機会に対する悪影響」の存在は必要条件ではあるが，十分条件ではないと主張した[117]。上級委員会はまず，TBT 協定は，一方で貿易自由化を促進するとい

---

117) 米国は，*Dominican Republic—Cigarettes* 事件で述べられた「輸入産品に対する悪影響が産品の外国原産地とは無関係の要因及び状況によって説明可能である場合，措置によってもたらされる悪影響の存在は必ずしも輸入産品に不利な待遇を与えていることを意味しない」という説明

う目的と，他方で加盟国の規制権を保障するという目的との間における均衡点の確立を目指していると指摘し，この点に鑑みれば，TBT協定2条1項がもっぱら (exclusively)「正当な規制上の区別 (legitimate regulatory distinctions)」に起因する，輸入産品に対する悪影響までも禁じてはいないとの解釈を提示した[118]。すなわち，同種の輸入産品の競争機会に対する悪影響が存在するという事実だけでは，「不利な待遇」の存在を成立させるに十分 (dispositive) ではなく，当該措置からもたらされる悪影響がもっぱら「正当な規制上の区別」に起因するかどうかを追加的に確かめなければならないという説明である。そこで，上級委員会は，事案の具体的な状況，すなわち，問題の強制規格の設計，構成，明らかになった構造，実行，適用のほか，特に強制規格が「公平性のある (even-handed)」ものであるかどうかを精査しなければならないと付け加えている[119]。

この基準を詳細に見てみると，TBT協定2条1項の文脈では，ガット3条4項の審査に比べて追加的な審査が想定されていることが分かる。すなわち，同種の輸入産品の競争機会に対する悪影響が存在するかどうかの検討以外に，そのような悪影響が「正当な規制上の区別」に起因するかどうかが追加的に検討され，もしそうであれば，仮に輸入産品に対する悪影響が確認されたとしても「不利な待遇」の存在は否定されることになる。その意味において，TBT協定2条1項における「不利な待遇」の審査は2段階で構成される。上級委員会は，このように追加的な審査を導入した規範的な根拠を次のように提示している。第1に，強制規格は，その性質上 (by their very nature) 産品の特性に応じて産品間に区別を設けるものであることから，産品間に規制上の区別が存在するという事実だけで，「不利な待遇」を成立させるような解釈は適切ではない[120]。第2に，TBT協定には一般的例外条項が存在しないものの[121]，TBT協定前文で確認されている，国際貿易に対する不必要な障害を防止しようとする願望 (desire) と，加盟国の規制権を保障するという目的との間における均衡点というのは，ガットで確立されている均衡点と原則と

を引きつつ，この基準が追加的に検討されるべきと主張した。*US—Clove Cigarettes*, Appellate Body Report, para. 166.
118) *Ibid.*, para. 174.
119) *Ibid.*, para. 182.
120) *Ibid.*, para. 169.
121) *Ibid.*, para. 101.

して異ならない[122]。第3に，ガットと TBT 協定とは一貫したかつ調和的な (coherent and consistent) 形で解釈されなければならない[123]，といった点である。その意味で，輸入産品に対する悪影響がもっぱら「正当な規制上の区別」に起因するか否かという追加的な検討を伴う2段階の審査は，ガット3条と20条との間で確立されている均衡点を，TBT 協定2条1項の審査の枠内で同様に実現させるべく，上級委員会が考案した斬新な解釈基準と評価できる。

　以上の説明を踏まえて，上級委員会はまず，「不利な待遇」の審査の1つ目の段階に当たる「輸入産品の競争機会に対する悪影響」の存在については，米国の措置によって規制されるクローブタバコのほとんどがインドネシアからの輸入産品であることを確認し[124]，米国の措置の対象外とされていたメンソールタバコの場合，米国タバコ市場の 25% を占め，国内の生産者がメンソールタバコの市場を支配 (dominate) していることから[125]，これらの事案を勘案すれば，米国の措置によって，クローブタバコの競争機会に対する悪影響の存在が強く示唆されるとした[126]。次いで，2つ目の段階に当たる，その悪影響がもっぱら「正当な規制上の区別」に起因するか否かについては，宣言されている米国の措置の規制目的は若年層による喫煙の減少であるが，メンソールタバコもクローブタバコも香りづけがあり，喫煙を始めようとする若年層に魅力的であるという意味で同様の効果があることから，メンソールタバコも規制目的の観点から同様の特性を有するといえるにもかかわらず，規制対象から除外されていること，そしてメンソールタバコが規制の対象外となっていることについての米国の理由づけ，すなわち，禁断症状による影響を最小化し，さらには闇市場や密輸の懸念に対処するという理由づけは説得力を欠いていること，といった以上の諸点を挙げながら，米国の措置はもっぱら「正当な規制上の区別」に起因するものではないと結論づけた[127]。

　「不利な待遇」についての2段階の審査は，その後の事例でも踏襲されている。*US—Tuna II (Mexico)* 事件の上級委員会は，第1に，問題の強制規格に

---

122) *Ibid.*, para. 96.
123) *Ibid.*, para. 91.
124) *Ibid.*, para. 222.
125) *Ibid.*, para. 223.
126) *Ibid.*, para. 224.
127) *Ibid.*, para. 225.

よってメキシコ産のマグロ産品に悪影響を与えるように競争条件が変更されているかを検討し，第2に，その悪影響がメキシコ産のマグロ産品に対する差別を構成するかどうか[128]，特に米国の措置がその他の漁場でも発生しうる，イルカへの危険性にも「公平に (even-handed)」対処できているかを検討している[129]。特に，2つ目の審査では，米国の措置が設けている規制上の区別がもっぱら「正当な規制上の区別」に起因するか否かが問われており，*US—Clove Cigarettes*事件で確認された審査と同様の構成となっている。*US—Tuna II* (*Mexico*)事件で問題となったラベルの要件は，東熱帯太平洋海域 (ETP) 内において，まき網によるイルカの囲い込み漁法でとられたマグロの産品には，「イルカに安全」というラベル表示の使用を禁止するものであった。上級委員会はまず，当該措置がメキシコ産のマグロ産品の競争条件を変更しているかどうかについては，「イルカに安全」のラベル表示は重要な市場的価値を有し[130]，およそ3分の2のメキシコの漁船がまき網によるイルカの囲い込み漁法を採用しているのに対し，米国の漁船はそのような漁法を採用していないこと[131]から，実際にメキシコ産のマグロ産品の競争機会に悪影響が生じており[132]，その悪影響は米国の措置によってもたらされているため[133]，結果的に，米国の措置はメキシコ産のマグロ産品に悪影響を与えるように競争条件を変更していると判断した[134]。

　その悪影響が差別を構成するかどうかについては，上級委員会はまず，米国の措置が追求する2つの目的，すなわち，①イルカへの安全性との関係で，マグロがどのように漁獲されているかについての情報を消費者に提供すること，②イルカの保護に貢献すること，といった規制目的がパネルの審査段階で「正当な」ものと認定されていることを確認した[135]。次いで，上級委員会は，メキシコ産のマグロは主にETP内でイルカの囲い込み漁法によってとられていることから，「イルカに安全」のラベル表示の使用が妨げられているのに対し，米国産及び他国産のマグロはETP外の漁場においてその他の漁

---

[128]　*US—Tuna II* (*Mexico*), Appellate Body Report, para. 231.
[129]　*Ibid.*, para. 232.
[130]　*Ibid.*, para. 233.
[131]　*Ibid.*, para. 234.
[132]　*Ibid.*, para. 235.
[133]　*Ibid.*, paras. 235–239.
[134]　*Ibid.*, para. 240.
[135]　*Ibid.*, para. 242.

法によってとられており，その結果，後者のマグロ産品には同ラベル表示の使用が許容されていることを確認した。そこで，上級委員会は，そのラベル表示の要件，すなわち，ETP 内で囲い込み漁法でとられたマグロの産品に対するラベル表示の要件と，ETP 外の漁場でその他の漁法によってとられたマグロの産品に対するラベル表示の要件の間で設けられている区別こそが，メキシコ産のマグロに対する悪影響の原因であると指摘した。上級委員会は，次いで，以上のような区別がもっぱら「正当な規制上の区別」に起因するかどうかを検討すべきとし[136]，ETP 外の漁場において囲い込み漁法以外の漁法がもたらすイルカへの危険性については，米国の措置が適切に対応 (calibrated) できていないこと，要するに，ETP 外の漁場ではイルカに致死的な形でマグロが漁獲されたとしても，所定のラベル表示の使用が許容されていること[137]を根拠として挙げながら，このような状況を勘案すると，米国の措置による悪影響は，もっぱら「正当な規制上の区別」に起因するとはいえず，公平な (even-handed) ものでもないことから，「不利な待遇」に該当すると結論づけた[138]。

US—COOL 事件においても，「正当な規制上の区別」の基準は踏襲されている。同事件では，小売業者に対し，販売用の牛肉及び豚肉産品の原産地情報を提供することを義務づけるラベル表示の要件 (以下，COOL 措置) が問題となった[139]。同措置の下では，家畜及び肉の「誕生地，育成，屠殺」の過程がどの国でなされるかにより，4つのカテゴリーに原産地が分類され，その各々に応じたラベルの表示が義務づけられていたが，特に家畜及び肉の生産者には，家畜及び肉の誕生地，育成，屠殺に関する記録作成義務及び関連の情報を次の流通段階に伝達する義務が課されるほか，監査の際に米国農務省にそれらの記録を提示できるようにしておく必要があった[140]。まず，「消費者に原産地情報を提供する」という COOL 措置の規制目的を確認したパネルは[141]，同措置を遵守するための最も費用のかからない方法は，生産者及び加工業者

---

136) *Ibid.*, para. 284.
137) *Ibid.*, paras. 251, 297.
138) *Ibid.*, para. 299.
139) WTO Appellate Body Reports, *United States—Certain Country of Origin Labelling* (*COOL*) *Requirements* (*US—COOL*), WT/DS384/AB/R / WT/DS386/AB/R, adopted 23 July 2012, para. 341.
140) *Ibid.*, para. 342.
141) *US—COOL*, Panel Report, para. 7.617.

がもっぱら国内産（米国産）の家畜及び肉を使用することであると指摘した上で，その意味で同措置は，関連業者が国内産の家畜及び肉のみを加工するインセンティブを与えるものであり，国内産に比べてカナダ産の牛と豚やメキシコ産の牛に「不利な待遇」を与える事実上の差別であると結論づけた[142]。

　他方，上級委員会は，以上のパネルの判断を不完全であると指摘している[143]。すなわち，COOL措置が輸入産品の競争条件を変更しているという事実は，TBT協定2条1項の違反を成立させるための十分条件ではなく，パネルは，事案の状況に照らして，その悪影響がもっぱら「正当な規制上の区別」に起因するかどうか，又は，同措置が「公平性 (even-handedness)」のあるものであるかどうか，を追加的に検討すべきであったという指摘である。上級委員会は，COOL措置の下では，消費者に原産地情報を提供するという目的の下で，上流の生産者や工程業者から広範な情報が保管され，流通段階に伝達される必要があるが，消費者に実際に提供される情報はその程度ではなく，その意味で，各種の生産及び流通段階において生産者が記録する原産地情報と，消費者に実際に提供される情報とは比例的 (commensurate) なものでもなければ，正確なものでもないと指摘しながら[144]，このような事情はTBT協定2条1項の審査で非常に重要であると強調した[145]。COOL措置により，米国の関連業者にはもっぱら国内産の家畜のみを使用するインセンティブが与えられ，その結果，輸入産の家畜の競争条件に悪影響が与えられていること，そしてCOOL措置により課される記録管理義務や監査要件は消費者に情報を提供するという必要性によって説明できていないことを確認した上級委員会は，COOL措置によってもたらされる規制上の区別は，輸入産の家畜についての「恣意的かつ不当な差別」を構成し，公平な形で適用されているとはいえないと結論づけた[146]。

　TBT協定2条1項における「不利な待遇」の審査の意義を要約すると，「不利な待遇」の審査は2段階で構成され，先に強制規格によって輸入産品に対する悪影響がもたらされているかが検討される。この段階は，ガット3条4

---

142) *Ibid.*, para. 7.620.
143) *US—COOL*, Appellate Body Report, para. 293.
144) *Ibid.*, paras. 343, 347.
145) *Ibid.*, para. 348.
146) *Ibid.*, para. 349.

項の「不利な待遇」の審査と同様である。ガット3条4項の文脈では，この審査の結果がそのまま「不利な待遇」についての最終的な結論となり，そこで審査は終了する。しかし，TBT協定2条1項の文脈では，輸入産品に対する悪影響がもっぱら「正当な規制上の区別」に起因するかどうか，又は「公平性」のあるものであるかどうか，といった追加的な審査が行われる。すなわち，ガット3条4項の文脈で「不利な待遇」の存在を成立させる要素は，TBT協定2条1項の文脈で十分条件ではなく，必要条件の第1段階にすぎない。第2段階における関連要素，すなわち，「正当な規制上の区別」又は「公平性」という基準は，TBT協定2条1項の文言そのものから導き出されたものではない。その意味で，同基準は上級委員会が巧みに導き出した，新しい解釈基準である。

　「正当な規制上の区別」の基準を，用語ごとに見てみると，まず「正当な (legitimate)」という用語は，TBT協定2条2項で使われており，その意味で，同用語の解釈に際しては，同条項において「正当な」目的として例示されている事項が参考になりうる。2条2項では，人の健康又は安全の保護，動植物の生命又は健康の保護，環境の保護，詐欺的慣行の防止などの目的が挙げられている。他方，「規制的 (regulatory)」という用語は，TBT協定2条1項の適用対象となる強制規格 (technical regulations) の用語から導き出されているように思われる。「区別 (distinctions)」という用語も TBT 協定の文言ではないが，「強制規格は，その性質上産品の特性に応じて産品間に区別を設けるものである」との上級委員会の説明から導き出されたものと考えられる[147]。「公平性 (even-handedness)」という用語も TBT 協定そのものから導き出された用語ではない[148]。同用語が具体的に何を意味するかについては，上級委員会によって詳細な説明は示されていないが，上級委員会が同用語の持つ柔軟性を意識して，意図的に詳細な説明を控えているとの見解もある[149]。同用語の解釈に際し，*US—COOL* 事件の上級委員会が「恣意的かつ不当な差別」と

---

[147]　Marceau ('The New TBT') 12.
[148]　他方，*US—Gasoline* 事件の上級委員会は，20条 (g) 号の文脈でいう「国内の生産又は消費に対する制限と関連して実施されること」という要件の解釈に際して，「公平性 (even-handedness)」という用語を用いている。*US—Gasoline*, Appellate Body Report, p. 21.
[149]　Fay Valinaki, '"Repairing the Defects" of Article 2.1 of the WTO Technical Barriers to Trade Agreement: An Amendment Proposal' (2016) 43(1) *Legal Issues of Economic Integration* 69, 81.

3.3 無差別原則（2条1項）　139

いう表現を用いているのは興味深い[150]。恣意的又は不当な差別という概念は，TBT 協定前文6節及びガット20条の柱書で用いられている。上述したとおり，ガット20条の柱書の審査においては，規制措置からもたらされる差別を正当化するために規制当局から提示される理由の合理性に焦点が当てられる。同条の解釈においては，規制措置によってもたらされた差別と規制目的との間における合理的な関係が重要な基準の1つとなるが[151]，その意味で TBT 協定2条1項の文脈においても同様に，規制目的との関係で，規制当局が提示する理由の合理性が重要な基準の1つになると予想される。US—Tuna II (Mexico)（Article 21.5—Mexico）事件のパネルは，「正当な規制上の区別」の基準を適用するに際して，ガット20条における「恣意的又は不当な差別」の解釈基準を引用して検討を行ったが，上級委員会はパネルのアプローチに同意するとし，輸入産品に対する悪影響と規制目的とが調和しうるか，又は，両者が合理的な関係を有するか否かを検討することは，「正当な規制上の区別」の基準を適用するに際して，有用性（helpful）があると確認している[152]。規制措置（及びそれがもたらす悪影響）と規制目的との合理的な関係を確認する審査は，規制目的との関係で規制措置が状況ごとに適切に「対応（calibrated）」しているかどうか，又は，「比例的（commensurate）」であるかどうか，といった形で行われている。他方，上級委員会は，これが TBT 協定2条1項における唯一の審査ではないとも強調してはいるが，この点は，ガット20条における柱書審査にも当てはまるものである。

　今日までの TBT 措置に関する事例を見てみると，「公平性」という用語がガット20条柱書の「恣意的又は不当な差別」に似た形で解釈されていることが分かる[153]。US—Cigarettes 事件では，米国の措置によって設けられていた

---

150)　US—COOL, Appellate Body Report, para. 271 ("In contrast, where a regulatory distinction is not designed and applied in an even-handed manner—because, for example, it is designed or applied in a manner that constitutes a means of arbitrary or unjustifiable discrimination—that distinction cannot be considered 'legitimate', and thus the detrimental impact will reflect discrimination prohibited under Article 2.1.").

151)　EC—Seal Products, Appellate Body Report, para. 5.321.

152)　WTO Appellate Body Report, United States—Measures Concerning the Importation, Marketing and Sale of Tuna and Tuna Products—Recourse to Article 21.5 of the DSU by Mexico (US—Tuna II (Mexico) (Article 21.5—Mexico)), WT/DS381/AB/RW and Add.1, adopted 3 December 2015, paras. 7.99 and 7.106–7.107.

153)　Jonathan Carlone, 'An Added Exception to the TBT Agreement after Clove, Tuna II, and COOL' (2014) 37(1) Boston College International and Comparative Law Review 103, 128; see also, Howse ('20 Years') 55.

規制上の区別，すなわち，メンソールタバコが対象外とされていたことにつき，米国から提示された説明が十分でないと指摘されている。これは結局，若年層による喫煙の減少という規制目的と規制上の区別との間における合理的な関連性が証明されていないという判断である。*US—Tuna II* (*Mexico*) 事件でも，米国の措置の下では，ETP 内の漁場において囲い込み漁法でとられたマグロの産品には所定のラベル表示が禁じられていたのに対し，ETP 外の漁場においてその他の漁法でとられたマグロの産品の場合は，それがイルカに対して致死的な方法でとられたものであるとしても，所定のラベル表示の使用が許容されていたという事実が問題とされ，米国の措置が後者の状況には適切に「対応」するものではないと指摘されている。すなわち，米国の措置による規制上の区別が，規制目的と調和しうるかという観点から，その合理性が問われている。*US—COOL* 事件でも同様に，COOL 措置の遵守のために，上流の生産者に課される記録管理義務や監査要件が，消費者に提供される実際の情報との関係で比例的なものとはいえず，消費者に原産地情報を提供するという COOL 措置の目的との関係で合理的なものではないと判断されている。このように，「正当な規制上の区別」及び「公平性」という新しい基準は，完全に同一ではないにせよ，ガット 20 条の柱書の審査に非常に類似した形で解釈されている。

3.3.3　評　価

以上のように，上級委員会は TBT 協定前文で確認されている貿易自由化の目的と加盟国の規制権との間における均衡点を，TBT 協定 2 条 1 項の解釈的枠組みの中で見出している。この均衡点は，「同種の産品」の判定の局面ではなく，「不利な待遇」の審査において「正当な規制上の区別」の基準によって実現される。「不利な待遇」の審査における 2 段階の構成は，TBT 協定 2 条 1 項の審査において，ガット 20 条のような一般的例外条項が存在しない TBT 協定の構造的な限界を克服できるようにし，さらには，非貿易的関心事項に関する加盟国の正当な権利を保障できるような枠組みを提供するという意味で評価に値する[154]。この基準は，TBT 協定がガットとその規律範囲が重なり，類似した目的を有していること，そして両協定が一貫したかつ調和

---

154) Marceau ('The New TBT') 12; Sivan Shlomo-Agon, 'Clearing the Smoke: The Legitimation of Judicial Power at the WTO' (2015) 49(4) *Journal of World Trade* 539, 574.

的な形で解釈されなければならないという原則とも整合的である[155]。TBT協定2条1項の枠内で，加盟国の国内規制権限への考慮を可能にするような解釈基準を導き出したことは，ガット20条をTBT協定に違反する措置に対して援用及び適用できるかどうか，さらには，TBT協定2条2項を同条1項に対する正当化条項として活用すべきかどうか，といった従来の論争を不要にする。

「正当な規制上の区別」の基準を伴うTBT協定2条1項の審査の枠組みは，*EC—Seal Products*事件のパネルの段階で規範構造がさらに洗練されている。パネルは，次のようにTBT協定2条1項の審査を進めている。第1に，規制の対象が同種の輸入産品であるかどうかの検討である。これは，ガット3条4項の文脈でなされる審査と同じである。第2に，同種の輸入産品に対して，不利な待遇が与えられているかどうかの検討である。ガット3条4項の文脈では，輸入産品に対する悪影響が確認される時点で，「不利な待遇」の存在が肯定されるが，TBT協定2条1項の文脈では，追加的に「正当な規制上の区別」の基準が適用される。「正当な規制上の区別」の基準は，「正当な目的」があるかどうかの検討と，当該措置が「正当な目的」を「公平な」形で追求しているかどうかの検討を伴う[156]。上記のとおり，「正当な規制上の区別」の基準は，先例においてガット20条柱書の審査と非常に類似した形で解釈されている。「正当な目的」を特定する審査は，一見してガット20条の各号段階における審査にも類似している。このような審査の捉え方は，TBT協定2条1項の規範構造をまるでガット3条4項と20条との合成物のように見せる[157]。このことから，TBT協定2条1項の審査においては，ガットの解釈基準が相互参照の形で一定の指針となることが予想される。もちろん，ガット20条の各号段階で重点的に検討される，いわゆる必要性審査はこの文脈では行われない。しかし，強制規格の必要性は後述するTBT協定2条2項の文脈で個別的に検討される。

TBT協定2条1項における審査の枠組みをまとめると，次のとおりであ

---

[155] *US—Clove Cigarettes*, Appellate Body Report, para. 91
[156] Levy and Regan ('Seals and Sensibilities') 360.
[157] *See*, Emily Lydgate 'Is it Rational and Consistent? The WTO's Surprising Role in Shaping Domestic Public Policy' (2017) 20(3) *Journal of International Economic Law* 561, 565-566.

る。

1. 国内措置が強制規格であるかどうかの検討
2. 同種の産品の判定
3. 不利な待遇の審査
   3.1 輸入産品に悪影響を与えるように競争条件が変更されているか
   3.2 そのような悪影響が正当な規制上の区別に起因するか
      3.2.1 正当な目的を追求するか
      3.2.2 公平な形で適用されているか

　ただし，「正当な規制上の区別」の基準に関しては，依然として不明確さが残されている。特に，「正当な」という用語の範囲をどのように捉えるべきかという問題は重要な争点となる。ガットの規律対象となる国内規制は，強制規格を含む包括的な概念であり，ある規制措置がガットとTBT協定との両方でその整合性が問題となる場合があることから，いくつかの問題が浮上する。「正当な規制上の区別」の基準は，「正当な目的」の存在を前提としているように思われるが，「正当な」という表現は，そもそもTBT協定2条1項の文言ではない。他方，同協定2条2項及び協定前文では，「正当な目的 (legitimate objectives)」の列挙があり，上級委員会もこれらを参考にしているが，2条2項及び協定前文で列挙されている「正当な目的」の範囲が，2条1項の審査で問われる「正当な目的」の範囲と同じであるかは定かでない。上級委員会はこの点を明確にしていない[158]。一般に，2条2項が列挙する「正当な目的」は例示にすぎないことから，2条2項の列挙のほかにも様々な目的が「正当な」ものと認められる余地がある。

　他方で，ガット20条が列挙する各号の目的は限定列挙であることから，もしTBT協定2条1項の審査が想定する「正当な目的」の範囲が同協定2条2項のように開放型であると理解すると，結果的に，TBT協定2条1項の審査の下で正当化の根拠として考慮されうる規制目的が，ガット20条の下では考慮されえないという状況が理論上発生する。例えば，*US—COOL* 事件で

---

[158] Jason Houston-McMillan, 'The Legitimate Regulatory Distinction Test: Incomplete and Inadequate for the Particular Purposes of the TBT Agreement' (2016) 15(4) *World Trade Review* 543, 554.

3.3 無差別原則（2条1項） 143

「正当な」ものと認められた「消費者に原産地情報を提供する」という規制目的は，ガット20条の文脈でどう扱うべきだろうか。TBT協定の文脈では正当と認められ，ガット20条の文脈では正当と認められえない規制目的が存在するのであれば，結局 TBT 協定の下で保障される加盟国の国内規制権限の範囲は，ガットの下で保障される国内規制権限の範囲よりも広くなる。

　この点に関しては，*EC—Seal Products* 事件の上級委員会が興味深い説明を提示している。EC は，ガット20条における国内規制権限と TBT 協定2条1項における国内規制権限との間に不均衡 (imbalance) が生じていると主張したが，上級委員会は，TBT協定2条1項の文脈で考慮される「正当な」規制目的の範囲は開放型 (open) であるのに対しガット20条では限定列挙の形で規制目的を定めているという事実以外に，TBT協定2条1項では考慮され，ガット20条では考慮されえない「正当な」規制目的の例を EC が自ら挙げていないと指摘している[159]。このような上級委員会の説明はどう理解すればよいか。上級委員会は，両協定の文言の相違にもかかわらず，「正当な」規制目的の範囲に関する不均衡は原則として生じえないとの立場を示した，という理解も可能である[160]。少なくとも上級委員会が，正当な規制目的の範囲につき，両協定における不均衡や非対称性の存在を正面から肯定することに躊躇しているのは間違いなかろう。

　上級委員会は本当にガット20条の下で正当化の対象となる規制目的の範囲を TBT 協定における正当な規制目的の範囲と同一視しているのだろうか。そこで，*EC—Seal Products* 事件で示されている解釈が参考になる。第2章で確認したとおり，パネルは TBT 協定2条1項の審査において，先住民の生活文化及び伝統を保存するという IC 例外の規制目的を，国際社会における広範な認識及び規範性を根拠として，それが「正当な目的」であると明確に認めている。他方で，上級委員会はこの争点をガット20条の文脈で検討し，その規範的な根拠は明確にしなかったものの，先住民の生活文化及び伝統を保存するという政策を「正当な」ものとして認める立場を黙示的に示している[161]。*EC—Seal Products* 事件で示された上級委員会の態度を，ガット20条

---

159) *EC—Seal Products*, Appellate Body Report, paras. 5.127-5.128.
160) *See, e.g.,* Valinaki ('Repairing the Defects') 77.
161) 先住民の生活文化及び伝統を保存するという規制目的に対するパネル及び上級委員会のアプローチの比較検討については，本書第2章の 2.2.4 における議論を参考のこと。

における正当な規制目的の範囲を TBT 協定における正当な規制目的の範囲に合わせて解釈するという試みとして理解することも可能であろう。上級委員会が強調しているように，TBT 協定前文で確認されている，一方で国際貿易に対する不必要な障壁を防止しようとする願望 (5 節) と，他方で加盟国の規制権を保障するという目的 (6 節) との間における均衡点は，原則としてガット 3 条と 20 条との間で確立されている均衡点と異ならないものであり[162]，その意味で，両協定において確立が目指されるところの均衡点は同一であることを考えると，ガット 20 条の下で正当化の対象となる規制目的の範囲は，TBT 協定における正当な規制目的の範囲と実質的に異ならないと解するのが妥当であると考える。

　ただし，ガット 20 条の必要性審査との関係で「正当な規制上の区別」の基準が対比される点は，同基準はガット 20 条のような一般的例外条項の文脈で用いられるものではなく，無差別原則という義務条項における適法性審査の 1 つとして機能するにすぎないということである。第 2 章で確認したとおり，基本的にガットの文脈では，義務条項と一般的例外条項との関係，すなわち，「規則—例外」の構図の下で加盟国の権利と義務との間の均衡点が探られるが，TBT 協定 2 条 1 項の文脈では，正当な規制目的に基づいた国内規制の評価が義務条項の枠内で行われる。このような区別は，特に適用される立証責任との関係で重要な論点となる[163]。ガット 20 条は一般的例外条項であり，被申立国が積極的抗弁として，違反行為に対する正当化を主張しなければならないが，TBT 協定 2 条 1 項は義務条項であることから，同条項の下では，原則として申立国が先に被申立国による一応の義務違反を証明しなければならない。しかし，「正当な規制上の区別」の基準をめぐる具体的な立証責任の関係は必ずしも明白にされていない[164]。すなわち，TBT 協定 2 条 1 項の審査において，申立国としては，当該措置が同条項に一応違反することを証明するために，当該措置がもっぱら「正当な規制上の区別」に起因しないことま

---

[162] *EC—Seal Products*, Appellate Body Report, para. 5.127 ("Yet, under the TBT Agreement, the balance between the desire to avoid creating unnecessary obstacles to international trade under the fifth recital, and the recognition of Members' right to regulate under the sixth recital, is not, in principle, different from the balance set out in the GATT 1994, where obligations such as national treatment in Article III are qualified by the general exceptions provision of Article XX.").

[163] Levy and Regan ('Seals and Sensibilities') 369–370.

[164] Valinaki ('Repairing the Defects') 75.

で先に証明する必要があるのか，それとも輸入産品の競争条件に対する悪影響の存在を証明するだけで十分であり，当該措置がもっぱら「正当な規制上の区別」に起因することを示すのは被申立国の責任となるのかが，具体的な事例においては必ずしも明確にされていない。紛争解決機関が前者のアプローチをとるとすれば，TBT協定2条1項の審査は被申立国にとってガット20条の審査よりも緩やかなものとなろう。他方で，紛争解決機関が後者のアプローチをとるとすれば，これは結果的に，「正当な規制上の区別」の基準が例外条項のように位置づけられ，ガット20条の文脈で適用される立証責任と実質的に変わらないものとなる[165]。

　上級委員会は，一般的に特定の主張又は抗弁を積極的に展開する側に立証責任があるとし，TBT協定2条1項に関しては，申立国が一応の証明に成功すれば，被申立国がそれを反証する立場に置かれると指摘している。すなわち，一応の証明に成功するための主張及び証拠の性質や範囲は事案ごとに変わりうるが，2条1項の文脈においては，問題の措置が同種の国内産品に比べて輸入産品に不利な待遇を与えており，その意味で，公平ではない (not even-handed) ことを，申立国が関連の証拠及び議論を通じて証明する必要があるとされる。被申立国は，輸入産品に対する悪影響が正当な規制上の区別によるものであり，その意味で，当該措置が公平なものであることを証明する立場に置かれる[166]。

　上級委員会の説明は，申立国が一応の証明を行うに際して，規制措置の「公平ではない」部分をどの範囲まで証明しなければならないかを必ずしも明確にしていない。しかし，TBT協定2条1項の審査が2段階で行われることは判例上確立していることから，大体の場合，申立国は，同種の輸入産品への悪影響の証明に加え，規制目的との関係で当該措置が公平な形で適用されていないとの主張も合わせて展開することになろう。そのような悪影響が，規制目的との関係で合理性があり，したがって，正当な規制上の区別に起因するものであることを証明するのは，申立国の責任となる。

---

[165] ガット3条4項は義務条項であることから，規制措置が3条4項に違反することを示す立証責任は当該措置を問題にする申立国の負担となる。他方，ガット20条は，ガットに違反すると判定された規制措置を正当化するために被申立国によって援用される例外条項であることから，当該措置が20条の要件を充たすことを示す立証責任は積極的抗弁として被申立国の負担となる。

[166] *US—Tuna II (Mexico)*, Appellate Body Report, para. 216; *US—Tuna II (Mexico) (Article 21.5—Mexico)*, Appellate Body Report, paras. 7.32–7.33.

3.4 必要性原則（2条2項）

TBT協定前文は，一方で貿易に対する不必要な障害を防止しようとする協定の目的と，他方で特定の正当な規制目的を達成するために行使される加盟国の国内規制権限とを明示的に確認している。したがって，TBT協定は，貿易自由化という目的と加盟国の正当な規制権との間における緊張関係を緩和するような形で，そして衝突しうる両者の目的が損なわれないような形で解釈されなければならない[167]。TBT協定2条2項は，加盟国の正当な規制目的を例示する一方，強制規格による貿易制限性がそれらの正当な規制目的を達成するために「必要な」程度に収まることを求める。貿易制限性の必要性という概念を用いて強制規格を制約することから，TBT協定2条2項は，TBT協定における加盟国の国内規制権限との関係で，非常に重要な役割を果たす条項といえる。

TBT協定2条2項は，次のように定める。

「加盟国は，国際貿易に対する不必要な障害をもたらすことを目的として又はこれらをもたらす結果となるように強制規格が立案され，制定され又は適用されないことを確保する。このため，強制規格は，正当な目的が達成できないことによって生ずる危険性を考慮した上で，正当な目的の達成のために必要である以上に貿易制限的であってはならない。正当な目的とは，特に，国家の安全保障上の必要，詐欺的な行為の防止及び人の健康若しくは安全の保護，動物若しくは植物の生命若しくは健康の保護又は環境の保全をいう。当該危険性を評価するに当たり，考慮される関連事項には，特に，入手することができる科学上及び技術上の情報，関係する生産工程関連技術又は産品の意図された最終用途を含む。」

同条項は，加盟国が採用する強制規格が正当な目的を達成するために必要な限度に限ってのみ，国際貿易に制限的な効果をもたらすことを許容する。「必要 (necessary)」という文言が用いられていることから，TBT協定2条2項の

---

[167] Samantha Gaul, 'The Technical Barriers to Trade Agreement: A Reconciliation of Divergent Values in the Global Trading System' (2016) 91(1) *Chicago-Kent Law Review* 267, 272.

審査に際しては，ガット 20 条の各号段階で行われる「必要性審査」が一定の関連を有する。ただし，例外条項として機能するガット 20 条の必要性審査とは違い，TBT 協定 2 条 2 項では，義務条項の一環として強制規格の必要性が問われる。

　TBT 協定 2 条 2 項の審査に関しては，第 1 に，問題の強制規格が正当な目的を追求するものであるか否か，第 2 に，強制規格が正当な規制目的を追求するために必要である以上に貿易制限的であるか否かが検討される[168]。この審査は，いわば，2 段階の構造であるといえる。一般に第 2 の段階では，正当な規制目的の達成に向けた強制規格の貢献度，強制規格によってもたらされる貿易制限性，及び規制目的が達成できないことによって生ずる危険性の重大性などが比較衡量され，大体の場合，強制規格と合理的に利用可能な代替措置との比較検討が行われる[169]。

　以下では，2 条 2 項の審査の枠組みを詳細に検討する。

3.4.1　正当な規制目的を追求すること

3.4.1.1　目的の特定

　2 条 2 項の本格的な審査を行う前提として，パネルは，加盟国が強制規格を通じていかなる政策目的の達成を図っているかを特定しなければならない。加盟国の規制目的を特定するに際して，パネルは当該措置に関する法律，立法過程，そして措置の構造や実行に関するその他の証拠を検討することができる[170]。パネルは加盟国の一方的な主張にかかわらず，独立的かつ客観的に強制規格の規制目的を特定しなければならない[171]。すなわち，パネルは，加盟国が宣言する表面上の規制目的を疑わずに受け入れる必要はない[172]。この点は，紛争解決機関に事案の客観的な評価を義務づける DSU11 条を考えれば当然のことである。ただし，パネルは，規制目的に関する規制当局の説明を，特に紛争当事国の間で見解が一致しない場合には，参考にすることがで

---

168)　*US—Clove Cigarettes*, Panel Report, para. 7.333.
169)　*US—Tuna II（Mexico）*, Appellate Body Report, para. 322.
170)　*Ibid*., para. 314.
171)　*Ibid*.
172)　Chris Downes, 'Worth Shopping Around? Defending Regulatory Autonomy under the SPS and TBT Agreements' (2015) 14(4) *World Trade Review* 553, 562.

きる[173]。規制目的の特定は，規制目的の正当性の判定を含む2条2項の審査の基準となるほか，審査の全般にわたって影響を与えることから，紛争当事国は，一般に自国の立場に有利な形で問題の規制目的を性格づけようとする傾向がある[174]。

　US—*Clove Cigarettes* 事件の当事国は，米国の措置の規制目的が「若年層による喫煙の減少」であることに同意しながらも，それが米国の措置の唯一の目的であるかについては見解を異にした。米国はメンソールタバコが規制対象から除外されたことには理由があり，その意味で米国の措置には「メンソールタバコを規制対象とすることによって生じる潜在的かつ否定的な効果を防止する」という規制目的が存在すると主張する一方，申立国のインドネシアは，米国の主張は，メンソールタバコを対象外としたことについての正当化に関するものであり，措置の目的に関する争点ではないと反論した。パネルは，インドネシアの主張を受け入れ，米国の措置には「若年層による喫煙の減少」という唯一の規制目的があり，したがって，以降の審査において基準となるのは，同規制目的のみであるとした[175]。

　US—*Tuna II* (*Mexico*) 事件で問題となった米国の措置に関しては，米国は「イルカの安全との関係で，マグロがどのように漁獲されているかについての情報を消費者に提供すること」という目的と「イルカの保護に貢献する」という目的との2つの目的があると主張したが[176]，申立国のメキシコは，単に宣言されている規制目的ではなく，措置の背後にある真の目的が特定されなければならないとし，米国の措置は一般的な意味での動物の生命及び健康を保護するものではなく，もっぱら「ETP内でのマグロ漁業の際にイルカを保護する」というより狭い範囲の目的を有するのみであると反論した[177]。米国の措置の規制目的に対するメキシコの性格づけは，米国の主張に比べて，保護主義的であるとの印象を与える[178]。パネルは，米国措置の設計及び構造に照らして米国の主張に同意するとした[179]。

---

173)　*US—COOL*, Appellate Body Report, para. 371.
174)　*See, e.g.*, Marceau ('The New TBT') 15.
175)　*US—Clove Cigarettes*, Panel Report, paras. 339–343.
176)　*US—Tuna II* (*Mexico*), Panel Report, para. 7.395.
177)　*Ibid.*, para. 7.394.
178)　Marceau ('The New TBT') 15.
179)　*US—Tuna II* (*Mexico*), Panel Report, paras. 7.425–7.427.

US—COOL 事件では，COOL 措置の目的が「消費者に原産地情報を提供すること」であるとの米国の主張[180]を認めたパネルの決定[181]に対し，申立国のカナダは，パネルが具体的にどのような原産地情報が消費者に提供されているかを詳細に確認しておらず，その意味で「十分詳細な程度 (sufficiently detailed level)」で規制目的を特定できていないと主張した[182]。しかし上級委員会は，この点はむしろ規制目的の「正当性」の文脈で検討されるべき問題であるとし，したがって，カナダの主張は受け入れられないと指摘した[183]。

　パネルが強制規格の規制目的を特定したならば，その次の段階として，その規制目的が「正当な」ものであるかを検討しなければならない。

3.4.1.2　規制目的の正当性

　強制規格が TBT 協定 2 条 2 項の要件を充たすためには，強制規格の規制目的が「正当な (legitimate)」ものでなければならない。「正当な」という文言は「適法な (lawful)」，「正当化できる (justifiable)」又は「適切な (proper)」のような意味を有するとされる[184]。TBT 協定 2 条 2 項は，正当な規制目的に該当する事項をいくつか例示している。すなわち，国家の安全保障上の必要，詐欺的な行為の防止，人の健康又は安全の保護，動物又は植物の生命若しくは健康の保護，又は環境の保全のための規制目的は，2 条 2 項でいう「正当な」ものに該当する。ただし，「特に (*inter alia*)」という文言が使われていることから，これらの例示は網羅的なものではない。これは，正当化を援用できる規制目的が 10 個の各号で限定列挙されているガット 20 条の構成と対比される点である。他方，2 条 2 項で例示されていない規制目的の正当性に関しては，同条項で例示されている事項が一定の参考になるとされる[185]。さらに，TBT 協定前文 6 節で確認されているいくつかの規制目的，及びその他の WTO 協定の文脈で確認されている規制目的も，2 条 2 項における規制目的の正当性の判断に際して参考になる[186]。したがって，パネルとしては，加

---

180)　*US—COOL*, Panel Report, para. 7.586.
181)　*Ibid.*, para. 7.620.
182)　*US—COOL*, Appellate Body Report, para. 430.
183)　*Ibid.*, para. 431.
184)　*US—Tuna II (Mexico)*, Appellate Body Report, para. 313.
185)　*Ibid.*
186)　*Ibid.*

盟国が正当であると主張する目的が2条2項で明示されているものではないとしても，それが同条項でいう「正当な」ものと認定されるか否かを個別的に検討しなければならない[187]。立証責任の配分に関しては，2条2項の違反を主張する申立国が，強制規格の規制目的が正当ではないことを立証する立場に置かれる[188]。

US—Clove Cigarettes 事件で申立国のインドネシアは，米国の措置から宣言されている規制目的が「正当な」ものであるとしても，米国の措置自体は政治的な妥協の産物であり，その意味で国際貿易に対する偽装された制限であると主張したが[189]，パネルは，仮にインドネシアの主張を受け入れるとしても，米国の措置が「若年層による喫煙の減少」を追求するものであるとの事実とは何ら関係がなく，その目的が「正当な」ものであるとの結論も妨げられないと指摘しながら，インドネシアは，本件措置の規制目的が「正当な」ものでないことを自ら証明できていないと結論づけた[190]。

US—Tuna II (Mexico) 事件のパネルは，米国の措置における2つの規制目的，すなわち，「イルカの安全との関係で，マグロがどのように漁獲されているかについての情報を消費者に提供すること」及び「イルカの保護に貢献すること」の各々が2条2項で列挙されている「詐欺的な行為の防止」及び「動物又は植物の生命若しくは健康の保護」の範疇に含まれるとし，それらの規制目的は「正当な」ものであると結論づけた[191]。他方，パネルの決定に対し，メキシコは，米国の措置の目的には，他国に米国の一方的な政策を遵守するよう強いる側面があり，その意味で「強制する目的 (coercive objective)」があると主張したが[192]，上級委員会は，加盟国が特定の規制目的を達成すべく，国際貿易に影響を及ぼす規制措置を採用したという事実だけでは，その規制目的が「正当な」ものでないことを示す十分な根拠とはなりえないと指摘し，メキシコの主張は受け入れられないとした[193]。これは，規制目的が「正当な」ものであるかどうかという争点と，国際貿易に対する悪影響とは，それぞれ

---

187) US—COOL, Appellate Body Report, para. 372.
188) US—Clove Cigarettes, Panel Report, para. 7.346; US—COOL, Appellate Body Report, para. 442.
189) US—Clove Cigarettes, Panel Report, paras. 7.344-7.345.
190) Ibid., paras. 7.349-7.350.
191) US—Tuna II (Mexico), Panel Report, para. 7.444.
192) US—Tuna II (Mexico), Appellate Body Report, para. 337.
193) Ibid., para. 342.

が個別の争点であることを意味する[194]。

　US—COOL 事件では，規制目的の正当性に関する重要な解釈が示されている。同事件のパネルは，TBT 措置の目的が「正当な」ものであるかどうかを判断する際には，現実生活の文脈 (in the context of the world in which we live) を踏まえる必要があり，「社会的な規範 (social norms)」を考慮しなければならないと指摘した上で[195]，同事件で問題となった「消費者に原産地情報を提供する」という規制目的は，2 条 2 項が想定する「正当な」ものであると結論づけた[196]。他方，この争点は上級委員会によっても検討されている。上級委員会は「消費者に原産地情報を提供する」という規制目的が，2 条 2 項で明示されている「詐欺的な行為の防止」と「多少の関連性 (some relation)」があると指摘し[197]，したがって，「正当な」規制目的に該当すると結論づけた[198]。この「多少の関連性」は比較的緩やかな基準であるように思われる。その意味で，同基準は加盟国が 2 条 2 項で明示されていない規制目的を追求する際に，一定の政策的な裁量が与えられる根拠となろう[199]。ただし，「社会的な規範」への考慮を強調したパネルの見解は，上級委員会によって拒否されている[200]。上級委員会は，「社会的な規範」のような抽象的な概念に依拠するよりも，TBT 協定及びその他の WTO 法で明確に確認されている規制目的を参考にするアプローチを好んでいるようである[201]。

3.4.2　必要である以上に貿易制限的でないこと

3.4.2.1　目的を達成するものであること

　規制目的の正当性が確認されたならば，パネルとしては，強制規格が正当な目的を「達成 (fulfils)」するために必要である以上に貿易制限的であるかを確認しなければならない。強制規格が規制目的を「達成」するものであるか

---

[194]　Meltzer and Porges ('Beyond Discrimination') 720.
[195]　*US—COOL*, Panel Report, para. 7.650.
[196]　*Ibid.*, para. 7.651.
[197]　*US—COOL*, Appellate Body Report, para. 445.
[198]　*Ibid.*, para. 453.
[199]　Downes ('Worth Shopping Around') 561.
[200]　*US—COOL*, Appellate Body Report, para. 452.
[201]　本書で既に考察したとおり，もし上級委員会が，ガット 20 条で正当化される規制目的の範囲を TBT 協定における規制目的の範囲に合わせようとしているのであれば，TBT 協定 2 条 2 項の文脈で用いられる以上のような基準は，ガット 20 条の文脈でも有用な参考になると思われる。

どうかについては，規制目的の達成に向けた強制規格の「貢献度 (degree of contribution)」が考慮されなければならない[202]。黙示的であれ明示的であれ，加盟国は強制規格を準備，採択，適用するに際して，規制目的の達成の目標値を定めることになり[203]，その意味で貢献度という要素は，強制規格そのものに反映されているといえる。特に，パネルは強制規格の設計，構造，実行及び適用に関する様々な証拠を精査することによって，強制規格の貢献度を把握できる[204]。パネルは，加盟国が追求する正当な規制目的の達成に向けて，当該強制規格が「実際に (actually)」どの程度貢献できているかを確認しなければならない[205]。

2条2項の審査における「達成」の基準は，強制規格が規制目的を完全に達成していること又は最小限の基準を充たしていることを求めるものではない[206]。ただし，規制目的に向けた強制規格の貢献度がゼロである場合，「達成」の基準は充たされないが，「ある程度」貢献していることが確認されるならば，貢献度の多少を問わず，同基準は充たされる。この点は，先例において確認されている。US—Tuna II (Mexico) 事件の申立国は，米国の措置が規制目的に部分的 (partially) にしか貢献できていないことをパネルが確認した時点で，直ちに2条2項の審査を終了すべきであったと主張したが，上級委員会はこの主張を退け，米国の措置は一定の貢献度を有しており，その意味で，同条項でいう「達成」の基準は充たされるとした[207]。他方，US—COOL 事件のパネルは，COOL 措置が一定の貢献度を有していると確認しながらも[208]，有意義な形 (in a meaningful way) で貢献できてはいないと指摘したが[209]，上級委員会はパネルの解釈を拒否し，この段階で求められるのは，強制規格が有する実際の貢献度の確認であり，貢献度が最小限の基準を充たしているかどうかではないと指摘した[210]。すなわち，強制規格が一定の貢献度を有している場合は，この「達成」の要件は充たされると解される。この点

---

202) *US—Tuna II (Mexico)*, Appellate Body Report, para. 315.
203) *US—COOL*, Appellate Body Report, para. 373.
204) *US—Tuna II (Mexico)*, Appellate Body Report, para. 317.
205) *Ibid.*
206) *US—COOL*, Appellate Body Report, para. 461.
207) *US—Tuna II (Mexico)*, Appellate Body Report, para. 340.
208) *US—COOL*, Appellate Body Report, para. 466.
209) *Ibid.*, para. 467.
210) *Ibid.*, para. 468.

3.4.2.2　比較衡量及び代替措置との比較検討

　強制規格の適法性が問題となった3件の事例で，被申立国の米国はTBT協定2条2項の解釈基準として，SPS協定5条6項及びその注3の審査が適用されるべきと主張した。SPS協定5条6項及びその注3の審査によれば，加盟国の保護水準を同等に保障する，貿易制限的な程度が「相当に小さい (significantly less restrictive)」代替措置が存在しない限り，協定違反は成立しない。しかしながら，これらの事例で，上級委員会は米国の主張を受け入れず，むしろガット20条の文脈で展開される「比較衡量プロセス」に類似した形で，TBT協定2条2項の審査を行っている。これらの事例で上級委員会は，様々な関連要素の比較衡量が必要であるとした *Korea—Beef* 事件の説明を引用しながら，強制規格の必要性に関しては，強制規格による貿易制限性，正当な目的の達成に向けた強制規格の貢献度，及び目的が達成できないことによって生ずる危険性についての「相関分析 (relational analysis)」及び「比較衡量」を行うべきとし[212]，大体の場合，問題の強制規格と代替措置との比較検討に移行すると指摘した[213]。このような審査の枠組みはガット20条の文脈で踏襲される必要性審査に非常に似ている。以下では，これらの関連要素を個別的に検討する。

（a）貢献度

　規制目的に向けた強制規格の貢献度は，当該強制規格の必要性を審査するに際して，比較衡量の対象となる関連要素の1つである。上記のとおり，強制規格による貢献度は，当該強制規格の設計，構造，実行及び適用に関する様々な証拠を精査することによって把握できる[214]。貢献度がゼロである場合，上述の「達成」の基準は充たされないが[215]，強制規格が「ある程度」の貢献

---

[211]　詳細は，本書第2章の2.2.2.1における議論を参考のこと。

[212]　*US—Tuna II (Mexico)*, Appellate Body Report, paras. 318-321; *US—COOL*, Appellate Body Report, para. 374 ("The assessment of 'necessity', in the context of Article 2.2, involves a 'relational analysis' of the following factors: the trade-restrictiveness of the technical regulation; the degree of contribution that it makes to the achievement of a legitimate objective; and the risks non-fulfilment would create.").

[213]　*US—Tuna II (Mexico)*, Appellate Body Report, para. 322.

[214]　*Ibid.*, para. 317.

[215]　*Ibid.*, footnote. 647 ("Conversely, if a measure is trade restrictive and makes no contribution to the achievement of the legitimate objective, then it may be inconsistent with Article 2.2.").

度を有していると確認される場合，ここで確認された貢献度は，その他の関連要素との比較衡量及び代替措置との比較検討の文脈で重要な被参照要素となる。上述したとおり，貢献度に関しては，強制規格が規制目的を完全に達成できているかどうか又は最小限の基準を充たしているかどうかは大きな問題とされない[216]。その意味で，貢献度は単独で TBT 協定 2 条 2 項の審査を左右する決定的な要素とはなりえず，その他の関連要素との比較衡量の文脈に照らして考慮されなければならない。このような解釈は，ガット 20 条の必要性審査における貢献度の位置づけと同様である[217]。

　TBT 協定前文 6 節は，正当な規制目的を達成するために自ら適切と考える（保護）水準 (at the levels it considers appropriate) を設定する加盟国の権利を認めているが，TBT 協定 2 条 2 項の審査においては，強制規格の貢献度と保護水準との関係が重要な争点となる。すなわち，加盟国が設定する保護水準は，強制規格が実際にどの程度の貢献度を有しているかを踏まえて把握されるべきであり，ここで把握された実際の保護水準は，その後の代替措置との比較検討の文脈で参照の基準となる。

　他方，上級委員会は，代替措置との比較の文脈で貢献度を検討する際に，「総合的な貢献度 (overall degree of contribution)」という概念を確認している。すなわち，強制規格の貢献度に関しては，その貢献度に影響を与える複数の変数 (variables) が存在する場合，これら変数の相殺 (offset) や相互作用 (interplay) を定量的又は定性的な形で考慮することができる。US—COOL (Article 21.5—Canada and Mexico) 事件で紛争解決機関は，米国の措置の「改正 (amended) された COOL 措置」の貢献度に影響を与える変数として，①情報の正確性と②当該措置の下で情報が提供される消費者の範囲の 2 点があると指摘した上で，これら変数は総合的に当該措置に貢献していると確認した。ここで，上級委員会は，これら変数が相互相殺によって調整 (adjustments) されうるとし，同審査の文脈でいう代替措置は，当該措置と全く同じ (identical) 方法で貢献している必要はなく，同等 (equivalent) な貢献度を有することでよいとしている[218]。いいかえれば，ある措置の貢献度に影響を及ぼす変数が 2 つある

---

216) *US—COOL*, Appellate Body Report, para. 468.

217) *EC—Seal Products*, Appellate Body Report, para. 5.215; *Colombia—Textiles*, Appellate Body Report, para. 5.77.

218) WTO Appellate Body Reports, *United States—Certain Country of Origin Labelling* (*COOL*) *Requirements—Recourse to Article 21.5 of the DSU by Canada and Mexico* (*US—COOL* (*Article*

としよう。これらの各々が70と30の貢献度を有し，よって，その措置には総合的に100の貢献度があると判断される場合，申立国から提示される代替措置が各々60と40の貢献度を有する上記変数によって構成されているとしたら，総合的な貢献度という意味で，「同等な」貢献度を有するものと認められうる。

(b) 貿易制限性

TBT協定2条2項が規律するのは，強制規格によってもたらされる貿易制限性そのものではなく，むしろ国際貿易に「不必要な (unnecessary)」障害となるような貿易制限性であり，強制規格によってもたらされる貿易制限性そのものは，それが正当な目的を達成するために必要なものである限り，原則として同条項では問題とされない[219]。その意味で，貿易制限性という要素に一定の数値的又は数量的な基準が想定されているとはいいがたい[220]。ただし，上級委員会は，強制規格によってもたらされる貿易制限性が全く存在しない場合は，2条2項の違反がそもそも生じえないとも説明している[221]。

貿易制限性という要素は貢献度と同様に，代替措置との比較検討の文脈で重要な被参照要素となる[222]。特に，申立国が提示する代替措置は当該強制規格に比べて，貿易制限性がより少ないものでなければならない。

(c) 目的が達成できないことによって生ずる危険性

TBT協定2条2項は，「目的が達成できないことによって生ずる危険性（未達成による危険性，risks of non-fulfilment）」を考慮するよう定めている。危険性を考慮する際の関連事項として，「特に，入手することができる科学上及び技術上の情報，関係する生産工程関連技術又は産品の意図された最終用途」が例示されている。「特に」という用語が使用されていることから，これらの関連事項は網羅的なものではない。

目的が達成できないことによって生ずる危険性は，強制規格の必要性を審

21.5—*Canada and Mexico*)), WT/DS384/AB/RW / WT/DS386/AB/RW, adopted 29 May 2015, paras. 5.267–5.270.
219) *US—Tuna II (Mexico)*, Appellate Body Report, para. 319.
220) Voon ('Exploring') 467.
221) *US—Tuna II (Mexico)*, Appellate Body Report, footnote. 647 ("We can identify at least two instances where a comparison of the challenged measure and possible alternative measures may not be required. For example, it would seem to us that if a measure is not trade restrictive, then it may not be inconsistent with Article 2.2.").
222) *Ibid.*, para. 320.

査するに際して比較衡量されるべき関連要素となり，問題の強制規格と代替措置との比較検討の文脈で考慮される。すなわち，申立国が提示する代替措置は，強制規格の目的及びその未達成による危険性を考慮したものでなければならない[223]。一見して同要素は，ガット20条の必要性審査の文脈で考慮される「価値の重要性」に似た機能を持つように思われる。他方，目的の「未達成による危険性」という要素は，TBT協定2条2項に明確に挙げられているものであり，その他の関連要素との関係で直接な比較衡量が文言上要請されていることは注目に値する。この点は，ガット20条の解釈において「価値の重要性」に対する検討が文言上の根拠なしに解釈論として確立したこととは対照的である。

　US—Tuna II (Mexico) 事件のパネルは，もし申立国が提示する代替措置がより重大な危険性を伴う場合は，それが問題の強制規格に比べて，いくら貿易制限性の少ないものであるとしても，2条2項の審査でいう適切な代替措置とは認定されえないと説明した[224]。これは，TBT協定前文で確認されている，保護水準を自由に設定する加盟国の権利を考えると当然の解釈であろう。他方，US—COOL 事件の上級委員会は，米国の消費者がCOOL措置によって提供される原産地情報のために追加的な費用を支払う意向はないように思われるとし，消費者に原産地情報を提供するというCOOL措置の目的が達成できないことによって生ずる危険性は，特に重大ではないと指摘した[225]。この点は，ガット20条の必要性審査の文脈で，価値の重要性が否定された事例は皆無であるという事実とは対照的である。

(d) 合理的に利用可能な代替措置

　上記の関連要素の比較衡量を通じて，問題の強制規格が「必要な」ものであるとの「暫定的な結論」が導き出されたら，大体の場合，紛争解決機関は当該強制規格と申立国が提示する代替措置とを比較検討する審査に移行する[226]。この審査では，提示される代替措置の貿易制限性，正当な目的の達成に向けた貢献度，規制目的が達成できないことによって生ずる危険性などの関連要素に加え，代替措置が被申立国にとって「合理的に利用可能な」もの

---

223)　*Ibid.*, para. 321.
224)　*US—Tuna II (Mexico)*, Panel Report, para. 7.467.
225)　*US—COOL*, Appellate Body Report, para. 478.
226)　*US—Tuna II (Mexico)*, Appellate Body Report, para. 320.

であるかが重点的に検討される。合理的に利用可能な代替措置との比較検討は，問題の強制規格が必要である以上に貿易制限的であるかどうかを確認するための，概念上の手法 (conceptual tool) と理解される[227]。上級委員会は，代替措置との比較検討を要しない状況についても説明している。すなわち，もし強制規格がそもそも貿易制限性を全く有しないか又は規制目的の達成に全く貢献していない場合には，代替措置との比較検討に移行せずに審査は終了する[228]。このような審査の枠組みは，ガット20条の必要性審査における「比較衡量プロセス」と「最小通商阻害性審査」との関係を連想させる。

「合理的に利用可能な代替措置」の解釈に関しては，ガット20条の解釈基準が頻繁に参考にされている。ガット20条の文脈でいう「合理的に利用可能な代替措置」とは，問題の規制措置に比べて，貿易制限性がより少ないと同時に，少なくとも同等な貢献度（保護水準）を保障するものである。被申立国にとって実行困難な措置や，措置が費用的又は技術的な面から被申立国にとって不当な負担となる場合など，その性質が単に理論上のものにすぎない措置は，「合理的に利用可能な」代替措置と認められない[229]。TBT協定2条2項の審査における立証責任の法理も明確にされている。すなわち，合理的に利用可能な代替措置を提示し，問題の強制規格が必要なものでないことを証明するのは申立国の負担となり，被申立国はその代替措置が合理的に利用可能でないことを反論する立場に置かれる[230]。このような立証責任の法理は，ガット20条の必要性審査で展開されている解釈から影響を受けたものと考えられる。

US—Tuna II (Mexico) 事件のパネルは，第1に，米国の措置が適用された結果，ETP外の漁場で囲い込み漁法以外の漁法でとられたマグロ及びその産品には，イルカに致死的な方法で漁獲されたものであるとしても，「イルカに安全」というラベル表示の使用が許容されていることから，消費者に誤った情報が提供される可能性があること，第2に，米国の措置はもっぱらETP内の漁場におけるイルカのみを保護する機能を有し，その意味で米国の措置は

---

[227] *Ibid.*, paras. 320, 322.
[228] *Ibid.*, footnote. 647.
[229] *US—Gambling*, Appellate Body Report, para. 308.
[230] *US—Tuna II (Mexico)*, Appellate Body Report, para. 323; *US—COOL*, Appellate Body Report, para. 379.

規制目的に部分的にしか貢献できていないと指摘した[231]。次いで，代替措置との比較検討に移行したパネルは，メキシコが提示した代替措置，すなわち，米国の措置と「国際イルカ保全プログラムに関する協定 (Agreement on the International Dolphin Conservation Program: AIDCP)」のレジームを共存させるという方策は，消費者に正しい情報を提供するという規制目的の観点から，米国の措置と同等な保護水準を保障すると同時に，貿易制限性もより少ないものであり[232]，イルカの保護に貢献するという規制目的の観点からも，イルカの致死を減らす効果があるとしながら，申立国が提示した代替措置は合理的に利用可能なものであり，したがって，米国の措置は必要である以上に貿易制限的なものであると結論づけた[233]。

　他方で，上級委員会はパネルの決定を覆している。上級委員会は，パネルが比較検討したのは本件の米国の措置と AIDCP のレジームとであり，これはメキシコが代替措置として提示した「両体制の共存」ではないと指摘しながら[234]，代替措置として提示された「両体制の共存」は，依然として ETP 内でイルカに致死的な漁法でとられる多くのマグロ及びその産品に「イルカに安全」というラベル表示の使用を許容する余地があり，したがって，消費者に正しい情報を提供するという規制目的及びイルカの保護に貢献するという規制目的の観点からも，米国の措置のみが適用される状況に比べて「両体制の共存」がさらに効果的であるとはいえないとした[235]。以上に照らして上級委員会は，米国の措置が TBT 協定 2 条 2 項に違反するとしたパネルの決定は支持できないと結論づけた[236]。

　他方，US—COOL 事件のパネルは，COOL 措置が消費者に有意義な原産地情報を提供してはいないと指摘し，代替措置との比較検討に移行せずにそのまま審査を終了したが[237]，上級委員会はパネルのアプローチが誤りであるとした[238]。ただし，上級委員会は COOL 措置に一定の貢献度があること，貿易制限性が非常に大きいこと，そして，消費者に原産地情報を提供するとい

---

231) *US—Tuna II (Mexico)*, Appellate Body Report, para. 327.
232) *US—Tuna II (Mexico)*, Panel Report, para. 7.578
233) *Ibid.*, para. 7.619
234) *US—Tuna II (Mexico)*, Appellate Body Report, paras. 329-331.
235) *Ibid.*, para. 330.
236) *Ibid.*, para. 331.
237) *US—COOL*, Panel Report, para. 7.719.
238) *US—COOL*, Appellate Body Report, para. 468.

う規制目的が達成できないことによって生ずる危険性はそこまで重大でないと確認しながらも[239]，事実認定が不十分であることを理由に，代替措置との比較検討には移行していない[240]。

3.4.3 評　価

以上のように，TBT協定2条2項で審査される強制規格の必要性は，ガット20条の文脈で展開されている必要性審査とその規範構造が非常に類似している。規制目的の達成に向けた強制規格の貢献度，強制規格によってもたらされる貿易制限性，そして目的が達成できないことによって生ずる危険性などの関連要素が相互関係に照らして検討されるという審査は，ガット20条の必要性審査における「比較衡量プロセス」を連想させる[241]。ガット20条の必要性審査では，規制措置が追求する価値の重要性，価値の達成に向けた規制措置の貢献度，規制措置によってもたらされる貿易制限性が比較衡量の対象となり，この比較衡量の結果，もし規制措置が必要なものであるとの暫定的な結論が導き出されたら，その次の最小通商阻害性審査に移行し，そこで規制措置の必要性が確定されるという審査の枠組みが確立している。

強制規格による貢献度が全く存在しない場合は，代替措置との比較検討に移行せずにそのまま審査が終了し，問題の強制規格はTBT協定2条2項の違反と判定される。逆に，強制規格による貿易制限性が全く存在しない場合は，代替措置との比較検討に移行せずに，問題の強制規格はTBT協定2条2項に整合的なものと判定される。このように，関連要素が2条2項の審査で果たす機能は，ガット20条の「比較衡量プロセス」の機能的な面に似ている。ガット20条の必要性審査においては，規制措置の貢献度が存在しないと判定される場合は，比較衡量プロセスを充たせないものとみなされ，「暫定的な必要性」が否定されることになる。

---

[239]　*Ibid.*, para. 479.
[240]　*Ibid.*, para. 491.
[241]　ただし，厳密な意味で「価値の重要性」がその他の関連要素と直接に比較衡量されないガットの必要性審査とは違い，TBT協定2条2項の下でなされる比較検討の場合，上級委員会が「比較衡量」という抽象的な用語よりも「相関分析 (relational anaysis)」という用語を用いていることに注目する見解もある。その見解によれば，特に目的が達成できないことによって生ずる「危険性」という概念は，他の関連要素と直接に比較衡量されうるという。詳細は，Downes ('Worth Shopping Around') 571を参照。本書で後述するとおり，紛争解決機関は，まさにそのようなアプローチを確認している。

これらの関連要素の比較検討の次の段階として、大体の場合、問題の強制規格と申立国から提示される代替措置との比較検討、すなわち、最小通商阻害性審査に移行するが、同審査における立証責任の法理、合理的な利用可能な代替措置の意味及び内容、そして加盟国が設定する保護水準の位置づけに関しては、ガット20条の解釈基準がTBT協定2条2項の文脈で広範に参照されている。

ただし、ガット20条の必要性審査とは異なり、TBT協定2条2項の審査では、正当な規制目的が限定列挙されておらず、その範囲も開放型である。すなわち、TBT協定2条2項が想定する正当な規制目的の範囲は、理論上ガット20条が想定する正当な政策目的の範囲よりも広い。この論点に関しては、本書の3.3.3で既に検討したとおりである。もちろん、加盟国が主張する全ての規制目的が正当なものと認められるわけではない。上級委員会は、規制目的の正当性を判断する際に、TBT協定及びガットの関連規定、特にTBT協定2条2項と類似性が見られるガット20条を積極的に参考にしている。例えば、US—COOL 事件の上級委員会は、「消費者に原産地情報を提供する」という目的は、TBT協定2条2項及びガット20条で明示されているものではないが、ガット20条(d)号で規定する「詐欺的行為の防止」と「多少の関連性」があるとし、その正当性を肯定している[242]。「多少の関連性」という基準がどのように解釈されるかによって、TBT協定2条2項における正当な規制目的の範囲も影響を受けると思われるが、紛争解決機関は同基準を比較的柔軟に解釈しているように思われる。

興味深いことに、これまでのTBT協定の事例において、上級委員会が2条2項の違反を認定した事例は皆無である。これは、申立国の観点からすると、2条1項の違反を証明するよりも、2条2項の違反を証明する方が一層難しいことを意味する[243]。上級委員会が2条2項を通じて強制規格の違法性を認定することを控えているとの見方もできる[244]。さらに、強制規格の差別的な効果を問題にするよりも、強制規格の必要性を問題にする方が、国内問題に関する加盟国の裁量への介入の程度が大きくなることを意識し、上級委員

---

[242] US—COOL, Appellate Body Report, para. 445.
[243] Marceau ('The New TBT') 22.
[244] 京極(田部)智子＝藤岡典夫「TBT協定をめぐる最近の判例の動向――米国・丁子タバコ、米国・マグロラベリング、米国・COOL事件の分析」『農林水産政策研究』第23号(2014年)60頁。

会があえてこのような選択をしているとの見解もある[245]。このような動向は，ガット 20 条における正当性が問題となった多くの事例で，各号の必要性審査を充たした国内規制が，主に規制措置の差別が問われる柱書の審査の局面で最終的な正当化が阻止されている現状を想起させる。

3.5 小 括

　以上，紛争解決機関が展開している解釈基準に照らして，TBT 協定 2 条 1 項及び同条 2 項の規範構造を検討した。加盟国の国内規制権限との関係で重要な争点となる TBT 協定 2 条 1 項及び同条 2 項の規範構造をめぐっては，学界で多くの不明確さが指摘されてきたが，2012 年 US—Clove Cigarettes 事件を皮切りに，紛争解決機関による解釈や審査が重なるにつれて，徐々にその意味及び内容が明らかになってきている。本章で確認したとおり，上級委員会は TBT 協定 2 条 1 項の審査において，ガット上の解釈基準を多く参照している。特に，上級委員会は，ガット 3 条と 20 条との間で確立されている均衡点に注目し，それは TBT 協定で確立されている，貿易自由化の目的と加盟国の規制権との間における均衡点と原則として異ならないと指摘している。この均衡点を適切に反映した解釈こそが，TBT 協定の趣旨及び目的に適した解釈であるといえよう。紛争解決機関が TBT 協定を解釈する際には，この点が常に考慮されなければならない。一般的例外条項が存在しない TBT 協定で上述のような均衡点を実現させるべく，上級委員会は 2 条 1 項の不利な待遇の審査において「正当な規制上の区別」の基準を新しく導入し，ガットで確立されている均衡点と同様な均衡点を同条項の審査の枠内で具現化している。他方，TBT 協定 2 条 2 項で問われる強制規格の必要性に関しても，ガット 20 条の下で展開されてきた必要性審査が多様な局面で参照され，相互に類似した形で解釈が行われている。

　TBT 協定 2 条 1 項及び同条 2 項の審査においては，加盟国が追求する規制目的の正当性が重要な争点の 1 つとなるが，強制規格によって設けられる「規制上の区別」の正当性に焦点が当てられる 2 条 1 項とは違い，同条 2 項では

---

[245] Gregory Shaffer, 'United States—Measures Concerning the Importation, Marketing and Sale of Tuna and Tuna Products' (2013) 107(1) *American Journal of International Law* 192, 198.

強制規格が追求する「規制目的」の正当性に焦点が当てられる[246]。他方, ガットの文脈では無差別原則が義務条項として, そして必要性審査が一般的例外条項における正当化の審査の一部として機能することから, 必要性審査の適用対象となる規制措置はガットの義務条項に一応違反するものである必要があるが, TBT 協定の文脈では無差別原則と必要性原則の各々が個別的な義務条項と位置づけられるため, 問題の強制規格が 2 条 1 項に違反していることが必ずしも同条 2 項の適用のための前提条件ではない。すなわち, 2 条 1 項で規律される「差別」とは別に, 同条 2 項における「必要性」は個別的に検討されなければならない[247]。一般に紛争解決機関は, 2 条 1 項を先に検討し, 次に同条 2 項の審査に移行する順序を確立している[248]。

他方, 上級委員会が TBT 協定 2 条 1 項及び同条 2 項を完全に個別的な規範として捉えていることを批判し, 新しい審査の枠組みを確立する必要性を論じる識者もいる。特に Mavroidis and Saggi は, 2 条 1 項及び同条 2 項の審査の順序を立て直すべきと主張する。この主張によると, 特に事実上の差別が問題となる場合, 上級委員会はまず問題の強制規格が正当な規制目的を追求しているかどうかを確認し, もしそれが肯定されれば, 次いで強制規格が正当な規制目的を達成するために必要なものであるかどうかを検討すべきであり, もしそれも肯定されれば, 最後に強制規格が輸入産品に無差別的な形で適用されているかどうかを検討すべきとする[249][250]。このアプローチは, 今まで紛争解決機関が提示してきた審査の順序を逆転させるものである。Mavroidis は, このアプローチが紛争解決機関にとって完全に新しいものではないと指摘する。すなわち, TBT 協定 2 条 2 項の下では, 貿易制限性の必要性が検討されるという意味で, ガット 20 条の各号段階に類似し, TBT 協定 2 条 1 項の下では強制規格の差別的な効果が規律されるという意味で, ガット

---

246) Valinaki ('Repairing the Defects') 86.
247) Petros C Mavroidis and Kamal Saggi, 'Trade Review: What is not so Cool about *US—COOL* Regulations? A critical analysis of the Appellate Body's ruling on *US—COOL*' (2014) 13(2) *World Trade Review* 299, 314.
248) Alexia Herwig, 'Lost in Complexity? The Panel's Report in *European Communities - Measures Prohibiting the Importation and Marketing of Seal Products*' (2014) 5(1) *European Journal of Risk Regulation* 97, 100.
249) *See*, Mavroidis and Saggi ('What is not so Cool') 315-316.
250) 他方, Valinaki は, 2 条 1 項及び 2 項の審査の順序を変えるべきとし, TBT 協定の改正を提案している。詳細は, Valinaki ('Repairing the Defects') 92 を参照のこと。

20条の柱書段階に類似しているということである[251]。確かに紛争解決機関は，ガット20条に関する紛争事例の経験から，この種の審査には慣れているといえよう。このようなアプローチはWTO法の一貫したかつ調和的な解釈の原則にも資する面がある。TBT協定2条1項の審査においてガット20条の柱書審査が頻繁に参照されており，TBT協定2条2項の審査においてガット20条の各号審査 (必要性審査) が頻繁に参照されていることを考えると，なおさらのことである。

　TBT協定2条1項及び同条2項が本格的に解釈され始めたのはごく最近のことであり，その意味で，それらの条項の下で展開されている解釈基準も依然として発展中であるといえる。紛争解決機関は，TBT協定の解釈において，加盟国の国内事情への考慮を明白にする解釈基準を巧みに導き出しており，これは加盟国の国内規制権限の保障という観点から，評価に値する。このようなTBT協定の規範構造の中で，紛争解決機関が貿易自由化の目的に偏った解釈を展開する可能性は阻止されよう。むしろ紛争解決機関は，加盟国の国内規制権限を保障すべきという前提の下で，TBT協定の主要な文脈を構成する，貿易自由化の目的と加盟国の規制権との間における適切な均衡点を意識し，それに照らしてTBT協定を解釈しなければならない。今後事例が重なるにつれて，TBT協定の意味及び内容，そして貿易自由化の目的と加盟国の規制権との間における均衡点という概念は，さらに洗練を重ねていくと思われる。他方，本章で確認したとおり，TBT協定の解釈は様々な局面でガットの法理から影響を受けていることから，TBT協定における国内規制権限の範囲を適切に理解するためには，ガットとTBT協定の相互関係及び両者が相互作用する動向を常に注視する必要がある。この点に関しては，本書の第5章及び第6章でより詳細に論じることとしたい。

---

251) Petros C Mavroidis, 'Driftin' Too Far from Shore—Why the Test for Compliance with the TBT Agreement Developed by the WTO Appellate Body is Wrong, and what should the AB have Done instead' (2013) 12(3) *World Trade Review* 509, 526.

第 4 章　SPS 協定における国内規制権限

4.1　はじめに

　飲食物の安全及び有害動植物又は病気に関連する危険性から自国民を保護するために採用される一連の検疫措置は，典型的な国内規制措置の1つである。検疫措置は，輸入国が行う輸入品の検疫から，輸出国が輸入国の要請に応じて行う輸出品の検査及び検疫まで，多岐にわたっている[1]。飲食物に含まれる添加物，汚染物質，毒素若しくは病気を引き起こす動物からの危険性を防止するための規制，又は，動植物若しくはそれらを原料とする産品によって媒介される病気からの危険性に対処するための規制など，検疫措置の形態は様々である。WTO 紛争の文脈では，成長ホルモンの投与によって飼育された牛肉の輸入を規制する検疫措置，火傷病を媒介しうる輸入リンゴに対する検疫措置，遺伝子組み換え体 (GMO) 食品に対する承認手続など，様々な類型の検疫措置の適法性が争点となってきた。検疫措置は，国内における公衆の安全や飲食の品質管理に対する危険性又は懸念に対処することを主な目的としており，その意味で，貿易以外の国内問題に対処するために行使される加盟国の国内規制権限を反映する[2]。

　SPS 協定（衛生植物検疫措置の適用に関する協定，以下 SPS 協定）は，主に衛生植物検疫措置 (Sanitary and Phytosanitary Measures, 以下 SPS 措置) を規律することを目的として，ウルグアイ・ラウンドで締結された。WTO 成立以前まで，食品の安全性及び人の生命又は健康の保護等に関する SPS 措置は，一般的な規制措置と同様にガットの規律対象とされていた。ガットは貿易自由化を促進するために，無差別原則その他の義務を定めているが，SPS 措置がこ

---

1) 小室程夫『国際経済法』（信山社，2011年）114頁。
2) Diane A Desierto, 'Balancing National Public Policy and Free Trade' (2015) 27(2) *Pace International Law Review* 549, 580.

れらの義務に違反すると判断された場合は、ガット20条（b）号（人，動植物の生命又は健康を保護するために必要な措置）が援用され，同号を中心にSPS措置の適法性が検討されていた。他方，1979年東京・ラウンドの成果物として，各種の技術的要件に対処するための「スタンダード協定」が締結されたが，同協定は食品の安全性及び人の生命又は健康を保護するためにとられる様々な技術的要件を理論上カバーするものではあったものの，SPS措置の規律を主たる目的とするものではなく，SPS措置によってもたらされる貿易への悪影響に対処するのに必ずしも効果的なものではなかった[3]。何より，スタンダード協定は，批准国に対してのみ拘束力を有するものであったことから，その実効性には疑問が持たれていた。

　国際貿易の文脈において，SPS措置が警戒されたことには理由がある。SPS措置は，食品の安全性及び人の生命又は健康を保護するという名のもとで，農産物貿易に対する非関税障壁として濫用される可能性があるからである。多くの場合，SPS措置は特定の輸入産品を厳格に検疫するか又は特定の国からの輸入を規制する形態で行われることから，国際貿易に悪影響を及ぼす恐れがある。ガット時代においては，多岐にわたるラウンド交渉の成果として，各国によって設けられていた関税率は引き下げられ，農業補助金も大幅に縮小される結果となったが，依然としてSPS措置が農産物貿易に対する保護主義の手法として濫用される恐れがあり，SPS措置を適切に規律するための規範体制の確立が要求されていた[4]。このような流れの中でガットの締約国は，国際貿易に影響を及ぼす各種のSPS措置に効果的に対処するためのより具体的な規律の必要性を呼びかけ，ウルグアイ・ラウンドの結果，WTO協定の一括受諾の対象としてSPS協定が締結されるに至る。

　SPS協定前文は「いかなる加盟国も，人，動物又は植物の生命若しくは健康を保護するために必要な措置を採用し又は実施することを妨げられるべきでない」とし，「加盟国が人，動物又は植物の生命又は健康に関する自国の適切な保護水準を変更することを求められること」はないと確認している。他

---

[3] Boris Rigod, 'The Purpose of the WTO Agreement on the Application of Sanitary and Phytosanitary Measures (SPS)' (2013) 24(2) *European Journal of International Law* 503, 506 and footnote. 14.

[4] *Ibid.*, 507; Jacqueline Peel, 'A GMO by Any Other Name... Might Be an SPS Risk!: Implications of Expanding the Scope of the WTO Sanitary and Phytosanitary Measures Agreement' (2006) 17(5) *European Journal of International Law* 1009, 1013–1014.

方で，このような加盟国の権利は「同様の条件の下にある加盟国の間において恣意的若しくは不当な差別の手段となるような態様で又は国際貿易に対する偽装された制限となるような態様で適用しないこと」を条件とするとし，SPS 措置を採用する加盟国の規制権限は決して無制限ではないことを確認している。SPS 措置の採用に関し，加盟国が遵守すべき具体的な条件については，SPS 協定の義務条項によって具体化・実体化されている。このように，SPS 協定前文は，一方では加盟国の正当な規制権限の重要性を認識しながらも，他方ではその権限の行使が保護主義的にならないように牽制するという協定の趣旨及び目的を明らかにしている。要するに，SPS 協定前文は，貿易自由化を促進するという協定の目的と加盟国の正当な国内規制権限との間における適切な均衡点を確立することの重要性を示唆している。このような協定の趣旨は協定の文脈を構成するものとして，SPS 協定を解釈する際に常に考慮されなければならない。

SPS 協定は，SPS 措置と関連を有するガットの諸規定，特にガット 20 条 (b) 号の適用のための規則をより具体化 (elaborate) することを目指し，ガットの文脈で重点的に検討される無差別原則及び必要性原則のほか，国際基準との調和原則及び科学的根拠の原則を追加的に設けている。これらの追加的な原則は，SPS 措置の適法性を評価するための規範的な枠組みを提供する。科学的根拠が重要な役割を果たすことから，SPS 措置の評価に際しては高度の専門性が求められる局面があり，その関係で，一般国際法及び国際経済法の専門家で構成されるパネルや上級委員会が科学的根拠の妥当性にどのように対処すべきか，という問題が提起される。これは，特に加盟国が依拠する危険性評価を紛争解決機関が評価する際に用いる審査基準とも密接な関連がある。WTO 法における審査基準についての詳細は，第 7 章で論じることにして，本章では，加盟国の国内規制権限及び政策的な裁量と密接に関連する SPS 協定の義務条項に焦点を当てる。SPS 協定の義務条項は，ガット 3 条及び 20 条，TBT 協定 2 条 1 項及び同条 2 項とともに，WTO 法における国内規制権限の範囲を理解するという脈絡で，重要な素材を提供する。以下では，SPS 協定における加盟国の基本的な権利及び義務を確認し，特に無差別原則，必要性原則，科学的根拠の原則，及び暫定的措置を採用する権利に関する関連規定の規範構造を，加盟国の国内規制権限との関係に照らして検討する。

4.2 SPS 措置（適用対象）

SPS協定1条1項は，同協定が「国際貿易に直接又は間接に影響を及ぼす全てのSPS措置について適用する」とし，SPS措置は「同協定で定められ，適用されるものとする」と規定する。SPS協定附属書A (1) は，SPS措置を以下のように類型化している。

「「SPS措置」とは，次のことのために適用される措置をいう。
(a) 有害動植物，病気，病気を媒介する生物又は病気を引き起こす生物の侵入，定着又は蔓延によって生ずる危険から加盟国の領域内において動物又は植物の生命又は健康を保護すること。
(b) 飲食物又は飼料に含まれる添加物，汚染物質，毒素又は病気を引き起こす生物によって生ずる危険から加盟国の領域内において人又は動物の生命又は健康を保護すること。
(c) 動物若しくは植物若しくはこれらを原料とする産品によって媒介される病気によって生ずる危険又は有害動植物の侵入，定着若しくは蔓延によって生ずる危険から加盟国の領域内において人の生命又は健康を保護すること。
(d) 有害動植物の侵入，定着又は蔓延による他の損害を加盟国の領域内において防止し又は制限すること。」

SPS協定の規律対象となるSPS措置は以上のように大きく4つの類型に分類される。「ために適用される (applied... to protect)」という文言からも分かるように，SPS措置の適格性を判断する際には，問題の規制措置が上記の危険性の防止を「目的として」いるかどうかが重点的に考慮されなければならない。問題の規制措置が上記の目的を達成するために適用されているかどうかに関しては，被申立国が説明 (expressed) する規制目的のみならず，措置の文言や構造，規制がなされる脈絡，及び当該措置の設計又はその適用される態様が総合的に考慮されなければならない[5]。以上のような関連要素を検討

---

5) WTO Appellate Body Report, *Australia—Measures Affecting the Importation of Apples from New Zealand* (*Australia—Apples*), WT/DS367/AB/R, adopted 17 December 2010, para. 173.

した結果，当該措置と附属書 A (1) に明示されている目的との明確的かつ客観的な関係が存在する場合，当該措置は SPS 措置と認定される[6]。

SPS 措置は「最終産品の規格，生産工程及び生産方法，試験，検査，認証及び承認の手続，検疫（動物若しくは植物の輸送に関する要件又はこれらの輸送の際の生存に必要な物に関する要件を含む。），関連する統計方法，試料採取の手続及び危険性の評価の方法に関する規則，包装に関する要件及びラベル等による表示に関する要件であって食品の安全に直接関係するもの」を含む全ての法令，要件，手続を構成することができる。

4.3 SPS 協定の主たる権利義務

4.3.1 基本的な権利及び保護水準の設定

SPS 協定 2 条 1 項は，人，動植物の生命又は健康を保護するために必要な措置を採用する加盟国の基本的な権利を認めている。ただし，これは SPS 協定の義務条項と非整合的でない場合に限る。SPS 協定は，加盟国がどの程度の保護水準まで設定できるかについて明確にしていないが，協定前文 6 節が「加盟国が人，動物又は植物の生命又は健康に関する自国の適切な保護水準を変更することを求められることなく」と確認しているように，原則として加盟国が設定する保護水準は SPS 協定の適用によって妨げられない。その意味で，関連する既存の国際基準が加盟国の適切な保護水準を達成できない場合は，国際基準を上回る保護水準を設定する加盟国の権利は原則として認められている[7]。

SPS 協定の附属書 A (5) は，同協定でいう保護水準を「加盟国の領域内における人，動物又は植物の生命又は健康を保護するために SPS 措置を制定する当該加盟国が適切と認める保護水準」と定義する。この定義には，「多くの加盟国は，この意義を有する用語として『受け入れられる危険性の水準』も用いている」との注が付されている。加盟国が「適切と認める保護水準」と「受け入れられる危険性の水準」とはコインの両面のようなものである[8]。加

---

[6] *Ibid.*
[7] この点は，SPS 協定 3 条 3 項で確認されている。
[8] Joanne Scott, *The WTO Agreement on Sanitary and Phytosanitary Measures: A Commentary* (Oxford University Press, 2007) 36.

盟国は，保護水準を設定する際に，明示的であれ黙示的であれ，自らの判断で受忍可能な危険性の水準を決定することになるからである。加盟国が設定する保護水準は，加盟国がSPS措置の根拠として依拠する「危険性評価」とも密接な関連がある。加盟国が設定した適切な保護水準は，危険性評価の範囲及び方法論に影響を及ぼす[9]。加盟国は国際基準を採用せずに国際基準よりも高い保護水準をもたらすSPS措置を採用する権利を有するが，そのようなSPS措置を採用する際に，加盟国は国際基準で示されている危険性評価とは別の危険性評価を自ら行うことになろう。その意味で，危険性評価は加盟国の適切な保護水準から切り離せない要素となる[10]。一般に先例では，危険性の完全な防止，いわゆる「ゼロ・リスク」の保護水準を設定する加盟国の権利も認められている[11]。

　加盟国が適切と認める保護水準は，SPS措置自体とは区別される概念である。前者が「目的」であれば，後者はその目的を達成するための「手段」であり，厳密にいって両者は同一の概念ではない。論理的に，適切な保護水準の決定はSPS措置を実施及び維持する決定に先立って行われる[12]。SPS協定は，加盟国が保護水準を決定する際に考慮すべき事項を定めている。例えば，SPS協定5条4項は，加盟国が衛生植物検疫上の適切な保護水準を決定するに際して，「貿易に対する悪影響を最小限にするという目的」を考慮するように定めている。

　他方，SPS協定3条1項は「SPS措置をできるだけ広い範囲にわたり調和させるため，この協定，特に3項に別段の定めがある場合を除くほか，国際基準，指針又は勧告がある場合には，自国のSPS措置を当該国際基準，指針又は勧告に基づいてとる」とし，関連する国際基準が目的の達成に効果的である場合は，加盟国がその国際基準を活用するように定めている。SPS措置が国際基準，指針又は勧告に適合する場合には，人，動物又は植物の生命又は健康を保護するために「必要な」ものとみなされ，当該SPS措置はSPS協

---

9) WTO Appellate Body Report, *United States—Continued Suspension of Obligations in the EC—Hormones Dispute* (*US—Continued Suspension*), WT/DS320/AB/R, adopted 14 November 2008, para. 534.
10) *Ibid.*
11) WTO Appellate Body Report, *Australia—Measures Affecting Importation of Salmon* (*Australia—Salmon*), WT/DS18/AB/R, adopted 6 November 1998, para. 125.
12) *Ibid.*, paras. 200–201.

定及びガットの関連規定に適合すると「推定」される[13]。SPS協定は，国際基準を提供するいくつかの国際機関，特に，「食品規格委員会(CODEX)」，「国際獣疫事務局(OIE)」及び「国際植物防疫条約(IPPC)」の枠内で活動する国際機関及び地域機関を例示している[14]。これらの国際機関は例示的なものであり，その他の国際機関から提示される基準，指針又は勧告もこの文脈でいう国際基準に該当しうる[15]。

　国際基準の活用を義務づけるSPS協定3条の目的は，人の生命又は健康を保護する加盟国の権利を認めながらも，できる限り広い範囲にわたって加盟国が採用するSPS措置の調和を促進することである。より具体的にいえば，加盟国の適切な保護水準を保障し，人の生命若しくは健康を保護するために必要な措置又は科学的原則に基づく措置を採用するという加盟国の正当な権利を保障しながらも，当該措置が恣意的若しくは不当な差別又は国際貿易に対する偽装された制限となることを防止することが，その究極的な目的である[16]。ただし，国際基準との調和原則は，加盟国がより緩やかなSPS措置を採用すべきこと，すなわち，「下方調和」を求めるものではない[17]。したがって，関連する国際基準が加盟国の適切な保護水準を十分に保障できない場合は，国際基準を上回る保護水準を自由に決定する加盟国の権利は原則として妨げられない。SPS協定3条3項は，その旨を明確にしている。3条3項に

---

[13] SPS協定3条2項：「衛生植物検疫措置は，国際基準，指針又は勧告に適合する場合には，人，動物又は植物の生命又は健康を保護するために必要なものとみなすものとし，この協定及び1994年のガットの関連規定に適合しているものと推定する。」

[14] SPS協定3条4項：「加盟国は，関連国際機関及びその補助機関，特に食品規格委員会及び国際獣疫事務局並びに国際植物防疫条約の枠内で活動する国際機関及び地域機関において，これらの機関における衛生植物検疫措置の全ての側面に関する国際基準，指針及び勧告の作成及び定期的な再検討を促進するため，能力の範囲内で十分な役割を果たすものとする。」

[15] SPS協定附属書A(3)では，国際基準，指針，及び勧告について，次のように定義する。
「(a) 食品の安全については，食品規格委員会が制定した基準，指針及び勧告であって，食品添加物，動物用医薬品及び農薬の残留物，汚染物質，分析及び試料採取の方法並びに衛生的な取扱いに係る規準及び指針に関するもの
(b) 動物の健康及び人畜共通伝染病については，国際獣疫事務局の主催の下で作成された基準，指針及び勧告
(c) 植物の健康については，国際植物防疫条約事務局の主催の下で同条約の枠内で活動する地域機関と協力して作成された国際基準，指針及び勧告
(d) (a)から(c)までの機関等が対象としていない事項については，全ての加盟国の加盟のため開放されている他の関連国際機関が定めて委員会が確認した適当な基準，指針及び勧告。」

[16] *EC—Hormones*, Appellate Body Report, para. 177.

[17] 中川淳司＝清水章雄＝平覚＝間宮勇『国際経済法』(第2版，有斐閣，2012年) 176頁。

よれば、加盟国は「科学的に正当な理由がある場合又は当該加盟国が5条の1項から8項までの関連規定に従い自国の衛生植物検疫上の適切な保護水準を決定した場合には、関連する国際基準、指針又は勧告に基づく措置によって達成される水準よりも高い保護水準をもたらすSPS措置を導入し又は維持すること」ができる。同条項でいう「科学的に正当な理由がある場合」とは、加盟国が「協定の関連規定に適合する、入手可能な科学的情報の検討及び評価に基づいて、関連する国際基準、指針又は勧告が自国の衛生植物検疫上の適切な保護水準を達成するに十分ではないと決定した場合」を指す[18]。

加盟国が国際基準を上回る保護水準を設定する場合又は関連する国際基準が存在しない場合、加盟国は自らの判断に基づいてSPS措置を採用することができる。ただし、関連する国際基準を上回るような保護水準をもたらす全てのSPS措置は、SPS協定で定められたその他の義務条項に整合的でなければならない。以下では、SPS措置が遵守すべき義務条項の詳細を検討する。

4.3.2 無差別原則及び一貫性原則

4.3.2.1 無差別原則（2条3項）

ガットやTBT協定と同様に、SPS協定は、加盟国の基本的な義務として、無差別原則を定めている。SPS協定2条3項は、次のように定める。

> 「加盟国は、自国のSPS措置により同一又は類似する条件の下にある加盟国の間（自国の領域と他の加盟国の領域との間を含む。）において恣意的又は不当な差別をしないことを確保する。SPS措置は、国際貿易に対する偽装された制限となるような態様で適用してはならない。」

一見して、同条項はガットの関連規定の規範構造に類似した規範構造を有している。同条項は、ガット1条が規律する最恵国待遇原則、同3条が規律する内国民待遇原則、そして同20条の柱書が規律する恣意的若しくは不当な差別又は国際貿易に対する偽装された制限を同時に規律する。ただし、ガット1条及び3条の文脈では、「同種の産品」や「不利な待遇」といった概念が審査の主たる基準となるのに対し、SPS協定2条3項では加盟国が置かれる

[18) SPS協定3条3項の注の規定。

「同一又は類似する（identical or similar）条件」が重要な基準となる。すなわち，SPS 措置が恣意的又は不当な差別に該当すると判定されるには，SPS 措置が採用される局面との関係で，影響を受ける関連諸国が同一又は類似する条件にあることが証明されなければならない。ここでいう条件というのは，加盟国が直面している危険性やそのような危険性に対処している局面と密接な関連がある。「同種の産品」という文言が用いられていないことから，SPS 協定 2 条 3 項が規律する差別は，原則として同種の産品間の差別に限らない[19]。「同種の産品」という概念は，市場関連の要素に照らして客観的に評価されるものであるが，SPS 措置の差別性が問題となる局面は，必ずしも「同種の産品」の間であるとは限らない。市場でいう「同種の産品」ではないにもかかわらず，同一又は類似する危険性を媒介する可能性があるからである。結局，産品そのものより，危険性という観点から関連諸国が置かれている条件や状況に焦点が当てられる。

SPS 協定 2 条 3 項は，1 文及び 2 文から構成されている。*India—Agricultural Products* 事件のパネルは，問題の SPS 措置が 2 条 3 項 1 文に違反するかどうかを判断する際には，順次的な審査の枠組みが必要であるとし，①規制当局以外の他の加盟国の間に差別が存在するかどうか（最恵国待遇），又は規制当局と他の加盟国の間に差別が存在するかどうか（内国民待遇），②当該差別が恣意的又は不当な差別に該当するかどうか，③関連する加盟国の条件が同一又は類似するかどうか，の 3 点が順次に確認されなければならないと指摘した[20]。一般的例外条項と位置づけられるガット 20 条とは違い，SPS 協定 2 条 3 項は義務条項であることから，使われている文言の類似性にもかかわらず，問題の SPS 措置が同条項に違反することを示す立証責任は原則とし

---

19) WTO Panel Report, *Australia—Measures Affecting Importation of Salmon—Recourse to Article 21.5 of the DSU by Canada* (*Australia—Salmon*（*Article 21.5—Canada*）), WT/DS18/RW, adopted 20 March 2000, para. 7.112 ("…discrimination in the sense of Article 2.3, first sentence, may also include discrimination between different products, e.g. not only discrimination between Canadian salmon and New Zealand salmon, or Canadian salmon and Australian salmon; but also discrimination between Canadian salmon and Australian fish including non-salmonids, as referred to by Canada in this case.").

20) このような説明は，*Australia—Salmon*（*Article 21.5—Canada*）事件のパネル報告書を引用しながらなされている。詳細は，WTO Appellate Body Report, *India—Measures Concerning the Importation of Certain Agricultural Products*（*India—Agricultural Products*）, WT/DS430/AB/R, adopted 19 June 2015, para. 5.250.

て申立国の負担となる[21]）。

　India—Agricultural Products 事件で問題となったのは，鳥インフルエンザ (AI) の発生を国際獣疫事務局 (OIE) に通報した国々からの家畜及び家禽製品を輸入規制する，インドの AI 措置である。AI 措置の下では，低病原性鳥インフルエンザ（以下，LPNAI）が検出された加盟国からの家禽製品が輸入禁止されていたが，インド自国内では LPNAI を検出するための適切な監視体制が導入されていないことが指摘され，同措置の適用される態様が SPS 協定 2 条 3 項でいう恣意的又は不当な差別を構成するかが争点となった。

　パネルはまず，①差別が存在するかどうかについては，AI 措置の下で LPNAI を OIE に通報した加盟国からの家禽製品は輸入禁止される一方，インドの国内において同一の危険性を検出するための，信頼できる検査体制が備わっていないことを確認し，したがって，インドは LPNAI の危険性との関係で，国内産品と輸入産品に異なる待遇を与えていると指摘した[22]）。

　次いで，②当該差別が「恣意的又は不当な差別」に該当するかどうかについては，SPS 協定 2 条 3 項の審査において，ガット 20 条の文脈で解釈される「恣意的又は不当な差別」が参考になると指摘し[23]），*Brazil—Retreaded Tyres* 事件を引きながら，SPS 協定 2 条 3 項の文脈における「恣意的又は不当な差別」も，SPS 措置によってもたらされている差別の「原因 (cause)」又はその「理由 (rationale)」，そして当該差別と SPS 措置の目的との間に「合理的な関連性」があるかどうかが検討されなければならないと説明した[24]）。他方，インドは当該差別の理由として，NPNAI がインドには存在しない外来種 (exotic) の疾病であることを主張したが，パネルは専門家意見を基に[25]），インドの主張を受け入れず，輸入産品に与えられている差別は「恣意的又は不当な差別」に該当すると結論づけた[26]）。

---

21) *Ibid.*, para. 5.260 ("Thus, a complainant raising a claim that a Member's SPS measure is inconsistent with Article 2.3, first sentence, bears the overall burden of establishing its prima facie case of inconsistency.").
22) WTO Panel Report, *India—Measures Concerning the Importation of Certain Agricultural Products*（*India—Agricultural Products*), WT/DS430/R and Add.1, adopted 19 June 2015, as modified by Appellate Body Report WT/DS430/AB/R, para. 7.424.
23) *Ibid.*, para. 7.427.
24) *Ibid.*, paras. 7.428–7.429.
25) *Ibid.*, para. 7.454.
26) *Ibid.*, para. 7.457.

最後に, ③関連する加盟国の条件が同一又は類似するかについては, SPS 措置の差別が「恣意的又は不当な差別」に該当するかどうかの審査の際に考慮された事項が, この文脈で有意義であると指摘しながら, もし加盟国の国内に存在する病気が他の加盟国には存在しない場合, それは「同一又は類似する条件」とはいえないだろうが, 本件の場合, LPNAI が外来種であることをインドが証明できていないとした上で[27], 結局, インドが防止しようとする危険性は LPNAI の危険性であること, そして LPNAI の危険性が産品の原産地によって異なることが証明されていないことを根拠として挙げながら, 産品の原産地にかかわらず, 本件措置が防止しようとする危険性は「同一又は類似する」ものであると確認した[28]。以上の順次的な検討を基に, パネルは, AI 措置が「同一又は類似する」条件の下にある加盟国との間で「恣意的又は不当な差別」を構成すると結論づけた[29][30]。

2 条 3 項 1 文に加えて, 同 2 文は, SPS 措置が「国際貿易に対する偽装された制限」となるような態様で適用されないことを定める。*Australia—Salmon* 事件では, 文言の類似性が見られる SPS 協定 5 条 5 項の文脈で「国際貿易に対する偽装された制限」が解釈されている。同事件の上級委員会は SPS 措置が危険性評価に基づいていない場合は, それは「国際貿易に対する偽装された制限」であることが強く示唆されるとの見解を示した[31]。すなわち, 危険性評価に関する義務を定める SPS 協定 5 条 1 項の違反が確認された場合, そのような事実は, 当該 SPS 措置が「国際貿易に対する偽装された制限」に該当することを示す警報 (warning signal) となる[32]。

他方, SPS 協定 2 条 3 項 2 文の文脈で同用語を検討した *India—Agricultural Products* 事件のパネルは, 同条項とガット 20 の文言が類似していることに注目し, 後者の解釈基準が前者の解釈に有用性を与えると指摘している[33]。上述したとおり, ガット 20 条の柱書における「恣意的又は不当な差別」と

---

27) *Ibid.*, para. 7.467.
28) *Ibid.*, paras. 7.468-7.470.
29) *Ibid.*, para. 7.472. 上級委員会はこれら 3 つの要件が相互に意味を分かち合う関係にあると指摘している。
30) 他方, 上級委員会は, この「順次的な審査」において, ③の段階を先に進めるアプローチを選好しているようである。*India—Agricultural Products*, Appellate Body Report, para. 5.261.
31) *Australia—Salmon*, Appellate Body Report, para. 166.
32) *Ibid.*
33) *India—Agricultural Products*, Panel Report, para. 7.476.

「国際貿易に対する偽装された制限」とは相互に意味を分かち合う関係にあるとされている[34]。このような両要件の相互関係に注目したパネルは、「恣意的又は不当な差別」の審査の際に考慮した事項に照らして、AI措置が「国際貿易に対する偽装された制限」にも該当すると結論づけた[35]。このように、紛争解決機関はガット20条の柱書との類似性に注目して、同条の解釈基準をSPS協定2条3項の文脈で積極的に参照している。第2章で確認したとおり、ガット20条における「国際貿易に対する偽装された制限」の要件は、措置の背後にある保護主義の意図を問題にするものである。SPS措置が危険性評価に基づいていない場合、「国際貿易に対する偽装された制限」の存在が強く示唆されるとの上級委員会の解釈も、そのようなガット20条の解釈と軌を一にする。

4.3.2.2　一貫性原則（5条5項）

　SPS協定で規律される無差別原則は2条3項だけではない。SPS協定2条は全体として「基本的な権利及び義務（Basic Rights and Obligations）」と名付けられており、2条3項も加盟国の基本的な義務の一環として一般的な意味での無差別原則を定めているが、同原則はその他の義務条項においてより具体化されている。SPS協定5条5項は、保護水準の「一貫性（consistency）」を求める形で無差別原則を定めている。

> 「人の生命若しくは健康又は動物及び植物の生命若しくは健康に対する危険からの「衛生植物検疫上の適切な保護の水準」の定義の適用に当たり一貫性を図るため、各加盟国は、異なる状況において自国が適切であると認める保護水準について恣意的又は不当な区別を設けることが、国際貿易に対する差別又は偽装された制限をもたらすことになる場合には、

---

34) Ibid.
35) Ibid., para. 7.477 ("We recall our finding in paragraph 7.457 that India's AI measures arbitrarily and unjustifiably discriminate against foreign products. We note that an element of the analysis that led to this finding was our observation that India does not apply similar standards to the internal movement of products associated with the risk of AI as it does to imports of those products…In the light of the Appellate Body's explanation above as to what constitutes a disguised restriction on international trade, we consider that all of these findings, taken together, support a finding that India's AI measures are applied in a manner that constitutes a disguised restriction on international trade.")

そのような区別を設けることを回避する。」

SPS協定5条5項は，加盟国が状況ごとに設定する異なる保護水準が国際貿易に対する差別又は偽装された制限とならないことを求める。同条項は，関連の産品からもたらされる潜在的な危険性が同様であるにもかかわらず，加盟国が特定の産品についてはより厳格な保護水準を，そしてその他の産品についてはより緩い保護水準を設定することを防止することを目的とする[36]。

SPS協定2条3項の審査では，SPS措置がもたらす差別一般に焦点が当てられるのに対し，5条5項では，加盟国が設定した保護水準の「区別」に焦点が当てられる。加盟国が自由に設定できるはずの保護水準に焦点が当てられることから，5条5項はSPS協定の中でも，国内規制権限に対する制約又は干渉が著しく加えられる条項の1つである[37]。「差別」，「恣意的又は不当な」，「国際貿易に対する偽装された制限」といった文言が用いられていることから，5条5項と2条3項との間には一定の類似性があるように見える。このような類似性を基に上級委員会は，5条5項が2条3項の審査の結果を導き出すための具体的なルート (a particular route) を定めていると説明している[38]。さらに，*Australia—Salmon*事件の上級委員会は，5条5項の審査で検討されるのは，SPS措置の保護水準が恣意的又は不当な区別を設けることにより，「差別又は国際貿易に対する偽装された制限」をもたらすか否かであり，その意味で，5条5項に違反するSPS措置に対しては必然的に2条3項の違反も示唆されると指摘している[39]。上級委員会の説明に鑑みると，2条3項の規律範囲は5条5項と重なると同時に，それよりも広いといえる[40]。その意味で，5条5項に違反するSPS措置は2条3項の違反も構成することになろうが，逆に，2条3項に違反するSPS措置が必然的に5条5項の違反を

---

36) Rüdiger Wolfrum, Peter-Tobias Stoll and Anja Seibert-Fohr (eds), *WTO—Technical Barriers and SPS Measures, Max Plank Commentaries on World Trade Law, Vol 3* (Martinus Nijhoff Publishers, 2007) 452.
37) *Ibid.*
38) *EC—Hormones*, Appellate Body Report, para. 212 ("When read together with Article 2.3, Article 5.5 may be seen to be marking out and elaborating a particular route leading to the same destination set out in Article 2.3.")
39) *Australia—Salmon*, Appellate Body Report, para. 252.
40) Denise Prévost, 'National treatment in the SPS Agreement: A *sui generis* obligation' in Anselm K Sanders(ed), *The Principle of National Treatment in International Economic Law: Trade, Investment and Intellectual Property* (Edward Elgar Publishing, 2014) 134.

構成するとはいえない。これは，5条5項で規律される差別は保護水準による差別に限定されるのに対し，2条3項で規律される差別は，加盟国の保護水準を含むSPS措置一般を対象とするからである。

　上級委員会によれば，SPS措置が5条5項の違反と判定されるには，①加盟国が異なる状況に応じて保護水準を設定していること，②保護水準が恣意的又は不当な区別を設けていること，③恣意的又は不当な区別が差別又は国際貿易に対する偽装された制限を構成すること，という3点が確認されなければならない[41]。これらの要件は累積的なものであり，5条5項の違反が成立されるには，3つの要件全てが肯定されなければならない[42]。

　①の要件に関しては，基本的に保護水準が設定されている異なる状況が基本的に比較可能なものである必要があり，それらの状況を比較可能なものにするための共通の要素が示されなければならない[43]。すなわち，「異なる状況 (different situations)」という文言には，状況の比較が想定されている。検討対象となるそれぞれの状況が完全に異なる性質のものである場合，それらの状況は合理的に比較可能なものとはいえず，保護水準によってもたらされている区別の確認も実質的に不可能になる[44]。例えば，狂牛病による危険性に対処するための保護水準と，鳥インフルエンザによる危険性に対処するための保護水準は，この文脈でいう比較可能な状況ではない。それでは，いかなる要素をもって比較可能な状況を確認すべきであろうか。上級委員会は，同一若しくは類似する病菌による侵入，定着，蔓延の危険性があるか否か又は同一若しくは類似する生物学及び経済学的な結果をもたらす危険性があるか否か，といった要素を挙げている[45]。他方，比較可能な状況は，1つの類型の病気による侵入，定着，蔓延の危険性を共通していることで十分であり，問題となっている全ての病気が関連づけられている必要はない[46]。

　②の要件に関しては，異なる状況に設けられている保護水準が「恣意的又は不当な区別」をもたらしているかどうかが検討される。問題の危険性との関係に照らして，各状況が「同一又は類似する」にもかかわらず，保護水準

---

41) *EC—Hormones*, Appellate Body Report, para. 214.
42) *Ibid.*, para. 215.
43) *Ibid.*, para. 217.
44) *Ibid.*
45) *Australia—Salmon*, Appellate Body Report, para. 146.
46) *Ibid.*, para. 152.

の設定に相違がある場合，SPS 措置は「恣意的又は不当な区別」を構成する。この点は *Australia—Salmon* 事件で検討されている。同事件では，オーストラリアが設定していた，太平洋産サケ製品に対する保護水準と，釣り餌用冷凍ニシン一般及び鑑賞用魚に対する保護水準との相違が問題となったが，前者には輸入規制が適用されていたのに対し，後者は輸入規制の対象から除外されていた。上級委員会は，釣り餌用冷凍ニシン一般と観賞用魚が少なくとも本件の危険性の観点からは，太平洋産サケ製品と同等な危険性があると指摘し，したがって，両者の各々に設定されている保護水準の相違は「恣意的又は不当な区別」に該当すると確認した[47]。この②の要件に関しては，保護水準の相違との関係で，当局がどのような「理由」を提示するかが重要な争点となる。ガット 20 条の柱書における「恣意的又は不当な差別」の審査においては，差別の理由とその合理性に焦点が当てられるが，文言の類似性から，同様な解釈が SPS 協定 5 条 5 項の文脈においても適用可能であると思われる。

③の要件に関しては，恣意的又は不当な区別が「差別又は偽装された制限」に該当するかが検討される。*EC—Hormones* 事件のパネルは，「偽装された制限」に関し，*US—Gasoline* 事件で述べられた「恣意的又は不当な差別と意味を分かち合う関係にある」との説明を参照したが[48]，上級委員会は，ガット 20 条の解釈基準，特に *US—Gasoline* 事件の説明が無条件に SPS 協定 5 条 5 項の文脈で参照されてはならないと強調し，両者の機械的な参照を警戒している[49]。上級委員会はその理由として，SPS 協定 5 条 5 項とガット 20 条の一般的構造が異なることを挙げている。これは，ガット 20 条の柱書の文脈では「恣意的又は不当な差別 (discrimination)」又は「国際貿易に対する偽装された制限」のいずれかが確認される時点で審査が終了するのに対し，SPS 協定 5 条 5 項の文脈では，「恣意的又は不当な区別 (distinctions)」が「差別又は偽装された制限」を構成するかどうかが累積的にかつ連続的に検討されなければならず，その意味で，両者の審査の枠組みが完全に同一ではないからである。上級委員会は上記の②の要件，すなわち，「恣意的又は不当な区別」の存在のみでは，SPS 協定 5 条 5 項の違反を成立させる十分条件とはなりえず，

---

47) *Ibid.*, para. 158.
48) WTO Panel Report, *EC Measures Concerning Meat and Meat Products* (*Hormones*) (*EC—Hormones*), WT/DS26/R/USA, adopted 13 February 1998, as modified by Appellate Body Report WT/DS26/AB/R, WT/DS48/AB/R, para. 8.182.
49) *EC—Hormones*, Appellate Body Report, para. 239.

「恣意的又は不当な区別」の存在は，③の要件の該当性を示す警報にすぎないと指摘している。結局，SPS協定5条5項の文脈では，上記の①から③の要件の全てが累積的に確認されなければならない[50]。SPS協定5条5項の趣旨は，適切と認める保護水準を自由に設定する加盟国の権利を，一貫性という名目で制約するものであることから，ある意味で，規制当局の側に一層厚いセーフティーネットを提供する意図があったと思われる。*Australia—Salmon*事件の上級委員会は，③の要件を審査する際に考慮すべき事項を挙げている。すなわち，状況ごとに設けられている保護水準の区別が相当であること[51]及びSPS措置が危険性評価に基づいていないという事実は，③の要件の該当性を示す警報となる。以上に加えて，その他の追加的な要素[52]を検討した上級委員会は，本件措置は「国際貿易に対する偽装された制限」を構成するものであり[53]，したがって，SPS協定5条5項に違反すると判断している[54]。

4.3.3 科学的根拠の原則及び危険性評価

4.3.3.1 科学的原則及び証拠に基づく義務（2条2項）

SPS協定2条2項は次のように定める。

> 「加盟国は，SPS措置を，人，動物又は植物の生命又は健康を保護するために必要な限度においてのみ適用すること，科学の原則に基づいてとること及び，5条7に規定する場合を除くほか，十分な科学的証拠なしに維持しないことを確保する。」

SPS協定2条2項はSPS措置の提供，採択，維持に関する実体的な義務を定める。「維持（maintain）」という文言が用いられていることから，同条項の

---

50) *Ibid.*, para. 215.
51) *Australia—Salmon*, Appellate Body Report, para. 164.
52) 上級委員会は「追加的な要素（additional factors）」として，オーストラリアの措置の一部をなす1995年草案報告書と1996年最終報告書との結論が異なるにもかかわらず，その相違についてオーストラリアが適切な説明を提示していないこと，及び太平洋産サケ製品の輸入については厳格なSPS措置が採用されているのに対し，国内におけるサケの流通について同様な規制が採用されているかは疑わしいという事実を挙げている。同条項の審査において考慮される「追加的な要素」というのは，当該措置の性質，当事国が提示する証拠の特性，当事国によって提示される根拠などによって変わりうるものであり，その意味で文脈依存的なものと考えられる。
53) *Australia—Salmon*, Appellate Body Report, para. 177.
54) *Ibid.*, para. 178.

義務はSPS協定の発効後に採択されたSPS措置のみならず，その以前から実効的に維持されてきた全てのSPS措置に適用される[55]。「確保 (ensure)」という文言は，加盟国がSPS措置を持続的に検討 (review) する義務を示唆する。2条2項は，①SPS措置が人，動物又は植物の生命又は健康を保護するために必要な限度においてのみ適用されること，②SPS措置が科学的原則に基づいていること，③SPS措置が5条7項に規定する場合を除くほか，十分な科学的証拠なしに維持されないこと，という3つの義務で構成されている。

①の要件における「適用 (applied)」という文言は，ガット20条の柱書でも使われている。第2章で考察したとおり，規制措置の設計及び構造とその適用される態様は不可分の関係にあるため[56]，SPS協定2条2項の審査において，原則的にSPS措置の設計及び構造についての検討は排除されない。SPS措置の設計及び構造が規制目的を達成するために必要なものであるとしても，その適用される態様が必要な限度を超える場合，同要件は充たされない[57]。2条2項は「必要な (necessary)」という文言を用いていることから，ガット20条における必要性審査の解釈基準が参考になると予想される。これまでの事例で，SPS協定2条2項の文脈でいう「必要な」の文言が本格的に解釈されたことはない[58]。ただし，SPS措置の必要性原則については，5条6項の方がより具体的な内容を定めており，SPS措置の必要性原則も主に5条6項を中心に検討が行われている。したがって，この点に関する詳細は，後述の必要性原則の節で検討することとしたい。

これに加えて2条2項は，SPS措置が科学的原則に基づいていること及び十分な科学的証拠なしに維持されないことを要件とする。実体的な義務として，規制措置が科学的根拠に基づいていることを求めるのは，ガットやTBT協定では見られない，SPS協定ならではの特徴である。科学的根拠の原則は，時として衝突しうる，国際貿易促進の利益と人の生命又は健康を保護する利益の間で，繊細にかつ慎重に確立される均衡点を維持させるための，極めて重要な役割を果たす[59]。他方，SPS協定5条1項は，SPS措置が「危険性評

---

55) *EC—Hormones*, Appellate Body Report, paras. 128–130.
56) 規制措置の設計及び構造とその適用される態様は密接に関連づけられており，審査の段階で一方を審査の射程から排除する必要はなく，望ましくもない。詳細は，本書第2章の2.2.4.1における議論を参照のこと。
57) Wolfrum, Stoll and Seibert-Fohr (*Technical Barriers and SPS*) 399.
58) Desierto ('Balancing National Public Policy') 581.
59) *EC—Hormones*, Appellate Body Report, para. 177.

価」に基づいていることを求めるが，上級委員会は，5条1項が2条2項における基本的な義務を「具体的に定める (specific application)」ものであるとし，両者はともに解釈されなければならないと説明している[60]。*EC—Biotech Products* 事件のパネルは5条1項が，特に2条2項における上記の②及び③の義務を「具体的に定める」ものであるとし[61]，両条項の関係をより明確にしている。

　SPS措置が「科学的原則に基づいているか」及び「十分な科学的証拠なしに維持されているか」を検討する際に，5条1項の審査で考慮される事項は重要な役割を果たす[62]。上級委員会によると，5条1項の違反が認定された場合，すなわち，SPS措置が適切な「危険性評価」に基づいていないと判断された場合は，2条2項の違反も推定される[63]。*Australia—Salmon* 事件の上級委員会は，オーストラリアが5条1項に違反する形でSPS措置を維持していることから，2条2項の違反も示唆されると指摘している[64]。他方，*Australia—Apples* 事件の上級委員会は，*Australia—Salmon* 事件の説明を引用しながら，具体的な義務を定める5条1項及び同条2項と，一般的な義務を定める2条2項との間には従属関係 (dependent relationship) が存在するとし，5条1項及び同条2項の違反は，2条2項の違反の推定を生じさせるが，2条2項の違反が5条1項及び同条2項の違反の推定を導き出すことはないと指摘した[65]。

　他方，*India—Agricultural Products* 事件の上級委員会は，2条2項と5条1項及び同条2項で用いられる文言の相違から，その各々の規律範囲も完全に同様な広がりを持つとはいえないと強調している。これは，5条1項及び同条2項の違反が2条2項の違反の推定を生じさせるとしても，2条2項の違反を確定させるわけではないことを意味する[66]。これは条約解釈の一般原

---

60) 上級委員会も2条2項が5条1項に意味を与える (informs) とし，パネルの解釈を支持している。詳細は，*ibid.*, para. 180.
61) *EC—Biotech Products*, Panel Report, para. 7.1439.
62) *India—Agricultural Products*, Appellate Body Report, para. 5.23.
63) *Ibid* ("In short, the Appellate Body has consistently held that an SPS measure found to be inconsistent with Articles 5.1 and 5.2 can be presumed, more generally, to be inconsistent with Article 2.2.").
64) *Australia—Salmon*, Appellate Body Report, para. 138.
65) *Australia—Apples*, Appellate Body Report, para. 340.
66) *India—Agricultural Products*, Appellate Body Report, para. 5.24.

則として，全ての用語には効果が生じるように解釈すべきという「実効性原理 (principle of effectiveness)」に基づく解釈である。SPS 協定 5 条 1 項及び同条 2 項が，2 条 2 項における一般的な義務を具体的に定めるものであるとしても，2 条 2 項の実効性が失われるように解釈されてはならない。Japan—Agricultural Products II 事件の上級委員会は，日本の主張，すなわち，5 条 1 項が適用される場合は，2 条 2 項は適用されえないとの主張を拒否している[67]。結局，5 条 7 項が適用される場合を除くほか，SPS 措置は原則として 5 条 1 項と 2 条 2 項の双方を遵守する必要がある[68]。

2 条 2 項が定める一般的な義務と，5 条 1 項及び同条 2 項が定める具体的な義務との関係を勘案すると，SPS 措置が後者に違反しながらも，前者には違反しない状況も原則として排除されない[69]。したがって，5 条 1 項の違反によって導き出される推定というのは，原則として反証可能なものである。ただし，その推定が反証可能であるとしても，SPS 措置が適切な危険性評価に基づいていることが示されない限り，規制当局が 2 条 2 項の整合性を証明することは決して容易でなかろう[70]。

SPS 協定 2 条 2 項は，SPS 措置を「十分な (sufficient) 科学的証拠なしに維持しない」ことを求める。「十分な」という文言に関して，上級委員会は辞書的な意味を参照しながら「特定の目的に対し，量，広がり，又は範囲が適切なもの」を指すとし[71]，その意味で，SPS 措置が「十分な」科学的証拠なしに維持されてはならないという要件は，SPS 措置と科学的証拠との間に「合理的かつ客観的な関係 (rational or objective relationship)」が存在することを求めるとした[72]。上級委員会は，SPS 措置と科学的証拠との間に「合理的かつ客観的な関係」が存在するか否かに関しては，問題の SPS 措置の特性又は科学的証拠の性質など，状況に応じてケースバイケースで判断すべきであると付け加えている[73]。Japan—Agricultural Products II 事件のパネルは，当事

---

[67] WTO Appellate Body Report, *Japan—Measures Affecting Agricultural Products* (*Japan—Agricultural Products II*), WT/DS76/AB/R, adopted 19 March 1999, para. 82.
[68] *US—Continued Suspension*, Appellate Body Report, para. 674.
[69] *India—Agricultural Products*, Appellate Body Report, para. 5.24.
[70] *Ibid.*, para. 5.29.
[71] *Japan—Agricultural Products II*, Appellate Body Report, para. 73.
[72] *Ibid.*, para. 84.
[73] *Ibid*; WTO Appellate Body Report, *Japan—Measures Affecting the Importation of Apples* (*Japan—Apples*), WT/DS245/AB/R, adopted 10 December 2003, para. 164.

国から提出された証拠とSPS措置との間に因果関係 (causal link) が存在しないと指摘し，その意味で，当該SPS措置は十分な科学的証拠なしに維持されていると結論づけている[74]。他方，*Japan—Apples* 事件では，日本が火傷病の侵入を防止するために導入した米国産リンゴに対する検疫措置の適法性が問題となったが，パネルは，科学的証拠に照らして，成熟無症状リンゴが病菌を運んでいる可能性はごく低く[75]，仮にリンゴが感染したとしても，リンゴを媒介にした感染の危険性は「無視可能な (negligible)」程度であると指摘し[76]，日本の検疫措置は関連の危険性との関係で「比例的な (disproportionate)」ものでなく，十分な科学的証拠なしに維持されていると結論づけた[77]。パネルの決定は，上級委員会によっても支持されている[78]。

4.3.3.2 危険性評価に基づく義務（5条1項）
(a) 危険性評価の定義及び類型

加盟国はSPS措置を実施するに際して，当該措置が危険性評価に基づいて

---

[74] WTO Panel Report, *Japan—Measures Affecting Agricultural Products* (*Japan—Agricultural Products II*), WT/DS76/R, adopted 19 March 1999, as modified by Appellate Body Report WT/DS76/AB/R, paras. 8.42-8.43.

[75] WTO Panel Report, *Japan—Measures Affecting the Importation of Apples* (*Japan—Apples*), WT/DS245/R, adopted 10 December 2003, upheld by Appellate Body Report WT/DS245/AB/R, para. 8.128.

[76] *Ibid.*, para. 8.169.

[77] *Ibid.*, para. 8.198.

[78] *Japan—Apples*, Appellate Body Report, para. 243. ただし，このような紛争解決機関のアプローチを批判的に捉える見解もある。その1つは，日本が採用したSPS措置が十分な科学的証拠なしに維持されているかどうかの判断に当たって，同事件のパネルがある種の比例性原則を適用しているのではないかという指摘である。パネルは専門家意見に基づき，リンゴを通じた火傷病の定着の危険性が「無視可能な」ものであると判断し，危険性との関係で，当該措置が「比例的でない」と結論づけたが，SPS協定2条2項の解釈の下で，このような比例性原則を適用することは，適切な保護水準を自由に設定する加盟国の権利を侵害する恐れがあるということである。パネルが問題となっている危険性につき，自ら「無視可能な」ものであると判断する権利はあるのだろうか。*EC—Hormones* 事件では，いわゆる「ゼロ・リスク」の保護水準を設定する加盟国の権利も認められているが，ゼロ・リスクよりは確実に低いレベルである「無視可能な」危険性はSPS措置を採用する根拠としては不十分であろうか。ただし，2条2項では「加盟国は，SPS措置を人，動物又は植物の生命又は健康を保護するために『必要な』限度においてのみ適用すること」という文言が置かれていることから，この「必要な」という文言によって，一種の比例性原則が導入されているのではないかと議論する余地はある。この議論に関する詳細は，Lukasz Gruszczynski, 'Science in the Process of Risk Regulation under the WTO Agreement on Sanitary and Phytosanitary Measures' (2006) 7(4) *German Law Journal* 371, 393-394; *see also*, Mavroidis (*Trade in Goods*) 722-723 を参照のこと。

いることを確保しなければならない。SPS 協定 5 条 1 項は，危険性評価に関する加盟国の義務を定めている。

> 「加盟国は，関連国際機関が作成した危険性評価の方法を考慮しつつ，自国の SPS 措置を人，動物又は植物の生命又は健康に対する危険性評価であってそれぞれの状況において適切なものに基づいてとることを確保する。」

上述したとおり，SPS 協定 5 条下の義務は，一般的な権利及び義務を定める 2 条を具体的に定めるものである。5 条 1 項の違反は，2 条 2 項の違反の推定を生じさせるため，5 条 1 項は 2 条 2 項における審査の際にも，重要な関連条項となる。5 条 1 項で定める危険性評価の要件は，2 条 2 項における科学的根拠の要件とともに，時として衝突しうる，国際貿易促進の利益と人の生命又は健康を保護する利益との間で，繊細にかつ慎重に確立される均衡点を維持させるための，極めて重要な役割を果たす[79]。SPS 協定附属書 A (4) は，危険性評価を次のように定義する。

> 「「危険性評価」とは，適用しうる SPS 措置の下での輸入加盟国の領域内における有害動植物若しくは病気の侵入，定着若しくは蔓延の可能性 (likelihood) 並びにこれらに伴う潜在的な生物学上の及び経済的な影響についての評価又は飲食物若しくは飼料に含まれる添加物，汚染物質，毒素若しくは病気を引き起こす生物の存在によって生ずる人若しくは動物の健康に対する悪影響の可能性 (potential) についての評価をいう。」

SPS 協定附属書 A (4) は，2 つの類型の危険性評価を想定している。それらは各々附属書で定められている SPS 措置の定義に対応するものである[80]。要するに，危険性評価は，①「有害動植物若しくは病気の侵入，定着若しくは蔓延の可能性 (likelihood) 並びにこれらに伴う潜在的な生物学上の及び経済的

---

[79] *EC—Hormones*, Appellate Body Report, para. 177.
[80] WTO Panel Report, *Australia—Measures Affecting Importation of Salmon* (*Australia—Salmon*), WT/DS18/R and Corr.1, adopted 6 November 1998, as modified by Appellate Body Report WT/DS18/AB/R, para. 8.68.

な影響についての評価」又は②「飲食物若しくは飼料に含まれる添加物，汚染物質，毒素若しくは病気を引き起こす生物の存在によって生ずる人若しくは動物の健康に対する悪影響の可能性 (potential) についての評価」に分類される。SPS 協定5条1項の文言は，危険性評価を実施する際に加盟国が遵守すべき事項や手続を詳細にしていないが，紛争解決機関はいくつかの要素を重点的に検討している。

まず，①の類型の危険性評価は，次のような要素を充たさなければならない。第1に，防止の対象となる有害動植物又は病気，並びにこれらに伴う潜在的な生物学上の及び経済的な影響を特定 (identify) すること，第2に，それらの有害動植物又は病気，及びこれらに伴う潜在的な生物学上の及び経済的な影響の「可能性 (likelihood)」を評価すること，第3に，SPS 措置が適用された際の，それらの有害動植物又は病気の侵入，定着，又は蔓延の可能性を評価すること，の3点である[81]。

他方，②の類型の危険性評価に関しては，EC—Hormones 事件のパネルが次のような要素を挙げている。第1に，人又は動物の健康に対する悪影響を特定すること，第2に，このような悪影響がもたらされる「可能性 (potential)」又は「蓋然性 (probability)」を評価すること，の2点である[82]。上級委員会は，このような捉え方がおおむね誤り (substantially wrong) ではないとしながらも，パネルが「蓋然性 (probability)」と「可能性 (potential)」とを同一視していることには懸念を示している。上級委員会によれば，「potential」の通常の意味は「possibility」に関連し，したがって「probability」の通常の意味とは異なり，「probability」には「potential」よりも高い水準の相当性が示唆されるという[83]。

このように，危険性評価はその類型によって中身も異なる。①の類型の危険性評価では，危険性の「可能性 (likelihood)」が評価されるのに対し，②の類型の危険性評価では，危険性の「可能性 (potential)」が評価される。Australia—Salmon 事件の上級委員会は，①の類型の危険性評価でいう「likelihood」は，「probability」と同様な意味を有すると確認している[84]。他方，

---

81) *Australia—Salmon*, Appellate Body Report, para. 121.
82) *EC—Hormones*, Panel Report, para. 8.98.
83) *EC—Hormones*, Appellate Body Report, para. 184.
84) *Australia—Salmon*, Appellate Body Report, para. 123.

「potential」又は「possibility」に比べて「probability」という用語にはさらに高い水準の相当性が示唆されるとの上級委員会の説明に鑑みると，結局，①の類型の危険性評価で評価される危険性の「可能性 (likelihood)」には，②の類型の危険性評価で評価される危険性の「可能性 (potential)」に比べて，より高い水準の相当性が示されなければならないという結論が導き出される。すなわち，前者で評価されるべき危険性の「可能性」は，後者で評価されるべき危険性の「可能性」よりも著しいものでなければならない[85]。したがって，①の類型の危険性評価が問題となる場合，単に有害動植物又は病気の侵入，定着，又は蔓延の「potential」又は「possibility」を評価するだけでは十分でなく，「likelihood」又は「probability」の程度の相当性が評価されている必要がある。さもなければ，SPS協定でいう適切な危険性評価と認められない。

ただし，このような区別が協定の文言に対応するものであるとはいえ，実際の適用及び解釈の局面においてどのような影響を与えることになるかは定かでない。使われている文言が異なることから，上級委員会は2種類の危険性評価の実質的な相違を無視してはならないと指摘しているが[86]，両者の厳密な区別が常に容易であるとは思われない。より高い水準の相当性というのは何を意味するだろうか。ある意味，これは，危険性という概念に定量的な性質 (quantitative dimension) を取り入れるような説明である[87]。結局，危険性の定量的な性質が反映されている危険性評価とそうでない危険性評価とを基準として「probability」又は「likelihood」と「potential」又は「possibility」の概念を区別すべきであろうか。この点に関して，紛争解決機関は必ずしも明確な説明を提供していない。例えば，*Australia—Salmon* 事件の上級委員会は，「likelihood」の評価が必ずしも定量的な方法でなされる必要はないとし[88]，「likelihood」の評価は原則として定量的な又は定性的な方法のいずれかによっても行われうることを明らかにしている。*US—Continued Suspension* 事件の上級委員会も，危険性評価というのは，その性質上定量的な又は定性的なものであることを強調している[89]。①の類型の危険性評価で評価される

---

85) Mavroidis (*Trade in Goods*) 718.
86) *Austrailia—Salmon*, Appellate Body Report, footnote 69.
87) *EC—Hormones*, Appellate Body Report, para. 184 ("'Probability' implies a higher degree or a threshold of potentiality or possibility. It thus appears that here the Panel introduces a quantitative dimension to the notion of risk.").
88) *Australia—Salmon*, Appellate Body Report, para. 124.
89) *US—Continued Suspension*, Appellate Body Report, para. 530.

べき危険性の「likelihood」と②の類型の危険性評価で評価されるべき危険性の「potential」とがいかなる意味で区別されるべきかについては，依然として不明確さが残されている[90]。他方，先例では，危険性評価に一定以上の危険性の規模が証明されている必要はないとされており[91]，このような説明に従えば，結局，「likelihood」に一層高い相当性が示唆される必要があるとの説明自体も実質的な意味を失うことになると思われる。実際，危険性評価が以上のように2種類に分類され，評価されるべき危険性の程度も分類されるということが，起草者の意図であったかどうかも定かでない。もちろん，②の類型の危険性評価は人又は動物の健康が直接関連づけられるという意味で，より緩やかな基準の導入を想定していたかもしれない。危険性評価における2つの類型とも，究極的には人又は動物の生命又は健康を保護するという目的と密接な関係があり，危険性評価の運用上，以上のような厳格な区分は容易ではないことを考えると，②の類型の危険性評価に対してのみ緩やかな基準が適用されるべき特別な理由はないとも思われる[92]。実際，問題の危険性評価が「likelihood」を評価しているか又は「potential」を評価しているかを基準として，危険性評価の適格性を判断するような審査の枠組みは，適切な審査として定型化するのも容易ではなかろう。

(b) 危険性の特定

一般に危険性評価は「特定性」を持たなければならない。SPS協定は，危険性評価の実施に関する方法及び手続については詳細にしていない。上級委員会は，危険性評価に求められる特定性の要件が，自由に危険性評価の方法を選択する加盟国の権利を阻害してはならないと強調している[93]。すなわち，加盟国は危険性評価を実施するに際して，適切と認める方法を自由に選択できるが，加盟国は関連する争点を十分な形で「特定」しなければならない。*EC—Hormones*事件の上級委員会は，発癌の危険性を示す一般的な研究は，「成長促進の目的でホルモンが投与された家畜の肉に残留するホルモンに起因する発癌の可能性」という本件の具体的な危険性に焦点が当てられたものではないことから，十分な特定性を有するものではないと指摘した[94]。*Japan—*

---

90) *EC—Biotech Products*, Panel Report, para. 7.3048.
91) *EC—Hormones*, Appellate Body Report, para. 186.
92) *See* Gruszczynski ('Science in the Process') 382.
93) *Japan—Apples*, Appellate Body Report, paras. 204-205.
94) *EC—Hormones*, Appellate Body Report, para. 200.

Apples 事件の上級委員会も同様に，危険性評価に基づいて SPS 措置をとるという義務は，単に加盟国が関連の病気についての一般的な議論を提示するだけでは充たされないと指摘した[95]。

危険性評価に関する特定性の要件が，SPS 協定に明示されている文言よりも厳格に解釈されていると主張する論者もいる[96]。Gruszczynski は，特に先例で踏襲されているアプローチは，危険性の発生率が非常に低い状況には適さないと主張する。例えば，危険性がサンプルの 100 万分の 1 の確率で発生するものである場合は，危険性を触発させる特定の物質の存在と危険性との関係を詳細に特定することが，現実的に困難であるということである。因果関係の説明が非常に複雑で，多様な変数によって影響されうるような状況については，因果関係等を含む危険性の詳細な特定が難しい場合もありうる。このような状況下で規制当局が特定性の要件を充たす危険性評価を実施することは，非常に難しい作業となろう。加盟国は適切と認める保護水準を設定する権利を享受し，原則として確認可能ないかなる危険性をも規制する権利があるとされるが，このように厳格に適用される特定性の要件は，加盟国の国内規制権限及び政策的な裁量に否定的な影響を与える可能性がある[97]。

他方，5 条 1 項にいうところの危険性評価で評価されるべき危険性（risk）というのは，「確認可能な（ascertainable）」ものである必要があり，「理論的な不確実性（theoretical uncertainty）」は 5 条 1 項で評価されるべき種類の危険性ではない[98]。「確認可能な」危険性というのは，厳格に統制された状況で運営される実験室（science laboratory）で確認できる危険性のみならず，実際の人間社会に存在する危険性，すなわち，人が生活し，働き，死ぬ現実社会において人の健康に悪影響を及ぼす可能性（potential）を含む概念である[99]。他方で，「理論的な不確実性」という概念は「科学が絶対的な（absolute）確実性を提供することが絶対的に不可能であるが故に残される理論的な不確実性」であり，「ある現象を説明するために科学者によって用いられる実験，方法論，又は手段のような科学的手法に内在する固有の限界に起因するもの」と理解

---

[95] *Japan—Apples*, Appellate Body Report, para. 202.
[96] Gruszczynski ('Science in the Process') 385.
[97] *Ibid.*, 385–386.
[98] *EC—Hormones*, Appellate Body Report, para. 186, *Australia—Salmon*, Appellate Body Report, para. 125.
[99] *EC—Hormones*, Appellate Body Report, para. 187.

される[100]。

(c) 状況において適切なもの

SPS協定5条1項は，加盟国が，それぞれの状況において適切な危険性評価に基づいてSPS措置を実施することを定める。一般に，この要件は加盟国に一定の柔軟性を与えるものと理解される[101]。*Australia—Salmon*事件のパネルは，「状況において適切な」という文言は，危険性評価が行われる方法に関連するとし[102]，「状況」は，病原体や化学的汚染物質のような危険性の起源 (source) 及び危険性の対象に関連すると確認している[103]。ただし，パネルは，「状況において適切な」という文言が，特殊な状況に応じてケースバイケースに危険性評価を行う加盟国の権利及び義務を示唆するとしながらも[104]，同文言によってSPS協定5条1項の実効的な意味が失われてはならないとの説明も付け加えている[105]。

*US—Continued Suspension*事件の上級委員会は，同文言の下で，科学研究の対象となる特定の物質又は危険性の性質及びそれに起因する方法論上の困難さが考慮されるべきとし[106]，その意味で，ある物質が毒性を持つ可能性がある場合，当局にそのような危険性を人間の消費を通じて評価するように求めるのは倫理的であるとはいえず，したがって，5条1項にいうところの「状況において適切な」ものではないと指摘した[107]。

他方，*Australia—Apples*事件の被申立国は，「状況において適切な」という文言は，入手可能な科学的証拠がほとんど存在しない場合に，危険性評価を実施する方法論との関係で，当局に柔軟性を与えるものであると主張した[108]。しかし，上級委員会は，同文言は，危険性評価を実施する方法論との関係で，評価者に一定の考慮が払われるべきことを意味するにすぎず，危険

---

100) *Japan—Apples*, Appellate Body Report, para. 241.
101) *EC—Hormones*, Appellate Body Report, para. 129 ("It is pertinent here to note that Article 5.1 stipulates that SPS measures must be based on a risk assessment, *as appropriate to the circumstances*, and this makes clear that the Members have a certain degree of flexibility in meeting the requirements of Article 5.1.").
102) *Australia—Salmon*, Panel Report, para. 8.57.
103) *Ibid.*, para. 8.71.
104) *Ibid.*
105) *Ibid.*, para. 8.57.
106) *US—Continued Suspension*, Appellate Body Report, para. 562.
107) *Ibid.*, para. 563.
108) *Australia—Salmon*, Appellate Body Report, para. 234.

性評価を実施する当局の義務が免除されることを意味するわけではないと指摘し[109]，したがって，一定の科学的な不確実性が存在するとしても，この文言によって危険性評価の一貫性及び客観性を評価するパネルの権限は妨げられないとした[110]。

危険性評価が状況において適切なものであるかどうかの判断において，どのような事項が考慮されるかについては，依然として不明確さが残されている[111]。ただし，紛争解決機関の説明に鑑みるに，同文言は規制当局に一定の柔軟性を与えるものではあるものの，5条1項を遵守する加盟国の義務に影響を与えるものではないと思われる。その意味で，同文言は5条1項の義務に対する例外を想定するものではない。紛争解決機関の説明を勘案すれば，危険性評価が状況において適切なものであるかどうかは，規制当局が置かれている具体的な状況，関連する危険性の特性，科学研究のために用いられる方法論，関連分野における研究の進展状況など，様々な要素に照らしてケースバイケースに検討されるべきと考えられる。関連する要素の性質が時間の流れによって変わりうるものである場合は，過去になされた危険性評価が，SPS措置が採用された時点では「状況において適切な」ものと認められないこともあろう[112]。

(d) 危険性評価で考慮される要素

SPS協定5条1項は，加盟国が「関連国際機関が作成した危険性評価の方法を考慮しつつ」SPS措置を危険性評価に基づくことを定める。5条1項の文言自体は，ここでいう「関連国際機関」を明示していないが，国際基準との調和原則を定めるSPS協定3条及び国際基準を定義する附属書A (3) では，「食品規格委員会 (CODEX)」，「国際獣疫事務局 (OIE)」並びに，「国際植物防疫条約 (IPPC)」の枠内で活動する国際機関及び地域機関のような国際機関が例示されている。*EC—Hormones* 事件のパネルは，CODEXの文脈で危険性評価の方法に関する正式な決定はなされていないものの，CODEX及びJECFA (FAO/WHO合同食品添加物専門家会議) では薬物（ホルモンを含む）の残留物の危険性評価に関し，長年の実行を重ねてきたことを確認している[113]。

---

109) *Ibid.*, para. 237.
110) *Ibid.*, para. 242.
111) Scott (*A Commentary*) 97–98.
112) *EC—Biotech Products*, Panel Report, para. 7.3032.
113) *EC—Hormones*, Panel Report, para. 8.103.

「考慮しつつ (taking into account)」という文言からも分かるように，危険性評価が国際機関の方法に全面的に従っている必要はない[114]。すなわち，危険性評価が国際機関の方法に関連すると認められる (considered relevant) 程度で十分であり，国際機関が提示する方法のあらゆる側面に従っている必要はないとされる。その意味で，加盟国が依拠した危険性評価が国際機関の方法に従っていないという事実は，5条1項の違反を成立させる十分条件ではない[115]。

「考慮しつつ」の要件は，関連する国際基準に従わなければならないという意味での厳格な義務ではないことから，加盟国は原則として状況に応じて自ら適切と認める危険性評価に依拠してSPS措置を採用する権利を享受する。上級委員会は，「考慮しつつ」という文言は「基づく (based on)」という文言に対比されるとし，後者には客観性が反映されているのに対し，前者には主観性 (subjectivity) が反映されていると説明している[116]。したがって，危険性評価の方法論の選択に関しては，規制当局に一定の裁量が認められる。ただし，紛争解決機関は，国際機関で示される方法を有用な基準として参照することができよう[117]。

他方，SPS協定5条2項は，加盟国が危険性評価を実施する際に考慮すべき関連要素を，次のように具体的に例示している。

> 「加盟国は，危険性評価を行うに当たり，入手可能な科学的証拠，関連する生産工程及び生産方法，関連する検査，試料採取及び試験の方法，特定の病気又は有害動植物の発生，有害動植物又は病気の無発生地域の存在，関連する生態学上及び環境上の状況並びに検疫その他の処置を考慮する。」

紛争解決機関は，危険性の評価者が「入手可能な科学的証拠」を考慮して

---

114) *Japan—Apples*, Panel Report, para. 8.241.
115) *Ibid* ("This suggests that such techniques should be considered relevant, but that a failure to respect each and every aspect of them would not necessarily, *per se*, signal that the risk assessment on which the measure is based is not in conformity with the requirements of Article 5.1.").
116) *EC—Hormones*, Appellate Body Report, para. 189.
117) *Japan—Apples*, Panel Report, para. 8.241.

いるかどうかを審査するために，危険性の評価者がたどり着いた結論と，入手可能な科学的証拠との関係を評価しなければならない[118]。ただし，5条2項で挙げられている考慮事項は例示にすぎず，網羅的なものではない[119]。他方，EC—Hormones 事件の上級委員会は，実験室における定量分析が可能でない考慮事項はこの文脈で排除されるべきとしたパネルの見解は誤りであると指摘している[120]。このような解釈は，危険性評価を行う加盟国に一定の柔軟性を与える[121]。この点は，上級委員会が「危険性評価」という概念と「危険性管理 (risk management)」という概念を厳密に区別したパネルの解釈を拒否していることと無関係ではない。EC—Hormones 事件のパネルは，「危険性評価」と「危険性管理」とを区別し，前者は資料分析及び事実の研究などを含む科学的な検討であるのに対し，後者は社会的な価値評価を伴う「政治」であると説明した。しかし，上級委員会はSPS協定のどこにも「危険性管理」という用語は用いられていないとし，パネルが用いた区分法を拒否している[122]。すなわち，上級委員会の解釈は，読み方によれば，同協定でいう危険性評価に「危険性管理」的な性質が反映されうる状況も原則として排除しない，という意味で理解できよう。

ただし，危険性評価を行う際に加盟国が考慮しうる関連事項の範囲及び程度は必ずしも定かでない。5条2項の列挙が例示的なものであるとしても，いかなる要素も考慮事項として無制限に受け入れられるわけではないはずである。上級委員会が「危険性評価」と「危険性管理」を区別していないこと及び危険性評価において評価される危険性は現実社会に実際に存在するものであること[123]から，次のような問題が提起される。すなわち，危険性評価において「非科学的な」要素はどの程度で，そしてどの範囲まで考慮されうるかという問題である。さらには，危険性評価の適切さを評価する立場に置かれる紛争解決機関が，どの程度非科学的な要素の反映を考慮すべきかという問題とも関連する。例えば，規制当局の文化的又は倫理的な価値観，社会的な価値評価，公衆の世論，消費者の選好など，5条2項に明示されていない

---

[118] *Australia—Apples*, Appellate Body Report, para. 208.
[119] *EC—Hormones*, Appellate Body Report, para. 187.
[120] *Ibid.*
[121] Scott (*A Commentary*) 100.
[122] *EC—Hormones*, Appellate Body Report, para. 181.
[123] *EC—Hormones*, Appellate Body Report, para. 187.

非科学的な関連要素は、危険性評価にどのように影響するだろうか[124]。非科学的な関連要素が5条1項及び同条2項の審査において考慮されるとしたら、規制当局の国内規制権限に有利な解釈となろう。規制当局としては、危険性評価を行うに際し、非科学的な政策的考慮事項を反映させることにより、危険性と政策的考慮事項とを関連づけることができるようになるからである。この点に関しては、学界でも合意が得られていない。上記のような上級委員会の説明を手がかりに、WTO加盟国には、公衆の世論のような非科学的な要素を危険性評価に反映させる裁量 (latitude) が与えられているとする主張があれば[125]、危険性評価の文脈で非科学的な要素が考慮される余地は制限的であるとする主張もある[126]。特に、Gruszczynskiは、SPS協定が科学的根拠の原則を強調するなど、科学に特別な役割を付与していること、そして附属書Aにおける危険性評価の定義が相当に技術的な (technical) 仕組みとなっていることを指摘し、危険性評価に非科学的な要素を取り入れることは、SPS協定の文言と調和的ではなかろうと主張する[127]。SPS協定5条1項及び同条2項の文言は、非科学的な要素が危険性評価の文脈で考慮されうるかどうかを明確にしていない。5条1項は2条2項と一緒に解釈されなければならないこと、そして両者が相互に意味を分かち合う関係にあることに[128]鑑みると、2条2項で科学的根拠の原則を明白にしていることから、5条1項及び同条2項の文脈で危険性評価の科学的な性質が強調されるべきことは間違いなかろう。

ただし、後述のとおり、危険性評価というのは、その性質上純粋な科学的

---

124) Joost Pauwelyn, 'The WTO Agreement on Sanitary and Phytosanitary (SPS) measures as applied in the first three SPS disputes: *EC—Hormones, Australia—Salmon* and *Japan—Varietals*' (1999) 2(4) *Journal of International Economic Law* 641, 648.

125) *See, e.g.*, Tracey Epps, 'Reconciling Public Opinion and WTO Rules under the SPS Agreement' (2008) 7(2) *World Trade Review* 355, 384; Caroline E Foster, 'Public Opinion and the Interpretation of the World Trade Organisation's Agreement on Sanitary and Phytosanitary Measures' (2008) 11(2) *Journal of International Economic Law* 427, 444.

126) Reinhard Quick and Andreas Blüthner, 'Has the Appellate Body Erred? An Appraisal and Criticism of the Ruling in the WTO *Hormones* Case' (1999) 2(4) *Journal of International Economic Law* 603, 603–639.

127) Gruszczynski ('Science in the Process') 384.

128) *EC—Hormones*, Appellate Body Report, para. 180 ("We agree with this general consideration and would also stress that Articles 2.2 and 5.1 should constantly be read together. Article 2.2 informs Article 5.1: the elements that define the basic obligation set out in Article 2.2 impart meaning to Article 5.1.").

行為ではなく，各国が抱えている状況やその状況に対する民主的な手続き及び統制のような，多様な規制的な文脈が反映されていることから，実際には以上のような，科学以外の諸般の事情が明示的であれ黙示的であれ投影されている場合が多い。その意味で，危険性評価はその実行上，パネルがいう「危険性評価」の性質と「危険性管理」の性質との両方を反映している場合が多く，両者の厳密な区分も容易ではない。上級委員会が以上のようなパネルの区分法を否定しているのも，そのような理由に起因するものと考えられる。危険性評価は，加盟国が適切と認める保護水準という概念と密接に関連しており，後述のとおり，近年の紛争解決機関の実行は，そのような加盟国の規制的な文脈に対する考慮も伴うべきと強調している。この点に鑑みると，危険性評価において，非科学的な要素が一定の影響を及ぼしうると理解するのが適切であると考える。

(e) 危険性評価に基づいていること

　加盟国はSPS措置を危険性評価に「基づいて (based on)」とらなければならない。上級委員会は，SPS協定5条1項の審査で問われるのは，危険性評価の結果がSPS措置を十分に保障するか否かであり，その意味で「基づいて」という要件は，SPS措置と危険性評価との間に「合理的な関係 (rational relationship)」が存在すべきことを意味すると説明している[129]。「基づいて」は「考慮しつつ」とは対比される概念であり，前者にはSPS措置と危険性評価との「客観的な関係 (objective relationship)」の評価が求められる[130]。この評価は，危険性評価から導き出される結果とSPS措置との比較を伴う[131]。ただし，「合理的な関係」という要件は，危険性評価の結果とSPS措置に想定されている結果とが完全に同一 (monolithic) であることを求めるものではない。その意味で，加盟国には，危険性評価をSPS措置にどのように反映し，危険性評価に基づいたSPS措置をどのように行うかにつき，一定の裁量が与えられているといえる[132]。

　5条1項の審査で争点となるのは，SPS措置が危険性評価に「基づいて」いるかどうかであり，危険性評価に一定以上の危険性の規模が証明されている

---

[129] *Ibid.*, para. 193.
[130] *Ibid.*, para. 189.
[131] *Ibid.*, para. 192.
[132] *EC—Biotech Products*, Panel Report, para. 7.3067.

かどうかではない[133]。さらに5条1項は，加盟国が「最小限の手続的な要件（minimum procedural requirement）」を充たしていることを求めていない。*EC—Hormones* 事件のパネルは，加盟国にはSPS措置が危険性評価に基づいていることを示す証拠提示義務があるとし，被申立国のECはそのような立証責任を果たしておらず，その結果，ECの措置は5条1項に違反すると決定したが，上級委員会は5条1項の審査でそのような要件を課す文言上の根拠がないことから，パネルの解釈は誤りであると指摘した[134]。しかしながら，このような上級委員会の解釈を批判的に捉える見解もある。すなわち，一定の証拠が先に規制当局から提示されない限り，いかなる情報も持っていない申立国としては，当該SPS措置が何に基づいているかを知る道がなくなるという指摘である[135]。問題のSPS措置が5条1項に違反することを証明するのは申立国の負担であり，その意味で，申立国は限られた情報をもって当該SPS措置の違法性を主張する立場に置かれる。ただし，SPS協定は透明性原則を定めており（附属書B. 1），全ての加盟国は，利害関係を有する加盟国からの全ての妥当な照会に応じ，関連文書を提供する責任を有する照会所（enquiry point）を設けることを定めていることから（附属書B. 3），このような透明性原則が充実に遵守されるとすれば，上記のような問題はある程度緩和されると思われる。

　5条1項の文言は，危険性評価が関連する科学界（science community）における多数説の見解に基づいていることを求めてはいないため，危険性評価は科学的な見解の主流をなすものでない学説に依拠しても行われうる。政府機関としては，権威あるかつ信頼できる（qualified and respected）情報源から導き出される少数意見に基づき，誠実に危険性評価を行うことができる。特に，関連する危険性が人の生命若しくは健康に脅威となるものである場合又は公衆の健康若しくは安全に明確かつ緊迫な脅威を構成する場合には，危険性評価が少数意見に基づいているという事実は，当該SPS措置と危険性評価との

---

[133] *EC—Hormones*, Appellate Body Report, para. 186 ("To the extent that the Panel purported to require a risk assessment to establish a minimum magnitude of risk, we must note that imposition of such a quantitative requirement finds no basis in the *SPS Agreement*. A panel is authorized only to determine whether a given SPS measure is 'based on' a risk assessment. As will be elaborated below, this means that a panel has to determine whether an SPS measure is sufficiently supported or reasonably warranted by the risk assessment.").

[134] *Ibid.*, paras. 188-190.

[135] Mavroidis (*Trade in Goods*) 720-721.

間に「合理的な関係」が存在しないことを示す徴表 (signal) とはならない[136)]。このような解釈は，危険性評価の方法論に関する加盟国の相当な裁量を認めるものと評価できる。

　危険性評価で一定以上の危険性の規模が証明される必要はないこと，SPS措置が危険性評価に基づいていることを示す最小限の手続的な要件が課されないこと，及び加盟国が科学界における少数意見に依拠して危険性評価を行うことが原則として妨げられないことを総合的に考えると，SPS措置と危険性評価との間に存在すべき「合理的な関係」という要件は，規制当局にとって必ずしも遵守が難しいものではないと思われる。他方，5条1項はSPS措置が危険性評価に「基づいている」ことを定めるに留まるため，加盟国が自ら危険性評価を行うことまで求めてはいない。したがって，SPS措置がその他の加盟国又は国際機関で行われた危険性評価に基づいているという事実は，それだけで5条1項の違反を必ずしも成立させない[137)]。

4.3.3.3　暫定的措置（5条7項）

(a) 5条7項の性質及び立証責任

　SPS協定5条7項は，関連する科学的な情報が不十分な場合，加盟国が暫定的措置をとる権利を認める。5条7項は次のように定める。

> 「加盟国は，関連する科学的証拠が不十分な場合には，関連国際機関から得られる情報及び他の加盟国が適用しているSPS措置から得られる情報を含む入手可能な適切な情報に基づき，暫定的にSPS措置を採用することができる。そのような状況において，加盟国は，一層客観的な危険性評価のために必要な追加の情報を得るよう努めるものとし，また，合理的な期間内に当該SPS措置を再検討する。」

　SPS協定2条2項は，「人，動物又は植物の生命又は健康を保護するために必要な限度においてのみ適用すること，科学的原則に基づいてとること及び，5条7項に規定する場合を除くほか，十分な科学的証拠なしに維持しないことを確保する」と定めている。この「除く (except)」という文言が使われて

---

136)　*EC—Hormones,* Appellate Body Report, para. 194.
137)　*Ibid.*, para. 190.

いることからも分かるように，5条7項が適用される場合には，2条2項の義務は適用されない。2条2項が参照するところの5条7項が，5条7項の全体文であるか，それとも1文のみであるか Japan—Agricultural Products II 事件で問われ，日本は5条7項1文のみを指すと主張したが，上級委員会は文言上の根拠の欠如を理由にその主張を退けた[138]。したがって，2条2項が指すのは，5条7項1文と2文を含む全体文である。他方，5条7項の下で採用される暫定的措置に2条3項（無差別原則），5条5項（一貫性原則），及び5条6項（必要性原則）の義務が適用されるかどうかについては，今までの先例で確認されたことはないものの，これらの条項は特に5条7項を指していないことから，暫定的措置にもこれらの義務条項は原則として適用されると考えられる[139]。すなわち，5条7項の下で採用される暫定的措置は原則として無差別原則，一貫性原則，必要性原則を遵守するものでなければならない。

　SPS協定5条7項の法的性質をどのように理解すべきかという問題は重要な争点となる。先例では，5条7項の法的性質を2条2項に対する「条件付き免除 (qualified exemption)」と捉えた場合[140]，2条2項に対する「例外 (exception)」と捉えた場合[141]，さらには「条件付き権利 (qualified right)」と捉えた場合などがあり，その法的性質に関する解釈は必ずしも一貫していない。5条7項の性質を「例外」として理解すべきか，それとも「免除」及び「権利」として理解すべきかは，審理過程における立証責任の配分に大いに影響を及ぼす。5条7項を2条2項に対する「免除」及び「権利」として理解する場合，問題のSPS措置が5条7項の要件を充たしていないことを示す証明は申立国の責任となり，逆に，これを「例外」として理解する場合は，積極的抗弁として被申立国が証明責任を負担することになる。事例の動向を具体的に見てみると，まず，Japan—Agricultural Products II 事件のパネルは，5条7項の違反を証明する責任は申立国の米国に課され，被申立国の日本にはそれを反証する責任があると指摘した[142]。他方で，Japan—Apples 事件では，立証責任の配分が異なっている。同事件で被申立国の日本は，もし本件SPS措

---

138) Japan—Agricultural Products II, Appellate Body Report, para. 90.
139) Wolfrum, Stoll and Seibert-Fohr (Technical Barriers and SPS) 458; See also, Gruszczynski ('Science in the Process') 389.
140) Japan—Agricultural Products II, Appellate Body Report, para. 80.
141) Japan—Apples, Panel Report, para. 7.10.
142) Japan—Agricultural Products II, Panel Report, para. 8.58.

4.3 SPS協定の主たる権利義務　199

置が2条2項でいう十分な科学的証拠なしに維持されていると判断されるならば，別の選択として (in the alternative) 5条7項による「正当化」を援用するとの主張を展開した。この点に関しパネルは，まず日本のSPS措置が2条2項に違反することを確認した上で，その場合において，当該SPS措置が5条7項でいう暫定的措置として「正当化」できるかを検討すべきとし，その際に，5条7項を要件が充たされているとの一応の証明は，同条項を援用する日本の責任であるとした[143]。パネルの説明から推測するに，ここでは5条7項がある種の「正当化」の条項として認識され，被申立国の方に積極的に一応の証明を果たす責任が課されている。

5条7項の審査における立証責任の法理がより明確にされた事例としては，*EC—Biotech Products* 事件が挙げられる。同事件で被申立国のECは，5条7項は2条2項の違反に対して援用する「例外」ではなく，それ自体「自律的な権利 (autonomous right)」であり，したがって，SPS措置が一応5条7項に違反することを示す立証責任は申立国に課されるべきと主張した。パネルは，*EC—Tariff Preferences* 事件[144]及び *EC—Hormones* 事件[145]を引用しながら，5条7項の性質を2条2項に対する「例外」としてではなく，「権利」として捉え[146]，SPS措置が5条7項に違反することを示す立証責任は被申立国ではなく，申立国にあると指摘した[147]。

ここで，「例外」と「免除」の相違に触れておく必要がある。WTO法においては「例外」と「免除」との区別が比較的明確にされている。ガット3条

---

[143] *Japan—Apples*, Panel Report, paras. 8.210-212.
[144] WTO Appellate Body Report, *European Communities—Conditions for the Granting of Tariff Preferences to Developing Countries* (*EC—Tariff Preferences*), WT/DS246/AB/R, adopted 20 April 2004, para. 88 ("In cases where one provision permits, in certain circumstances, behaviour that would otherwise be inconsistent with an obligation in another provision, and one of the two provisions refers to the other provision, the Appellate Body has found that the complaining party bears the burden of establishing that a challenged measure is inconsistent with the provision permitting particular behaviour only where one of the provisions suggests that the obligation is not applicable to the said measure. Otherwise, the permissive provision has been characterized as an exception, or defence, and the onus of invoking it and proving the consistency of the measure with its requirements has been placed on the responding party.").
[145] *EC—Hormones* 事件では，SPS協定3条1項と同3項の関係について，後者は加盟国の「自律的な権利 (autonomous right)」を認めるものであり，前者に対する例外ではないと指摘された。詳細は，*EC—Hormones*, Appellate Body Report, para. 104.
[146] *EC—Biotech Products*, Panel Report, para. 7.2969.
[147] *Ibid.*, para. 7.2976.

と同20条とは,「規則―例外」の関係を表す代表的な例である。この構図の下で,義務違反についての一応の立証責任は申立国に課され,被申立国は,その一応の義務違反について例外(積極的抗弁)を援用して正当化を試みる。ここで,例外によって正当化されることを証明する立証責任は被申立国に課される。他方で,「規則―免除」の構図の下では,「免除」の条項が特定の状況を「規則」の条項の射程から排除する関係にある。その意味で,「規則」と「免除」はそれぞれ適用される状況が異なり,同時に適用されえない。SPS協定3条3項及びTBT協定2条4項は,「免除」の性質を表す典型的な例である。他方,「規則」が適用される状況と「免除」が適用される状況とが異なるが故に,「免除」が適用される局面においては,その状況に応じた自律的な権利が形成されると同時に,特定の義務が課されることもある。この「規則―免除」の構図の下で,当該状況に適用されるべきものは「規則」であり,「免除」ではないことを証明する責任は申立国に課される[148]。SPS協定2条2項と5条7項とでは適用される状況が異なり,後者が適用される特定の状況を前者が直接指している。その意味で,両者は同時に適用されるものではないことから,後者を「例外」ではなく「免除」として理解するのが妥当であると考える。

　5条7項の下で認められる加盟国の権利は決して無条件ではない[149]。暫定的措置が妥当なものと認められるには,次の4つの要件,①関連する科学的証拠が「不十分」な状況でSPS措置が採用されていること,②入手可能な情報に基づく措置であること,③一層客観的な危険性評価のために必要な追加の情報を得ようとすること,④合理的な期間内に当該措置を再検討すること,が充たされなければならない。①及び②の要件は暫定的措置が採用される以前の事柄に関連し,③及び④の要件は暫定的措置が採用された後の事柄に関連する[150]。特に,5条7項2文で定められている③及び④の要件は,5条7項が想定するSPS措置の「暫定的な」性質を特徴づけるものである。上級委員会は,これらの要件は累積的なものであり,したがって,これら4つの要件のうち1つが充たされない場合,当該SPS措置は5条7項でいう暫定的措置にはなりえないと強調している[151]。*Japan—Agricultural Products II*事件で

---

148) See *EC—Tariff Preferences*, Appellate Body Report, para. 88.
149) *EC—Biotech Products*, Panel Report, para. 2973.
150) *US—Continued Suspension*, Appellate Body Report, para. 676.
151) *Japan—Agricultural Products II*, Appellate Body Report, para. 89.

は，日本のSPS措置が上記の③及び④の要件に照らして検討され，それらの要件が充たされていないことを理由に，5条7項の要件は充たされないと決定されている[152]。以下では，紛争解決機関が提示している解釈基準に照らして，同条項の要件の詳細を検討する。

(b) 暫定的措置の採用のための要件（1文）

科学的証拠の不十分性　SPS措置が暫定的措置と認定されるには，まず，当該SPS措置が，関連する科学的証拠が不十分な状況において採用されている必要がある。「関連する」という用語と「不十分」という用語とが用いられていることから，科学的証拠の性質と当該SPS措置の関係が主たる検討対象となる。上級委員会は，5条1項が同条7項の解釈に情報を提供するとし，もし，入手可能な科学的証拠が5条1項でいう危険性評価を可能にする程度のものでない場合は，5条7項の意味における「関連する」科学的証拠が「不十分」である状況に該当すると説明している[153]。したがって，加盟国にとって，5条1項でいう危険性評価を行うための十分な科学的証拠が存在したか否かは，SPS措置が5条7項でいう暫定的措置に該当するか否かの判断において重要な基準となる。いいかえれば，SPS措置に2条2項又は5条1項が適用されるか，それとも，5条7項が適用されるかは，結局，危険性評価を行うために必要な関連の科学的証拠が十分であったか否かによって決定される[154]。

5条7項でいう科学的証拠の「不十分性 (insufficiency)」は，科学的証拠の「不確実性 (uncertainty)」とは区別される。上級委員会は，5条7項が適用されるための条件は関連する科学的証拠の「不十分性」であり，「不確実性」ではないとし，両者は代替可能な (interchangeable) 概念ではないと指摘している[155]。すなわち，科学的な「不確実性」の存在は，5条7項が適用されるための前提条件とはなりえず，同様の意味で，不明な (unknown) 又は不確実な要素の存在だけでは，5条1項を遵守する加盟国の義務は免れない[156]。上述したとおり，5条7項でいう科学的証拠の「不十分性」は，危険性評価を行うための科学的証拠が十分であるか否かに関連することから，危険性評価の

---

[152] *Ibid.*, para. 91.
[153] *Japan—Apples*, Appellate Body Report, para. 179.
[154] *US—Continued Suspension*, Appellate Body Report, para. 674.
[155] *Japan—Apples*, Appellate Body Report, para. 184.
[156] *Australia—Salmon*, Appellate Body Report, para. 130.

結果や関連の科学的証拠が一定の「不確実性」を有しているかどうかは，5条7項で大きな問題とならない。関連する科学的証拠が十分であるとしても，危険性評価から導き出される結果が不確実性を含む場合があり[157]，危険性評価の結果が不確実性を内在しているとしても，依然として危険性評価そのものが実施可能であったという事実は変わらない[158]。すなわち，この場合も危険性評価を行うために必要な科学的証拠は「十分な」状況であり，危険性評価の結果が不確実性を内在していることとは無関係に，5条7項の要件は充たされない[159]。

科学研究が信頼できる証拠を導き出しえない状況においても5条7項は原則として適用されうるとの上級委員会の説明もこのような解釈を裏づける[160]。実際，権威ある科学者の間でも見解の相違が存在しうるように，科学的な「不確実性」という概念は，科学に常に内在するものである。したがって，科学的証拠の「不確実性」を5条7項でいう「不十分性」と同一視することは，2条2項及び5条1項の実質的な存在意味を損なう恐れがある。科学に常に内在する「不確実性」を基に5条7項の適用を可能にするような解釈は，SPS協定そのものの機能を阻害する恐れがあろう[161]。先例において，少数説に依拠して危険性評価を行う加盟国の裁量が認められていることに注目する必要がある[162]。すなわち，科学的な見解の多様性や異説の存在自体は，それによって「不確実性」や「論争」が生じうるとしても，危険性評価の実施を妨げない[163]。以上を総合的に考慮すると，科学的証拠の「不十分性」と「不確実性」は，各々用語が用いられる局面が異なるといえよう[164]。Gruszczynskiは，観測及び測定データの欠如，実験的な測定不可能性といった要素は，確

---

157) *EC—Biotech Products*, Panel Report, para. 7.1525.
158) Scott (*A Commentary*) 116.
159) 他方，上記のとおり，「理論的な不確実性（theoretical uncertainty）」は5条1項で評価されるべき種類の危険性ではない。
160) *Japan—Apples*, Appellate Body Report, para. 185.
161) Lukasz Gruszczynski, *Regulating Health and Environmental Risks under WTO Law: A Critical Analysis of the SPS Agreement* (Oxford University Press, 2010) 188-189.
162) *EC—Hormones*, Appellate Body Report, para. 194.
163) *US—Continued Suspension*, Appellate Body Report, para. 677 ("Thus the existence of scientific controversy in itself is not enough to conclude that the relevant scientific evidence is 'insufficient'.").
164) 京極（田部）智子＝藤岡典夫「SPS協定の『科学』に関する規律の適用・解釈——ホルモン牛肉紛争を中心に」『農林水産政策研究』17号（2010年）21頁を参考のこと。

実に科学的証拠の「不十分性」に近く位置づけられるだろうと指摘し，原因と結果の推計学的な (stochastic) 関係から導き出される不確定性 (indeterminacy) 又は非因果的・非周期的にランダムな結果から導き出される不確定性などは，科学的な資料の質的な欠乏として，もし，このような資料が特定の危険性評価において重要なものである場合，5条7項でいう科学的証拠の「不十分性」として認められるだろうと指摘する[165]。

理論的な観点からは，科学的な「不確実性」と「不十分性」とを区別することが妥当であるように思われるが，科学的証拠が「不十分」な状況，すなわち，入手可能な科学的証拠を通じて危険性評価を行えない状況をどのような基準に照らして検討すべきかについては，先例において十分明瞭な指針が提供されていない。紛争解決機関もこの点をケースバイケースに対処する傾向にあるように思われる[166]。

規制の文脈に対する考慮　上述したとおり，危険性評価を行うための十分な科学的証拠が存在したか否かに関しては，専門家の見解が常に一致するとはいいがたい。すなわち，同じ科学的証拠についても，専門家の主観的な価値判断又は特定の危険性に対する価値観，専門家が属する集団，危険性評価自体の性質など，様々な要素が科学的証拠の不十分性の判断に影響を及ぼしうる。例えば，特定の規制の文脈で危険性評価を行うに十分と認められた科学的証拠は，その他の文脈ではそうでない場合もありうる。

Gruszczynski は，その意味で科学的証拠の「不十分性」についての審査においては「規範的な側面 (normative dimensions)」が考慮されなければならないとし，*EC—Biotech Products* 事件及び *US—Continued Suspension* 事件のパネルが示したアプローチを批判する[167]。これらの事例で，パネルは科学的証拠の「不十分性」を，もっぱら科学の要素に基づいて審査すべき「準」絶対的な概念として理解し，規範的な側面への考慮を完全に排除する立場をとっている。このようなパネルの態度は，科学的証拠の「不十分性」と加盟国の保護水準との関係についての説明に集約的に表れている。特にパネルは，加盟国が適切と認める保護水準は，科学的証拠が「不十分」であったかどうか

---

165) Gruszczynski (*Regulating Health and Environmental Risks*) 189–190.
166) *EC—Biotech Products*, Panel Report, para. 7.3238 ("We would agree that it must be determined on a case-by-case basis whether the body of available scientific evidence is insufficient to permit the performance of a risk assessment.").
167) Gruszczynski (*Regulating Health and Environmental Risks*) 192.

の審査に関連しないと指摘し,加盟国の保護水準を考慮対象から排除している[168]。*EC—Biotech Products* 事件では,被申立国の EC (フランス及びドイツ) が採用していた SPS 措置が,5条7項でいう暫定的措置に該当するか否かが問題となり,危険性評価を行うための十分な科学的証拠が存在したか否かが争点となった。この点に関し,専門家の過半数以上が被申立国にとって危険性評価を行うための十分な科学的証拠は存在しなかったとの見解を示したにもかかわらず,興味深いことに,パネルは EC 科学委員会から関連の危険性評価が既に提供されていることを確認し,その意味で,被申立国が当該 SPS 措置を採択した時点では,5条1項でいう危険性評価を行うための十分な科学的証拠が存在していたとして,当該 SPS 措置は5条7項の要件を充たさないと結論づけた[169]。

被申立国にとって危険性評価を行うための科学的証拠が十分であったか否かに関し,パネルが参考にした専門家の見解が完全に一致していなかったことは注目に値する。結局,この点は上記のとおり,科学的証拠の「不十分性」の判断には評価者の価値判断,規制の文脈など,規範的な側面が反映されており,専門家が唯一の結論を導き出すことが容易でないことを意味する。このような状況下で,パネルは EC 科学委員会において危険性評価が既に提供されていたことを理由に,科学的証拠が十分であったと判断したのである。ただし,このような狭く,硬直的なアプローチが適用されるとすれば,考慮されるべき規制の文脈や規範的な側面など,非常に状況依存的な要素が完全に排除されてしまう恐れがある。パネルの見解に従うと,もし他の WTO 加盟国又は国際機関において,関連の危険性評価が既に提示されているとすれば,5条7項が適用される余地がなくなるという極端な結論に繋がる[170]。このようなアプローチは,適切と認める保護水準に照らして SPS 措置を採用する加盟国の権利を侵害する恐れがある。ただし,上述のとおり,同事件のパネルは,科学的証拠の「不十分性」の審査の際に加盟国の保護水準は原則として検討対象から排除されるべきとする立場に固執した。

---

168) *EC—Biotech Products*, Panel Report, para. 7.3238; WTO Panel Report, *United States—Continued Suspension of Obligations in the EC—Hormones Dispute* (*US—Continued Suspension*), WT/DS320/R and Add.1 to Add.7, adopted 14 November 2008, as modified by Appellate Body Report WT/DS320/AB/R, para. 7.612.
169) *EC—Biotech Products*, Panel Report, paras. 7.3300–7.3301.
170) Gruszczynski (*Regulating Health and Environmental Risks*) 196.

このようなパネルのアプローチは，*US—Continued Suspension* 事件でも示されている。同事件のパネルは，関連する国際基準の存在及び既存の科学的証拠と，5条7項の要件との関係について興味深い解釈を提示している。パネルは，もし関連する科学的証拠が既に存在するのであれば，5条7項の要件は充たされないと指摘しながら，既に存在する，十分であるとみなされてきた既存の科学的証拠が「不十分」なものと認められるには，「従来の知識及び証拠による根本的な認識 (fundamental precepts) に疑問を呈するほどの臨界的な (critical mass) 新しい証拠及び情報が存在しなければならない」と指摘した[171]。このような基準は，科学的証拠の「不十分性」の要件を非常に厳格なものにする。このような解釈は，適切と認める保護水準を自由に設定し，SPS措置を採用する加盟国の政策的な裁量を過度に制限するものであるといわざるをえない。

上記のようなパネルの厳格なアプローチには，それ以降の上級委員会の解釈によって修正が加えられている。*US—Continued Suspension* 事件の上級委員会は，科学的証拠が「不十分」であったかどうかの審査において，加盟国が適切と認める保護水準についての考慮は排除されるべきとしたパネルの見解には同意できないとしつつ[172]，加盟国は原則として国際基準から提示される保護水準を上回る保護水準を設定することができ，国際基準から提示される危険性評価の枠組みと同じ方法で危険性評価を行う必要はないと説明した[173]。これは，他の加盟国又は関連国際機関において危険性評価が既に行われていたとしても，それとは別に適切と認める保護水準を反映させた暫定的措置を採用する加盟国の権利は妨げられないことを意味する。

さらに，国際基準の存在及び既存の科学的証拠に関しては，上級委員会は，パネルが提示した基準が新しい証拠によってパラダイムシフトを導き出すことを求めるほど厳格であることから，その基準には柔軟性がないと指摘しながら[174]，加盟国は，権威あるかつ信頼できる新しい証拠によって既存の科学的証拠を疑問視 (casts doubts) できることを示すだけで十分であるとし，パネルが提示した厳格な基準を相当に緩めている[175]。

---

171) *US—Continued Suspension*, Panel Report, para. 7.648.
172) *US—Continued Suspension*, Appellate Body Report, para. 686.
173) *Ibid.*, para. 685.
174) *Ibid.*, para. 706.
175) *Ibid.*, para. 703 ("We are referring to circumstances where new scientific evidence casts

US—Continued Suspension 事件の上級委員会が採用したアプローチは，パネルが踏襲していたアプローチに大幅な修正を加えるものであり，加盟国の国内規制権限の観点からは，歓迎すべきものである。純粋な科学の要素のみに注目し，科学的証拠の「不十分性」を審査した従来のパネルのアプローチに比べて，上級委員会は，加盟国が適切と認める保護水準への考慮を認めるなど，規制の文脈や規範的な側面を反映したアプローチを提示している。ただし，上級委員会によって比較的柔軟なアプローチが提示されたとしても，科学的証拠の「不十分性」の審査は，もっぱら加盟国が設定した保護水準によって左右されるような主観的なものではない。5条7項の審査は依然として客観的なものであり，加盟国が設定する保護水準は単に同審査において考慮されるべき要素の1つにすぎない。上級委員会が指摘しているように，あまりにも緩やかな解釈は5条7項の存在意義を損なう恐れがある[176]。

　科学的証拠の評価という非常に専門性が求められる任務に関して，決して有利な位置を占めているとは思われない紛争解決機関と，常に進歩していく科学の性質や科学そのものに内在する不明確性とに照らして鑑みるに，紛争解決機関に5条7項の審査のための画一的な基準を提示することを要求するのは現実的に無理があるように思われる。上記のとおり，科学的証拠の「不十分性」に関しては，専門家の間ですら意見が分かれるのが通常なのである。その意味で，紛争解決機関が5条7項の審査をケースバイケースで行う立場をとっているのも十分理解できる。5条7項の審査は，加盟国が適切と認める保護水準を含めて，当局が置かれている状況や危険性に対処する規制的な文脈が包括的に考慮されなければならない。一見して客観性が担保されているように見える科学という概念と，5条7項の審査において無視できない規制の文脈や規範的な側面とがどのように相互作用し，5条7項の審査にどのように影響するかに関しては，今後の事例でさらに法理が洗練されていくことを期待する。

　適切な情報に基づく義務　　科学的証拠の「不十分性」に加え，5条7項1文は，加盟国が暫定的措置を「関連国際機関から得られる情報及び他の加盟国が適用している SPS 措置から得られる情報を含む入手可能な適切な情報

---

doubts as to whether the previously existing body of scientific evidence still permits of a sufficiently objective assessment of risk".).

176) *Japan—Agricultural Products II*, Appellate Body Report, para. 80.

(available pertinent information) に基づく」ことを定めている。同規定の文言は，この「入手可能な適切な情報」が具体的に何を意味するかについて明確にしていない。さらに，同規定は，同要件を通じて加盟国が具体的にどのような結果を得るべきかについても明確にしていない。SPS 協定 2 条 2 項及び 5 条 1 項との関係に照らして考えるに，「適切な情報」とは，危険性評価を行うのに適した科学的証拠には及ばない証拠及び情報を含む概念であると思われる。危険性評価における「特定性」の要件を充足しえないほどの一般的な研究，査読の対象とされない資料及び他の研究を通じて再確認のとれていない情報などは，この文脈でいう「適切な情報」に該当しよう[177]。「関連国際機関から得られる情報」という文言から，SPS 協定に明記されている関連国際機関，すなわち，食品規格委員会 (CODEX) 及び国際獣疫事務局 (OIE) 並びに国際植物防疫条約 (IPPC) の枠内で活動する国際機関及び地域機関などから提供される情報，さらには世界保健機関 (WHO) のような権威ある専門機関から得られる情報がそれに含まれると思われる。さらに，類似した又は同一の危険性に対処するために導入されている他の加盟国の SPS 措置は，ここでいう「適切な情報」を提供することができよう。

暫定的措置は「適切な情報」に「基づく (based on)」ものでなければならない。「基づく」の要件に関しては，同じ文言が用いられている SPS 協定 5 条 1 項の解釈が有用な参考になる。すなわち，暫定的措置と入手可能な「適切な情報」との間に「客観的な関係」が存在する必要があり，後者が前者を「合理的に」裏づける関係にある必要がある[178]。したがって，同要件は，暫定的措置を援用する規制当局が適切な情報を羅列して提示するだけでは充足されず，規制当局は暫定的措置がそれらの情報に基づくものであることを証明しなければならない[179]。

(c) 暫定的措置の維持のための要件 (2 文)

SPS 協定 5 条 7 項 2 文は，暫定的措置が採択された後，その維持に関する

---

177) Gruszczynski (*Regulating Health and Environmental Risks*) 204.
178) Scott は，5 条 7 項の解釈における「情報」というのは，その性質上危険性評価を遂行するに不十分なものであることから，そのような情報と暫定的措置との間における客観的な関係をどのように確認すべきかにつき，不明確さが残されていると指摘する。詳細は，Scott (*A Commentary*) 120-121.
179) WTO Panel Report, *Korea—Import Bans, and Testing and Certification Requirements for Radionuclides* (*Korea—Radionuclides*), WT/DS495/R and Add.1, circulated to WTO Members 22 February 2018, para. 7.100.

要件を定めている。すなわち，加盟国は「一層客観的な危険性の評価のために必要な追加の情報を得るよう努める」ものとし，「合理的な期間内に当該SPS措置を再検討」しなければならない。まず，一層客観的な危険性評価のために必要な追加の情報を得るよう努めるという要件は，加盟国が暫定的措置を採用したとしても，追加的な研究を通じて，関連する科学的証拠の不十分性を克服すべく最善を尽くし，関連国際機関及びその他の情報源から持続的に情報を収集することを求める[180]。上級委員会は，同要件は「結果」に関するものではなく，むしろ「得るよう努める (seek to obtain)」という「行為」に関するものであると確認している[181]。「努める」という文言からも分かるように，加盟国はこの行為義務を積極的に履行する必要がある。

上級委員会によると，同条項でいう「追加の情報」というのは，一層客観的な危険性の評価のために必要なものであり，その意味で，有害動植物の侵入，定着，蔓延の可能性についての評価など，危険性評価を行うために適切な (germane) ものでなければならない。その意味で，同要件は「追加の情報」を危険性評価の形に具体化させることを求めるが，5条7項の前提がそもそも危険性評価を行うための十分な科学的証拠が確保されていない状況を想定していることから，同条項でいう危険性評価は5条1項及び同条2項の規定に適した危険性評価である必要は必ずしもないと思われる。ただし，あくまで「暫定的措置」の維持に関する要件であることから，長期的には5条1項及び同条2項の規定に適した危険性評価として具体化されるのが望ましい。

加盟国は「合理的な期間内 (within a reasonable period of time)」に暫定的措置を「再検討 (review)」しなければならない。上級委員会は状況に応じてケースバイケースで同要件を解釈している[182]。同要件の解釈に際しては，危険性の性質，追加的な情報を入手する困難さ，当該暫定的措置の特性など，様々な要素が関連しうる[183]。さらに，紛争解決機関は，SPS協定附属書C (1) (a) でいう「不当に遅延することなく (without undue delay)」の解釈を参考にして「合理的な期間内」の文言を解釈しているように思われる[184]。*US—Animals* 事件のパネルは，「遅延に対する正当な理由を認める上で，可能な限り早く」

---

180) *US—Continued Suspension*, Appellate Body Report, para. 679.
181) *Japan—Agricultural Products II*, Appellate Body Report, para. 92.
182) *Ibid.*, para. 93.
183) *Ibid.*
184) *EC—Biotech Products*, Panel Report, paras. 7.1495-1497, 7.3245.

と同文言を解釈している[185]。*Japan—Agricultural Products II* 事件のパネルは，本件の具体的な状況に鑑みると，日本が追加の情報を収集することは比較的容易であったとし，日本のSPS措置（品種ごとの検疫措置）は5条7項1文の要件を充たすものではあるものの，同条項2文の要件を充たすものではないと結論づけた[186]。追加的な情報を入手する困難さが同要件の審査において考慮されるという意味で，「合理的な期間」は厳格な時間制限を意味するものではないと思われる。むしろ同要件の厳格さは，関連する分野における科学の発展の推移によって変わりうる。もちろん，遅延が発生した場合，遅延に対する正当な理由を積極的に提示し，それを証明するのは規制当局の責任となる。また，暫定的措置の再検討を始めたものの，その結論が合理的な期間内に下されていない場合は，この要件は充たされない[187]。

4.3.4　必要性原則（5条6項）

SPS協定5条6項は次のように定める。

> 「3条2項の規定が適用される場合を除くほか，加盟国は，衛生植物検疫上の適切な保護水準を達成するためSPS措置を定め又は維持する場合には，技術的及び経済的実行可能性を考慮し，当該SPS措置が当該衛生植物検疫上の適切な保護水準を達成するために必要である以上に貿易制限的でないことを確保する。」

SPS協定5条6項には，以下の注釈が付されている。

> 「注：この6項の規定の適用上，一の措置は，技術的及び経済的実行可能性を考慮して合理的に利用可能な他の措置であって，衛生植物検疫上の適切な保護水準を達成し，かつ，貿易制限の程度が当該一の措置よりも相当に小さいものがある場合を除くほか，必要である以上に貿易制限的でない。」

---

185) WTO Panel Report, *United States—Measures Affecting the Importation of Animals, Meat and Other Animal Products from Argentina*（*US—Animals*）, WT/DS447/R and Add.1, adopted 31 August 2015, para. 7.310.
186) *Japan—Agricultural Products II*, Appellate Body Report, para. 93.
187) *Korea—Radionuclides*, Panel Report, para. 7.107.

上述したとおり，SPS協定2条2項はSPS措置が「人，動物又は植物の生命又は健康を保護するために必要な限度においてのみ適用」されることを要件とし，SPS措置の必要性原則を定めているが，5条6項は2条2項をより具体的に定めるものである。その意味で，2条2項と5条1項との関係のように，2条2項と5条6項とは相互に意味を分かち合う関係にあり[188]，5条6項に違反するSPS措置には基本的に2条2項に違反するとの推定が生じる[189]。ただし，2条2項と5条1項との関係と同様に，この推定は原則として反証可能なものである[190]。

SPS措置が5条6項に違反するか否かを決定するに際しては，①技術的及び経済的な実行可能性に考慮して，合理的に利用可能な代替措置が存在するかどうか，②代替措置が加盟国の適切な検疫上の保護水準を達成するかどうか，③代替措置の貿易制限性が問題のSPS措置と比較して，相当に少ないかどうか，の3点が確認されなければならない[191]。これらの3つの要件は累積的なものであり，5条6項の違反が成立されるには，これらの事項全てが証明されなければならない。問題のSPS措置が5条6項に違反することを証明する立証責任は一般に申立国に課される[192]。

①の要件に関して，申立国が提示する代替措置は，加盟国の技術的及び経済的な実行可能性を考慮して，合理的に利用可能なものでなければならない。5条6項の文脈でいう「合理的に利用可能な」の文言に関しては，同じ用語が用いられているガット20条の必要性審査における解釈基準がよい参考になる。すなわち，ガットの文脈と同様に，被申立国にとって実施することが困難である場合や技術的及び費用的な面から，被申立国にとって大いに負担となる場合など，その性質が単に理論的なものにすぎない代替措置は，この文脈でいう「合理的に利用可能な」ものに該当しない[193]。他方，ガット20条における必要性審査の文脈とは違って，SPS協定5条6項は「技術的及び経済的な実行可能性」を明記していることから，後者が前者に比べて加盟国の

---

188) *Australia—Apples*, Appellate Body Report, para. 339.
189) *Ibid.*, para. 340.
190) *India—Agricultural Products*, Appellate Body Report, para. 5.38.
191) *Australia—Salmon*, Appellate Body Report, para. 194; *India—Agricultural Products*, Appellate Body Report, para. 5.203.
192) *Ibid.*, para. 5.220.
193) *US—Gambling*, Appellate Body Report, para. 308.

国内事情への配慮をより明確にしているとの主張もある[194]。

②の要件に関して，申立国が提示する代替措置は，加盟国の適切な保護水準を達成するものでなければならない。SPS協定における保護水準の概念は，SPS協定附属書A(5)で「加盟国の領域内における人，動物又は植物の生命又は健康を保護するためにSPS措置を制定する当該加盟国が適切と認める保護水準」と定義されている。②の要件が充足されているかどうかに関しては，被申立国が自ら適切と認める保護水準と，代替措置によって達成される保護水準とが確認され，それらが比較検討される[195]。加盟国が適切と認める保護水準に関しては，パネルが被申立国の説明に完全な敬譲を与える必要はなく，提示される論証と証拠の総体に基づき，保護水準を客観的に確認できる[196]。加盟国は適切と認める保護水準を設定する権利を享受し，それが定量的な方法で示される必要はないとされる[197]。ただし，規制当局には，SPS協定の義務条項を実質的に適用可能な状態にすべく，保護水準を正確に示す義務が課される[198]。規制当局が保護水準を曖昧な形で示す場合は，SPS協定5条6項の適用が実質的に不可能になるからである[199]。ただし，加盟国が適切な保護水準を特定できないか又は正確な形で示せなかったとしても，SPS協定の義務条項は依然として適用される[200]。すなわち，加盟国が保護水準を正確に提示できていない場合，パネルは，当該SPS措置と諸般の事情を精査し，加盟国の適切な保護水準を把握しなければならない[201]。

SPS協定5条6項の審査において代替措置との比較対象となるのは，加盟国が「適切と認める保護水準」である。加盟国が適切と認める保護水準とい

---

194) Jan Neumann and Elisabeth Türk, 'Necessity Revisited: Proportionality in World Trade Organization Law after *Korea—Beef, EC—Asbestos* and *EC—Sardines*' (2003) 37(1) *Journal of World Trade* 199, 221. ただし，判例による法理の発展動向を見てみると，同要件に関する法理，そしてその意味及び内容は，相互参照を通じてガットとSPS協定の両方に相互影響を与える形で展開されているため，この点に関して，両協定の解釈に実質的な差異があるかは疑わしい。ガットとSPS協定の相互参照に関しては，本書第6章の6.2.2における議論を参照。
195) *Australia—Apples*, Appellate Body Report, para. 344; *India—Agricultural Products*, Appellate Body Report, para. 5.216.
196) *Ibid.*, para. 5.221. さらに，この点に関する議論の詳細は，本書第6章の6.3.3における議論を参考のこと。
197) *Australia—Salmon*, Appellate Body Report, para. 206.
198) *Ibid.*
199) *Ibid.*
200) *India—Agricultural Products*, Appellate Body Report, para. 5.216.
201) *Australia—Salmon*, Appellate Body Report, para. 207.

う概念は，SPS措置自体によって達成される保護水準と必ずしも同一ではない[202]。*Australia—Salmon* 事件の上級委員会は，適切な保護水準の決定は，SPS措置の採用に先立つ段階で行われることから，その意味で，適切と認める保護水準はSPS措置自体から独立した概念であると強調している[203]。加盟国は特定の適切な保護水準を達成するためにSPS措置を採用するが，当該SPS措置が加盟国の適切と認める保護水準を常に達成するとはいいがたい[204]。その意味で，上級委員会は，代替措置によって達成される保護水準と当該SPS措置によって達成される保護水準を比較検討したパネルの解釈は誤りであると指摘した[205]。

多くの識者は，SPS措置によって達成される保護水準と，SPS協定5条6項でいう加盟国が適切と認める保護水準とは区別されるべき概念であるとし，後者が前者よりも高い水準である場合もあれば，低い水準である場合もあると指摘する[206]。このような区別は，審理過程においてどのような影響を与えるだろうか。代替措置によって達成される保護水準の比較対象が，問題のSPS措置によって達成される保護水準ではなく，加盟国が適切と認める保護水準という抽象的な概念であると理解する場合，5条6項の違反の証明は，申立国にとって非常に難しい作業となる可能性がある。多くの場合，被申立国は自ら適切と認める保護水準の方が，当該SPS措置によって達成される保護水準よりも高いと主張することになろう。これは，申立国が当該SPS措置と同等な保護水準を保障する，相当に貿易制限性の少ない代替措置を提示したとしても，依然として5条6項の違反の証明に失敗する状況が生じうることを意味する。ガット20条の必要性審査においては，規制措置による実際の貢献

---

202) *Ibid.*, para. 200.
203) *Ibid.*, para. 203.
204) *Ibid.*
205) *Ibid* ("We, therefore, conclude that the Panel's statement that 'to determine whether any of the alternative measures meet Australia's appropriate level of protection, we should [...] examine whether these alternatives meet the level of protection currently achieved by the measure at issue' is wrong. What is required under Article 5.6 is an examination of whether possible alternative SPS measures meet the appropriate level of protection *as determined by the Member concerned*.").
206) Gruszczynski (*Regulating Health and Environmental Risks*) 249; *See also,* Andrew D Mitchell and Caroline Henckels, 'Variations on a Theme: Comparing the Concept of "Necessity" in International Investment Law and WTO Law' (2013) 14(1) *Chicago Journal of International Law* 93, 139-140.

度と照らし合わせて当該措置の保護水準が把握され，実際の保護水準に照らして代替措置との比較検討が行われる。上記のような問題を避けるべく，SPS協定5条6項の審査においても，SPS措置によって達成される実際の保護水準に照らして代替措置との比較検討が行われるべきことを主張する見解もある[207]。この点に関しては，第6章でより詳細に考察することとしたい。

③の要件に関して，申立国が提示する代替措置は当該SPS措置よりも「相当に (significantly)」貿易制限性の少ないものでなければならない。第2章で確認したとおり，ガット20条の必要性審査においても，「最小通商阻害性審査」の一環として，問題の規制措置の貿易制限性と代替措置の貿易制限性とが比較検討されるが，SPS協定5条6項の審査においては，提示される代替措置の貿易制限性が問題のSPS措置の貿易制限性に比べて「相当に」少ないものである必要がある。このことから，文言上SPS協定5条6項の審査はガット20条における必要性審査に比べて，規制当局にとって有利であるといえる[208]。先例では，いくら厳格な要件を伴う規制措置であるとしても，それは完全な輸入禁止に比べて「相当に」貿易制限性の少ないものであると解されている[209]。*India—Agricultural Products* 事件のパネルは，鳥インフルエンザの発生を国際獣疫事務局 (OIE) に通報した加盟国からの家畜及び家禽製品を輸入禁止する本件AI措置に比べて，代替措置として提示された「OIEコード第10.4章」における勧告は，それが家禽製品の輸入禁止を想定していないことから，「相当に」貿易制限性が少ないと確認されている[210]。

4.4 小　括

SPS協定前文は，加盟国の正当な規制権を認めると同時に，そのような権利の行使が国際貿易に対する不必要な障害となってはならないことを強調している。結局，SPS協定で保障される加盟国の国内規制権限及び政策的な裁量も，これら2つの利益との間で確立される適切な均衡点に照らして理解されなければならない。

---

207) Gruszczynski (*Regulating Health and Environmental Risks*) 250.
208) Neumann and Türk ('Necessity Revisited') 221.
209) *Australia—Salmon*, Panel Report, para. 8.182, *India—Agricultural Products*, Panel Report, para. 7.590.
210) *Ibid*., paras. 7.595-7.596.

SPS協定はガットの関連規定(特に,ガット20条(b)号)を発展させることを目的とし,無差別原則以外に,一貫性原則,必要性原則,科学的根拠の原則,及び国際基準との調和原則を定めている。これらの原則は,SPS措置が国際貿易に対する不必要な障害となるように適用されているかどうかの審査において,適用されるべき規範的な枠組みを提供する。特に,同種の国内産品と輸入産品との間における差別的な待遇が主な規律対象となるガットとは違い,SPS協定で科学的根拠を強調しているのは大きな意義がある。このようなSPS協定の特徴から,同協定を「ポスト差別(post-discriminatory)主義」の基準を導入した法体制として評価する見解もある[211]。

識者の多くは,SPS協定が科学的根拠の原則の適用を通じて,貿易自由化と加盟国の規制権との間における均衡点の確立を目指していることを肯定的に評価する。SPS措置に科学的根拠の原則を適用することは,偽装された保護水準の防止に資する面がある[212]。Howseは,加盟国に科学的根拠の提示を求めることは,国内で行われる各種の手続及び決定に合理性を与える面があり,規制措置の信頼性及び透明性を向上させる利点があると評価する[213]。他方で,SPS協定が貿易自由化と加盟国の規制権との間における均衡点の確立を図っているとしても,SPS協定がそのような役割を適切に果たしうるかについて疑問を呈する見解もある。Hudecは,加盟国に科学的根拠を提示させる義務は,その適用のされ方によっては,紛争解決機関に国内政策を自らの見解に基づいて再評価又は代替する余地を与える恐れがあると指摘し,紛争解決機関がそのような審査権限を有することが妥当であるかについては疑問があると指摘する[214]。科学の規範的な役割を警戒する見解の根底には,国内政策の決定を独占する主権国家の固有の権限が,民主主義的な代表性を有しないWTO紛争解決機関に移ってしまうのではないかという懸念がある。特に,この点は,第7章で後述する審査基準の論点とも密接な関連がある。

加盟国は適切と認める保護水準を設定する権利を享受し,このような権利

---

211) *See, e.g.,* Robert E Hudec, 'Science and Post-Discriminatory WTO Law' (2003) 26(2) *Boston College International and Comparative Law Review* 188, 187-188.

212) Alexia Herwig, 'Whither Science in WTO Dispute Settlement?' (2008) 21(4) *Leiden Journal of International Law* 823, 828.

213) Robert Howse, 'Democracy Science and Free Trade: Risk Regulation on Trial at the World Trade Organization' (2000) 98(7) *Michigan Law Review* 2329, 2330.

214) Hudec ('Science and Post-Discriminatory') 187-188.

はSPS協定の適用によって妨げられない[215]。このような権利は，加盟国の国内規制権限及び政策的な裁量に対する最後の砦となる。SPS協定の義務条項は，このような加盟国の権利に照らして解釈されなければならない。したがって，関連する国際基準が存在する場合にも，それを上回る保護水準のSPS措置を採用する加盟国の権利は原則として妨げられない。上述したとおり，危険性評価を実施するための科学的証拠が十分であるか不十分であるかの判断に際しても，加盟国が適切と認める保護水準への考慮が伴わなければならない。先例では，危険性の完全な防止のような極めて高い保護水準を設定する加盟国の権利も認められている。ただし，SPS協定は，保護水準を状況に応じて一貫した形で運用する必要性を呼びかけており，その意味で，保護水準の運用が国際貿易に対する差別又は偽装された制限とならないように訴えていることにも留意する必要がある。

　SPS措置の適法性を審査するに際しては，SPS措置が基礎とする危険性評価の検討を伴うが，危険性評価を行う方法に関しては，加盟国の裁量が比較的広く認められている。原則として加盟国は危険性評価を行う基準及び方法を自由に選択できる。例えば，加盟国は危険性評価を行う際に，学界の主流をなす意見に従う必要は必ずしもなく，関連する証拠が定量的な形で示される必要もない。危険性評価に一定以上の危険性の規模が証明されている必要もなければ，危険性評価に関する最小限の手続的な要件も想定されていない。第7章で後述するように，SPS協定の解釈の際に紛争解決機関が用いる審査基準も科学的根拠の「正しさ」から加盟国が提示する論証及び理由づけの「合理性」の評価へと焦点が移ってきている。さらに，関連の科学的証拠が不十分である場合，加盟国は一定の条件の下で暫定的措置を採用することができ，暫定的措置の援用は，加盟国の自律的な権利と位置づけられている。

　このような状況を総合的に鑑みると，紛争解決機関はSPS協定前文で確認されている，貿易自由化の利益と正当な保護目的を達成するために行使される加盟国の規制権との間における均衡点を意識した解釈を行っていると評価できよう。SPS協定の解釈においては，このような均衡点が常に考慮されなければならない。貿易自由化の追求に偏った極端な解釈，又は，加盟国の規制権を全的に受け入れるような極端な解釈は，SPS協定の趣旨及び目的と整

---

[215] 適切と認める保護水準を設定する加盟国の権利は絶対的であるが，本章で確認したとおり，保護水準の運用の面に関しては，一貫性を確保するという制約が加えられる。

合的ではない。貿易自由化の追求は，無差別原則，必要性原則，科学的根拠の原則，及び国際基準との調和原則といった義務条項によって実現される一方，加盟国の規制権は，適切と認める保護水準を設定する加盟国の権利及び科学的根拠（危険性評価）を採択する際に享受する裁量を通じて確保される。SPS協定の義務条項は，このような加盟国の権利及び裁量を妨げるような形で適用されてはならず，そのような権利及び裁量を配慮する形で適用されなければならない。これらの2つの利益の間で導き出される均衡点に照らして，加盟国が享受する国内規制権限の範囲が決定される。

　SPS協定の解釈に際して，ガットの文脈で踏襲されてきた解釈基準が頻繁に参照されていることは注目に値する。このような相互参照の動向は各協定の下で加盟国が享受する国内規制権限の範囲にも影響を及ぼす。ガットとSPS協定との関係，そして解釈基準の相互参照がなされる規範的な根拠及びその意義に関しては，本書の第5章及び第6章で詳細に考察することとしたい。

第5章　ガット，TBT協定及びSPS協定の関係

　これまで，加盟国の国内規制権限に影響を及ぼすガット，TBT協定及びSPS協定の関連条項を概観し，これらの条項がどのように解釈されているかを検討した。WTO法における国内規制権限の範囲を理解するという意味では，これら3協定におけるそれぞれの義務条項及び例外条項の規範構造を明らかにすることは重要である。他方，第2章から4章までの検討を通して確認したとおり，これら3協定は様々な局面で相互参照されており，各協定のもとで発展した解釈基準が相互参照の手法を通じて互いに影響を及ぼしている。よって，これら3協定が一貫したかつ調和的な形で解釈されているかどうか，そしてこれらの関連条項がどのように相互作用し，各協定で保障されるべき国内規制権限の範囲にどのように影響しているのかを確認することは，WTO法における国内規制権限の範囲を理解するという意味で，非常に重要な意義があると思われる。その前提として，ガット，TBT協定及びSPS協定の3協定がどのような相互関係を形成しているかを確認しておく必要がある。

　理論的な観点から，ガットは原則として全ての物品貿易に適用され，特にガット3条はあらゆる国内規制を適用対象とすることから，場合によっては，TBT協定又はSPS協定の義務条項とその規律範囲が重なりうる。例えば，国内規制は，それがTBT協定でいう「強制規格」の形態で採用される場合には，ガットとTBT協定との両方によってカバーされる。国内規制がSPS協定でいう「SPS措置」の形態で採用される場合には，ガットとSPS協定との両方で義務遵守の問題が生じる。このような状況下で，どの協定の規律が（優先的に）適用されるべきか，という適用法の問題が浮上する。

　WTO協定は基本的に「一括受諾」の方式を採用し，関連する全てのWTO協定及びその附属書は，加盟国に「累積的」に適用される。その意味で，加盟国は適用対象となる全ての義務条項を「同時に」遵守しなければならない[1]。

すなわち，ガット，TBT協定及びSPS協定で定める全ての義務条項は，加盟国を同時にかつ累積的に規律する関係にある。紛争解決機関には，条約の実効的な解釈の一環として，適用可能な全ての条項に意味を与えるように調和的にそれらの条項を解釈する義務がある[2]。その意味で，紛争解決機関は，ガット，TBT協定及びSPS協定の実効性を確保すべく，一方の協定の解釈によって，他方の協定の意義が失われるような解釈を提示してはならない。

しかしながら，これらの3協定が採択されたウルグアイ・ラウンドにおいて，適用法の問題に関する議論が十分に行われたとはいいがたい。実際，ガット，TBT協定及びSPS協定の文言は，協定間の法的関係や適用法の論点を明確にしているとはいえず，この点の明確化に関しては，紛争解決機関の解釈に大きく委ねられている。以下では，ガット，TBT協定及びSPS協定の規範構造，そして紛争解決機関が展開している解釈に照らして，これら3協定の法的関係や適用法の論点を考察することとしたい。

5.1　ガットとSPS協定

SPS協定前文は，同協定がガットの関連規定，特にガット20条 (b) 号の規定を具体的に定めるものであることを明白にしており，ガットより一層具体的な規律の適用を想定している。第4章で確認したとおり，SPS協定2条2項及び5条1項で定められている科学的根拠 (危険性評価) の原則は，ガット20条の文脈で問題となる事項の性質をさらに具体的に規律するものである。SPS協定2条4項は，そのようなSPS協定の性質を裏づける。SPS協定2条4項は，「SPS措置は，この協定の関連規定に適合する場合には，SPS措置をとることに関連する1994年ガットの規定，特にその20条 (b) の規定に基づく加盟国の義務に適合しているものと推定する」とし，ガットとSPS協定との関係について言及している。すなわち，SPS協定の関連規定に適合するSPS措置については，原則としてガットの関連規定にも適合するとの推定が働く。SPS協定2条4項でいう「推定」が導き出されるには，①問題の国内措置がSPS協定で定義するSPS措置に該当すること，②当該SPS措置がSPS協定

---

[1] WTO Appellate Body Report, *Korea—Definitive Safeguard Measure on Imports of Certain Dairy Products* (*Korea—Dairy*), WT/DS98/AB/R, adopted 12 January 2000, para. 74.
[2] *Ibid.*, para. 81.

の義務条項に違反しないこと，が求められる[3]。

　SPS協定2条4項によって導き出される推定の性質はいかなるものであろうか。Marceau and Trachtman は，*EC—Hormones* 事件の上級委員会の説明を手がかりに，この推定は基本的に「反証可能な」ものであり，申立国に立証責任を転嫁させるものではあるが，必ずしも被申立国の主張に支持を与えるようなものではないと指摘する[4]。しかしながら，この推定が原則として反証可能なものであるとしても，申立国がそれを反証することは現実的に容易ではない。例えば，あるSPS措置がSPS協定の関連規定（内国民原則ないし必要性原則）に適合すると判定された場合に，同協定2条4項によって，当該措置はガットの関連規定にも適合すると推定されるが，もし，ガット20条の文脈で審査が行われるとしても，申立国がその推定を反証し，同措置がガット20条によって正当化されないことを立証するのは決して容易ではなかろう。ガット20条，特に(b)号の下では，被申立国にとって合理的に利用可能な代替措置があるかどうかが重点的に検討されるが，既にSPS協定の文脈で同じ事実認定に照らして違法性の証明に失敗した申立国が，ガット20条の文脈でその証明に成功する状況は想定しがたいからである[5]。SPS協定の関連規定は，ガットの関連規定をさらに具体的に定めるものと理解されており，より具体的な規律に適合すると判定された規制措置が，ガット20条の要件を充たしえない状況は想定しがたい。

　SPS協定5条6項で定める必要性原則の文脈においては，ガット20条の必要性審査とは違い，「相当に」貿易制限性の少ない代替措置の有無が争点となることから，ガット20条の必要性審査がSPS協定5条6項とは異なる結果を生み出す余地が理論上は存在しないわけではない。さらに，SPS協定5条6項の審査では，ガット20条の必要性審査のような「比較衡量プロセス」が想定されていないため，このような差異が「反証可能な」状況を生み出す可能性はある。すなわち，ガット20条における必要性審査には，規制措置が追求する価値の重要性に照らして，措置による貢献度と貿易制限性とが比較衡量されるという中間段階が想定されているが，SPS協定5条6項では，特に

---

[3] Marceau and Trachtman ('A Map of the World Trade Organization Law 2014') 422.
[4] Marceau and Trachtman は，*EC—Hormones* 事件で展開されているSPS協定3条2項による推定の性質に関する法理に照らして，このような見解を導き出している。詳細は，*ibid.*
[5] *Ibid.*

SPS措置による貢献度に対する実質的な検討は想定されておらず[6]，紛争解決機関もSPS措置が保護目的にどの程度貢献するかについては踏み込んで検討していない[7]。もし，この差異が有意義に捉えられるとしたら，SPS協定の関連規定に適合するSPS措置が，ガット20条の要件を充たしえない状況が生じうる。ただし，ガット20条は一般的例外条項として機能する条項であり，ガット20条が適用されるには，その前提条件として，加盟国の措置がガットの義務条項に違反していることが先に証明されなければならないが，上記と同様の理由で，SPS協定の文脈で措置の違法性の証明に失敗した申立国が，ガットの文脈で違法性を証明することは依然として難しいといわざるをえない。

それでは，反対の推定 (a reverse inference) は可能であろうか。すなわち，SPS協定に違反する措置は，その事実だけでガットの関連規定にも違反するとの推定が働くだろうか。SPS協定とガットの文言は，この点について明確にしていない。ただし，上級委員会は，SPS協定3条2項によって導き出される推定に関しては，自動的にその反対の推定も成立するとはいえないと指摘している[8]。このような論理がSPS協定2条4項にも同様に適用されるとすれば，規制措置がSPS協定に適合していないという事実は，当該措置がガットの関連規定にも適合しないということの根拠とはなりえないと思われる[9]。ただし，上級委員会は訴訟経済の原則を認識しており[10]，SPS協定の文

---

6) SPS協定の文脈では，加盟国が適切と認める保護水準がSPS措置によって達成される保護水準と必ずしも一致しないと理解されていることから，紛争解決機関もSPSが保護目的にどの程度貢献できているかについては踏み込んで検討していない。この点に関する詳細は，本書第6章の6.2.2を参照のこと。さらに，SPS協定の解釈とは違って，ガット20条の必要性審査で比較対象となるのは，当該措置による保護水準と代替措置による保護水準とであることから，規制当局にとっては，ガット20条の必要性審査の方がより厳格に適用される余地が理論上存在する。
7) Marceau and Trachtman ('A Map of the World Trade Organization Law 2014') 422.
8) *EC—Hormones*, Appellate Body Report, para. 102. SPS協定3条2項によると，SPS措置が国際基準，指針又は勧告に適合する場合には，人，動物又は植物の生命又は健康を保護するために必要なものとみなすものとし，SPS協定及びガットの関連規定に適合しているものと推定される。
9) Marceau and Trachtman ('A Map of the World Trade Organization Law 2014') 423.
10) *Australia—Salmon*, Appellate Body Report, para. 223 ("The principle of judicial economy has to be applied keeping in mind the aim of the dispute settlement system. This aim is to resolve the matter at issue and 'to secure a positive solution to a dispute'. To provide only a partial resolution of the matter at issue would be false judicial economy. A panel has to address those claims on which a finding is necessary in order to enable the DSB to make sufficiently precise recommendations and rulings so as to allow for prompt compliance by a Member with those

脈で既に措置の違法性が発見された場合には，ガットの文脈で同じ争点を追加的に検討しない立場をとっている[11]。

5.2 ガットと TBT 協定

TBT 協定は，SPS 協定 2 条 4 項のような，ガットとの法的関係を明白にする規定を置いていない。ガットとの関係については，協定前文 2 節で，TBT 協定が「ガットの目的を発展させること (further the objectives) を希望する」と言及するに留まっている。ガットと TBT 協定との相互関係を論じるに際しては，適用法が主な争点となる。TBT 協定は主に強制規格，任意規格及び適合性評価手続を規律するための義務を定めているが，これらは全てガットによってカバーされる国内規制の概念に包摂されうるものであることから，1 つの規制措置に対し，これら 2 協定がどのように相互作用するかが問題となる。

ガットと TBT 協定（又は SPS 協定）との法的関係については，後者が前者をより発展させることを目的とするという意味で，直感的には一般法と特別法の関係，すなわち，特別法優先原則を想起させる。一般に，特別法優先原則は次の 2 つの類型から成るものとして理解できる。第 1 に，一般法を精緻化するものとしての特別法である。ある規則は，その他の規則を適用・最新化・発展させるという意味で，さらには，一般規則が何を求めるかについての指針を提供するという意味で，特別法となる[12]。この場合，特別法は，一般法の範囲又は背景に照らして解釈されるべきとされ，特別法と一般法は同方向に向かって適用される[13]。第 2 に，一般規則に対する例外としての特別法である。この文脈でいう特別法優先原則は，2 つの規則の階層性が定かで

---

recommendations and rulings in order to ensure effective resolution of disputes to the benefit of all Members.").

11) *See EC—Hormones*, Panel Report, 8.272 ("Since we have found that the EC measures in dispute are inconsistent with the requirements of the SPS Agreement, we see no need to further examine whether the EC measures in dispute are also inconsistent with Article I or III of GATT.").

12) Report of the Study Group of the International Law Commission, *Fragmentation of International Law: Difficulties Arising from the Diversification and Expansion of International Law*, A/CN.4/L.682 (18 July 2006), para. 98.

13) *Ibid.*, para. 56.

なく，両者とも有効に適用可能であり，両者が同一の事実にどのように対処すべきかについて両立不可能な方向を指し示す場合に，2つの規則の間における抵触を解決 (conflict-solution) するための手法として理解される。この場合，特別規則は例外として一般規則に優先する[14]。

　一般に，特別法優先原則は，2つの協定及び条項が抵触する場合に，すなわち，両者が特定の主題について異なる規定を設けているか又は調和しきれない (相互排他的な) 方法で定められている場合に，どの協定及び条項が優先的に考慮されるべきかを決定するための手段として機能する。より具体的には，同原則はある主題において，一方の協定及び条項がより詳細な形で扱われている場合，他方の一般的な協定及び条項は，もしそれが特殊な協定及び条項と調和的に解釈されえないときには，その適用が排除され，特殊な協定及び条項が優先的に適用されるという関係を確立させる[15]。他方，上記のとおり，特別法優先原則は一般的な規則と特殊な規則が抵触することなく同時に適用可能である際の解釈原則としても機能する。特別法優先原則がこのような文脈で適用される場合には，より特殊なものと位置づけられる協定及び条項がより一般的な協定及び条項を破ることなく，両者は共存し，適用の順序にのみ影響を及ぼすことになる。すなわち，この文脈では，これらの協定及び条項は両方とも適用可能なものとみなされ，より特殊な協定及び条項に対する整合性が，より一般的な協定及び条項に対する違法性を治癒するような関係は成立しない。

　WTO協定は「特別法優先原則」について言及している。「WTO協定付属書1Aに関する解釈のための一般的注釈」は，「ガットの規定とWTO設立協定附属書1Aのその他の協定の規定とが抵触 (conflict) する場合には，抵触する限りにおいて，当該その他の協定の規定が優先する」と定めている。すなわち，同規定によれば，もしTBT協定 (又はSPS協定) とガットとの間に抵触がある場合，前者の協定が優先することになる。その意味で，ここでは抵触の解決手段としての特別法優先原則の適用が示唆されている。それでは，WTO法でいう抵触はどのように理解すべきだろうか。抵触の概念がどのような広がりを持つかは，TBT協定 (又はSPS協定) とガットの「特別法と一般法」という関係の観点から，重要な論点となる。

---

14) *Ibid.*, para. 103.
15) Marceau and Trachtman ('A Map of the World Trade Organization Law 2014') 427.

WTO紛争解決機関は，WTO法における抵触を，「相互排他的な義務」と理解し，かなり狭い解釈を提示している。*Indonesia—Autos* 事件で，被申立国のインドネシアは，補助金協定が特別法として，ガットにおける関連規定の適用を排除する関係にあると主張したが，パネルは「特別法は一般法を破る（*lex specialis derogate legi generali*）」という原則は，2つの協定が同じ主題を異なる見地から取り扱っている場合，各々異なる状況下で適用可能である場合又はある条項が想定する適用範囲がより広い（far-reaching）ものの他の条項と非整合的でない場合には適用されないと指摘し，WTO協定で定められる義務は累積的な関係にあり，加盟国はそれらを同時に遵守することができるため，1つの措置は原則としてWTO協定の様々な条項の適用対象となりうると説示した[16]。すなわち，これらの義務は相互排他的な性質ではなく，インドネシアはこれらの義務を同時に遵守することができることから，これらの協定及び条項は「抵触」するものではないという解釈である。

　抵触についての狭い解釈は，*Guatemala—Cement I* 事件でも確認されている。「紛争解決に係る規則及び手続に関する了解（DSU）」の附属書2「対象協定に含まれている特別又は追加の規則及び手続」とDSUの一般規則との関係が争点となった同事件で，上級委員会は，ある条項の遵守がその他の条項への違反となる場合，すなわち，両者に「抵触」がある場合にのみ，特別又は追加の規則が一般規則に優先するとの解釈を提示した[17]。すなわち，両者の条項が抵触する状況とは，加盟国が両者を同時に遵守することができない状況を指す[18]。*US—Hot Rolled Steel* 事件でも同様に，上級委員会は，抵触

---

[16] WTO Panel Report, *Indonesia—Certain Measures Affecting the Automobile Industry* (*Indonesia—Autos*), WT/DS54/R, WT/DS55/R, WT/DS59/R, WT/DS64/R, Corr.1 and Corr.2, adopted 23 July 1998, para. 14.56 ("In view of the above findings, we reject Indonesia's general defense that the only applicable law to this dispute is the SCM Agreement. We consider rather that the obligations contained in the WTO Agreement are generally cumulative, can be complied with simultaneously and that different aspects and sometimes the same aspects of a legislative act can be subject to various provisions of the WTO Agreement.").

[17] WTO Appellate Body Report, *Guatemala—Anti-Dumping Investigation Regarding Portland Cement from Mexico* (*Guatemala—Cement I*), WT/DS60/AB/R, adopted 25 November 1998, para. 65 ("A special or additional provision should only be found to prevail over a provision of the DSU in a situation where adherence to the one provision will lead to a violation of the other provision, that is, in the case of a conflict between them.").

[18] *Ibid* ("A special or additional provision should only be found to prevail over a provision of the DSU in a situation where adherence to the one provision will lead to a violation of the other provision, that is, in the case of a conflict between them.").

の意味を義務条項が両立できない場合を指すとし，DSU11条とアンチダンピング協定17条6項 (i) は抵触しないと結論づけた[19]。

このように，今までの紛争事例を見る限り，抵触の概念は相当に狭く解されており[20]，WTO協定における特殊な協定及び条項がガットの規則を破るという意味での厳格な特別法優先原則はいまだ適用されていない。上級委員会は，WTO協定が「一括受諾」の方式を採用しており，関連する全てのWTO協定が加盟国に累積的に適用されることから，加盟国としては，関連する全ての義務条項を同時に遵守すべきことを強調している[21]。以上のような上級委員会の説明からは，既存のWTO協定の間には，そもそも抵触が想定されえないという印象さえ受ける。いずれにせよ，紛争解決機関は，2つの協定及び条項が相互排他的な性質を有する場合にのみ，すなわち，両者が矛盾する義務を定めている場合か又は加盟国が両者を同時に遵守することができない場合にのみ，抵触の存在を肯定する立場をとっている。

他方で，WTO法の先例では，抵触の解決手段としてではなく，むしろ適用法の順序に影響を及ぼす解釈原則として特別法優先原則が適用されているように思われる[22]。すなわち，特殊な規則を定める協定及び条項が先に検討されるという順序が想定されている。*EC—Banana III* 事件では，ガット10条3項 (a) 号と「輸入許可手続に関する協定」1条3項との関係が問題となったが，上級委員会は両者とも適用可能であるとしながらも，後者が輸入許可手続をより具体的に定めるものであることから，パネルがそれを先に検討すべきであったと指摘している[23]。

それでは，ガットとTBT協定（又はSPS協定）との関係は，「WTO協定附

---

19) WTO Appellate Body Report, *United States—Anti-Dumping Measures on Certain Hot-Rolled Steel Products from Japan* (*US—Hot-Rolled Steel*), WT/DS184/AB/R, adopted 23 August 2001, para. 55.
20) さらに，これに関する論点は，Elisabetta Montaguti and Maurits Lugard, 'The GATT 1994 and Other Annex 1A Agreements: Four Different Relationships?' (2000) 3(3) *Journal of International Economic Law* 473, 473-484 も参照。
21) *Korea-Dairy Products*, Appellate Body Report, para. 74; *Japan—Alcoholic Beverages II*, Appellate Body Report, p. 12; *US—Gasoline*, Appellate Body Report, p. 23.
22) Claude Chase, 'Norm Conflict between WTO Covered Agreements—Real, Apparent or Avoided?' (2012) 61(4) *International and comparative Law Quarterly* 791, 810-811.
23) 上級委員会は，もしパネルが「輸入許可手続に関する協定」を先に検討したならば，ガット10条3項 (a) 号における整合性を検討する必要はなかっただろうと付け加えている。詳細は，*EC—Banana III*, Appellate Body Report, para. 204.

属書1A に関する解釈のための一般的注釈」に照らしてどう理解すべきだろうか。「抵触」についての紛争解決機関の狭い解釈に鑑みれば，ガットとTBT 協定（又はSPS 協定）の間に抵触が存在するとはいいがたい。TBT 協定（又はSPS 協定）の義務条項がガットの遵守を妨げる場合は想定しがたいからである。先例ではTBT 協定が「限られた類型の措置に適用される特殊な法的レジーム」と描写されているが[24]，紛争解決機関は，ガットの関連規定の適用を排除するような形でTBT 協定を適用してはいない。すなわち，TBT 協定とガットとは累積的な規範として，原則として加盟国に同時に適用されるものとみなされている。

ガットとTBT 協定の「累積的な関係」は事例においても確認されている。US—Tuna II（Mexico）事件のパネルは，米国の措置がTBT 協定2条1項に整合的な措置であると結論づけた後，訴訟経済の一環としてガットの文脈で同措置の整合性を追加的に検討はしなかった。しかし上級委員会は，ガットとTBT 協定の規律範囲が異なることから，パネルとしては，米国の措置がTBT 協定2条1項に整合的であると判断した場合にも，ガットの文脈で追加的な検討を行うべきであったとし，したがって，パネルが行使した訴訟経済はDSU11 条に反するものであると決定した[25]。以上の上級委員会の解釈から分かることは，①原則としてTBT 協定とは別に，ガット上の争点も個別的に検討されなければならない，②TBT 協定に整合的な措置はガットの関連規定にも適合するという推定を生じさせない，ということである[26]。

他方，ガットの一般的な性質とTBT 協定の具体的な性質との関係から，審査の順序は影響を受けているように思われる。EC—Sardines 事件のパネルが，「より具体的な規定を先に検討すべき」とした上記のEC—Banana III 事件の説明を参照し，より具体的なTBT 協定をガットより先に検討すべきと確認して以来[27]，このような審査の順序はその後の事例においても踏襲され

---

24) EC—Asbestos, Appellate Body Report, para. 80（"[a] specialized legal regime that applies solely to a limited class of measures."）.
25) この点以外に，上級委員会が米国の措置を「強制規格」と認定しなかった場合に備えて，パネルはガットの文脈で追加的な検討を行うべきであったとも指摘されている。紛争解決手続において上級委員会の差戻し権限が認められていない以上，パネルがガットの文脈で追加的な検討を行わずにTBT 協定の文脈でのみ検討を行った場合，上級委員会がTBT 協定の適用可能性を否定した際には，いわゆる裁判不能の状態が発生しうる。詳細は，US—Tuna II（Mexico）, Appellate Body Report, para. 405.
26) これはSPS 協定2条4項における「推定」とは対照的である。
27) WTO Panel Report, European Communities—Trade Description of Sardines（EC—Sardines）,

ている[28]）。

このように，先例においては，ガットとTBT協定の相互関係につき，後者の特殊な性質にもかかわらず，前者を破るという意味での厳格な特別法優先原則は適用されていない。そもそもWTO法でいう抵触が狭く解されていることから，両者の関係については「WTO協定附属書1Aに関する解釈のための一般的注釈」が適用されえない。結局，TBT協定及びSPS協定を含むWTO協定の相互関係に関しては，「一括受諾」というWTO協定の根本的な性質が常に考慮されなければならない。このようなWTO協定の規範構造は，紛争解決機関が厳格な特別法優先原則を適用することを躊躇させる[29]。そもそも，TBT協定とSPS協定とが「一括受諾」の対象となった主な原因として，ガット時代に話題となった，規範の断片化の問題が懸念されていたという事実を想起する必要がある。紛争解決機関は，国際貿易を規律する統合的な枠組みとしてのWTO体制を徹底させるべく，協定の実効的な解釈を強調しており，このような態度からは，むしろ協定間の抵触は想定されえないという印象さえ与えられる。上記のとおり，紛争解決機関は，TBT協定の特殊な性質に鑑み，ガットとの関係については，審査の順序のみに注目している。

他方で，先例では，TBT協定との整合性が必ずしもガットとの整合性を保障しないという関係が示されているが，それでは，その逆の場合，すなわち，TBT協定に違反する措置に関しては，ガットの文脈での追加的な審査が求められるのかという問題が浮上する。US—COOL事件のパネルは，COOL措置の非整合性をTBT協定の文脈（2条1項）で確認し，ガットの文脈での追加的な審査は行わなかったが，このようなパネルの訴訟経済は上級委員会によって特に問題にされていない。このような上級委員会の態度に鑑みると，規制措置がTBT協定に整合的であると判断される場合には，続いてガットの文

WT/DS231/R and Corr.1, adopted 23 October 2002, as modified by Appellate Body Report WT/DS231/AB/R, paras. 7.15–7.16 ("Arguably, the TBT Agreement deals 'specifically, and in detail' with technical regulations. If the Appellate Body's statement in *EC—Bananas III* is a guide, it suggests that if the EC Regulation is a technical regulation, then the analysis under the TBT Agreement would precede any examination under the GATT 1994.").

28) Mavroidis (*Trade in Goods*) 670. 他方，*EC—Sardines*事件以前の*EC—Asbestos*事件では，TBT協定の適用可能性が肯定されたにもかかわらず，上級委員会はそのままガットの文脈でECの措置の整合性を検討した。

29) Chase ('Norm Comflict') 811.

脈で審査が行われるのに対し，逆に，規制措置が TBT 協定に違反すると判断される場合には，その時点で審査は終了し，ガットの文脈での追加的な審査は行われないと理解してもよかろう[30]。このような紛争解決機関の立場は，SPS 協定の文脈で適用されている訴訟経済を連想させる。

　それでは，TBT 協定に整合的であると同時に，ガットに非整合的な措置は実際に存在しうるだろうか。すなわち，上級委員会は TBT 協定に整合的な措置であっても，原則としてガットの文脈での追加的な検討が求められると指摘しているが，これは逆にいえば，TBT 協定に整合的であると同時に，ガットには違反する規制措置が理論的には想定可能であることを意味する。実際，TBT 協定 2 条 1 項の審査で用いられる「同種の産品」の基準は，ガット 3 条 4 項で用いられる基準と同じであり，「不利な待遇」の審査において考慮される関連要素も，ガット 3 条 4 項及び 20 条の下で考慮される関連要素と大きく変わらないことを考えると，同じ規制措置に対し，同じ法的争点が問題となる場合には，規制措置が前者には整合的で，後者には非整合的な状況はなかなか想定しがたい[31]。

5.3　TBT 協定と SPS 協定

　本書の第 3 章及び第 4 章で確認したとおり，TBT 協定は主に強制規格，任意規格及び適合性評価手続に適用され，SPS 協定は主に特定の危険性から人，動植物の生命又は健康を保護することを目的とする SPS 措置に適用される。TBT 協定と SPS 協定の法的関係については，これら 2 協定とガットの法的関係に比べて明確にされている。TBT 協定 1 条 5 項は「この協定の規定は，SPS 措置の適用に関する協定附属書 A に定義する SPS 措置については，適用しない」と規定し，SPS 措置を TBT 協定の適用から排除する一方，SPS 協定 1 条 4 項は「この協定は，その適用範囲外の措置について，TBT 協定に

---

30) Marceau ('The New TBT') 34.
31) 理論的に想定できる状況は，TBT 協定 2 条 1 項及び同条 2 項の下でカバーされる「正当な規制目的」の範囲が，ガット 20 条の下でカバーされる規制目的の範囲と異なる場合である。しかしながら，本書で既に確認したとおり，このような両協定間の非対称性の恐れについては，EC—Seal Products 事件の上級委員会の説明によってかなり和らげられている状態であり，TBT 協定で確立されている均衡点が，ガット 3 条と 20 条との間で確立されている均衡点と原則として異ならないと理解するならば，両協定の下でカバーされる「正当な規制目的」の範囲が異なる状況は，現時点で想定しがたい。

基づく加盟国の権利に影響を及ぼすものではない」と規定し，SPS 協定が原則として優先的に考慮されることを明示している。すなわち，SPS 協定が適用可能な状況では，SPS 協定が優先的に適用される。その意味で，ある措置がSPS協定の対象となるか，それともTBT協定の対象となるかに関しては，当該措置がSPS協定で定義する「SPS措置」に該当するか否かが重要な争点となる。結局，ある措置がどのような保護目的を有し，いかなる類型の危険性に対応しようとしているかが，適用法の検討に際して決定的な要素となる。

　SPS 協定の適用対象となる SPS 措置の意味及び内容については，第4章で確認したとおりであり，ここで再び触れることはしないが，いくつかの特殊な状況について言及しておく必要がある。一般に規制措置は複数の規制目的を同時に追求する場合があるが，例えば，ある措置が人の健康を保護するために特定の危険物質の輸入規制を行うと同時に，環境上の一般的な懸念の観点からラベル表示の要件を規定する場合，これらの各々の側面は分離可能なものとみなされ，それぞれが SPS 協定と TBT 協定との文脈で個別的に検討されうる[32]。紛争解決機関は1つの規制措置に，SPS 協定が適用される部分と，その他の WTO 協定が適用される部分とがある場合に，それらを分割して個別的に検討できることを確認している[33]。

　SPS協定が定義するSPS措置の形態には「包装に関する要件及びラベル等による表示に関する要件であって食品の安全に直接関係するもの」が含まれることから，ラベル表示の要件もSPS協定の適用対象となる。ただし，ラベル表示の要件が環境一般を保護すること又は純粋に原産地情報を提供することを目的とする場合，すなわち，SPS協定が想定する衛生植物検疫上の目的を有しない場合には，SPS協定ではなくTBT協定が適用される[34]。

　TBT 協定と SPS 協定の規律範囲に関しては，加盟国による適用法の選別の問題が指摘されてきた。恣意的な適用法の選別は，WTO 協定の実質的な存在意義を阻害する恐れがあり，WTO 体制の効果的な運用の面からも望ましくない[35]。伝統的に SPS 協定の規律が TBT 協定の規律よりも厳格である

---

[32] Downes ('Worth Shopping Around') 557.
[33] *EC—Biotech Prtoducts*, Panel Report, para. 7.165.
[34] 上述したとおり，ラベル表示の要件は，それ自体が産品の特性を構成するものと理解され，産品関連PPMsを要件とするか，それとも産品非関連PPMsを要件とするかを問わず，それ自体が強制規格の適格性を有する。
[35] Gruszczynski (*Regulating Health and Environmental Risks*) 64.

とみなされ、加盟国としてはSPS協定の適用を迂回するための戦略としてTBT措置の形で規制措置を実施する傾向があるとの議論が学界でしばしば行われてきた[36]。例えば、遺伝子組換え体 (GMO) 食品やホルモン投与の牛肉に関するラベル表示の要件は、規制目的が「原材料の情報を消費者に適切に提供する」という定式で設定される場合と、「食品の安全性に対処するため」という定式で設定される場合と、それぞれ適用される規律が異なりうる[37]。規制措置に衛生植物検疫上の目的が明確に宣言されている場合にはSPS協定の規律対象となるのに対し、衛生植物検疫上の目的を明白にせずに、その他の規制目的をもって強制規格の形で規制が実施される場合には、TBT協定の規律対象となるTBT措置として運用されることになろう。

加盟国の国内規制権限の観点から、SPS協定がTBT協定に比べてより厳格な義務体制であると認識されてきた背景としては、いくつかの理由が考えられるが、Downesは特に次のような理由を提示する[38]。第1に、TBT協定には正当と認められる加盟国の規制目的が限定されていないことから、SPS協定に比べて、国内措置の正当性を主張する根拠として用いる規制目的の範囲が広いという認識である。すなわち、TBT協定の下で加盟国はより多くの規制目的を正当なものとして主張することができ、その反面、申立国としては、その規制目的の不当性を証明しなければならない立場に置かれる。第2に、TBT協定に比べて、SPS協定における被申立国の立証責任がより厳格であるという認識である。第4章で確認したとおり、SPS協定2条2項はSPS措置が十分な科学的証拠に基づいていることを要件としており、SPS協定5条1項はその具体的な適用として当該措置が適切な危険性評価に基づいていることを求める。その意味で、SPS協定を遵守するための規制当局の負担は一層大きくなる。TBT協定の審査においても、TBT措置が依拠する科学的

---

36) *See, e.g.,* Dukgeun Ahn, 'Comparative Analysis of the WTO SPS and TBT Agreements' (2002) 8(3) *International Trade Law and Regulation* 85; KDI School Working Paper 01-03, 1-21; Daniel Schramm, 'The Race to Geneva: Resisting the Gravitational Pull of the WTO in the GMO Labeling Controversy' (2007) 9 *Vermont Journal of Environmental Law* 94, 119; Gregory Shaffer, 'A Structural Theory of WTO Dispute Settlement: Why Institutional Choice Lies at the Center of the GMO Case' (2008) 41 *New York University Journal of International Law and Politics* 1, 9.

37) Nobert Wilson, 'Clarifying the Alphabet Soup of the TBT and SPS in the WTO' (2003) 8 *Drake Journal of Agricultural Law* 703, 721-722.

38) Downes ('Worth Shopping Around') 555.

証拠の妥当性が，加盟国の主張を裏づける主張として検討される場合がありうるが，SPS協定のように，TBT措置が危険性評価に基づいていることまで厳格に義務化してはいない。その意味で，申立国としては，問題の措置をSPS協定における整合性の文脈で問題にする方が有利といえる[39]。

TBT協定が2012年に本格的に検討される以前は，以上のような認識が普遍的であったように思われる[40]。しかしながら，TBT協定の規範構造が明らかになったことに伴い，以上のような認識が必ずしも妥当ではないとの議論も展開され始めている。特に，Downesは，第1に，「正当な」規制目的という概念は，逆に「不当な」規制目的の存在を暗示するとし[41]，紛争解決機関が規制当局から宣言されている額面上 (face value) の規制目的をそのまま受け入れてはいないことを根拠として挙げながら，依然として規制当局の規制目的がTBT協定の文脈で正当なものと認められない余地があると指摘する。すなわち，TBT協定における正当な規制目的の範囲が広いとはいえ，加盟国の主張が無制限に認められるわけではないということである。第2に，加盟国が設定する保護水準の観点からも，TBT協定がSPS協定に比べて必ずしも規制当局に有利であるとはいえないという指摘である。上述したとおり，SPS協定は適切と認める保護水準を設定する加盟国の権利を強調しており，紛争事例で確認されているように，加盟国が適切と認める保護水準という概念は，SPS措置自体に反映されている又はSPS措置によって達成されている保護水準 (実施水準) とは区別される概念と理解されている。Downesの表現を借りれば，SPS協定で争点となる保護水準は，加盟国の規制的な意図が「抽象的な」形で表れたものであり，SPS措置による実際の効果 (actual performance) からは独立した概念である。この点，TBT協定の場合は，SPS協定とは対照的である。上級委員会は，TBT協定の解釈に関しては，規制当局が意図している規制目的の達成水準を「抽象的な」形で確認してはならず，むしろ，正当な目的の達成に強制規格がどの程度貢献するかを評価すべきと強調している[42]。すなわち，TBT協定の文脈では，TBT措置自体に反映されている実

---

[39] Ahn ('Comparative Analysis') 17; Peel ('GMO') 1019.
[40] TBT協定とSPS協定の厳格さに関する加盟国の全般的な認識については，Downes ('Worth Shopping Around') 553-578を参照。
[41] Mads Andenas and Stefan Zleptnig, 'Proportionality: WTO Law: In Comparative Perspective' (2007) 42 *Texas International Law Journal* 371, 422, as cited in Downes ('Worth Shopping Around') 561.
[42] *US—COOL*, Appellate Body Report, para. 390.

際の貢献度に照らして保護水準が把握されるべきとされ，一層客観的な形で保護水準を確認するアプローチがとられている。このような解釈の動向に鑑みれば，TBT 協定の規律が常に SPS 協定に比べて緩やかであるとはいいがたいとの主張にも一見説得力があるように思われる[43]。

このように，2012 年に初めて TBT 協定の関連規定が検討されたことをきっかけに，SPS 協定が一見 TBT 協定よりも厳格な規範構造で構成されているとの一般的な認識にも変化が生じ始めている。すなわち，文言上 SPS 協定がより厳格な義務体制を定めているように見えるにもかかわらず，解釈によっては TBT 協定が必ずしも SPS 協定に比べて加盟国の国内規制権限の観点から有利であるとはいえない状況が紛争事例で表れているのである。このような先例の動向に鑑みれば，加盟国が SPS 協定の適用を迂回する戦略として，規制措置を TBT 措置の形態で採用するという，適用法の選別の懸念も徐々に緩和されていくと予想される。

5.4　ガット 20 条の援用可能性

ガット，TBT 協定及び SPS 協定の相互関係を理解するに際して提起されるもう 1 つの争点は，ガット 20 条の適用範囲である。ガットと同様に，TBT 協定及び SPS 協定においては，無差別原則を始めとする貿易自由化の義務が定められているが，TBT 協定及び SPS 協定はガット 20 条のような一般的例外条項を設けていない。このことから，学界ではこれら 2 協定における貿易自由化の義務が，ガット上の義務に比べて一層遵守の厳しいものと認識する見解も少なくなかった[44]。学界では，そのような 2 協定の構造的な問題を克服すべく，TBT 協定及び SPS 協定の違反に対する正当化条項としてガット 20 条を活用する可能性を模索する研究も提示された[45]。本書では，TBT 協定 2 条 1 項の審査に際して，上級委員会がガット 20 条を TBT 協定に対する

---

43)　他方，この論点に関しては，本書第 6 章の 6.3.3 で展開されている議論にも留意する必要がある。

44)　Yenkong Ngangjoh-Hodu, 'Relationship of GATT Article XX Exceptions to Other WTO Agreements' (2011) 80(2) *Nordic Journal of International Law* 219, 229.

45)　Qin ('Reforming WTO Discipline') 1147–1190; 内記香子「米国―クローブ入りタバコ規制事件（インドネシア）(DS406)――TBT 協定 2.1 条と GATT3 条 4 項の関係を中心に」(RIETI Policy Discussion Paper Series 13-P-013, 経済産業研究所，2013 年) 2 頁。

正当化条項として活用するより，新しい解釈基準を導入することによって，TBT 協定 2 条 1 項の枠内でガット式の権利と義務の均衡点を見出すアプローチをとっていることを確認した。他方で，SPS 協定の文脈におけるガット 20 条の適用可能性については，*US—Poultry（China）*事件で検討がなされ，同事件のパネルは，SPS 協定とガット 20 条 (b) は，前者が後者を具体的に定める関係にあるとし，よって，SPS 協定 2 条及び 5 条に違反する SPS 措置は，原則としてガット 20 条 (b) 号によって正当化されえないと確認した[46]。

　それでは，一般論として，ガット 20 条はガット以外の WTO 協定に違反する措置に適用可能であろうか。ガット 20 条は「この協定の規定は，締約国が次のいずれかの措置を採用すること又は実施することを妨げるものと解してはならない（傍点は筆者による）」とし，原則として正当化の対象をガット上の義務違反に限定している。ガット以外の WTO 協定に違反する措置に関しては，ガット 20 条を援用する加盟国の権利は認められないのだろうか。先例を見てみると，ガット 20 条を援用する加盟国の権利が示唆される文言上の根拠がある場合に限って，ガット 20 条の援用可能性が肯定されているように思われる。この点は *China—Publications and Audiovisual Products* 事件で検討されている。同事件は，特定の文化産品及びサービス貿易の流通に関して中国が実施していた各種の規制措置が WTO 法，特に中国が WTO 加盟時に付した「加盟議定書」上の義務（特に，5 条 1 項）に反するか否かが問題となった事例である。中国は，同措置が自国内における公徳を保護するためのものであり，したがって，ガット 20 条によって正当化されると主張した。本件が既存のガット 20 条関連の紛争事例との比較で特徴的なのは，被申立国がガット上の義務違反を正当化するためにガット 20 条を援用したのではなく，加盟議定書というガット以外の義務体制上の義務違反を正当化するためにガット 20 条を援用したことである。

　加盟議定書 (Accession Protocol) は，WTO 法体系においては特殊な性質を有する文書である。WTO 法でカバーされるガット及びその他の WTO 協定とは違い，加盟議定書は WTO と WTO に加盟しようとする国又は独立の関税地域との間で結ばれる，加盟の条件について規定する国際条約である[47]。加盟議定書には次のような効果と機能があるとされる。締結された加盟議定

---

46) WTO Panel Report, *United States—Certain Measures Affecting Imports of Poultry from China* (*US—Poultry（China）*), WT/DS392/R, adopted 25 October 2010, paras. 7.481-7.482.

書は，申請国をWTOに加盟させるという効果をもたらし，さらに，加盟しようとする申請国と既存の加盟国との間で適用される特別な条件を定めるという機能を果たす[48]。加盟議定書はWTO協定の不可欠な一部（an integral part）を構成するとされるが[49]，WTO諸協定には加盟議定書とその他の協定との関係について言及する明文の条項はなく，その法的性質については依然として不明確さが残されている。

China—Rare Earths 事件の上級委員会は，加盟議定書の法的性質を論じるに際して，「貿易に関する多角的協定（Multilateral Trade Agreements）」が「WTO設立協定」及びWTOの権利義務の一括受諾の不可分の一部を構成するのと同様に，加盟議定書も一括受諾の一部を構成するとしながら，「WTO設立協定」及び「貿易に関する多角的協定」上の規定と加盟議定書上の規定との関係については，関連規定の適切な解釈を通じてケースバイケースで決定されなければならないと説示した。上級委員会によると，いかなる権利又は義務も一方の法的枠組みから他方へと自動的に置き換えられてはならず，加盟議定書上の規定と「WTO設立協定」及び「貿易に関する多角的協定」上の規定が客観的な関連（link）を有するか否か，そして，これら後者の協定における例外条項が加盟議定書の義務違反に対しても適用されるか否かについては，ケースバイケースで決定されなければならない[50]。しかしながら，こ

---

47) Jingdong Liu, 'Accession Protocols: Legal Status in the WTO Legal System' (2014) 48(4) *Journal of World Trade* 751, 751.
48) Julia Y Qin, 'Judicial Authority in WTO Law: A Commentary on the Appellate Body's Decision in *China-Rare Earths*' (2014) 13(4) *Chinese Journal of International Law* 639, 643–644.
49) 中国の加盟議定書1条2項の規定。
50) *China—Rare Earths*, Appellate Body Report, para. 5.27 ("Just as the Multilateral Trade Agreements are an integral part of the Marrakesh Agreement, and, thereby, of the single package of WTO rights and obligations, so too is China's Accession Protocol an integral part of the same package. Thus, like the approach to ascertaining the relationship among provisions of the Multilateral Trade Agreements, the specific relationship between the provisions of China's Accession Protocol, on the one hand, and the provisions of the Marrakesh Agreement and the Multilateral Trade Agreements, on the other hand, must also be determined on a case-by-case basis through a proper interpretation of all relevant provisions. Neither obligations nor rights may be automatically transposed from one part of the legal framework into another. Rather, the questions of whether a particular protocol provision at issue has an objective link to specific obligations under the Marrakesh Agreement and the Multilateral Trade Agreements, and whether the exceptions under those agreements may be invoked to justify a breach of such protocol provision, must be answered on a case-by-case basis. They must be ascertained through a thorough analysis of the relevant provisions on the basis of the customary rules of treaty interpretation, as well as the circumstances of each dispute.").

のような説明は加盟議定書とWTO協定との一般的関係に言及するに留まるものであり，加盟議定書の法的性質を必ずしも明確にするものではない。

China—Publications and Audiovisual Products 事件で問題となった中国の加盟議定書5条1項は，次のように定める。

> *Without prejudice to China's right to regulate trade in a manner consistent with the WTO Agreement*, China shall progressively liberalize the availability and scope of the right to trade, so that, within three years after accession, all enterprises in China shall have the right to trade in all goods throughout the customs territory of China, except for those goods listed in Annex 2A which continue to be subject to state trading in accordance with this Protocol. Such right to trade shall be the right to import and export goods（イタリック体は筆者による）.

被申立国の中国は，同条項の導入部が貿易業者に貿易権（right to trade）を与える中国の義務に対する「例外」を指すとし，これは，正当な政策目的を追求するために特定の措置を採択又は維持する加盟国の一般的な権利の表れであると指摘しながら，同条項でいう「規制権（right to regulate）」は貿易を規制する目的を持って措置をとる中国の権利を意味すると主張した[51]。ガット20条の援用可能性については，中国は加盟議定書5条1項でいう「WTO Agreement」は全てのWTO協定及びその附属書を指すとし，同条項は物品の輸出入に関する権利を規定するものであることから，中国の規制権はガット及び同20条を含む，物品貿易に適用可能なその他のWTO協定とともに解釈されなければならないと主張した[52]。

加盟議定書上の義務違反に対し，加盟国がガット20条を援用することができるか否かが争点となった同事件で，パネルは加盟議定書上の義務違反に対するガット20条の援用可能性はさておき，「仮に（*arguendo*）」中国がガット20条を援用することができたとしたら，という前提の下で関連争点を検討し[53]，結果的には，中国の措置がガット20条（a）号の要件を充たしておら

---

51) *China—Publications and Audiovisual Products*, Appellate Body Report, para. 206.
52) *Ibid*.
53) *China—Publications and Audiovisual Products*, Panel Report, para. 7.745.

ず，したがって，同条によって正当化されえないと結論づけた。

　他方で，上級委員会は，加盟議定書上の義務違反に対し，加盟国がガット20条を援用できるかについての実質的な検討なしに，ガット20条を中国が援用できたとしたら，という仮定の下で検討を進めることは，紛争解決を通じて法的安定性と予見可能性を向上させるという紛争解決制度の目的と調和しないと指摘しながら，加盟議定書を踏まえたガット20条の援用可能性の争点は法解釈の問題であり，したがって，上級委員会自らこの問題を検討すべきとした[54]。

　上級委員会は，まず中国の加盟議定書5条1項が漸進的に貿易権を自由化する中国の義務を定めていると確認しながらも，その義務は「Without prejudice to China's right to regulate in a manner consistent with WTO Agreement」という文言によって条件づけられると指摘した[55]。上級委員会は，「Without prejudice to right（権利を妨げない）」義務というのは，そのような権利が阻害されてはならないことを意味するとし，「権利」については，中国の規制権を指すと指摘した。他方，この「権利」は「in a manner consistent with the WTO Agreement（WTO協定に適合する態様）」で行使される必要があるが，上級委員会は，「WTO Agreement」が附属書を含むWTO協定の全体を指すとし[56]，「WTO協定に適合する態様」という文言は，第1に，加盟国がWTO協定の義務条項に違反していない場合，第2に，仮に加盟国がWTO協定の義務条項に違反したとしても，適用可能な例外条項によって正当化される場合との2つの状況を想定していると指摘した[57]。次いで，貿易業者に対する規制はガット上の義務とも密接な関連があることを確認した上級委員会は，その意味で，中国の加盟議定書5条1項によって保障される貿易業者の権利への規制は，ガット上の義務にも違反する可能性があるとし[58]，これらの理由を総合的に鑑みると，中国がガット20条を援用する権利は否定されないと結論づけた[59]。

　加盟議定書とガット20条の援用可能性についての上級委員会の説明は，相

---

54) *China—Publications and Audiovisual Products*, Appellate Body Report, para. 215.
55) *Ibid.*, para. 218.
56) *Ibid.*, paras. 219, 222.
57) *Ibid.*, para. 223.
58) *Ibid.*, para. 227.
59) *Ibid.*, para. 233.

当に文脈依存的なものである。いいかえれば，上級委員会は，加盟議定書がWTO協定の一部をなす不可分の文書であることから，ガット20条が加盟議定書上の義務違反に対しても常に適用可能であるという一般論を述べているのではなく，むしろ，中国の加盟議定書5条1項に言及されている「Without prejudice to China's right to regulate trade in a manner consistent with the WTO Agreement（WTO協定に適合する態様で貿易を規制する中国の権利を妨げることなく）」という文言に注目し，それを手がかりに，ガット20条の援用可能性を肯定しているのである。すなわち，「WTO協定に適合する態様」には，WTO協定の義務に違反していない場合のみならず，仮に違反の可能性があるとしてもガット20条のような例外条項によって正当化される場合が含まれること，そして加盟議定書5条1項で問題となっている貿易業者の権利は，ガット上の義務条項と密接な関連を有することに着目し，そのような結論を導き出しているのである。したがって，「WTO協定に適合する態様で貿易を規制する中国の権利を妨げることなく」という導入部が置かれていない条項についても，同様にガット20条の援用可能性が肯定されたかは疑問である[60]。

このような事情は，その後の *China—Raw Materials* 事件で確認されている。同事件では，中国の加盟議定書11条3項に違反すると判定された，各種の原材料に輸出税を課する中国の措置に対し，ガット20条が適用可能であるかどうかが問題となった。中国の加盟議定書11条3項は次のように定める。

> China shall eliminate all taxes and charges applied to exports unless specifically provided for in Annex 6 of this Protocol or applied in conformity with the provisions of Article VIII of the GATT 1994.

被申立国の中国は，貿易を規制することは国家の「固有の権利（inherent right）」であり，WTO法のような国際条約により与えられる権利ではないとしながら，中国の加盟議定書及び加盟作業部会報告書には，中国がそのような権利を放棄したことを示す根拠は存在しないことから[61]，加盟議定書11条3項の違反に対しても中国はガット20条を援用できると主張した。

中国の主張に対し，上級委員会は，中国の加盟議定書11条3項に違反する

---

[60] Ngangjoh-Hodu ('Relationship') 229.
[61] *China—Raw Materials*, Appellate Body Report, para. 300.

当該措置については，ガット20条は援用されえないと結論づけている。上級委員会によれば，WTO加盟国は時折，相互参照 (cross-reference) 等の方法によりガット20条をその他の協定に入れ込んだりして，ガット20条の援用可能性を明らかにすることがあるが[62]，本件の場合，中国の加盟議定書11条3項はガット8条を明記しているのに対し，20条その他のガットの条項は参照していないことが重要であるという[63]。すなわち，*China—Publications and Audiovisual Products* 事件でガット20条を援用する中国の権利が認められたのは，同事件で問題となった加盟議定書5条1項の文言に基づく判断であり，中国の加盟議定書11条3項の解釈が問題となっている本件の場合，中国がガット20条を援用する文言上の根拠が存在しないということである[64]。

このように上級委員会は，加盟議定書上の義務違反に対しガット20条が援用されるためには文言上の根拠が必要であることを強調している。このような解釈は，その後の *China—Rare Earths* 事件でも同様に適用され，*China—Raw Materials* 事件と同じように，中国の加盟議定書上の義務違反に対しガット20条を援用する中国の権利は否定されている[65]。ただし，*China—Rare Earths* 事件のパネル審査の段階では，一人のパネリストが個別意見を付している。つまり，中国の加盟議定書11条3項が定める輸出税に関する義務は中国のみに適用される特殊な義務であり，その意味で，①ガット11条における規則に修正を加えるものであること，②物品貿易に関する中国の義務を拡大させるものであること，③加盟議定書11条3項はガット2条及び11条1項と重なることから，加盟議定書上の中国の権利及び義務に関しては，ガット2条及び11条がともに解釈されなければならないこと，④加盟議定書11条3項は中国がWTOに加盟すると同時にガットの不可分の一部となったこと，を総合的に勘案すると，ガットと密接な関連を有する義務条項に関しては，ガット20条の援用可能性を肯定すべきであったという見解である[66]。

---

62) 例えば，TRIMs協定3条は「ガットに基づく全ての例外規定は，適当な場合には，この協定について準用する」とし，ガット20条を援用する加盟国の権利を明白に認めている。

63) *China—Raw Materials*, Appellate Body Report, para. 303.

64) *Ibid*., paras. 304, 306 ("In the light of China's explicit commitment contained in Paragraph 11.3 to eliminate export duties and the lack of any textual reference to Article XX of the GATT 1994 in that provision, we see no basis to find that Article XX of the GATT 1994 is applicable to export duties found to be inconsistent with Paragraph 11.3.").

65) *China—Rare Earths*, Panel Report, para. 7.115.

66) *Ibid*., paras. 7.113–7.138.

学界においても，以上の個別意見と同様に，上級委員会の厳格な文言主義的解釈を批判的に捉える見解は少なくない[67]。ガットの下で加盟国は一定の輸出税を課することが許されているのに対し，中国の場合は加盟議定書によってそれができなくなり，その意味で，加盟議定書の義務はガットプラスの性質があるといえる[68]。他方，中国の加盟議定書に特別の例外条項が設けられていないことを考えると，上級委員会の厳格な文言主義的解釈が加盟国の規制権限を過度に侵害するように見える余地は確かにある。加盟議定書でガット20条の援用可能性を明白にしていないことをどのように解釈すべきかが重要な争点となろうが，文言上の不明確さを理由に最も厳格な解釈を提示するのは望ましくないとの指摘もある[69]。Qin は，条約法条約 31 条及び 32 条は，条約の文脈によりかつその趣旨及び目的に照らして解釈すべきことを定めているが，上級委員会の狭い解釈はこのような解釈原則と整合的ではないと指摘し，ひいては上級委員会が自ら強調している，WTO 協定の全体的な解釈 (holistic interpretation) とも調和しないと主張する[70]。同様の論旨で，Bond and Trachtman は，*China—Raw Materials* 事件の上級委員会が「WTO 協定はその全体として (as a whole)，貿易と非貿易的関心事項の間における均衡点を反映する[71]」と指摘したことを引用しながら，その均衡点を含む，WTO 協定のより広い文脈，趣旨及び目的をなぜ上級委員会が考慮しなかったかについて十分な説明が提供されていないと指摘する[72]。

　このように，上級委員会が採用している厳格な文言主義的解釈についての学界の反応は必ずしも好意的とはいえない。ただし，上級委員会はガット 20 条の援用可能性を裏づける文言上の根拠，さらには関連するガット上の権利

---

67)　*See, e.g.,* Elisa Baroncini, 'The *China-Rare Earths* WTO Dispute: A Precious Chance to Revise the *China-Raw Materials* Conclusions on the Applicability of GATT Article XX to China's WTO Accession Protocol' (2012) 4 *Cuadernos De Derecho Transnacional* 49, 49–69; Bin Gu, 'Applicability of GATT Article XX in *China-Raw Materials*: A Clash within the WTO Agreement' (2012) 15(4) *Journal of International Economic Law* 1007, 1007–1031; Qin ('Judicial Authority') 639–651; Eric W Bond and Joel P Trachtman, '*China-Rare Earths*: Export Restrictions and the Limits of Textual Interpretation' (2016) 15(2) *World Trade Review* 189, 189–209.
68)　Qin ('Judicial Authority') 641.
69)　Baroncini ('A Precious Chance') 60.
70)　Qin は，WTO 体制の規範的な側面から上級委員会の解釈を批判する。すなわち，明白な文言上の根拠がない場合は，非貿易関心事項を追求する加盟国の正当な権利よりも貿易自由化原則が優先される結果となる恐れがあると指摘する。Qin ('Judicial Authority') 642 を参照。
71)　*China—Raw Materials*, Appellate Body Report, para. 306.
72)　Bond and Trachtman ('Export Restrictions') 194.

及び義務が加盟議定書にはっきりと明記されていることを相当重視しているようである。China—Raw Materials 事件のパネルが「(中国の加盟議定書11条3項に) ガット又はガット20条への参照を入れ込むことも可能であったにもかかわらず，WTO加盟国及び中国は明らかにそうしなかった」とし，「WTO協定又はガットについての一般的な参照を省略 (omission) していることは，WTO加盟国及び中国がガット20条による正当化を想定していなかったことを示唆する[73]」と指摘しているように，紛争解決機関はガット又はガット20条への参照が省略されていることについても，それなりの意味が与えられるべきであると強調している。

　紛争解決機関が厳格な文言主義的解釈を採用していることには理由がある。物品貿易の全般を規律するガットの諸規定に一定の関連があるとみなされるあらゆる協定及び条項をガット20条の適用対象とするような解釈は，むしろ，起草者が意図した加盟国の権利及び義務の関係を歪曲し，例外の範囲を予想以上に拡大させる結果となろう。このような解釈は，紛争解決機関の勧告及び裁定が，対象協定に定める権利及び義務に新たな権利及び義務を追加してはならないと定める，DSU3条2項の規定とも整合的でない可能性がある。さらに，文言に即した解釈は，加盟国からの反発から免れる利点がある[74]。Hudec が指摘したように，紛争解決機関が政治的な批判から身を隠すには，可能な限り加盟国によって明白に承認されている法的文言に依拠するべきかもしれない[75]。今後予想される展開は，以上のような紛争解決機関の厳格な文言主義的解釈により，この先に採択される加盟議定書の作業部会において，ガット20条の援用を可能にする文言上の根拠を明記するか否かが重要な争点になるだろうということである。紛争解決機関のアプローチが今後の事例において変更される見込みはないように思われるからである。紛争解決機関の報告書は原則として当該事案の紛争当事国にのみ拘束力を有するとされるが，紛争解決機関は先例の拘束力を事実上認めている。すなわち，DSU3条2項が，多角的貿易体制に安定性及び予見可能性を与えることを紛争解決制度の中心的な要素として明示していることから，十分説得力のある理由が提示されない限り，紛争解決機関は同様な争点について，先例と同様

---

[73] China—Raw Materials, Panel Report, para. 7.129.
[74] Bond and Trachtman ('Export Restrictions') 208.
[75] Hudec ('GATT/WTO Constraints') 619.

な法理と解釈による解決を図ることになろう[76]。紛争解決機関が用いる厳格な文言主義的解釈は，加盟議定書上の義務違反に関してのみならず，ガット以外のWTO協定上の義務違反に対してガット20条が援用可能であるか否かの争点にも同様に適用されると考えられる。

---

76) WTO Appellate Body Report, *United States—Final Anti-Dumping Measures on Stainless Steel from Mexico* (*US—Stainless Steel (Mexico)*), WT/DS344/AB/R, adopted 20 May 2008, para. 160 ("Ensuring 'security and predictability' in the dispute settlement system, as contemplated in Article 3.2 of the DSU, implies that, absent cogent reasons, an adjudicatory body will resolve the same legal question in the same way in a subsequent case.").

第6章　ガット，TBT 協定及び SPS 協定の相互参照
―― 国内規制権限への含意

　本章では，第2章から第5章までの検討を土台に，ガット，TBT 協定及び SPS 協定における関連条項の関係に照らして，これら3協定の動態的な相互参照の動向に注目する。第2章から第5章までの検討を通じて確認したとおり，ガット，TBT 協定及び SPS 協定は貿易自由化を促進するために，加盟国が遵守するべき様々な義務条項を定めている。これらの義務条項はそれぞれ個別的なものとして，加盟国に同時にかつ累積的に適用される。紛争解決機関は一方の協定の解釈で用いられる基準が他方の協定の解釈においても有用な参考になることを認識しており，一定の状況下では一方の解釈基準を他方の解釈に読み込むという，いわば，水平的な相互参照 (horizontal cross-reference) の手法を積極的に活用している[1]。

　このような動向は，ガット，TBT 協定及び SPS 協定の3協定が一括受諾の対象として WTO 協定の一部をなすものとして，相互に矛盾した形で解釈がなされないようにすべく，紛争解決機関が「一貫したかつ調和的な」解釈の重要性を認識して協定解釈を行った結果である。これらの3協定は，非貿易的関心事項に対処するための加盟国の国内規制権限をそれぞれ異なる形式で保障するが，仮に同様の事項につきこれら3協定の義務条項が一貫した形で解釈されない場合は，WTO 法における加盟国の国内規制権限の輪郭が不明確になってしまう恐れがある。本書の第1章で触れたとおり，ガット，TBT 協定及び SPS 協定は，それぞれ異なる作業部会の下で起草作業が行われ，WTO 協定の一括受諾の方式についての議論が浮上したのも交渉の末期のことであったため，これら3協定の義務条項の相互関係についての明確化が必ずしも十分になされたとはいえない。

　紛争解決機関は，ガット，TBT 協定及び SPS 協定を解釈するに際して，貿

---

[1] Marceau and Trachtman ('A Map of the World Trade Organization Law 2014') 353.

易自由化という各協定の目的と加盟国の規制権との間における適切な「均衡点」という概念を認識しており，この「均衡点」を踏まえて，3協定の相互参照に基づいた解釈を展開している。協定間の相互参照は，各協定で確立されるべき「均衡点」が原則として異ならないとの前提の下で，各協定の解釈を相互補完する形で行われる。近年の事例においては，ガット，TBT協定及びSPS協定の解釈が，協定間の相互参照の手法を通じて互いに影響を及ぼす形で展開され，場合によっては，これら3協定の解釈基準が一方向へと収斂していくような傾向も見受けられる。このような現象は，WTO法における国内規制権限の範囲を理解する際に，ガット，TBT協定及びSPS協定のそれぞれの文言及び文脈に即した個別的な検討だけでは不十分であることを示唆する。むしろこれら3協定の関係及びその相互作用する態様を踏まえて，より広い見地からその動態的な相互参照の動向に注目する必要がある。近年の事例においては，紛争解決機関が協定間の相互参照に基づき，3協定の間における「一貫したかつ調和的な」解釈を導き出そうとする傾向がより顕著になっている。

以下では，ガット，TBT協定及びSPS協定で定められている原則及び義務条項の中でも特に協定間の相互参照が有意義な形で行われているものを選別し，それらを比較検討すると同時に，それらの相互参照が行われる態様を確認する。特に，このような協定間の相互参照が，ガット，TBT協定及びSPS協定における国内規制権限の範囲にどのような影響を与えるかを確認し，その法的意義及び規範的な根拠は何かという点を考察した上で，協定間の相互参照の手法を通じてこれら3協定の解釈基準が一方向へと収斂されていく可能性を検証する。本章では，検討の対象として，無差別原則，必要性原則（比較衡量プロセスを含む），保護水準を設定する加盟国の権利，一貫性原則，科学的根拠の原則及び国際基準との調和原則を取り上げ，ガット，TBT協定及びSPS協定の文言及び文脈の相違に留意しつつ，協定間の相互参照による規範構造の動態的発展の動向を考察することとしたい。

6.1 無差別原則

ガットでは3条4項が内国民待遇原則を定めており，TBT協定では2条1項が，そしてSPS協定では2条3項が無差別原則を定めている。これらの条

項をより詳細に見てみると，ガット3条4項は「同種の輸入産品」に対し「国内産品に許与される待遇より不利でない待遇」を提供することを定めており，TBT協定2条1項は，輸入産品に対し「同種の国内原産の及び他のいずれかの国を原産地とする産品に与えられる待遇よりも不利でない待遇」を提供することを定めている[2]。他方，SPS協定2条3項は，SPS措置が「同一又は類似する条件の下にある加盟国の間（自国の領域と他の加盟国の領域との間を含む。）において恣意的又は不当な差別をしない[3]」ことを要件とし，SPS措置が「国際貿易に対する偽装した制限となるような態様」で適用されないことを定めている。

一見してガット及びTBT協定における無差別原則は「同種の産品」や「不利でない待遇」のように，相当に類似した文言で構成されており，SPS協定の場合はどちらかというとガット20条柱書の文言に似た構成となっていることが分かる。しかしながら，ガット20条は，同3条のような義務条項の違法性が確認された規制措置に対してのみ実質的な意味があるが，TBT協定2条1項やSPS協定2条3項は，各々それ自体が義務条項として機能し，これらの条項への遵守は「例外」ではなく「義務」として加盟国に適用されることから，その他の義務違反が前提とされる必要はない。

6.1.1　ガットとTBT協定

まず，相当な文言の類似性が見られるガット3条4項とTBT協定2条1項とを比較してみよう。本書の第2章及び3章で確認したとおり，ガットとTBT協定の下では，市場における競争関係，特に伝統的な4つの基準に基づいて「同種の産品」の概念が判断されている。ここで，加盟国が追求する正当な規制目的や規制措置を導入した意図は，同種性の判定に大きな影響を与えない。ガット3条4項の審査において，加盟国の規制目的が同種の産品の判定に影響を及ぼしうるか否かをめぐっては，ガット時代の先例にまで遡る長い論争の歴史があったが，この点は *EC—Seal Products* 事件を契機に，少なくとも紛争解決機関の実行の面からはひとまず決着がついたように思われる。

「不利な待遇」の要素については，ガットとTBT協定の両者とも，加盟国

---

[2]　TBT協定2条1項は，内国民待遇と最恵国待遇を同時に規律する。
[3]　その意味で，SPS協定2条3項も内国民待遇と最恵国待遇を同時に規律するといえる。

の措置によって「輸入産品に悪影響を及ぼすように競争条件が変更されているか否か」が重点的に考慮される。ガットの文脈では，これが「不利な待遇」の存在を成立させる十分条件となり，これが確認される時点でガット3条4項の審査は終了する。しかしながら，TBT協定の文脈では，これに加えて「正当な規制上の区別」の基準が追加的に適用される。同基準の下で加盟国の正当な規制目的は考慮されるべき関連要素の1つとなり，国際貿易に悪影響を与えるTBT措置が救済される根拠となる。同基準の下では，措置によってもたらされている悪影響がもっぱら「正当な規制上の区別」に起因するか否か又は規制が公平性のある形で実施されているか否かが検討され，紛争事例によっては，ガット20条の柱書でいう「恣意的又は不当な差別」の審査に類似した基準が用いられている。結局，TBT協定における無差別原則の規範構造は，ガット3条4項と20条の柱書とを合わせた複合的な構成となっているといえよう。これは，ガットの規範構造，つまり国内措置がガット3条4項のような義務条項に違反する場合に限ってのみガット20条が適用されるという規範構造とは対照的である。TBT協定2条1項における以上のような2段階審査の枠組みは，上級委員会によって明確に確認されており[4]，TBT協定2条1項の解釈が問題となった関連事例で一貫して踏襲されてきている。

　TBT協定2条1項の審査において文言上の根拠のない「正当な規制上の区別」の基準を導入した理由として，上級委員会は貿易自由化を追求する協定の目的と加盟国が保持する規制権との間で確立されるべき「均衡点」という概念を取り上げている。すなわち，TBT協定で確立されるべき，貿易自由化の目的と加盟国の規制権との間における「均衡点」というのは，原則としてガット3条4項と20条の間で確立されている「均衡点」と異ならないため，紛争解決機関は，ガット20条のような一般的例外条項の存在しないTBT協定でこのような「均衡点」を同じように実現すべく，以上のような追加的な審査を導入しているのである。「正当な規制上の区別」の基準がガット20条

---

[4] US—Tuna II (Mexico) (Article 21.5—Mexico), Appellate Body Report, para. 7.26 ("Rather, a second step of analysis is needed, namely, an assessment of whether the detrimental impact on imports stems exclusively from a legitimate regulatory distinction rather than reflecting discrimination against the group of imported products. Where the detrimental impact caused by a technical regulation stems exclusively from a legitimate regulatory distinction, such technical regulation is not according less favourable treatment to imported products within the meaning of Article 2.1 of the TBT Agreement.").

の柱書要件に似た形で解釈されていることは注目に値する。問題の差別と規制目的との合理的な関係に注目する柱書の基準が，TBT協定2条1項の審査においても積極的に引用されており，紛争解決機関もガット20条の文脈で発展した法理に従って協定解釈を行っている。これは，ガットの文脈で踏襲されてきた解釈基準をTBT協定の文脈で読み込むという，協定間の相互参照の代表的な例である。

　上級委員会がTBT協定2条1項の審査に際して，文言上の根拠のない解釈基準を導入しているのは，「同種の産品」や「不利な待遇」の概念についてのガット上の解釈基準をそのままTBT協定2条1項で適用する場合に生じうる不合理な結果が原因であると考えられる。ガット3条4項の審査においては，原則として加盟国の規制目的が考慮されえないことから，同様の解釈基準がTBT協定2条1項で適用される場合，ガットの文脈とは違って，加盟国が正当な規制目的を踏まえて国内規制の正当化を主張する道が遮断されてしまう恐れがある。本来TBT措置は産品間の特性を区別するものであるため[5]，もしガット3条4項の解釈基準がTBT協定2条1項でそのまま借用される場合，TBT協定の義務は加盟国にとって非常に遵守が厳しいものとなってしまう。TBT協定の適用対象となるTBT措置は，ガットの適用対象となる国内措置に包摂される概念であるため[6]，ガットの文脈で正当化の可能性が開かれている措置が，TBT協定の文脈では協定違反になってしまうような状況は，協定間の非一貫性を生じさせ，WTO法における法的安定性及び予見可能性の面から望ましくない。このような懸念は，上級委員会自らの説明からも確認されている。上級委員会は，TBT協定前文で確認されている「ガットの目的を発展させることを希望する」という文言に注目し，同文言はTBT協定がガットの規律を発展又は一歩前進 (step forward) させることを意味すると指摘しながら，ガットとTBT協定の規律範囲が重なりうること，そして両者は類似した目的を有していることを考えると，TBT協定は既存のガット上の規律を拡張させるものであり，したがって，両者の協定は「一貫したかつ調和的な」形で解釈されなければならないと強調している[7]。

---

[5] *US—Clove Cigarettes*, Appellate Body Report, para. 98.
[6] *Ibid.*, para. 100.
[7] *Ibid.*, para. 91.

興味深いことに，上級委員会は，TBT協定前文6節[8)]に確認されている加盟国の権利が，協定前文5節[9)]に反映されている貿易自由化の目的を均衡させている (counterbalancing) とし，前者は，後者における「国際貿易に不必要な障害をもたらすこと」を防止しようとする協定の願望 (desire) に対する加盟国の規制権を認める (recognizes) ものであると説明している[10)]。上記のとおり，これらの2つの目的の間で確立されるべき「均衡点」というのが，ガットで確立されている「均衡点」と原則として異ならないとの上級委員会の説明に鑑みると，ガットとTBT協定とは同じ性質の「均衡点」の確立を図っているといえる。TBT協定の主要な文脈を構成する，上記「均衡点」という概念を媒介に定立されるガットとTBT協定との関係，そして紛争解決機関が強調する「一貫したかつ調和的な」解釈を踏まえるに，今後の事例においてガット20条の文脈で展開される解釈基準がTBT協定2条1項の文脈で有意義な形で参照される可能性は非常に高いと思われる。特に，各事例で洗練されていく法理や用語の意味及び内容は，相互参照を通じて各協定に移植され，協定解釈の明確さの向上に貢献するだろう。逆に，TBT協定2条1項の審査において考慮される関連要素がガット20条柱書の解釈にも有意義な形で参照される可能性もある。このような現象は，ガット及びTBT協定における加盟国の国内規制権限を考察する際に，両協定の動態的な相互参照の動向に注目する必要があることを示唆する。

6.1.2　ガットとSPS協定

他方，SPS協定2条3項で定められる無差別原則は，ガット3条4項やTBT協定2条1項とは異なる構成となっている。ここでは，「同種の産品」や「不利な待遇」といった概念は用いられていない。むしろ，SPS協定2条

---

8) TBT協定前文6節：「いかなる国も，同様の条件の下にある国の間において恣意的若しくは不当な差別の手段となるような態様で又は国際貿易に対する偽装した制限となるような態様で適用しないこと及びこの協定の規定に従うことを条件として，自国の輸出品の品質を確保するため，人，動物又は植物の生命又は健康を保護し若しくは環境の保全を図るため又は詐欺的な行為を防止するために必要であり，かつ，適当と認める水準の措置をとることを妨げられるべきでないことを認め」

9) TBT協定前文5節：「あわせて，強制規格及び任意規格（これらの規格には，包装に関する要件及び証票，ラベル等による表示に関する要件を含む。）並びに強制規格又は任意規格の適合性評価手続が国際貿易に不必要な障害をもたらすことのないようにすることを確保することを希望し」

10) *US—Clove Cigarettes*, Appellate Body Report, para. 95.

3項で規律される差別は，ガット20条の柱書で規律される類型の差別に似ている。先例で示されているとおり，実際，SPS協定2条3項の解釈においては，ガット20条の柱書の下で踏襲されてきた解釈基準が密接に関連づけられている。第4章で確認したとおり，上級委員会は *Brazil—Retreaded Tyres* 事件及び *US—Shrimp* 事件で示された「恣意的又は不当な差別」に関するガット20条の解釈基準を直接に参照しつつ，SPS協定2条3項を解釈している。ガット20条の文脈で展開される解釈基準は，今後のSPS協定2条3項の審査の文脈で引き続き参考にされるだろう。SPS協定2条4項の規定がガット20条(b)号を明確に参照していることは，このような両者の密接な関係を裏づける。紛争解決機関は，SPS協定がガットの関連規則，特にガット20条(b)号を具体的に定めるものであるとし[11]，両者が密接な関連を有することを確認している。

ただし，ガット20条の柱書は「同様な(same)」条件にある諸国の間における「恣意的又は不当な差別」を規律対象とするのに対し，SPS協定2条3項は「同一又は類似する(identical or similar)」条件にある諸国の間における「恣意的又は不当な差別」を規律対象としていることから，後者には理論的により広い規律範囲が想定されている。紛争解決機関が，このような文言の相違を有意義な形で把握するかどうかは今後の事例の発展を注視する必要があると考える。他方，*US—Animals* 事件のパネルは，ガット20条の文脈で解釈がなされた *EC—Seal Products* 事件の上級委員会の説明を参照しながら，措置が有する特殊な性質と当該事案の状況とに照らして，恣意的又は不当な差別の該当性を判断するという目的に「関連する」条件のみを考慮すべきとし，規制措置が追求する規制目的は，ここでいう条件が「関連する」ものであるか否かを決定する際に，有用な指針(guidance)を提供すると指摘している[12]。SPS協定2条3項の審査では，問題の差別が「同種の産品」間で生じているか否かよりも，関連諸国の置かれている「条件」の方に焦点が当てられており，紛争解決機関も，SPS協定2条3項で規律されるのは「同種の産品」間の差別のみならず，「異種の産品」間の差別も含まれるとしている[13]。すなわち，ここでは，市場における産品の同種性よりは，加盟国が危険性に

---

[11] *US—Poultry (China)*, Panel Report, para. 7.481.
[12] *US—Animals*, Panel Report, para. 7.572.
[13] *Australia—Salmon (Article 21.5—Canada)*, Panel Report, para. 7.112.

対処する局面との関係で、置かれている関連の状況の同種性又は類似性が重要な基準となる。

このように、SPS 協定 2 条 3 項の文言とガット 20 条の文言との類似性から、紛争解決機関は、様々な局面で相互参照の手法を用い、後者の解釈基準を前者の審査に持ち込んでいる。同様の意味で、類似した文言が用いられている SPS 協定 2 条 3 項の文脈で発展した解釈基準が、ガット 20 条の柱書の審査において有意義な形で参照される可能性もあろう。後述するとおり、SPS 協定の文脈で踏襲される解釈基準、特に、科学的根拠の原則や国際基準との調和原則のような、ガットの関連規定をより具体的に規律するために導入された特殊な原則についての解釈基準は、ガットの文脈においても多様な形で参考にされており、その意味で、ガットと SPS 協定との間でなされる解釈基準の相互参照は、一方向 (SPS 協定の解釈において、ガットの解釈基準が参照されること) ではなく、双方向の性質である。これは、SPS 協定がガット、特に 20 条 (b) 号の適用のためのさらに具体的な規則を定めるものとして、両者が相互に密接な関連性を有していること[14]を考えると、当然の結果である。今後の事例において、ガット、特に 20 条の解釈基準は SPS 協定の解釈基準と歩調を合わせて展開される可能性が非常に高いと思われる。ガット 20 条は、ガットにおける加盟国の国内規制権限を保障する機能を有し、貿易自由化の目的と加盟国の正当な規制権との間における均衡点を支える 1 つの柱であるといえるが、ガット 20 条と SPS 協定との密接な関係、そして両者の間でなされる解釈基準の相互参照の動向に鑑みると、SPS 協定における加盟国の国内規制権限も以上のような、両協定の動態的な相互作用に照らして理解する必要があると考える。

6.1.3 小 括

以上のように、ガット、TBT 協定及び SPS 協定における無差別原則の解釈に関しては、相当な程度の協定間の相互参照の動向が示されている。それでは、紛争解決機関が用いる協定間の相互参照の手法はどのように評価すべきだろうか。ガット、TBT 協定及び SPS 協定の一般的関係については、第 5 章で検討したとおりであるが、実はこれら 3 協定には以上のような相互参

---

[14] SPS 協定前文 8 節を参照。

照の手法を裏づける文言上の根拠はない。それでは，紛争解決機関は何を根拠にして相互参照の手法を用いているのだろうか。考えられる根拠としては大きく3つが挙げられる。

第1は，文言の類似性である。協定間の相互参照を活用する際に，紛争解決機関は文言上の類似性を相当に強調しており[15]，ガットの規定がその他の協定の解釈に際して，直接的な参照の文脈を提供すると確認している[16]。

第2は，一括受諾の対象としてのWTO協定の性質である。ガット，TBT協定及びSPS協定はWTO設立協定の不可欠な一部分をなし，加盟国に同時にかつ累積的に適用されることから，これら3協定は全ての協定及びその規定に実効的な意味を与えるように，調和的に解釈されなければならない[17]。「WTO協定附属書1Aに関する解釈のための一般的注釈」は，「ガットの規定とWTOを設立する協定附属書1Aのその他の協定の規定とが抵触する場合には，抵触する限りにおいて，当該その他の協定の規定が優先する」と定めているが，第5章で確認したとおり，紛争解決機関は同規定でいう「抵触」を非常に狭く解釈し，基本的にガット，TBT協定及びSPS協定の間で抵触の存在は想定されえないとの前提の下で，これら3協定の一貫したかつ調和的な解釈の重要性を強調している。ガット，TBT協定及びSPS協定が一貫したかつ調和的な形で解釈されるべきという原則は，協定間の相互参照にどのような影響を及ぼすだろうか。この解釈原則は，これら3協定で適用される法的基準 (legal standards) に同じ意味が与えられるべきことを必ずしも意味

---

[15] ガットの文言とTBT協定の文言との類似性については，*US—Clove Cigarettes*, Appellate Body Report, paras. 99-100を参照。ここで上級委員会は，ガット3条4項とTBT協定2条1項とが非常に似ている (closely resembles) と指摘している。他方で，ガットの文言とSPS協定の文言との類似性については，*Australia—Salmon*, Appellate Body Report, para. 251 及び *India—Agricultural Prodocts*, Panel Report, para. 7.427 を参照。*India—Agricultural Products* 事件のパネルは，SPS協定2条3項の解釈に際して，ガット20条が「一定の有用性 (some utility)」を提供すると指摘している。

[16] *US—Clove Cigaretttes*, Appellate Body Report, para. 100; *EC—Seal Products*, Appellate Body Report, para. 5.122; *US—Tuna II (Mexico) (Article 21.5—Mexico)*, Appellate Body Report, para. 7.88.

[17] *EC—Seal Products*, Appellate Body Report, para.5.123 ("We observe that the GATT 1994, the TBT Agreement and the other covered agreements are integral parts of the Marrakesh Agreement Establishing the World Trade Organization (WTO Agreement). Thus, the provisions of the WTO covered agreements should be interpreted in a coherent and consistent manner, giving meaning to all applicable provisions harmoniously.").

しないが[18]、これら3協定が相互に矛盾するような形で解釈される状況を避けるべく、紛争解決機関に協定間の相互参照を通じて相当に類似した解釈を導き出す誘因を与える。もし1つの規制措置に対して複数の協定が適用可能な場合に、それらの協定が相互に矛盾した形で解釈されるならば、申立国はそのような矛盾を戦略的に適用法を選別する根拠として活用することになろうが、そのような現象はWTO法の実効性の確保という観点から望ましくない。さらに、1つの規制措置が抱える同一の法的争点が多様に解釈される余地を残す、協定間の非一貫性を招くような解釈は、WTO協定の調和的な規範体制の妨げとなり、規範体制の断片化の問題を呼び起こす恐れがある。これは、加盟国の国内規制権限との関係からも非常に重要な論点となる。各協定で保障される加盟国の国内規制権限に関しても、協定間で非一貫性が生じないように解釈されなければならない。この点は、次の3つ目の根拠とも密接な関連がある。

第3は、貿易自由化という各協定の目的と加盟国が保持する規制権との間における「均衡点」という概念である。紛争解決機関は、ガットとTBT協定間でなされる相互参照の規範的な根拠として、「均衡点」という概念に触れている。紛争解決機関は、ガットの3条と20条との関係のような「規則―例外」の構図の下で確立される、貿易自由化の目的と加盟国の規制権との間における「均衡点」が、TBT協定の文脈においても同様に確立されるべきとし[19]、これを実現するためにガット20条柱書の規範構造に類似するような、新しい解釈基準を導入している。紛争解決機関は、この「均衡点」との関係でガットとTBT協定との間に非一貫性又は非対称性が生じてはならないことを相当に意識しているように思われる。紛争解決機関は、ガット3条と20条との間で確立される「均衡点」とTBT協定の下で確立される貿易自由化の目的と加盟国の規制権との間における「均衡点」が、原則として異ならないと強調している。これは、ガットの下で保障されるべき加盟国の国内規制権限の範囲と、TBT協定の下で保障されるべき国内規制権限の範囲とが、根本的に同じ広がりを持つことを意味する。

結局、ガット、TBT協定及びSPS協定の文言の類似性、これら3協定の一貫したかつ調和的な解釈の必要性、及び貿易自由化の目的と加盟国が保持

---

18) *Ibid.*
19) *US—Clove Cigarettes*, Appellate Body Report, para. 109.

する規制権との間における「均衡点」の同一性により，紛争解決機関としては，協定間の相互参照の手法を通じて協定解釈を展開するように方向づけられる。このような協定間の相互参照の動向により，各協定の解釈が相互に類似した形で展開される傾向が濃厚になる。これは，一定の状況の下で，ガット，TBT協定及びSPS協定における関連規定の解釈基準が一方向へと収斂していく可能性を示唆する。このような現象は，ガットとその他の協定において確立されるべき「均衡点」が同一であるとの上級委員会の説明に照らして考えるに，説得力のあるものといえる。それでは，このような解釈基準の収斂という現象は，加盟国の国内規制権限の観点からどう評価すべきだろうか。これまでの事例で示される特徴的な展開の1つは，協定間の相互参照の手法を通じて，各協定で保障される加盟国の国内規制権限の範囲が影響され，その調整が暗示されているということである。このような現象は，特にガットとTBT協定の間で顕著である。

　TBT協定は，正当な規制目的を限定列挙しておらず，紛争解決機関もTBT協定における正当な規制目的の範囲を柔軟に解している。*US—COOL* 事件で問題となった「消費者に原産地の情報を提供する」という目的は，TBT協定で直接に明示されていないが，紛争解決機関はこれを正当な規制目的として認めている。もし，ガットの下で保障される加盟国の国内規制権限の範囲がTBT協定で保障されるものと同様な広がりを持つとすれば，ガット20条の文脈で正当なものと認められる規制目的の範囲も既存の限定列挙されている10個の規制目的から必然的に拡大されなければならない。この点に関して，近年の事例における展開は興味深い。実際，*EC—Seal Products* 事件の上級委員会は，「先住民の生活文化及び伝統を保存する」という，ガット20条で列挙されていない規制目的を正当な規制目的として黙認しており，加盟国が自ら積極的に具体的な例を挙げない限り，TBT協定ではカバーされてガット20条ではカバーされない規制目的は想定できないという立場をとっている[20]。TBT協定の文脈では，同協定2条2項で明示されているいくつかの正当な規制目的以外について，紛争解決機関がその他のWTO法で明示されている目的を参考にして判断を下すなど，非常に柔軟な基準が示されている。特に，上級委員会は，ガット及びその他のWTO協定の文言との「多少の関連」を

---

[20]　*EC—Seal Products*, Appellate Body Report, paras. 5.127–5.129.

探るなど，TBT 協定の重要な文脈を構成する上記「均衡点」を適切に反映すべく，積極的に規制目的の正当性を検討する態度を見せている。このような解釈は，ガット 20 条の文脈でも同じように適用される可能性が十分あると思われる。特に，ガット 20 条 (a) 号における「公徳」の潜在的な広がり，そして紛争解決機関が用いている「発展的解釈」の解釈原則は，ガット 20 条の文言を柔軟に解釈するためのよい手がかりとなろう。さらに，本書の第 2 章で確認したとおり，ガット 20 条 (d) 号でいう「法令」についての解釈が，国際的規範に基づく国内法を自動的に排除するようなものではないという事実も重要である。以上のような各号の柔軟な解釈は，ガット 20 条における規制目的の限定列挙の限界を克服するためのよい手段となろう。結局，このような事情を総合的に勘案すれば，TBT 協定で正当と認められる規制目的は，ガット 20 条の文脈でも正当化の対象となる可能性が出てきたといっても過言ではないと思われる。

　このような現象は，結局，ガットと TBT 協定とが異なる文言及び文脈で構成され，各協定で保障されるべき加盟国の国内規制権限の範囲が一見異なっているとしても，貿易自由化という協定の目的と加盟国の正当な規制権との間における「均衡点」という概念を媒介にして，各協定で保障されるべき国内規制権限の範囲も同化されていく可能性を示唆する。もちろん，この点を明確にするには，紛争解決機関がガット 20 条各号の列挙をより柔軟に解釈するという立場を積極的に宣言する必要があると思われるが，近年の事例で示されている，ガット 20 条 (a) 号における「公徳」についての柔軟な解釈や (d) 号における「法令」についての柔軟な解釈は，紛争解決機関が今後徐々にこのような方向へ進んでいく可能性を示唆する[21]。他方，ガットと類似した形で一般的例外条項を定め，ガット 20 条との広範な相互参照の実行が見られる，GATS の文脈で興味深い説明がなされている。*Argentina—Financial Services* 事件の上級委員会は，GATS がその規範構造上，「規則―例外」という構図の下で加盟国の規制権と貿易自由化原則の均衡を図っていると指摘しながら，基本的に加盟国には協定前文で「国内政策目的 (national policy objectives)」を追求する権利が認められており，さらに，広範な政策目的 (a wide

---

[21] もちろん，最も確かな方法は，現代的な非貿易的関心事項をより適切に反映すべく，加盟国が協定の文言を改定することであろう。*EC—Seal Products*, Appellate Body Report, paras. 5.127, 5.129.

range of policy objectives）を追求しながらも，GATS上の義務に適合する形でそれを実現することができると指摘する一方，規制措置が加盟国の義務に適合しない場合には，当該政策目的に照らしてGATS14条のような例外条項による正当化が認められると指摘した。他方，ここで上級委員会は，前文でいう「国内政策目的」はGATS14条における目的の限定列挙よりも広いと指摘しながらも，基本的に，国内政策目的の追求がGATS上の義務に適合しない場合には，例外条項による正当化が認められると再度強調している[22]。このような上級委員会の解釈は，GATS14条の限定列挙を認識した上での言及であるが故に，注目される。もちろん，ここで上級委員会が，いかなる政策目的に対してもGATS14条による正当化の援用が可能であることを黙認しているわけではなかろうが，ある程度柔軟な立場を見せようとする意識，又は，正当化が援用可能な政策目的の範囲の画定にあたって，慎重に取り組もうとする雰囲気を感じないわけではない。特に，以上の上級委員会の説明は，GATS前文の「国内政策目的」の範囲と14条の限定列挙の範囲とが一致しないことを確認したパネルが不利な待遇の審査において規制目的を関連づけたことを退けながら提示されたものであることを考えると，本書の内容との関係で興味深い説明であると考えられる。

6.2　必要性原則

　ガットの文脈で踏襲される解釈基準がその他の協定の解釈において相互参照されるという傾向がより明確に表れているのが，必要性原則である。ガットの文脈においては，ガット20条で「必要な」という文言が用いられている各号，例えば，「公徳の保護のために必要な措置・(a)号」「人，動物又は植物の生命又は健康の保護のために必要な措置・(b)号」及び「この協定の規定に反しない法令の遵守を確保するために必要な措置・(d)号」の解釈に際して必要性審査が行われる。第2章で検討したとおり，必要性審査はいくつかの関連要素を「比較衡量するプロセス」と，より貿易制限性の少ない代替措置の存在を確かめる「最小通商阻害性審査」とで構成される。他方，TBT協定2条2項は，国際貿易に対する「不必要な」障害をもたらすことを目的

---

[22]　*Argentina—Financial Services*, Appellate Body Report, paras. 6.114 and 6.117.

として又はこれらをもたらす結果となるように強制規格が立案され，制定され又は適用されることを規律すると同時に，強制規格が「正当な目的」の達成のために「必要である以上に貿易制限的」なものでないことを定める。SPS協定の文脈では，2条2項が，「SPS措置を，人，動物又は植物の生命又は健康を保護するために必要な限度においてのみ適用すること」を要件とし，SPS協定2条2項の具体的な適用として，SPS協定5条6項が「技術的及び経済的実行可能性を考慮し，SPS措置が衛生植物検疫上の適切な保護水準を達成するために必要である以上に貿易制限的でないこと」を定める。

このように，ガット，TBT協定及びSPS協定で定められる必要性原則は相互に類似した構成となっている。ただし，これら3協定において必要性原則が適用される局面は異なる。ガットの文脈で措置の必要性が検討される局面は，ガットの義務条項に違反する措置の正当化の段階であるのに対し，TBT協定及びSPS協定の文脈では，必要性原則がそれ自体，遵守を求められる加盟国の義務として機能するため，問題の措置がその他の義務条項に違反しているかどうかにかかわらず必要性原則は充たされなければならない。

6.2.1 ガットとTBT協定

まず，TBT協定2条2項で「不必要な」，「必要である以上に」及び「貿易制限的」といった文言が用いられていることから，紛争解決機関は，同条項における審査とガット20条における必要性審査との類似性に注目している。例えば，*US—Clove Cigarettes*事件のパネルは，TBT協定2条2項の法的基準がガット20条に非常に類似していること，そしてTBT協定前文でガット20条の文言が繰り返されていることに注目しながら[23]，TBT協定の準備作業を手がかりとして，同協定がガットを発展させるものであることを強調している。被申立国の米国は，TBT協定2条2項の審査においてガット20条(b)号の解釈基準が適用されるべきではないと主張したが，パネルはこの主張を拒否し，ガット20条(b)号の文脈で踏襲されてきた解釈基準がTBT協定2条2項の解釈にも関連しうるとした[24]。ただし，パネルは，ガット20条(b)号の解釈基準には，TBT協定では適用されえない「側面」があるとし，後者が前者によって完全に(entirety)置き換えられるべきではないとも付け加

---

23) *US—Clove Cigarettes*, Panel Report, para. 7.360.
24) *Ibid.*, paras. 7.368–7.369.

えている[25]。すなわち，ガット 20 条の文言と TBT 協定 2 条 2 項の文言とが相当に類似しているが故に前者の解釈基準が後者の解釈に際して有用な参考になるとしても，厳密には各協定における両条項の位置づけは異なり，用いられている文言も完全に同一ではないことから，機械的又は自動的に両者の解釈基準を代替可能なものとみなしてはならないということである[26]。しかしながら，その後の事例の動向を見てみると，紛争解決機関は積極的にガット 20 条の解釈基準を参照しつつ TBT 協定 2 条 2 項を解釈するアプローチをとっている。例えば，*US—Tuna II（Mexico）* 事件の上級委員会は，TBT 協定 2 条 2 項の審査に際しては，まずガット 20 条及び GATS14 条の文脈で「必要性」がどのように解釈されているかを確認する必要があるとし，*Korea—Beef* 事件及び *Brazil—Retreaded Tyres* 事件など，ガット 20 条の関連事例を直接に引用しながら，ガット 20 条の必要性審査に非常に似た形で TBT 協定 2 条 2 項を解釈及び適用している[27]。さらに，*Colombia—Textiles* 事件の上級委員会は，ガット 20 条における必要性審査の 2 段階構造，すなわち，関連要素の比較衡量と代替措置の検討という順次的な審査の枠組みを確定するに際して，TBT 協定 2 条 2 項に関する事例を直接引用し，自身の説明を裏づける根拠として用いている[28]。このような実行は，両協定における相互参照の双方的な性質を表す。すなわち，TBT 協定 2 条 2 項の文脈で具体化又は洗練化されていく解釈は，ガット 20 条の解釈にも有意義な形で参照されうる。

　ガット 20 条における必要性審査では，措置が追及する「価値の重要性」，そのような価値の達成に向けた「措置の貢献度」，そして「措置の貿易制限性」が相互に比較衡量され，その結果として当該措置が「必要な」ものであるとの「暫定的な結果」が導き出されれば，次の段階として，貿易制限性がより少ないと同時に加盟国にとって合理的に利用可能な代替措置の有無が検討されるという，2 段階の審査で構成される。TBT 協定 2 条 2 項の審査にお

---

25) *Ibid.*, para. 7.369 ("At the same time, we are not saying that Article XX (b) jurisprudence can be transposed in its entirety onto Article 2.2 of the *TBT Agreement*. It may well be that there are certain aspects of Article XX (b) jurisprudence that are not applicable in the context of Article 2.2 of the *TBT Agreement*.").
26) 目的の未達成による危険性が考慮されるべきとする TBT 協定 2 条 2 項の文言とは対照的に，ガット 20 条の文脈で危険性についての考慮は必然的ではない。例えば，*EC—Seals*, Appellate Body Report, para. 5.198.
27) *US—Tuna II (Mexico)*, Appellate Body Report, footnote. 643 and 645.
28) *Colombia—Textiles*, Appellate Body Report, para. 5.74 and footnote. 170.

いても，ガットにおける必要性審査に似た形で，「強制規格の貢献度」，「強制規格の貿易制限性」，そして「目的が達成できないことによって生ずる危険性」などの関連要素が比較衡量され，合理的に利用可能な代替措置の有無が検討されるという順次的な構成が確立している[29]。

ただし，比較衡量の対象となる関連要素の中で，ガット20条の必要性審査においては，措置が追求する規制目的が特定され，その規制目的に関連する「価値の重要性」が考慮されるのに対し，TBT協定2条2項の審査においては規制目的の特定以外に，その「目的が達成できないことによって生ずる危険性」が追加的に考慮される。一見して，両要素は類似した機能を果たすように思われるが，両要素が完全に同一であるとはいえない。TBT協定の2条2項では，「危険性」が考慮要素として明示されており，上級委員会も同要素を含む関連要素の「相関分析 (relational analysis)」を強調している[30]。相関分析という用語は，より直接な比較検討を想定するものであり，その意味で，価値の重要性が直接に比較衡量の対象とならないガットの必要性審査とは異って，TBT協定の文脈では，危険性という要素がその他の要素との直接な比較検討の対象となる。*US—COOL (Article 21.5—Canada and Mexico)* 事件の上級委員会は，目的が達成できないことによって生ずる危険性を比較衡量の関連要素として適切に考慮しなかったパネルの審査は誤りであり，パネルはより積極的かつ有意義な形で当該要素を評価すべきだったと指摘している[31]。すなわち，当該要素を比較衡量の文脈で考慮することはTBT協定2条2項の文言による指示であり，これを適切に考慮しないことは，むしろ誤った審査となる。

実際，*US—COOL* 事件の上級委員会は，消費者に原産地の情報を提供するという目的が達成できないことによって生ずる危険性は，そこまで「重大 (grave)」ではないと確認している[32]。これは，ガット20条の必要性審査の

---

29) *See*, *US—Tuna II (Mexico)*, Appellate Body Report, para. 322; *US—COOL*, Appellate Body Reports, paras. 374-378; *US—COOL (Article 21.5—Canada and Mexico)*, Appellate Body Reports, para. 5.197.
30) *US—Tuna II (Mexico)*, Appellate Body Report, para. 318 ("In the context of Article 2.2, the assessment of 'necessity' involves a relational analysis of the trade-restrictiveness of the technical regulation, the degree of contribution that it makes to the achievement of a legitimate objective, and the risks non-fulfilment would create.").
31) *US—COOL (Article 21.5—Canada and Mexico)*, Appellate Body Report, paras. 5.295-5.297.
32) *US—COOL*, Appellate Body Report, para. 479.

文脈で，問題となった「価値の重要性」が否定されたことは皆無であるという事実とは対照的である。この点に関しては，ガット 20 条の必要性審査とは違い，TBT 協定 2 条 2 項の文脈では危険性という要素が実質的な比較衡量の対象となり，問題の措置に比べて危険性への対処にはそこまで効率的でないが，より貿易制限性が少ない代替措置が，合理的に利用可能な代替措置として認定される余地があると指摘する見解もある[33]。この点に関しては，パネルの事実認定の欠如のため，上級委員会は追加的な審査を行っていない[34]。ただし，危険性という要素が比較衡量の対象となるとしても，危険性を含む関連要素の比較衡量が加盟国の適切な保護水準を侵害するような形でなされてはならない。

　このような微妙な差異は，ガット 20 条と TBT 協定 2 条 2 項それぞれの文言の相違に起因するものである。すなわち，ガット 20 条は限定列挙の形で正当な規制目的を挙げており，これらの規制目的(価値)の重要性はガットの起草作業時に既に確認され，加盟国からも承認されたものであることから，基本的に問題の措置がガット 20 条の各号で定める規制目的を追求するものであるという客観的な事実が証明される時点で，その「相対的な」重要性は実質的な意味を失う[35]。しかし，TBT 協定 2 条 2 項の場合，正当な規制目的が限定されていないことから，いかなる規制目的が問題となっているかによって，その目的が達成できないことによって生ずる危険性という要素についても，紛争解決機関が個別的に考慮しなければならない。このような事情を考えると，TBT 協定 2 条 2 項の審査では，加盟国が追求する規制目的及びそれに関連する危険性につき，紛争解決機関がより踏み込んで実質的な検討を行い，その他の関連要素との直接的な比較衡量を行う余地があるといえよう。TBT 協定 2 条 2 項の解釈が，ガット 20 条の解釈基準によって完全に置き換えられるべきではないとの紛争解決機関の説明は，以上のような各協定の文言の特殊性の故に，解釈の微妙な相違が生じうるということを念頭に置いてのことかもしれない。

---

[33]　Downes ('Worth Shopping Around') 571.
[34]　*US—COOL*, Appellate Body Report, para. 479.
[35]　McGrady ('Necessity Exceptions') 162.

6.2.2 ガットと SPS 協定

それでは，SPS 協定 2 条 2 項及び 5 条 6 項で定める必要性原則とガット 20 条における必要性審査はどのように相互作用するだろうか。第 4 章で触れたとおり，SPS 協定 5 条 6 項は 2 条 2 項をより具体的に定めるものであり[36]，両者はともに解釈されなければならない。これらの条項では「必要な」，「必要である以上に」及び「貿易制限的」といった文言が用いられていることから，それらの条項を解釈する際には，ガット 20 条の解釈基準が参考になることが予想される。SPS 協定 5 条 6 項及び 2 条 2 項の審査はガット 20 条における必要性審査に比べて，どのような特徴があるだろうか。

SPS 協定 2 条 2 項の義務を具体的に定める 5 条 6 項及びその注釈によれば，「必要である以上に貿易制限的でない」という要件は，「加盟国が設定する適切な保護水準を達成し，かつ，貿易制限の程度が相当に小さい，技術的及び経済的実行可能性を考慮して合理的に利用可能な代替措置が存在しない場合」と理解される。このように，SPS 協定の文言は，ガット及び TBT 協定の文脈で採用されているような比較衡量プロセスを想定していない。紛争解決機関も，SPS 協定 5 条 6 項を解釈する際に，*Korea—Beef* 事件式の比較衡量プロセス，すなわち，措置が追求する価値の重要性，措置の貢献度及び措置の貿易制限性といった関連要素をそれらの相互関係に照らして考慮するという審査は採用していない。むしろ，「最小通商阻害性審査」に似た形で SPS 措置の必要性が検討されている。すなわち，SPS 措置の必要性に関しては，第 1 に，技術的及び経済的実行可能性に考慮して，合理的に利用可能な代替措置が存在するかどうか，第 2 に，代替措置が加盟国の適切な検疫上の保護水準を達成するかどうか，第 3 に，代替措置が問題の SPS 措置に比べて，相当に貿易制限性が少ないかどうか，という以上の 3 点が累積的に検討される[37]。

それでは，SPS 措置の必要性が問われる局面において，比較衡量プロセスが行われる余地はないのだろうか。SPS 協定の文脈で比較衡量プロセスが想定されていないことについては，いくつかの理由が考えられる。第 1 に，SPS 措置に関しては，価値の重要性を評価する必要がそもそもない。基本的に SPS

---

36) *EC—Biotech Products*, Panel Report, para. 7.1433.
37) Marceau and Trachtman ('A Map of the World Trade Organization Law 2014') 382.

措置には，検疫上の危険性を防止し，人，動植物の生命又は健康を保護するという規制目的が前提条件として既に反映されている。すなわち，SPS協定の適用対象となるSPS措置には，先例で紛争解決機関によって最高位に重要な価値と認定されてきた規制目的が既に反映されており，問題の措置がSPS措置に該当すると確認される時点で，措置が追求する価値の重要性を個別的に評価する必要性がそもそも生じない。第2に，SPS協定の審査においては，規制目的に向けたSPS措置の貢献度がそこまで重要視されていない。SPS協定では，適切と認める保護水準を設定する加盟国の権利が条文によって明示的に保障されており，SPS措置の必要性に関しては，申立国から提示される代替措置が，加盟国の認める適切な保護水準を保障するかどうかが争点となる。ここでいう加盟国の適切な保護水準という概念は，SPS措置によって達成される保護水準とは区別されている。すなわち，代替措置との比較検討の際に焦点が当てられるのは，加盟国が適切と認める保護水準と，代替措置によって保障される保護水準との関係であり，問題のSPS措置によって保障される保護水準と代替措置によって保障される保護水準との関係ではないため，問題のSPS措置が規制目的の達成にどの程度貢献するかについての検討は実質的な意味がなく，実際に紛争解決機関もSPS措置の貢献度についての検討を真剣に行っていない[38]。ここで争点となる主たる関連要素は，加盟国が適切と認める保護水準であり，SPS措置はそれを達成するための手段にすぎないと理解されるからである。他方，SPS措置の貢献度についての検討は，SPS協定2条2項2文における審査，つまりSPS措置が「科学的原則に基づいていること」が問われる審査の文脈でより技術的かつ科学的な形で行われると理解する見解もある[39]。

以上を総合的に鑑みるに，SPS協定の文脈で検討される必要性原則は，「最小通商阻害性審査」のみとなっていると理解しても無理はないと思われる。SPS協定がWTO協定の一部として統合されたのは1995年のことであり，SPS協定で導入された必要性原則も，90年代のガット時代に踏襲されていた従来の伝統的な必要性審査を念頭に置いて立案されたように思われる[40]。こ

---

[38] *Ibid.*

[39] Gruszczynski (*Regulating Health and Environmental Risks*) 245.

[40] *See*, Ming Du, 'The Necessity Test in WTO Law: What Now?' (2016) 15(4) *Chinese Journal of International Law* 817, 846.

れは，ガット時代の伝統的な必要性審査では明確にされていなかった諸概念，特に，「合理的に利用可能な代替措置」という概念の意味及び内容に関する基準，さらには，保障水準を自由に設定する加盟国の権利という概念が，SPS 協定5条6項及びその注釈で具体的に明記されていることからも明らかである。

それでは，SPS 協定における「合理的に利用可能な代替措置」の解釈に関して，ガット 20 条の解釈基準は参考になるだろうか。「合理的に利用可能な代替措置」の意味及び内容がもっぱら紛争解決機関の解釈に委ねられているガットの必要性審査とは異なり，SPS 協定は「技術的及び経済的実行可能性を考慮」することを明示しており，規制当局の国内における諸般の事情が考慮される余地をより明確に残している。ただし，SPS 協定の解釈においても，ガット 20 条の解釈基準と同様に，提示される代替措置が被申立国にとって実施することが困難である場合又は費用的及び技術的な側面からして相当な負担となる場合は，「合理的に利用可能な代替措置」とみなされえないと理解しても特に無理はないように思われる[41]。他方，ガット 20 条及び TBT 協定2条2項の解釈と同様に，「合理的に利用可能な代替措置」の意味及び内容は非常に文脈依存的であり，紛争解決機関が画一的な基準を提示することは容易ではないと思われる。ガットの関連事例で示されているように，代替措置の採用によって影響を受ける産業側における当該措置の遵守可能性など，市場における様々な関連要素が「合理的な利用可能性」の判断に関連しうることから，規制措置の性質，市場に与える影響，国内法の文脈で適用されるその他の規制のような様々な関連要素はケースバイケースで検討されなければならない。もちろん，ガット，TBT 協定及び SPS 協定のそれぞれの文脈で洗練されていく「合理的に利用可能な代替措置」の意味及び内容が，相互参照を通じて互いに影響を与えるように展開されていくことは間違いなかろう。

他方，代替措置の提示及び立証責任の法理に関しては，ガット 20 条の審査と SPS 協定5条6項の審査との間で一貫性が見られる。すなわち，被申立国は，申立国が代替措置を先に提示しない限り，自ら代替措置を網羅し，その利用 (不) 可能性を証明又は反証する必要はない。パネルも，紛争当事国から提示されていない代替措置を自ら特定し，その適合性を評価してはならない。

---

[41] Elbinsar Purba, 'Necessary Measure under the SPS Agreement' (2018) 13 *Asian Journal of WTO and International Health Law and Policy* 205, 224.

そのようにすることは，むしろ立証責任の法理を誤って適用した審査となる[42]。この点に関しては，ガットの解釈論の下で以上のような法理が明確に確立したことを，SPS協定に関する判例による影響として評価する見解も見られる[43]。

SPS協定5条6項は，申立国が提示する代替措置の貿易制限性が「相当に」少ないことを求めるという意味で，貿易制限性についての最小限の要件を追加的に定めているともいえる。しかし，この「相当に」という文言がどのように解釈され，ガット上の解釈基準と比べてどのような相違を生み出すことになるのかは，現時点で定かではない。先例では，特定の産品の完全な輸入規制を伴う措置が，そうでない措置より「相当に」貿易制限的であると確認されているが，この点に関する法理はより具体化される必要があると考える。文言に即した解釈によれば，SPS協定5条6項は，ガット20条の必要性審査に比べて，規制当局の方に有利な面があるともいえよう[44]。

6.2.3 小　括

このように，ガット，TBT協定及びSPS協定における必要性原則は，それぞれ異なる文言及び文脈に照らして適用されており，その適用される態様が実体又は手続の面からして必ずしも同様であるとはいえない。ガット20条は基本的に協定内では一般的例外条項と位置づけられ，問題の国内措置が一応ガットに違反すると判定された場合にのみ有意義な条文となるが，TBT協定及びSPS協定の下では，必要性原則は独立した義務条項として加盟国に適用される。このような協定内の位置づけの相違から，紛争当事国に配分される立証責任も異なる。さらに，ガット20条の各号では正当化可能な規制目的が限定列挙されているのに対し，TBT協定ではより多くの正当な目的が想定されているため，理論的にはTBT協定の下で保障される加盟国の国内規制権限の範囲がガット20条の下で保障される範囲よりも広くなる可能性がある。もちろん，本書で既に確認したとおり，紛争解決機関はこの点について明確な説明を控えながらも，原則としてガットとTBT協定の間において以

---

[42] *Japan—Agricultural Products II*, Appellate Body Report, paras. 129–130.
[43] *See, e.g.,* Kapterian ('A Critique') 114.
[44] Joel P Trachtman, 'Trade and... Problems, Cost-Benefit Analysis and Subsidiarity' (1998) 9(1) *European Journal of International Law* 32, 71; Neumann and Türk ('Necessity Revisited') 221.

上のような非一貫性は想定されえないとの立場をとっている[45]。他方で，SPS協定では主に特定の限られた規制目的，すなわち，危険性の侵入を防止し，人，動植物の生命又は健康を保護するという目的に焦点が当てられる。

　協定の文言及び文脈の相違，そして協定内における位置づけを考えると，これら3協定を貫いて普遍的に適用される画一的な必要性原則を定義するのは現実的に不可能である。しかしながら，それにもかかわらず，これら3協定で定められる必要性原則の「実質」は根本的に同一であることを指摘しておく必要がある。すなわち，必要性原則で問われる究極的な争点は，問題の規制措置に比べて，貿易制限性がより少ないと同時に，加盟国の国内事情，特に技術的及び経済的実行可能性に照らして合理的に利用可能な代替措置が存在するか否かなのである。*Korea—Beef*事件で導入された「比較衡量プロセス」も，結局，「合理的に利用可能な代替措置」を探る審査をより洗練させるために工夫された手法である。「比較衡量プロセス」が適用される態様を見ると，これが規制措置の一応の必要性を評価するために適用され，その後の「最小通商阻害性審査」のための情報収集の機能を果たすなど，より透明性のある形で必要性原則を貫徹させるという意図の下で導入されていることが分かる[46]。

　必要性原則は，ガット，TBT協定及びSPS協定の各協定で確立される，貿易自由化の目的と加盟国の規制権との間における「均衡点」を支える中枢的な原則であり[47]，これら3協定で用いられる文言の相違にもかかわらず，必要性原則が機能する方向性は同一であること，事例の蓄積により必要性原則及びそれに伴う審査の規範構造が徐々に明瞭になりつつあること，そして活発な協定間の相互参照を通じて各協定における解釈が相互補完される形で行われていることを考えると，今後の事例においては，各協定で適用される必要性原則が統一された解釈へと発展し，解釈が一方向へと収斂していく可能性もあると考える。上記のとおり，ガットの下で確立されている，貿易自由化の目的と加盟国の規制権との間における「均衡点」という概念は，TBT協定の下でも同じように確立されるべきことが協定の文脈上強調されており，SPS協定の趣旨も結局，その「均衡点」を支えるガット20条を具体的に定め

45）　詳細は，本書第3章の3.4.3. 及び第6章の6.1.2. の関連部分を参考のこと。
46）　Fontanelli ('Necessity Killed the GATT') 54.
47）　*Brazil—Retreaded Tyres*, Appellate Body Report, para. 210.

るものである。以上に鑑みると，より一貫したかつ調和的な形で必要性原則が適用されていくことが，国内規制権限に関する WTO 法の予見可能性の観点から望ましいと考える。

6.3 適切な保護水準の保障

「必要性原則」の適用及び解釈と密接な関連を有する要素の1つが，加盟国の適切な保護水準という概念である。加盟国が設定する適切な保護水準という概念は，規制当局が非貿易的関心事項の達成をどの程度追求するか又は関連する危険性からの影響をどの程度受け入れるかを自由に決定しうる権利を意味する。ガット，TBT 協定及び SPS 協定の解釈に際して，適切な保護水準を自由に設定する加盟国の権利は原則として認められているが，そのような権利の行使は，これら3協定で定める貿易自由化の義務を遵守するような形でなされなければならない。その意味で，保護水準を自由に決定する加盟国の裁量とこれら3協定の義務条項との間には，常に緊張関係があるといえる[48]。このような緊張関係の根底には，これら3協定の下で保障されるべき加盟国の規制権と貿易自由化という協定の目的との間における適切な均衡点をどのように位置づけるべきかという問題がある。加盟国が保護水準を自由に決定することができるという原則は，その当然の結果として，紛争解決機関の審査権限もそのような加盟国の権利の射程によって制限されることを意味する。紛争解決機関としては，このような加盟国の権利を常に認識しなければならず，各協定の適用及び解釈に際しても，加盟国の正当な権利を何らかの形で考慮しなければならない。その意味で，加盟国が設定する適切な保護水準という概念は，WTO 法の下で加盟国が享受する国内規制権限の範囲に直結する要素となる。

以下では，ガット，TBT 協定及び SPS 協定の適用及び解釈において，加盟国の適切な保護水準がどのように理解され，どのような形で保障されているかを概観する。その際に，近年の事例で見受けられる協定間の相互参照の動向に注目し，このような動向を評価する。

---

[48] Du ('Autonomy in Setting') 1079.

6.3.1　ガットにおける保護水準

ガットは，加盟国が設定する保護水準又は保護水準を設定する権利についての明文の規定を置いていない。ただし，同概念はガット時代からの先例において解釈論として確立している。ガットの文脈で本格的な必要性審査が初めてなされた US—Section 337 事件のパネルは，ガット20条の必要性審査で用いられる「最小通商阻害性審査」が，加盟国が設定する規制措置の「実施水準」を変更するよう加盟国に求めるものではないとし，したがって加盟国が特定の目的を達成するために自ら設定する措置の実施水準は，必要性審査によって損なわれないと確認した[49]。このように，ガットの文脈では加盟国が設定する保護水準という概念が，時として「実施水準 (level of enforcement)」のような用語に入れ替わって用いられる場合もある。加盟国が設定する保護水準の不可侵性は，その後の関連事例においても踏襲されることになる。Korea—Beef 事件の上級委員会は，WTO加盟国が適切な実施水準を自由に決定する権利を有することには疑問の余地がないとしており[50]，Brazil—Retreaded Tyres 事件の上級委員会は，適切と認める保護水準を決定する加盟国の権利を「根本的な原則 (fundamental principle)」と位置づけている[51]。加盟国が適切と認める保護水準という概念は，特にガット20条の必要性審査において決定的な関連要素となる。すなわち，必要性審査の核心をなす「合理的に利用可能な代替措置」の検討に際して，申立国が提示する代替措置は少なくとも規制当局の保護水準を同等に保障するものでなければならない[52]。

他方で，ガット20条の必要性審査の文脈において，以上のような加盟国の根本的な権利が本当に保障されているかにつき，疑問が呈されてきたのも事実である。本書の関連部分 (2.2.3.1) で触れたとおり，ガット時代に適用されていた伝統的な必要性審査は，その中身が明確でなく，果たして加盟国の保護水準を実質的かつ効果的に保障できるかにつき，疑問が持たれていた。む

---

49)　*US—Section 337*, GATT Panel Report, para. 5.26.
50)　*Korea—Beef*, Appellate Body Report, para. 176.
51)　*Brazil—Retreaded Tyres*, Appellate Body Report, para. 210 ("In this respect, the fundamental principle is the right that WTO Members have to determine the level of protection that they consider appropriate in a given context.").
52)　*US—Gambling*, Appellate Body Report, para. 308; *Brazil—Retreaded Tyres*, Appellate Body Report, para. 156; *EC—Seal Products*, Appellate Body Report, para. 5.261.

しろ，紛争解決機関は自ら判断する仮定上の代替措置をこの文脈でいう「合理的に利用可能な代替措置」として認定するなど，必要性審査が適用される様相は，必ずしも加盟国の国内事情を透明性のある形で考慮するものではなかったのである[53]。このような不合理な結果を避けるべく上級委員会が考案したのが，「合理的に利用可能な代替措置」の要件をより具体化した，いわゆる「比較衡量プロセス」である。しかしながら，「比較衡量プロセス」に関しても，加盟国が設定する保護水準との関係で，いくつかの疑問が残されていた。*Korea—Beef*事件の上級委員会は，比較衡量の対象となる関連要素の1つとして措置が追求する「価値の重要性」を挙げているが，もしこの要素が厳密な意味での「費用便益分析」の一環としてその他の関連要素と比較衡量されることになるとすれば，「比較衡量プロセス」は，必然的に加盟国が設定する保護水準と緊張関係をもたらす恐れがあるからである[54]。「費用便益分析」の一環として「価値の重要性」が比較検討の対象になるとすると，紛争解決機関が，「価値の重要性」に比べて措置の保護水準（実施水準）が比例的でないという結論を下す余地が生じる。そうなると，加盟国の保護水準を紛争解決機関が自らの判断で代替するような状況が理論上生じうる。国内事情に照らして保護水準を自由に設定する加盟国の権利は，ガット時代の事例からも例外なく踏襲されてきた「根本的な原則」であるが，このような権利と「比較衡量プロセス」との間にもたらされる緊張関係をどのように理解すべきかという問題をめぐり，学界においては様々な議論が行われた。

　第2章で触れたとおり，事例が重なるにつれ，必要性審査の中身も徐々に明確さを増し，近年の事例においては，「価値の重要性」を含む関連要素の「比較衡量プロセス」が，厳密な意味での「比例性原則」又は「費用便益分析」の形で適用されるよりは，むしろ加盟国の保護水準を考慮した「最小通商阻害性審査」の事前的な段階として機能するということが明らかになっている。すなわち，紛争解決機関は，加盟国が追求する「価値の重要性」を加盟国の保護水準に影響を及ぼすような形で解釈してはいない。関連事例の動向を見て判断するに，保護水準を自由に設定する加盟国の権利が，比較衡量

---

[53] このような紛争解決機関の態度は，加盟国の保護水準に対する保障を危うくする恐れがあり，さらには，当事国から提示されてもいない代替措置を自らの判断で検討するという意味で，立証責任の法理にも反する。代替措置を提示することにより，問題の措置の一応の違反性を証明する責任は申立国に置かれる。

[54] この点に関する全般的な議論に関しては，Regan ('The Meaning of "Necessary"') 347-369.

プロセスの適用によって妨げられることはないと理解しても問題はないように思われる。ガット 20 条の必要性審査の主役は依然として「最小通商阻害性審査」であり，申立国が提示する代替措置は，基本的に加盟国の適切な保護水準を同等に保障するものでなければならない。

他方，適切な保護水準を自由に設定する加盟国の権利そのものは必要性審査によって妨げられないとしても，規制当局が一方的に宣言する保護水準が「真正な」ものであるか否かについては，依然として紛争解決機関が審査できる。すなわち，加盟国が実際にどの程度の保護水準を設定しているかについては，加盟国の主張をそのまま受け入れるのではなく，措置の構造及び適用される態様に照らして，紛争解決機関が把握することができる。例えば，*Korea—Beef* 事件の上級委員会は，韓国が設定した保護水準が，韓国が主張するとおりの詐欺的慣行の「完全な排除」ではなく，詐欺的慣行を「かなり減らす」程度のものであることを，措置の効率性，すなわち，措置の貢献度に照らして把握している[55]。*Dominican Republic—Cigarettes* 事件でも同様に，規制措置の貢献度を手がかりに，措置の実質的な保護水準が把握され，そのような貢献度に見合った代替措置が探求されている[56]。さらに，*Brazil—Retreaded Tyres* 事件の上級委員会は，措置の貢献度を評価する方法論と，規制当局が追求する保護水準との密接な関係に直接言及し[57]，両者は相互に有用な情報を提供することを認めている。

結局，ガット 20 条の文脈では，措置の貢献度を手がかりに，加盟国が追求する実際の保護水準が把握されることになる。紛争解決機関は，ここで把握した保護水準を基準とし，代替措置との比較検討を行わなければならない。この点は，後述する SPS 協定の文脈における保護水準の取り扱いとは対照的である。このような保護水準の捉え方は，ある意味，必要性審査をより客観的かつ明確に機能させる利点がある。結局，「最小通商阻害性審査」で重要な争点となるのは，問題の措置の貢献度に見合った保護水準が，提示される代替措置によって同等に保障されるか否かであり，その意味で，(SPS 協定のように) 抽象的な保護水準が比較対象となる場合に比べて，一層予見可能性の高

---

55) *Korea—Beef*, Appellate Body Report, para. 178.
56) 内記「必要性要件」235 頁。
57) *Brazil—Retreaded Tyres*, Appellate Body Report, para. 145 ("The selection of a methodology to assess a measure's contribution is a function of the nature of the risk, the objective pursued, and the level of protection sought.").

い審査が実現可能となる。

6.3.2 TBT協定における保護水準

それでは，TBT協定の文脈において加盟国の保護水準はどのように取り扱われるだろうか。TBT協定前文は，「人，動物又は植物の生命又は健康を保護し若しくは環境の保全を図るため又は詐欺的な行為を防止するために」，加盟国が「適切と考える水準 (at the levels it considers appropriate)」の措置をとることが妨げられないとしている。TBT協定は加盟国の適切な保護水準の意味や保護水準を設定する権利についての詳細を定めていない。しかし，ガット20条における審査と同様に[58]，保護水準を自由に設定する加盟国の権利という概念は解釈論として確立しており，同概念は特にTBT措置の必要性が問われるTBT協定2条2項の審査において重要な関連要素となる[59]。

興味深いことに，TBT協定の関連事例においては，加盟国の保護水準と (規制目的に向けた) 措置の貢献度とがほぼ同一視されている[60]。加盟国としては，TBT措置の準備，採用及び適用に際して，規制目的をどの程度追求するかを黙示的かつ明示的に決定することになるが[61]，紛争解決機関は，当該措置が規制目的にどの程度貢献するかを手がかりにして加盟国が設定した保護水準を確認するアプローチをとっている。措置によって規制目的がどの程度成し遂げられているかは，当該TBT措置の設計，構造，実行，及びその適用に関する証拠が参考になるとされる。その意味で，紛争解決機関としては，TBT措置によって加盟国の規制目的が実際にどの程度達成されているかに注目して，貢献度を評価しなければならない[62]。ここで確認された貢献度に照らして，TBT措置の保護水準が把握される。このような保護水準の捉え方は，ガット20条の文脈で採用されているアプローチを連想させる。実際に上

---

[58] *US—Clove Cigarettes*, Panel Report, para. 7.370 ("In addition, panels and the Appellate Body have considered the 'level of protection' in the context of analysing measures under Article XX (b) of the GATT 1994, notwithstanding that these words are not found in that provision either.").

[59] 紛争解決機関は，TBT協定前文で言及されている同概念が，同2条2項の審査，特に「正当な目的を達成する (fulfil a legitimate objective)」の文言に対する解釈的文脈を提供すると説明している。詳細は，*US—Tuna II (Mexico)*, Appellate Body Report, para. 316.

[60] Robert Howse and Philip I Levy, 'The TBT Panels: *US—Cloves, US—Tuna, US—COOL*' (2013) 12(2) *World Trade Review* 327, 369.

[61] *US—Tuna II (Mexico)*, Appellate Body Report, para. 316.

[62] *Ibid.*, para. 317.

級委員会は,ガット20条の関連事例を直接引きながら,このような解釈を展開している[63]。その意味で,TBT協定2条2項の審査において考慮される保護水準は,規制当局から一方的に宣言されるものではなく,紛争解決機関が客観的に把握できるものである。これは,加盟国が規制目的の達成をどの水準で目指しているかという願望 (wishes or aims) ではなく[64],TBT措置そのものに反映されている客観的な貢献度に焦点が当てられるべきことを意味する[65]。このような解釈は,後述のSPS協定の文脈における保護水準の捉え方とは対照的である。

6.3.3　SPS協定における保護水準

それでは,SPS協定の文脈で加盟国の保護水準はどのように理解されているのだろうか。SPS協定の解釈においても,SPS措置の必要性が問われる局面で,加盟国の保護水準は重要な関連要素となる。SPS協定前文6節は,協定の適用により,「加盟国が人,動物又は植物の生命又は健康に関する自国の適切な保護の水準を変更することを求められること」はないとし,基本的にSPS措置の保護水準を設定する加盟国の権利を明確に確認・認識している。さらに,附属書A (5) は,加盟国の保護水準を「加盟国の領域内における人,動物又は植物の生命又は健康を保護するためにSPS措置を制定する当該加盟国が適切と認める保護水準 (level of protection deemed appropriate by the Member)」と定義している。このように,SPS協定は,ガット及びTBT協定と比べて,SPS措置の採用に関する加盟国の保護水準をより具体的に明示している。適切な保護水準を決定するのは加盟国の特権 (prerogative) であり,紛争

---

63)　*Ibid.*, referring *China—Publications and Audiovisual Products*, Appellate Body Report, para. 252.
64)　上級委員会は,TBT協定前文6節によって,加盟国が正当な目的を達成するために必要な措置を「適切と認める水準 (at the levels it considers appropriate)」で行う権利は妨げられないと確認しながら,加盟国の望む (desired) 達成水準についての個別的な評価は求められないとした。*US—COOL*, Appellate Body Report, footnote. 779 ("This does not, however, require a separate assessment of a *desired* level of fulfilment.").
65)　*Ibid.*, para. 390 ("Neither Article 2.2 in particular, nor the *TBT Agreement* in general, requires that, in its examination of the objective pursued, a panel must discern or identify, in the abstract, the level at which a responding Member wishes or aims to achieve that objective. Rather, what a panel *is* required to do, under Article 2.2, is to assess the degree to which a Member's technical regulation, as adopted, written, and applied, contributes to the legitimate objective pursued by that Member.").

解決機関の特権ではないため，紛争解決機関は，決して加盟国の保護水準を自身の推理で代替してはならない[66]。保護水準を自由に決定する権利は加盟国の特権と位置づけられることから，SPS措置の貿易制限性を理由にそのような権利の行使が妨げられることはない。

SPS措置の必要性が問われるSPS協定5条6項の審査において，紛争解決機関としては，第1に，技術的及び経済的な実行可能性に考慮して，合理的に利用可能な代替措置が存在するか否か，第2に，代替措置が加盟国の適切な検疫上の保護水準を達成するか否か，第3に，代替措置が問題のSPS措置に比べて相当に貿易制限性の少ないものか否か，という以上の3点を検討しなければならないが[67]，これらの要件の中で最も核心的な論点となるのが，加盟国の保護水準に関する要件である。注意を要するのは，ここで比較検討が求められるのは，「加盟国が適切と認める保護水準」であり，決してSPS措置自体に反映されている保護水準ではないということである[68]。上級委員会は，両者の概念を厳格に区別している。上級委員会によると，加盟国が適切と認める保護水準が「目的」であれば，SPS措置はそのような目的を達成するための「手段」にすぎない[69]。すなわち，適切な保護水準の決定は，SPS措置の採択に先立つ段階であり[70]，それはSPS措置自体からは区別されなければならない。SPS措置を採択又は維持するか否かを決定するのは「適切な保護水準」であるが，「適切な保護水準」を決定するのがSPS措置であるとはいえない。したがって，問題のSPS措置が，加盟国が適切と認める保護水準を達成できないとしても，保護水準を自由に決定する加盟国の権利は妨げられず[71]，同様の意味で，被申立国が適切と認める保護水準を同等に保障するような代替措置を提示する申立国の義務が軽減されるわけでもない[72]。

---

[66] *Australia—Salmon*, Appellate Body Report, para. 199 ("The determination of the appropriate level of protection, a notion defined in paragraph 5 of Annex A, as 'the level of protection deemed appropriate by the Member establishing a sanitary ... measure', is a *prerogative* of the Member concerned and not of a panel or of the Appellate Body.").

[67] *Ibid.*, para. 194; *India—Agricultural Products*, Appellate Body Report, para. 5.203.

[68] *Ibid.*, para. 5.216.

[69] *Australia—Salmon*, Appellate Body Report, para. 200.

[70] *Ibid.*, para. 201 ("It can be deduced from the provisions of the *SPS Agreement* that the determination by a Member of the 'appropriate level of protection' logically precedes the establishment or decision on maintenance of an 'SPS measure'.").

[71] *Ibid.*, para. 199.

[72] *Ibid.*, para. 204.

上級委員会は，もしSPS措置に反映されている保護水準に着目して加盟国の「保護水準」を把握することになると，SPS措置は常に「加盟国が適切と認める保護水準」を達成するものとみなされるだろうと指摘し，このような解釈は正しくないと説明している[73]。多くの場合において，SPS措置に反映されている保護水準はSPS協定でいう「加盟国が適切と認める保護水準」に合致するだろうが，両者の概念は理論的に異なる[74]。したがって，もし申立国が提示する代替措置が問題のSPS措置に反映されている保護水準を同等に保障するとしても，当該代替措置が「加盟国が適切と認める保護水準」を達成できない場合には，依然としてSPS協定5条6項の違反は成立しない。このような事情を考えると，SPS協定5条6項の審査においては，問題のSPS措置が加盟国の保護水準に対して実際にどの程度貢献するかという点はそこまで重要視されないともいえよう[75]。代替措置との比較検討の際に焦点が当てられるのは，問題のSPS措置に反映されている保護水準ではなく，加盟国の願望が入り込んだ抽象的な保護水準であるからである。

他方，適切な保護水準を設定するのは，加盟国の特権であると同時に義務でもある[76]。すなわち，加盟国としては，SPS協定5条6項並びにその他のSPS協定の義務が適用可能な状態にするべく，できる限り詳細に保護水準を示さなければならない。加盟国は保護水準を定量的な形で表す必要はないが，十分に正確な形で保護水準を表す必要がある[77]。紛争解決機関は，加盟国がより定量的な形で，そしてより明確な形で保護水準を表すことを選好しているように思われる[78]。しかしながら，加盟国が保護水準を特定する仕方が常に正確性を確保するとはいいがたい[79]。保護水準が曖昧な形で特定されてい

---

73) *Ibid.*, para. 203 ("To imply the appropriate level of protection from the existing SPS measure would be to assume that the measure always achieves the appropriate level of protection determined by the Member. That clearly cannot be the case.").
74) 実際，措置自体に反映されている保護水準は，加盟国が活用できる資源の限界のため，「加盟国が適切と認める保護水準」とは異なる。Howse and Levi ('The TBT Panels') 369.
75) Marceau and Trachtmanは，SPS協定5条6項の文脈では，加盟国から宣言されるSPS措置の効果は，特に疑問視されないようであると指摘する。Marceau and Trachtman ('A Map of the World Trade Organization Law 2014') 382.
76) *India—Agricultural Products*, Appellate Body Report, para. 5.221 ("We recall that the Appellate Body has established that the specification of such appropriate level of protection is both a prerogative and an obligation of the responding Member.").
77) *Australia—Salmon*, Appellate Body Report, para. 206.
78) *Australia—Salmon* (*Article 21.5—Canada*), Panel Report, para. 7.129.
79) *Ibid.*

るとしても，紛争解決機関はSPS措置の性質や構造を基に加盟国の保護水準を特定しなければならない。

近年の事例では，加盟国が設定した保護水準につき，紛争解決機関がより踏み込んで検討を行う余地を残すような説明がなされている。2015年の *India—Agricultural Products* 事件の上級委員会は，保護水準の特定に関しては，一般に申立国よりも被申立国の方が有利な位置を占めているとし，特にSPS協定5条6項の審査においては，パネルが被申立国の説明により重きを置くことになろうと述べながらも，これは，パネルが被申立国からの説明に完全なる敬譲（defer completely）を払うべきことを意味しないとし，むしろパネルとしては，紛争当事国から提示される論証と証拠の全体（totality）に基づき，加盟国の保護水準を確かめなければならないと説明している[80]。このようなパネルの義務は，仮に申立国が，被申立国によって宣言又は主張されている保護水準が「真正な（genuine）」ものでないと主張する場合にも，同様に適用される[81]。

このような上級委員会の説明は，加盟国から一方的に宣言される表面上の保護水準を鵜呑みにするのではなく，措置の貢献度に照らして実際の保護水準を把握するという，ガット20条の文脈でなされる解釈を想起させる。実際，*India—Agricultural Products* 事件のパネルは，インドが主張する保護水準には説得力がないと指摘し，インドのSPS措置を含むその他の客観的な証拠に基づき，より正確な保護水準を確認している[82]。ただし，このようなパネルの権限が認められるためには，自身が適切と認める保護水準を被申立国が十分正確な形で提示していないか[83]，又は，宣言されている保護水準と当該事案の関連証拠との間に乖離（discrepancy）が存在する場合が前提されなければならない[84]。問題のSPS措置を含めて，証拠を中心として客観的に保護

---

80) *India—Agricultural Products*, Appellate Body Report, para. 5.221.
81) *Ibid* ("This duty applies equally when a claimant further contends that the appropriate level of protection expressed or identified by the respondent for purposes of WTO dispute settlement proceedings does not genuinely reflect that Member's appropriate level of protection.").
82) *Ibid.*, para. 5.217 ("As it was not convinced that either of these represented India's appropriate level of protection, the Panel proceeded to examine other evidence on the record, including the measures at issue, in order to determine India's appropriate level of protection with greater precision.").
83) *India—Agricultural Products*, Appellate Body Report, para. 5.226.
84) WTO Panel Report, *Russian Federation—Measures on the Importation of Live Pigs, Pork and Other Pig Products from the European Union*（*Russia—Pigs*（*EU*）），Add.1, adopted 21 March

水準を把握するアプローチに関しては，Du が指摘するように，次の 2 点を指摘することができる。第 1 に，このようなアプローチは，加盟国が保護水準を正確に提示できないことによって生ずる問題に効果的に対処できる。SPS 措置自体の性質及び構造，そしてその他の証拠に照らして，加盟国の保護水準が客観的に把握されるようになるからである[85]。第 2 に，他方で，このようなアプローチは SPS 協定の明文で認められている加盟国の特権と緊張関係をもたらす恐れがある。すなわち，パネルが，加盟国から宣言される適切な保護水準を差し置いて，入手可能な情報及び証拠を基に加盟国の主張を再評価する状況が生じうる。このアプローチの下では，加盟国が保持する「特権」が影響を受ける恐れがある。したがって，紛争解決機関がこのようなアプローチを採用するとしても，加盟国の権利を妨げないように，客観的かつ慎重な解釈が行われる必要がある。

SPS 措置の客観的な性質に焦点を当てるアプローチは，SPS 協定における必要性原則の審査に対して正確性や客観性を与える面があり，ガット及び TBT 協定でなされる解釈との一貫性を向上させる利点がある。紛争解決機関がより積極的に客観的な評価に踏み込むことを肯定する識者もいる[86]。すなわち，SPS 措置によって達成される保護水準を「加盟国が適切と認める保護水準」と同一視するか又は SPS 協定 5 条 6 項の審査を，SPS 措置によって達成される保護水準のみに照らして行うとしても，SPS 協定 5 条 6 項の究極的な趣旨である，「より貿易制限性の少ない代替措置の存在を確認する」という必要性原則の機能は十分に確保できるということである。

上級委員会が，加盟国には自身が適切と認める保護水準を特定する権利があると強調しながらも，SPS 協定の義務条項が適用可能となる状態にすべく，十分明確な形で保護水準を提示する「義務」を加盟国に課していることには注目する必要がある[87]。規制当局が関連する証拠及び根拠に基づき，客観的

 2017, para. 85 ("With regard to a Member's ALOP the powers of a Panel concern two main aspects. First, the Panel may deduce a Member's ALOP from the measures at issue, if it is not clearly stated or if there is discrepancy between what is stated and the specific facts of the respective case.").

[85] Du ('The Necessity Test') 844.
[86] Gruszczynski (*Regulating Health and Environmental Risks*) 250.
[87] *India—Agricultural Products*, Appellate Body Report, para. 5.226 ("Each WTO Member enjoys the right to specify its own appropriate level of protection, but is also subject to an implicit obligation to do so with sufficient precision as to enable the application of the provisions of the SPS Agreement, including Article 5.6.").

かつ一貫した形で自身の保護水準を特定できる状況であれば，そのような規制当局の主張が優先されるべきだろうが[88]，そのような義務が充たされていない状況であれば，その結果として，紛争解決機関が手元にある資料を基に，より客観的に規制当局の保護水準を特定することになるとしても，それは規制当局の自己責任であるといわざるをえない。ある意味，このような紛争解決機関のアプローチは，規制当局から客観的に把握できる保護水準が提示されないか，又は，当局の主張と関連する証拠との間に著しい乖離があり，その結果，当局の主張をそのまま受け入れることが難しい状況において，紛争解決機関は自ら客観的に保護水準を把握せざるをえない，ということを示す黙示的な宣言であるに違いない。もちろん，客観的な評価を行うというのは，まさにDSU11条が定めるパネルの基本的な任務でもある。

6.3.4 小　括

以上のように，ガット，TBT協定及びSPS協定は，それぞれ異なる文言や文脈で構成され，加盟国の保護水準の取り扱いに関しても，事例で踏襲されている様相は必ずしも同一であるとはいいがたい。文言上の根拠がないにもかかわらず，ガットの解釈論上の発展を通じて加盟国の保護水準に関する原則が確立されたことを，SPS協定からの影響によるものと評価する識者の見解は，本書の内容との関係で興味深い[89]。

ガット及びTBT協定の文脈では，規制措置によって達成される実際の貢献度を手がかりに，加盟国の真正な保護水準が客観的に把握されるのに対し，SPS協定の文脈では，原則としてSPS措置によって達成される保護水準とは別の概念として，「加盟国が適切と認める保護水準」が理解されている。前者のアプローチは審査の客観性及び明確性を向上させるという点で，そして後者のアプローチは規制当局が保持すべき固有の特権をより徹底的に保障するという点で，それぞれ評価できよう。しかしながら，近年の事件でも示され

---

[88] *Ibid.*, para. 5.221 ("For these reasons, typically a panel adjudicating a claim under Article 5.6 of the SPS Agreement would be expected to accord weight to the respondent's articulation of its appropriate level of protection. This will be particularly so in circumstances where that appropriate level of protection was specified in advance of the adoption of the SPS measure, where the appropriate level of protection is specified with sufficient precision, and where it has been consistently expressed by the responding Member.")

[89] 詳細は，Du ('Autonomy in Setting') 1079; Purba ('Necessary Measure') 222を参考のこと。

ているように，紛争解決機関は，保護水準を自由に設定する加盟国の特権が偽装された形で濫用されてはならないことを意識しており，したがって，今後，紛争解決機関がSPS措置そのものに反映されている保護水準や手元にある証拠に照らして，より客観的にSPS協定5条6項の審査を行うような実行も積み重なっていくと思われる。適切な保護水準を決定するのは加盟国の特権であり，その意味で，紛争解決機関が自らの判断で加盟国の保護水準を代替してはならない。しかし，それにもかかわらず，加盟国が主張する保護水準が本当にその通りであるのかを確認するという紛争解決機関の審査権限は妨げられない。多くの場合，十分な証拠と客観的に評価できる資料に基づいて提示される保護水準は，実際にSPS措置に反映されている保護水準と密接な関連があろう[90]。SPS措置の設計，適用，又は運用される形態を精査することは，受け入れられる危険性の水準を加盟国がどの程度に設定しているかを把握するためのよい手がかりを提供してくれるはずである。その意味で，問題のSPS措置が実際にどの程度の保護水準を有しているかは，加盟国が適切と認める保護水準を特定する際に，決定的な証拠として参考になる。より客観的な基準を適用することは，SPS措置の裏にある真の意図を確かめ，保護主義を防止するという機能を果たしうるのみならず，必要性審査の明確性の向上にも貢献しうる。必要性原則の核心をなす本質的な機能は，協定違反が疑われる規制措置に比べて，より貿易制限性の少ない代替措置が存在しないことを確かめることであり，同原則を徹底させることによって，貿易自由化の目的と加盟国の規制権との間における均衡点をより効果的に確立することである。加盟国が設定した保護水準の特定に関し，客観性を重んじるアプローチは，ガット，TBT協定及びSPS協定における解釈の一貫性を向上させる利点があり，協定間の相互参照の機会を一層広げる効果があると思われる。

保護水準を自由に設定する加盟国の権利は，ガット，TBT協定及びSPS協定の各々における文言及び解釈論を通じて発展した概念であり，WTO法における加盟国の国内規制権限を象徴する概念である。紛争解決機関は，

---

[90] *See, e.g., Russia—Pigs (EU)*, Panel Report, para. 7.747 ("We consider the measures at issue to be an important element in supporting the determination of what is Russia's ALOP in respect of ASF. In particular, we consider that an examination of the measures at issue will provide an indication of the risk that Russia is willing to accept in respect of the entry and further spread of ASF in its territory, especially in respect of those areas not yet affected by ASF.").

WTO協定が一貫したかつ調和的な形で解釈されるべきことを強調しており，WTO法の法的安定性及び予見可能性の側面からも，保護水準に関する法理がより一貫した形で収斂していくことが望ましいと考える。

6.4 一貫性原則

6.4.1 SPS協定における一貫性原則

以上のように，ガット，TBT協定及びSPS協定では各協定の文言及び文脈，そして紛争解決機関が展開する解釈論を通じて，適切な保護水準を設定する加盟国の権利が認められている。他方，SPS協定では保護水準についての規律がより具体化されている。SPS協定5条5項は，「各加盟国は，異なる状況において自国が適切であると認める保護水準について恣意的又は不当な区別を設けることが，国際貿易に対する差別又は偽装された制限をもたらすことになる場合には，そのような区別を設けることを回避する」とし，加盟国が設定する適切な保護水準の「一貫性原則」を定めている。同条項は，無差別原則を定めるSPS協定2条3項をより具体的に定めるものであり，5条5項の解釈に際しては，SPS協定2条3項が一緒に考慮されなければならない。ただし，焦点が当てられるのは加盟国の保護水準であることから，厳密には，5条5項の規律範囲は2条3項が想定する規律範囲よりも狭い。5条5項で規律されるのは，SPS措置そのものによってもたらされる差別的な効果ではなく，加盟国が状況ごとに設定する異なる保護水準によってもたらされる差別的な効果である。すなわち，5条5項の主な趣旨は，保護水準を自由に設定する加盟国の権利を認めながらも，その運用上，それが保護主義の手段として濫用されることを防止するというものである。

SPS協定5条5項の文言は，ガット20条の柱書に非常に類似した構成となっていることから，前者の解釈に際しては，後者の解釈基準が有用な参考になると予想される。ただし，上級委員会は，ガット20条の解釈基準とSPS協定5条5項の解釈基準とが無条件に置き換えられてはならないとも指摘している[91]。両者の条文が有する文言上の類似性にもかかわらず両者が完全に

---

[91] 特に，*US—Gasoline*事件で「国際貿易に対する偽装された制限」という概念が「恣意的又は不当な差別」という概念と意味を分かち合う関係にあると解されたことに対し，上級委員会は，そのような両者の関係がSPS協定5条5項の文脈に無条件に取り込まれてはならないと強調している。詳細は，*EC—Hormones*, Appellate Body Report, para. 239.

同一ではないことを，上級委員会は意識しているようである。ガット20条の審査とは異なり，SPS協定5条5項の審査においては，「恣意的又は不当な区別」と「差別又は偽装された制限」との両方が累積的かつ連続的な形で検討されなければならない。

他方，同条項でいう一貫性というものは，決して保護水準の同一性を意味するわけではない。さらに，同条項で求められる一貫性の確保というのは，将来に達成されるべき目標（goal）と位置づけられている。上級委員会は，異なる危険性が異なる時期に表れうることから，政府当局としてはアドホックベースで頻繁に自身の適切な保護水準を設定することになろうと指摘し，その意味で，同条項で求められる一貫性の目標というのは，絶対的な又は完璧な一貫性ではないと指摘している[92]。したがって，同条項で問題となるのは，恣意的又は不当な保護水準の非一貫性に限る。

6.4.2 ガット及びTBT協定における一貫性原則

ガット及びTBT協定は，加盟国が状況ごとに設定する保護水準の一貫性については定めていない。それでは，SPS協定の文脈で解釈される一貫性原則は，ガット及びTBT協定の解釈，特に必要性原則の審査において影響を及ぼしうるだろうか。措置の必要性が問われるガット20条及びTBT協定2条2項の審査において，保護水準の一貫性が関連要素として考慮される可能性は十分あると思われる。国内規制に設定される保護水準は多くの場合，措置によってもたらされる貿易制限性とも密接な関連があり，状況ごとに設定される保護水準は，問題の措置が状況ごとにいかなる形態で適用され，どの程度の貿易制限性を生じさせるかにも関連する。特に，ガット20条の必要性審査において，類似した状況下で適用されている，より貿易制限性の少ない規制措置が，加盟国にとって合理的に利用可能であったか否かは重要な争点となる。その意味で，一定の状況下では，SPS協定5条5項で規律される一貫性原則と相当に類似した形で必要性審査が行われる可能性も十分あると思われる。類似した状況下で採用されている規制措置が，その他の状況下では採用されていない場合など，規制措置の実施又は適用の態様が一貫していないという状況は，紛争解決機関が措置の必要性を否定する根拠となりうる[93]。

---

92) *Ibid.*, para. 213.
93) Marceau and Trachtman は，これを緩やかな一貫性原則（soft consistency requirement）と

Korea—Beef 事件で韓国は，パネルがガット 20 条 (d) 号における必要性を，他の関連する産品分野でなされる執行措置との一貫性を求めるように解釈したとし，ガット 20 条における必要性審査に「一貫性審査 (consistency test)」を導入するのは望ましくないと主張した[94]。しかし上級委員会は，「同種又は少なくとも類似する産品分野において，同じ類型の不法行為に適用される執行措置を検討することが，20 条 (d) 号の審査に『一貫性要件』を導入することを必ずしも意味しない」としながら，同種又は類似する産品分野における執行措置の実行を検討することは，合理的に利用可能な代替措置の探求に有用な情報を提供すると説示した[95]。以上のような上級委員会のアプローチは，類似した状況下において規制措置が一貫した形で適用されているか否かという事実が，当該措置の必要性を否定する根拠として考慮されうる可能性を示唆する。TBT 措置の必要性が検討される TBT 協定 2 条 2 項の審査においても，合理的に利用可能な代替措置の存在との関係で，このような解釈は同様に採られうる考える。もちろん，類似する産品分野における執行措置を例として挙げながら，問題の措置との非一貫性を積極的に主張し，代替措置の合理的な利用可能性を証明することは，申立国が負担すべき証明責任となる。

6.5　科学的根拠の原則及び国際基準との調和原則

6.5.1　SPS 協定

　SPS 協定は，SPS 措置が遵守すべき科学的根拠の原則を詳細に定めている。SPS 協定 2 条 2 項は，加盟国の措置を「科学的原則に基づいてとること及び 5 条 7 に規定する場合を除くほか，十分な科学的証拠なしに維持しない」という義務を定めている。SPS 協定 5 条 1 項は，2 条 2 項が具体的に適用される形として，SPS 措置が危険性評価に基づいていることを要件としている。他方で，SPS 協定 5 条 7 項は，関連する科学的根拠が不十分である場合における加盟国の権利及び義務を具体的に定めている。規制措置を科学的根拠に

　称している。詳細は，Marceau and Trachtman ('A Map of the World Trade Organization Law 2014') 399.
[94] *Korea—Beef*, Appellate Body Report, para. 169.
[95] *Ibid.*, para. 170.

直接に関連づけているのは，ガット及び TBT 協定では見られない SPS 協定ならではの特徴である。科学的根拠の原則は，偽装された保護主義の識別を容易にし，国内規制が真に正当な目的を追求するために導入されたか否かを確認するための規範的な根拠を提供するという意味で，評価に値する。

科学的根拠は，時として衝突しうる，国際貿易促進の利益と人の生命又は健康を保護する利益の間で，繊細にかつ慎重に確立される均衡点を維持させるための，極めて重要な役割を果たす[96]。科学的根拠の原則は SPS 協定全体を貫く原則であり，SPS 協定の解釈に際しては，科学が果たす役割が常に考慮されなければならない。例えば，5 条 6 項の文言は，申立国に科学的根拠（危険性評価）に基づいて代替措置を提示することを明示的に要求してはいないが，上級委員会は，科学的証拠に依拠せずには自身が提示する代替措置の妥当性を適切に証明しきることはできないだろうと力説している[97]。人，動植物の生命又は健康を保護するという目的は，SPS 措置，加盟国の保護水準，そして SPS 協定全体の根幹をなす要素であり，特に，加盟国の基本的な義務を定める 2 条及びその具体的な適用を定める 5 条下の義務条項が科学の規範的な役割を強調していることから，申立国が提示する代替措置も，このような科学的な性質を十分に考慮したものでなければならない[98]。その意味で，SPS 措置の必要性を問題とする申立国としては，関連する危険性評価又はその他の科学的証拠を踏まえて，代替措置を提示することが望ましい[99]。

他方で，SPS 協定は国際基準への調和を非常に強調しており，特に 3 条 1 項は，SPS 措置を「できるだけ広い範囲にわたり調和させるため，この協定，特に 3 項に別段の定めがある場合を除くほか，国際基準，指針又は勧告がある場合には，自国の SPS 措置を当該国際基準，指針又は勧告に基づいてとる」ことを定めている。SPS 措置が国際基準，指針又は勧告に適合する場合，当該 SPS 措置は，人，動物又は植物の生命又は健康を保護するために必要なものとみなされ，SPS 協定及びガットの関連規定に適合すると推定される（3 条

---

96) *EC—Hormones*, Appellate Body Report, para. 177.
97) *Australia—Apples*, Appellate Body Report, para. 364 ("At the same time, we cannot conceive of how a complainant could satisfy its burden of demonstrating that its proposed alternative measure would meet the appropriate level of protection under Article 5.6 *without* relying on evidence that is scientific in nature.").
98) *Ibid.*
99) *Australia—Salmon*, Appellate Body Report, paras. 209-213; *Australia—Apples*, Appellate Body Report, para. 365.

2項)。SPS協定3条1項の趣旨は，自国民の生命又は健康を保護する加盟国の権利を保障すると同時に，各加盟国で維持されるSPS措置の調和を図ることであるが，その究極的な目的は，加盟国にとって必要な措置を採用する正当な権利を保障しながらも，SPS措置が恣意的な又は不当な差別とならないように牽制するという試みであるといえる[100]。

SPS協定が国際基準との調和を強調している理由は，貿易自由化の目的と加盟国の規制権との間における均衡点が，国際基準との調和を通じてこそより効果的に実現可能であるという考え方によって説明できる[101]。国際基準との調和原則は，加盟国が国内措置をより透明性ある形で実施する誘因を提供し，偽装された保護主義の識別を容易にする利点がある[102]。他方，SPS協定が国際基準の存在を認識し，それを規範的に関連づけているのは，国際基準に準立法的な機能を付与することに等しい[103]。WTO法改正には複雑な要件を充たすことが求められ，特に加盟国の間でコンセンサスが成立する必要があるが，Marceau and Trachtmanが主張するように，国際基準に準立法的な権限を付与することは，コンセンサスの成立などWTO法改正のために求められる各種の手続を不要にする利点がある[104]。国際基準の立案又は採択は，一般にWTOの領域外で行われる事情であり，WTOの主たる管轄ではない。その意味で，CODEXなど国際基準に基づくSPS措置の評価は，WTO加盟国の間でコンセンサスが得られていない事項が紛争の主題となる際に，紛争解決機関の決定に説得力を加える面がある。ただし，本書で既に確認したとおり，国際基準との調和は絶対的な義務ではなく，SPS協定の関連規定，特に科学的根拠の原則に整合的な範囲内で，国際基準よりも高い保護水準を伴うSPS措置を採用する加盟国の権利は妨げられない。

---

100) *EC—Hormones*, Appellate Body Report, para. 177.
101) Rigod ('The Purpose of the WTO') 530.
102) Marceau and Trachtman ('A Map of the World Trade Organization Law 2014') 388.
103) SPS協定に編入されたこれらの基準はWTO法として法的効力を与えられ，それらの違反に関わる紛争はパネルや上級委員会の実体的管轄権に服することになる。ただし，これは，協定上の義務違反を判断する際の基準として機能するものであって，これらの基準がWTO紛争解決手続の申立に関する独立の法的根拠となるわけではない。平覚「WTO紛争解決手続における多数国間環境条約の位置づけ——適用としての可能性を中心に」(RIETI Discussion Paper Series 07-J-014，経済産業研究所，2007年) 8頁。
104) Marceau and Trachtman ('A Map of the World Trade Organization Law 2014') 388. Marceau and Trachtmanは，WTO法改正の要件が非常に厳しいことから，CODEXなどの国際基準が今後さらに重要視されていくと予想する。

6.5.2 ガット

　それでは，ガットの文脈において科学という要素はどのように位置づけられるだろうか。ガットは科学について直接言及する明文の規定を設けておらず，国内規制の実施及び採用に関しても，科学という要素を規範的に関連づけていない。したがって，国内規制が危険性評価に基づいていない又は科学的証拠に基づいていないという事実は，原則としてガットでは問題とされない。ただし，ガット20条の審査において科学という要素が，国内規制の評価又は代替措置との比較検討の文脈で加盟国の主張，論証，又は関連する証拠に投影され，審理過程に影響を及ぼす場合がある。ガット20条の各号で挙げられる規制目的の主題の性質を見ても分かるように，一般にガット20条の審理過程においては，当事国が提出する証拠の科学的又は技術的な性質が重要な争点となる[105]。

　紛争解決機関は，ガット20条の文脈で国内規制の科学的な性質を評価するに際し，SPS協定の文脈で展開されてきた解釈を頻繁に参照している。例えば，*EC—Asbestos*事件の上級委員会は，「責任ある政府は，資格あるかつ信頼できる出典からの見解であるなら，異論に属するものであるとしても，それに基づき，信義誠実に行動できる」と指摘された*EC—Hormones*事件の関連部分[106]を引用しながら，加盟国が健康政策を立案する際には，当時の主流をなす科学的な見解に自動的に従う義務はないと説示している[107]。その意味で，ガット20条の審査を行う紛争解決機関としては，SPS協定の関連事例と同様に，証拠の優勢さ（preponderant weight）に基づいて事案を結論づけてはならない[108]。さらに，加盟国の主張を裏づける危険性評価は，科学的証拠に基づくものであれば，定量的な又は定性的な形のいずれによっても行われう

---

105) *See, e.g., EC—Seal Products*, Panel Report, para.7.4 ("Both sides have submitted a voluminous amount of evidence, mostly based on scientific studies and expert statements, pertaining to whether the application and monitoring of humane killing methods can be enforced in seal hunting practices.").

106) *EC—Hormones*, Appellate Body Report, para. 194 ("[R]esponsible and representative governments may act in good faith on the basis of what, at a given time, may be a *divergent* opinion coming from qualified and respected sources.").

107) *EC—Asbestos*, Appellate Body Report, para. 178.

108) *Ibid*.

ることが確認されている[109]。この点は，主に SPS 協定の解釈によって発展した法理がガットの解釈の局面に持ち込まれた代表的な例である。

　ガットは国際基準の位置づけに言及する規定を設けておらず，国際基準の存在が国内規制の評価にどのような影響を与えうるかについても明確にしていない。国際基準が有する規範的な意義についての明文の規定がないことから，国内規制が国際基準に従っていないという事実は，それだけでガット違反を成立させる十分条件にはならない。ただし，ガット 20 条の審査において，国際基準との調和又は国際的な協力の不在はそれ自体，加盟国の措置を問題にする証拠として把握される余地がある。*US—Shrimp* 事件の上級委員会は，高度の移動性生物であるウミガメの保護及び保全に関しては，関連諸国からの協力が求められると強調しながら[110]，国際的な協力の必要性は WTO 体制を含む多くの国際機関から確認されていると述べている[111]。もちろん多国間アプローチの不在が，「恣意的又は不当な差別」の存在を成立させる決定的な条件ではなかろうが，先例では，可能である限り多国間による協力的なアプローチが強く好まれることが確認されている[112]。ガット 20 条の柱書審査においては，規制当局が採用できたはずの，差別的な程度のより少ない代替措置の存在が争点となる。国際基準又は地域レベルで行われる協力が可能な選択肢であったにもかかわらず，規制当局がそれを敢えて採用しなかったという事実は，規制当局にとって差別的な程度のより少ない選択肢が存在したことを示す証拠となろう。このような解釈は，必要性審査の文脈においても同様になされうると思われる。すなわち，国際基準の(不)存在は，必要性審査でなされるところの，より貿易制限性の少ない代替措置が存在するか否

---

109) *Ibid.*, para. 167.
110) *US—Shrmip*, Appellate Body Report, para. 168（"[T]he protection and conservation of highly migratory species of sea turtles ... demands concerted and cooperative efforts on the part of the many countries whose waters are traversed in the course of recurrent sea turtle migrations"）.
111) *Ibid.*
112) WTO Appellate Body Report, *United States—Import Prohibition of Certain Shrimp and Shrimp Products—Recourse to Article 21.5 of the DSU by Malaysia*（*US—Shrimp*（*Article 21.5—Malaysia*））, WT/DS58/AB/RW, adopted 21 November 2001, para. 124（"Clearly, and 'as far as possible', a multilateral approach is strongly preferred. Yet it is one thing to *prefer* a multilateral approach in the application of a measure that is provisionally justified under one of the subparagraphs of Article XX of the GATT 1994; it is another to require the *conclusion* of a multilateral agreement as a condition of avoiding 'arbitrary or unjustifiable discrimination' under the chapeau of Article XX. We see, in this case, no such requirement."）.

かをめぐる検討の際に，紛争当事国の主張を裏づける証拠として考慮されよう。規制当局の保護水準を同等に達成できると同時に貿易制限性もより少ない，関連の国際基準が存在すると判断される場合には，問題の規制措置は，必要性審査を充たさないものと判定されよう。もちろん，この際にも，関連する国際基準を特定又は提示し，規制当局がそれを参考にできるはずだったということを示すのは，申立国の立証責任となる。

6.5.3　TBT 協定

TBT 協定における科学の取り扱いはどうだろうか。ガットと同様に TBT 協定は，科学という概念に特別な規範的な役割は与えておらず，加盟国が採用又は維持する強制規格が科学的根拠に基づいていることを求めていない。しかしながら，TBT 協定 2 条 2 項は，加盟国が強制規格を立案，制定又は適用する際に「正当な目的が達成できないことによって生ずる危険性」を考慮することを要件とし，危険性に関しては，「入手することができる科学上及び技術上の情報」を参考にすることを定めている。これはあくまで規制当局にとっての考慮要素にすぎないため，問題となる危険性が具体的な科学的証拠の形で示される必要はない。したがって，TBT 協定の下では，SPS 協定とは異なり，加盟国が強制規格を危険性評価に基づいて実施する義務はない。ただし，ガット 20 条の文脈と同様に，科学的根拠又は危険性評価の存在は，TBT 協定 2 条 1 項及び同条 2 項の審査において，強制規格の適法性を評価する際の証拠として考慮されうる。例えば，「正当な規制上の区別」の基準が適用される TBT 協定 2 条 1 項の審査において，規制当局の目的が公衆の安全など科学的な性質に密接に関連する場合には，規制当局が強制規格の適法性を科学的証拠に基づいて論証することになろう[113]。TBT 協定 2 条 2 項の審査においても同様に，規制当局は申立国から提示される代替措置の「合理的な利用可能性」を科学的証拠に基づいて反論するのが通常である。また，規制目的が達成できないことによって生ずる危険性という要素が，比較衡量されるべき関連要素の 1 つとなっていることから，同要素の検討の際に，危険性をめぐる科学的な証拠が密接な関連を有しうる。

TBT 協定は，SPS 協定と類似した形で（そしてガットとは対照的な形で），国

---

[113]　Tania Voon, 'Evidentiary Challenges for Public Health Regulation in International Trade and Investment Law' (2015) 18(4) *Journal of International Economic Law* 795, 811.

際基準との調和原則を積極的に定めている。TBT協定2条4項は，「加盟国は，強制規格を必要とする場合において，関連する国際基準 (international standards) が存在するとき又はその仕上がりが目前であるときは，当該国際基準又はその関連部分を強制規格の基礎として用いる。ただし，気候上の又は地理的な基本的要因，基本的な技術上の問題等の理由により，当該国際基準又はその関連部分が，追求される正当な目的を達成する方法として効果的でなく又は適切でない場合は，この限りでない」とし，一定の状況下で，加盟国が国際基準を基に強制規格を用いるよう求めている。TBT協定2条5項は，加盟国の強制規格が「2条2項の規定に明示的に示されたいずれかの正当な目的のため立案され，制定され又は適用され，かつ，関連する国際基準に適合している場合」には，「国際貿易に対する不必要な障害をもたらさないと推定（反証を許すもの）」されると定めている。

TBT協定は「国際基準」を定義していないが，附属書1.2の注釈には，「国際的な標準化のための機関 (international standardization community) によって立案される任意規格 (standards) は，コンセンサス方式によって承認されている」とし，「この協定は，コンセンサス方式によって承認されていない文書も対象とする」と付け加えている。他方，附属書1.4は，「国際機関」を「少なくとも全ての加盟国の関係機関が加盟することのできる機関」と定義している。上級委員会は，以上を総合的に踏まえると，TBT協定2条4項でいう「国際基準」とは，「標準化に関する公認の活動を行い，加盟が少なくとも全てのWTO加盟国に開放されている国際標準化機関で承認された規格」を指すと説明している[114]。

TBT協定2条4項でいう「国際基準」の性質に関しては，次の2点を指摘することができる。第1に，附属書1.2の注釈における「コンセンサス」の捉え方である。EC—Sardines事件の上級委員会は，関連規格が満場一致で採択された場合にのみ，同条項でいう「国際基準」に該当するとのECの主張を退け，附属書1.2における「この協定は，コンセンサス方式によって承認されていない文書も対象とする」という文言にも意味が与えられるべきと指

---

114) US—Tuna II (Mexico), Appellate Body Report, para. 359 ("We consider, therefore, that a required element of the definition of an 'international' standard for the purposes of the *TBT Agreement* is the approval of the standard by an 'international standardizing body', that is, a body that has recognized activities in standardization and whose membership is open to the relevant bodies of at least all Members.").

摘した[115]。以上の上級委員会の解釈に関しては、「2000年TBT委員会の決定」で強調されている原則[116]、すなわち、上級委員会が自ら条約法条約31条3項(a)でいう「後にされた合意」に該当しうるとした[117]諸原則と緊張関係をもたらす恐れがあるとの指摘もある[118]。「2000年TBT委員会の決定」には、国際基準の確立に向けたコンセンサスの形成の重要性が強調されている。

第2に、附属書1.4でいう「全ての加盟国の関係機関が加盟することのできる」という文言の捉え方である。TBT協定2条4項でいう「国際基準」と認定されるには、関連する国際標準化機関への加盟が少なくとも全てのWTO加盟国に開放されている必要があるが、同要件の曖昧さが学界では指摘されている。WTOに加盟する資格は主権国家に限らないことから、全てのWTO加盟国に加盟が許される国際標準化機関は現実的に想定しがたいからである[119]。これは結局、多くの国際標準化機関をTBT協定でいう「国際基準」の範囲から排除する結果となろう。ただし、このような結果は、紛争解決機関の解釈によって導き出されたものではなく、TBT協定の文言に起因するものである。このような結果は、TBT協定附属書1.4の文言に即した当然な解釈であり、その意味で、TBT協定の起草者及び加盟国の意図であったともいえる。このような文言が明記された背景には、WTO法体制の外部機関による準立法的な役割が過度に拡大されることを牽制するという意図があったと理解される[120]。他方、全てのWTO加盟国に加盟が開放されていない国際標準化機関で承認された規格、すなわち、TBT協定2条4項又は同条5項でいう「国際基準」に該当しない規格であるとしても[121]、依然としてTBT協定2条1項及び同条2項の審査で加盟国の主張を裏づける証拠として参考にされうる[122]。

---

115) *EC—Sardines*, Appellate Body Report, para. 222.
116) World Trade Organization Committee on Technical Barriers to Trade, *Second Triennial Review of the Operation and Implementation of the Agreement on Technical Barriers to Trade*, WTO Doc. G/TBT/9, 13 November 2000 では、国際基準の確立に関して、透明性、公開性、公平性、コンセンサス、効果及び関連性、一貫性、などが強調されている。
117) *See, e.g., US—Tuna II (Mexico)*, Appellate Body Report, para. 372.
118) *See, e.g.*, Mavroidis (*Trade in Goods*) 680-681; Marceau ('The New TBT') 26.
119) *Ibid.*
120) *Ibid.*
121) もちろん、その際にはTBT協定2条5項による「推定」は働かない。
122) *US—Clove Cigarettes* 事件のパネルは、香り付けタバコが若年層の喫煙に及ぼす影響を確認するに際して、WHOから提供された指針を参照し、それを証拠として扱っている。

関連する国際基準が存在する場合には，TBT協定2条4項の規定によって，加盟国が当該国際基準又はその関連部分を強制規格の「基礎 (as a basis for)」とする必要がある。上級委員会は，「基礎とする」という文言を「非常に密接な関係があること」と解しており[123]，したがって，強制規格は関連する国際基準に「反する (contradictory)」ものであってはならないと強調している[124]。他方，関連する国際基準又はその関連部分が加盟国の目的達成に「効果的でなく又は適切でない」と判断される場合には，加盟国がそれを基礎として用いる必要はないが，その際も，TBT協定2条4項の違反を証明する一般的な立証責任は申立国に課される。つまり，申立国としては，被申立国が関連する国際基準を基礎として用いても，目的達成を効果的に図ることができたことを証明しなければならない[125]。上級委員会は，SPS協定の文脈でなされている解釈，特にSPS協定3条1項及び同条3項の関係に触れつつ，このような立証責任の法理を導き出している[126]。その意味で，TBT協定2条4項は，適切な保護水準を自由に設定する加盟国の権利を再確認する条項と理解できよう。

6.5.4 小 括

以上のように，ガット，TBT協定及びSPS協定が科学及び国際基準に付与する規範的な役割はそれぞれ異なる。これは，各協定の文言が異なることから導かれる必然的な帰結である。ただし，文言上の根拠が明確でないにもかかわらず，紛争解決機関が協定間の相互参照を活用するなど，様々な試みを通じて協定間の一貫したかつ調和的な解釈を導き出そうとしているのは興味深い。協定間の相互参照は，各協定の法理を相互補完する形で行われる。

ガット20条の審査において，科学的証拠の捉え方に関するSPS協定の解釈が頻繁に参照されており，このような相互参照の動向は，TBT協定とSPS協定の間でも顕著である。ガット，TBT協定及びSPS協定は，原則として加盟国に累積的に適用されるものであり，紛争解決機関もこれら3協定が相互矛盾するように解釈されてはならないことを相当意識している。TBT協定

---

[123] *EC—Sardines*, Appellate Body Report, para. 245.
[124] *Ibid.*, para. 248.
[125] *Ibid.*, para. 282.
[126] 上級委員会は，SPS協定3条1項と同3項の関係が，TBT協定の解釈では直接な文脈を提供しないと判断したパネルの決定を覆している。詳細は，*ibid.*, para. 274.

とSPS協定は、ガットの関連規定をさらに具体化することを目的として1995年にWTO協定の一部として締結され、様々な観点からガットの文言を補完している。SPS協定でより詳細にされている科学の規範的な位置づけは、関連の文言が存在しないガットの解釈において参照され、紛争当事国から提示される証拠の科学的な性質の評価に影響を及ぼす。

上記のとおり、ガット20条の審査において、科学的証拠及び危険性評価の存在は加盟国の主張を裏づける証拠として考慮されうるが、先例では、SPS協定の文脈で踏襲されている解釈、すなわち、科学的証拠及び危険性評価が必ずしも多数意見を反映する必要はなく、少数意見に基づくものであっても構わないという原則がそのまま参照されている。このような解釈基準の相互参照は、ガット20条の文脈で用いられるべき審査基準にも影響を及ぼす。すなわち、パネルは最善の科学を確認又は検証してはならないというSPS協定の審査基準が、ガットの文脈でも適用されることになる。これは、TBT協定における審査にも同様に妥当する。SPS協定の文脈で発展した審査基準の法理がその他の協定の解釈で参照されることは、加盟国の国内規制権限及び政策的な裁量に対する一貫した取り扱いを確保するという意味で、非常に重要な意義がある。WTO法における審査基準に関しては、第7章でより詳細に検討することとしたい。

ガット、TBT協定及びSPS協定の間で見られる、以上のような相互参照の動向は、ガットの解釈において、TBT協定及びSPS協定の文脈でなされる解釈の動向がともに考慮されるべき必要性を示唆する。以上のように、協定間の相互参照は、各協定の解釈を相互補完する形で行われ、特に、解釈基準又は文言の意味及び内容の明確化に寄与しており、その結果、各協定における加盟国の国内規制権限にも影響を及ぼしている。加盟国の国内規制権限との関係で、これら3協定の解釈が一定の状況下で一方向へと収斂されていくような現象は注目に値する。今後、各協定の解釈が一層明確になるにつれて、これら3協定における相互参照の実行はより顕著になると予想される。WTO法における国内規制権限についても、そのような協定間の相互参照の動向を念頭に置き、その動態的な性質に注目して把握される必要があると考える。

第 7 章　WTO 法における審査基準

7.1　審査基準の定義

　WTO 紛争解決の審理過程において国内規制の適法性を判断するに当たり，紛争解決機関が用いるべき「審査基準（standard of review）」は重要な争点となる。審査基準とは，一般に「立法機関若しくは行政機関からなされる決定の法的な妥当性について司法機関が行う審査の性質及び強度[1]」，「立法機関若しくは規制当局の決定に対して司法機関が示すべき敬譲（deference）及び配慮の程度」又は「立法機関若しくは規制当局からなされる政策決定に対して司法機関が介入する程度[2]」と定義づけられる。司法審査における審査基準は，立法機関又は行政機関が行った決定に対して司法機関が最初の政策決定者の作業を再評価（second-guess）できるか否か，もしできるのであれば，司法機関が最初の決定を自らやり直し，無効化できるか否か，その際に司法機関が既に評価済みの事実関係につき，再評価を行うための適切な経験及び手段を有しているか，などの論点と密接な関連がある[3]。国内法においては，審査基準の概念は司法機関，立法機関，そして行政機関との間の水平的な権限配分と密接に関連づけられるが，国際法においては，（国際的）司法機関と主権国家との間における垂直的な関係に影響を及ぼす[4]。特に，国際法におい

---

[1] Claus-Dieter Ehlermann and Nicolas Lockhart, 'Standard of Review in WTO Law' (2004) 7(3) *Journal of International Economic Law* 491, 493.

[2] Lukasz Gruszczynski and Valentina Vadi, 'Standard of Review and Scientific Evidence in WTO Law and International Investment Arbitration: Converging Parallels?' in Lukasz Gruszczynski and Wouter Werner (eds), *Deference in International Courts and Tribunals* (Oxford University Press, 2014) 155.

[3] Ehlermann and Lockhart ('Standard of Review') 492.

[4] Caroline Henckels, 'Balancing Investment Protection and the Public Interest: The Role of the Standard of Review and the Importance of Deference in Investor—State Arbitration' (2013) 4(1) *Journal of International Dispute Settlement* 197, 199.

ては，加盟国と司法機関との間における適切な権限配分にも影響を及ぼすことから，審査基準は，加盟国が行った規制行為や各種の決定の適法性をめぐる紛争事例において，核心的な役割を果たすことになる[5]。

WTO法においては，加盟国によって行われた各種の検討や決定に対し，パネルがどの程度の敬譲を示すべきか，そしてパネルが自らの審査権限を通じて検討をやり直し，加盟国が至った決定とは異なる結論を導き出すことは可能か，その際にパネルの審査権限にはいかなる制限があるか，もしパネルの権限に制限があるとするならば，制限されるのはどの時点においてであるか，といった問題が提起される[6]。特に今日では，国内規制は，国内における科学的，社会的又は倫理的な価値評価を反映すべく，複雑な事実関係に基づいて行われる場合が多いことから，紛争解決機関がいかなる審査基準に基づき，国内規制の根底にある事実関係の評価に対処すべきかという問題が，学界でも盛んに議論されている。審査基準という用語は，WTO法の分野ではよく取り上げられてきた概念であるが，近年ではその他の国際法の分野における審査基準にも注目が集まっている。例えば，2014年に判決が下された国際司法裁判所 (International Court of Justice, ICJ) の捕鯨事件[7]では審査基準という用語が初めて使われ，国際司法裁判所が用いた方法論の妥当性をめぐって学界では様々な議論が行われている。特に，同事件ではWTO法の下で踏襲されてきた審査基準の法理が借用されているかのような印象もあり[8]，WTO法の文脈で踏襲される審査基準がその他の国際法の分野で参照される可能性についても注目が集まっている。このような動向は，特にWTO法との類似点が多く見られる国際投資法の分野で顕著である。加盟国の国内規制権限及び政策的な裁量に対する適切な配慮という観点から，WTO法の審査基準がその他の国際法の分野に借用又は移植される可能性については，節を変えて検討することとしたい。

審査基準は，加盟国が国内で行った行為や決定に対して，司法機関が示す

---

[5] Steven P Croley and John H Jackson, 'WTO Dispute Procedures, Standard of Review, and Deference to National Governments' (1996) 90(2) *American Journal of International Law* 193, 194.

[6] Ming Du, 'Standard of Review in TBT Cases' in Tracey Epps and Michael J Trebilcock (eds), *Research Handbook on the WTO and Technical Barriers to Trade* (Edward Elgar Publishing, 2013) 164.

[7] ICJ, *Whaling in the Antarctic (Australia v. Japan)*, Judgement, 31 March 2014.

[8] *See*, ICJ, *Whaling in the Antarctic*, Dissenting Opion of Judge Owada, para. 31.

べき敬譲の程度と密接に関わっていることから,「評価の余地 (Margin of Appreciation)」理論と一緒に取り上げられる場合も少なくない。評価の余地理論は, 欧州人権裁判所 (European Court of Human Rights, ECtHR) が確立した解釈原則であり, 締約国の政策を評価するに際して裁判所が加盟国の政策的な裁量に一定の敬譲を示す, いわゆる司法敬譲 (Judicial Deference) の法理である[9]。評価の余地理論によれば, ECtHR は司法敬譲の一環として, 加盟国が国内の社会的, 文化的又は歴史的な関連要素に照らして国際的な義務を履行する政策的な裁量を保障することになる[10]。しかしながら, 各国が享受する評価の余地というのは無制限なものではなく[11], 特定の政策の実施が, 欧州諸国の間でコンセンサスを得られたものであるか否かなど, 様々な関連要素によって影響を受ける[12]。例えば, 特定の政策を追求するために, 特定の人権を犠牲にせざるをえない国内措置が, 多くの欧州諸国の実行によっても支持されている状況下では, そのような国内措置を採用する際に加盟国が享受する評価の余地も広がる。ただし, 加盟国が行った行為や決定についての司法敬譲として機能するという点で, 評価の余地理論と審査基準とが関連を有するとしても, 両概念を完全に同一視することはできない。評価の余地理論は, ECtHR というフォーラムのみで限定的に用いられている概念であり, 同フォーラムの特殊な状況と環境に照らして発展してきた解釈原則であることから, 一般国際法に完全に導入された法理であるとはいいがたい[13][14]。審査基準はあくまで, 加盟国の行為や決定に対する審査の厳格さを指す概念であ

---

[9] Julian Arato, 'The Margin of Appreciation in International Investment Law' (2013) 54(3) *Virginia Journal of International Law* 546, 549. また, 評価の余地理論の解釈論的枠組みについては, Dominic McGoldrick, 'A Defence of the Margin of Appreciation and an Argument for its Application by the Human Rights Committee' (2016) 65(1) *International and Comparative Law Quarterly* 21, 21-60 を参照。

[10] Valentina Vadi and Lukasz Gruszczynski, 'Standard of Review in International investment Law and Arbitration: Multilevel Governance and the Commonweal' (2013) 16(3) *Journal of International Economic Law* 613, 623-624.

[11] Yuval Shany, 'Toward a General Margin of Appreciation Doctrine in International Law?' (2005) 16(5) *European Journal of International Law* 907, 910.

[12] Arato ('The Margin of Appreciation') 549

[13] Stephan R Tully, '"Objective Reasonableness" as a Standard for International Judicial Review' (2015) 6(3) *Journal of International Dispute Settlement* 546, 550.

[14] 他方, ICJ 捕鯨事件で日本は, 評価の余地理論が国際法における「原則 (axiom)」であると主張したが, この点は ICJ から明確に確かめられていない。ただし, 評価の余地理論がその他の国際法の分野においても一般的な解釈原則として導入されるべきことを積極的に主張する識者もいる。詳細は, Shanny ('Toward') 907-940 を参照のこと。

り，その意味で，評価の余地理論は，制限されたフォーラム内で審査基準が体系化した類型の1つとして理解するのが妥当であると考える。

さらに，審査基準は立証基準 (standard of proof) とも区別される。立証基準は，立証責任を負担する側が自身の主張を貫徹させるために提示しなければならない証拠の量的又は質的な程度を意味する概念であり，立証基準が審査基準によって影響を受けることがあるとしても[15]，両者の概念は区別されなければならない。

審査基準については，理論的に2つの極端な形態が想定される。一方では，司法機関が，加盟国の行為や決定が手続的な要件を充たしているかどうかに焦点を当てるという，完全に敬譲的 (deferential) な審査と，他方では，司法機関が，加盟国の行為や決定の実体を厳格に検討し，自らの審査でそれを代替するという，いわば *de novo* 審査がある。理論的には，これらの両極端の間に様々な形の審査基準が想定される[16]。*de novo* 審査は，司法機関が国内決定に関する証拠を再評価し，新しい結論を自ら導き出すことを可能にするという意味で，完全に新しい審査となり，他方で，完全に敬譲的な審査は，原則として国内決定について実体的な検討は伴わない。上級委員会の説明によると，WTO法における *de novo* 審査とは，加盟国の行った行為や決定とは異なる結論にたどり着くことを可能にするように，パネルに完全な自由を与えるものであり，同審査の下でパネルは，加盟国の行為や決定が事実と手続の観点から正しい (correct) ものであるか否かを検証することになる[17]。他方，敬譲的な審査の下では，パネルが加盟国の行為や決定を自ら再検討することなく，WTO法の規則で定められた手続が遵守されているか否かを重点的に検討することになる[18]。

このように，WTO法における審査基準は，加盟国が行った行為や決定に対してどの程度の厳格さで審査が行われるかを方向づけることになる。その意味で，紛争解決機関がどのような審査基準を用いて加盟国の規制措置を評

---

15) Guillaume Gros, 'The ICJ's Handling of Science in the Whaling in the Antarctic Case: A Whale of a Case?' (2015) 6(3) *Journal of International Dispute Settlement* 578, 617-618.
16) Lukasz Gruszczynski and Valentina Vadi, 'Standard of Review and Scientific Evidence in WTO Law and International Investment Arbitration: Converging Parallels?' in Lukasz Gruszczynski and Wouter Werner (eds), *Deference in International Courts and Tribunals* (Oxford University Press, 2014) 155.
17) *EC—Hormones*, Appellate Body Report, para. 111.
18) *Ibid*.

価することになるかは，審理の結果にも多大な影響を及ぼしうる。審査基準は，国内決定についての紛争解決機関の介入の程度にも影響を及ぼすことから，WTO法の下で保障される加盟国の国内規制権限にも影響を与える[19]。もし加盟国の行為や決定に対し，極端に敬譲的な審査基準が用いられる場合，規制当局が享受する国内規制権限の範囲は広がるだろうが，それと同時に，偽装された保護主義が許容される余地も広がる。逆に，実体の審査を伴う厳格な審査基準が用いられる場合，人，動物又は植物の生命又は健康の保護など，様々な非貿易的関心事項を達成するために行使される加盟国の正当な国内規制権限が不当に制限されてしまう恐れがある。結局，WTO法における国内規制権限の保障との関係からは，このような両極端の間で，適切な審査基準がどのように導き出されるべきかが重要な争点となろう。WTO法における適切な審査基準の確立は，紛争解決機関の審査権限及び加盟国の国内規制権限の範囲を明確にし，その意味で，WTO紛争解決制度の正当性及び予見可能性の向上に寄与することになろう。WTO紛争解決制度の信頼性向上にも資することはいうまでもない。

　本章では，紛争解決機関がどのような形でWTO法における審査基準を導き出しているかを検討し，果たしてそれが加盟国の国内規制権限の保障という観点から「適切な」ものであるかを考察する。審査基準の問題は，複雑な事実関係に基づく国内規制の評価に影響を与えるという意味で，ガット及びTBT協定の文脈においても重要な論点となるが，審査基準をめぐる論点は主にSPS協定の文脈で議論・検討されている。これは，SPS協定が科学に特別な役割を与えており，同協定の解釈に際しては，科学的な専門性に熟練していない紛争解決機関が科学の役割をどのように捉えるべきかが重要な争点となるからである。よって，本章ではSPS協定の文脈における動向を重点的に検討する。

---

[19] Stefan Zleptnig, 'The Standard of Review in WTO Law: An Analysis of the Laws, Legitimacy and the Distribution of Legal and Political Authority' (2002) 6(17) *European Integration Online Papers* (*ELoP*), 13, at <http://eiop.or.at/eiop/texte/2002-017.htm>.

7.2 WTO法における審査基準の動向

7.2.1 パネルの役割と客観的な評価——WTO初期の事例

　SPS協定は，加盟国にSPS措置を「科学的原則に基づいてとること及び十分な科学的証拠なしに維持しないこと」を確保するよう求めており，このような義務は，SPS措置を危険性評価に基づいて実施するという具体的な義務として適用される。SPS協定は，ガットやTBT協定とは違って，国内規制が科学的根拠を踏まえて実施されることを義務として定めていることから，SPS措置の適法性を審査する際には，当該措置が基づいている科学的証拠の妥当性に焦点が当てられる。複雑な科学的根拠についての紛争解決機関の評価が余儀なくされるという意味で，紛争解決機関が用いるべき審査基準にも注目が集まる。WTO法における審査基準の論点が主にSPS協定の文脈で議論されているのも，このようなSPS協定の規範構造に起因する。他方，SPS協定前文は，いかなる加盟国も「人，動物又は植物の生命又は健康を保護するために必要な措置を採用し又は実施することを妨げられるべきでない」とし，「人，動物又は植物の生命又は健康に関する自国の適切な保護水準を変更すること」を求められるべきではないと確認している。すなわち，SPS協定の下で，加盟国は，正当な目的を達成するために必要なSPS措置を講じることができ，適切と認める保護水準を主張する権利を享受する。その意味で，SPS協定は，加盟国の権利と義務との間における繊細な均衡点を念頭に置いて解釈されなければならないが，同様の意味で，SPS協定の文脈で紛争解決機関が用いる審査基準は，加盟国から委任されたWTO紛争解決機関の審査権限と，加盟国が依然として保持する規制権との間で確立されるべき均衡点を反映するものでなければならない[20]。

　それでは，SPS協定の文脈で用いられている審査基準は以上のような均衡点を適切に反映しているのだろうか。WTO協定において，紛争解決機関が用いるべき審査基準を詳細に定めている条項としては，アンチダンピング協定17条6項(i)が挙げられる。同条項は次のように定める。

---

[20] *EC—Hormones*, Appellate Body Report, para. 115.

「パネルは,問題に関する事実の評価に当たっては,当局による事実の認定が適切であったかなかったか及び当局による事実の評価が公平かつ客観的であったかなかったかについて決定する。当局による事実の認定が適切であり,かつ,当局の評価が公平かつ客観的であった場合には,パネルが異なった結論に達したときも,当該当局の評価が優先する。」

アンチダンピング協定 17 条 6 項 (i) が規定する審査基準は,加盟国の国内規制権限に多大な柔軟性を与えるものと理解される。同審査基準の下で,パネルは,規制措置の実体が正しいか否かよりも,手続的な面を重点的に検討し,規制当局の決定に明確な欠陥がある場合,すなわち,当局の決定が公平かつ客観的でないと判断される場合に限って,パネルが介入することになる[21]。上級委員会によると,アンチダンピング協定 17 条 6 項 (i) は,パネルが行使する審査権限の限界を明確にするものであり,パネルが加盟国の決定を再評価 (second-guessing) することを防止する機能を果たす[22]。

SPS 協定の文脈で用いられるべき審査基準についての明文の規定が存在しない中,SPS 協定における審査基準が初めて検討されたのが *EC—Hormones* 事件である。被申立国の EC は,アンチダンピング協定 17 条 6 項 (i) を直接参照しながら,毒素又は汚染物質からもたらされる危険性のように,事実関係が高度に複雑な事柄に関しては,なるべく緩やかな審査基準[23]が適用されるべきと主張したが,上級委員会は EC の主張は受け入れられないとした。上級委員会は,SPS 協定に適用される審査基準は,加盟国から委任されたWTO 紛争解決機関の審査権限と,加盟国が依然として保持する規制権との間で確立されるべき均衡点を反映するものでなければならないと指摘した上で,SPS 協定の文言から明白な根拠を見出せない審査基準を用いることは,そのような均衡点を修正することに等しいとし,紛争解決機関にはそのよう

---

21) Button (*Power to Protect*) 184–185.
22) WTO Appellate Body Report, *Thailand—Anti-Dumping Duties on Angles, Shapes and Sections of Iron or Non-Alloy Steel and H-Beams from Poland* (*Thailand—H-Beams*), WT/DS122/AB/R, adopted 5 April 2001, para. 117 ("Article 17.6(i) places a limitation on the panel in the circumstances defined by the Article. The aim of Article 17.6(i) is to prevent a panel from 'secondguessing' a determination of a national authority when the establishment of the facts is proper and the evaluation of those facts is unbiased and objective.").
23) そのような緩やかな審査基準を EC は「敬譲的な合理性 (deferential reasonableness) 基準」と称している。*EC—Hormones*, Appellate Body Report, para. 115.

な資格はないとした。上級委員会は，その意味で，アンチダンピング協定17条6項(i)の審査基準はアンチダンピング協定の文脈でのみ適用可能なものであるとしながら[24]，SPS協定又はその他のWTO協定の文脈における事実の評価に関しては，「紛争解決に係る規則及び手続に関する了解(DSU)」11条が，簡潔ながらも十分明確な形で，適切な審査基準を示していると強調した[25]。DSU11条はパネルの任務につき，次のように定める。

> 「パネルの任務は，この了解及び対象協定に定める紛争解決機関の任務の遂行について同機関を補佐することである。したがって，パネルは，自己に付託された問題の客観的な評価(特に，問題の事実関係，関連する対象協定の適用の可能性及び当該協定との適合性に関するもの)を行い，及び同機関が対象協定に規定する勧告又は裁定を行うために役立つその他の認定を行うべきである。パネルは，紛争当事国と定期的に協議し，及び紛争当事国が相互に満足すべき解決を図るための適当な機会を与えるべきである。」(傍点は筆者による)

アンチダンピング協定以外のWTO協定の解釈に関しては，基本的にDSU11条が審査基準の関連条文として参照される。上級委員会は，同条で定められる審査基準が*de novo*審査でもなく，加盟国の決定に対する完全なる敬譲でもなく，むしろ事実の「客観的な評価(objective assessment)」であることを強調している[26]。*de novo*審査が適切でない理由として，上級委員会は，パネルが*de novo*審査に適さない(poor suited)ことを挙げており，他方で，完全なる敬譲については，DSU11条でいう「客観的な評価」を確保するものでないと説示している[27]。

上級委員会が*de novo*審査と完全なる敬譲との両方の極端な審査基準を否定しているのは正しいと考える。*de novo*審査は，国内決定がなされる過程において，特定の利害関係者の介入によって反映されてしまう不適切な影響を排除する利点があるが，このようなアプローチは，パネルをあたかも国内

---

24) *Ibid.*, para. 114.
25) *Ibid.*, paras. 115-116.
26) *Ibid.*, para. 117.
27) *Ibid.*

決定の最終決定者のように位置づけてしまい，加盟国の国内規制権限及び政策的な裁量を過度にかつ不当に制限する恐れがある。他方で，国内決定に対する完全なる敬譲は，加盟国の国内規制権限及び政策的な裁量を十分に保障するという意味では評価できるものの，実質的にパネルの役割を失わせ，保護主義的な規制措置の分別を不可能にする恐れがある。それでは，上級委員会がいう「客観的な評価」とは何を意味するだろうか。それが審査基準の両極端の1つでないことは明白であろうが，DSU11条の文言は，「客観的な評価」が何を求めるか又は実際にどのような厳格さで国内措置が審査されるべきかについて明確にしていない。すなわち，パネルが用いるべき審査基準が *de novo* 審査に近いものか，それとも，完全なる敬譲に近いものかについては，DSU11条の文言だけでは確認しきれない[28]。「客観的な評価」という文言そのものは，加盟国の国内決定に対する敬譲の程度を表す表現ではないからである。「客観的な評価」を伴う厳格な審査基準も，「客観的な評価」を伴う柔軟な審査基準も，理論的には想定可能である。

　「客観的な評価」が何を求めるかを理解するためには，DSU11条の規範構造を確認する必要がある。パネルが事実の「客観的な評価」に失敗したといえるのはいかなる状況であろうか。DSU11条でいう事実の「客観的な評価」とは，パネルが加盟国から提出される証拠を考慮し，証拠に基づいて事実認定を行う義務を意味する[29]。しかし興味深いことに，上級委員会は，証拠の評価におけるいかなる誤りも自動的に「客観的な評価」の失敗になるわけではないと指摘し，パネルが加盟国から提出される証拠を故意に無視するか又は考慮することを拒否する場合になってはじめてDSU11条の違反が生じるとの立場をとっている[30]。すなわち，同条の違反は，単にパネルが証拠の評価を誤って行った状況ではなく，パネルの善意（good faith）を疑問視できるほどの著しい誤りがある場合を想定しているのである。このような解釈の下では，パネルの審査が「客観的な評価」に失敗したと認定される余地は非常に狭い。このような解釈はパネルの審理過程にどのような影響を及ぼすだろうか。概ねパネルの構成員は国際法又は国際経済法の分野での経験が豊富であ

---

[28] Axel Desmedt, 'Hormones: "Objective Assessment" and (or as) Standard of Review' (1998) 1(4) *Journal of International Economic Law* 695, 697; Ehlermann and Lockhart ('Standard of Review') 495.

[29] *EC—Hormones*, Appellate Body Report, para. 133.

[30] *Ibid*.

り，パネルが作成する報告書は国際経済法の分野において権威が認められることを勘案すると，申立国がパネルの意図を正面から疑問視するような議論を展開するのは非常に難しい作業となろう[31]。パネルの善意の意図を差し置いても，パネルが純粋に事実の「客観的な評価」を誤っている場合はどうか。パネルが権威ある国際法又は国際経済法の専門家で構成されるとはいえ，科学的な事実関係の評価に当たっては，常に関連する科学的証拠を適切に評価し，正しい結論を導き出しえるとはいいがたい。

　DSU11条でいう「客観的な評価」が審査基準の厳格さを明確にするものではないこと，そして同条の違反が相当に制限的に解釈されていることから，実際の事例では，審理過程におけるパネルの裁量が拡大される結果となる。*EC—Hormones*事件で述べられた「客観的な評価」の基準は，その後の事例においても参照の基準 (point of reference) となっているが，WTO初期の事例においては，以上のようなパネルの広い裁量と相まって，比較的厳格な審査基準，いいかえれば，むしろ *de novo* 審査に近く位置づけられる審査基準が適用されることになる[32]。これらの事例において，パネルは，争点となっている科学的根拠の実体に踏み込み，自らの判断で結論を下す立場をとっている。*Japan—Apples* 事件では，成熟無症状リンゴに対する日本のSPS措置がSPS協定2条2項に違反するかが問われたが，パネルは，成熟無症状リンゴが火傷病を媒介する可能性についての十分な科学的証拠があるかを検討すべきとした上で，申立国の米国が日本の主張を裏づける科学的証拠の不存在を証明できないとしても，パネルが自らの判断でSPS協定2条2項の審査を行いうるとし，結果的には，日本が当該SPS措置の適法性を証明できていないと結論づけた[33]。他方，日本は，パネルが自らの方法論をもって判断を下すよりは，日本が採用したアプローチを考慮すべきであったとし，パネルの結論は誤りであると主張した。しかし上級委員会は，日本の主張はむしろパネルが当局の国内決定に完全なる敬譲を示すことを求めるものであり，その意味で，DSU11条でいう「客観的な評価」を確保するものではないとして，日

---

[31] Du ('Standard of Review in TBT') 173.
[32] Gruszczynski (*Regulating Health and Environmental Risks*) 141; Yuka Fukunaga, 'Standard of Review and "Scientific Truths" in the WTO Dispute Settlement System and Investment Arbitration' (2012) 3(3) *Journal of International Dispute Settlement* 559, 564; Gruszczynski and Vadi ('Standard of Review and Scientific Evidence') 156.
[33] *Japan—Apples*, Panel Report, paras. 8.123–8.128.

本の主張は受け入れられないとした[34]。

　以上のようなパネルの立場は「客観的な評価」という名の下で，科学的証拠の正しさを自ら（専門家意見を通じて）判断又は選別することにより，事実上，規制当局の選択を自身の（科学的な）見解で代替するものである。このようなパネルの立場は，*US—Continued Suspension* 事件で集約的に表れている。同事件のパネルが，「時として我々は同じ見解を示す過半数の専門家意見に従ったが，時としてそうできないほど見解の相違がある場合には，論証（理由づけ）と証拠によって最も具体的に根拠づけられる見解に従った[35]」と述べているのは注目に値する。パネルの説明は，SPS協定の文脈で適用されるべき審査基準についてのパネルの立場を特徴づける。こうした審査基準の下で，パネルは多様な科学的見解が存在する場合に，規制当局がいかなる状況下で，いかなる選択をしたかにかかわらず，「自ら」判断する最も適した見解を，事実上の「正しい」科学として判断しているのである。このようなアプローチは，上級委員会が否定する *de novo* 審査に相当近く位置づけられるものであろう[36]。

　それでは，*de novo* 審査に近い審査基準は，どう評価すべきだろうか。このようなパネルのアプローチは，様々な理由で識者から批判的に捉えられている。まず，上級委員会が明らかにしているように，パネルは *de novo* 審査を行うに適していない。SPS協定で争点となる科学的証拠の実体に関する問題は，非常に複雑で，高度の専門性が求められるが，パネルが科学的証拠の実体を評価するための十分な知識上の能力を常に有しているとはいいがたい。もちろん，DSU13条1項により，パネルは「適当と認めるいかなる個人又は団体に対しても情報及び技術上の助言の提供を要請する権利」を有し，SPS協定11条2項により，「科学的又は技術的な問題を含むこの協定に係る紛争において，紛争当事国と協議の上選定した専門家からの助言」を求めることができる。しかし，パネルが専門家意見によって支援されるとしても，結局

---

34)　*Japan—Apples*, Appellate Body Report, paras. 161–167.
35)　*US—Continued Suspension*, Panel Report, para. 7.420 ("While, on some occasions, we followed the majority of experts expressing concurrent views, in some others the divergence of views were such that we could not follow that approach and decided to accept the position(s) which appeared, in our view, to be the most specific in relation to the question at issue and to be best supported by arguments and evidence.").
36)　Fukunaga ('Standard of Review') 564.

は科学的見解の多様性をいかに評価するべきか,専門家意見を手がかりにしてどのような推論を導き出すべきか,又は多様な見解の中でどの見解を重点的に考慮すべきかといった最終的な決定を行うのはパネル自身である。科学的証拠の評価に関する意見の相違は,多くの場合,「科学的な真実 (scientific truth)」についての異なる見解から生じるものであり[37],今までの事例で示されているように,ある科学的な争点をめぐる専門家意見が常に一致するともいいがたい。結局,このようなアプローチの下では,パネルが自らの判断の下で,最善の科学を選択しなければならない状況に置かれる。

WTO紛争解決制度の特徴から,問題はさらに深刻化する。紛争解決手続の制約的な時間的枠組みを勘案すると,パネルが *de novo* 審査の形で自ら科学的証拠の評価をやり直すことは大きな負担となろうし[38],上級委員会の差し戻し権限が認められていない現在の制度の下で,パネルが誤った事実認定を行ったとしても,関連する事実認定が不十分である場合には,上級委員会が当該紛争を適切に解決できない事態が発生しうる[39]。パネルが直面する専門性の限界以外にも,*de novo* 審査が望ましくない理由は多数ある。既に述べたとおり,危険性評価というのは,純粋に科学的な性質のみで行われるものではなく,国内の様々な社会的,文化的又は規制的な文脈が反映されている[40]。例えば,ある製品が人の生命又は健康に対して危険性を構成するかどうかについては,それぞれの社会や文化がいかに敏感にその危険性に反応するかによって変わりうるため,危険性に対応する政策というのは,ある意味で,科学的な評価と政治的な決定が複合的に関連づけられるものである[41]。一般にパネルは,加盟国の国内事情を十分理解しているとは前提されず,国内状況の特殊性を適切に考慮できる位置にいるとは思われないため,規制当局がたどり着いた判断をパネルが自らの判断で代替する場合,このような文脈依存的な要素が失われ,適切な結論を導き出しえない可能性がある[42]。SPS措置は多くの場合,人の生命又は健康のように,非常に重要な保護目的を有

---

37) *Ibid.,* 567.
38) Gruszczynski (*Regulating Health and Environmental Risks*) 142.
39) Du ('Standard of Review in TBT') 174.
40) Gruszczynski (*Regulating Health and Environmental Risks*) 142; Fukunaga ('Standard of Review') 567.
41) *Ibid.,* 568.
42) Gruszczynski (*Regulating Health and Environmental Risks*) 143.

しており，パネルの誤った判断による損失も重大である。*de novo* 審査を通じてなされたパネルの決定が，どうしても加盟国の受け入れがたいものである場合，規制当局が報告書の結果を遵守しない (non-compliance) 状況も想定される。それは，WTO 紛争解決制度の信頼性にも大きな打撃となろう。

以上のような *de novo* 審査の不合理性を理由に，SPS 協定の文脈で適用されるべき審査基準は，科学的証拠及び危険性評価の実体を判断するよりも，SPS 措置の手続又は透明性に焦点を当てた，より緩やかなアプローチが望ましいとの見解が学界では展開されている。すなわち，パネルの審査は，国内決定が適切な手続を充たしているかどうか又は科学的な合理性という最小限の基準を充たしているかどうかに焦点を当てるべきであり，加盟国が行った科学的な決定の実体を再評価することではないという主張である[43]。福永有夏は，SPS 協定は加盟国の義務と人の生命又は健康を保護するという加盟国の権利との間における繊細な均衡点の確立を目指していると指摘しながら，加盟国の決定に対する敬譲的なアプローチは，加盟国の正当な目的を考慮しながらも，SPS 措置の整合性への評価を可能にするという意味で，評価に値すると主張する[44]。他方で，手続的な面のみを重点的に考慮するアプローチは，実質的に SPS 協定の意味を失わせる恐れがあるとの指摘もある。特に，極端に緩やかな審査基準の下では，多くの SPS 措置が正当な目的という偽装の下で，保護主義として濫用される事態を招くことになろう。SPS 協定は科学的根拠の原則の遵守を強調しており，2条2項及び5条1項の文言は一見，紛争解決機関による実体的な評価が何らかの形で行われるべきことを求めていることを勘案すれば，もっぱら国内措置の手続のみに焦点を当てる審査基準の採用は，現実的には無理があると思われる。科学的根拠についての実体的な評価が完全に排除されてしまう場合，SPS 協定の規律がガットのそれと何ら変わらなくなってしまうとの指摘もある[45]。すなわち，極端に緩やかな審査基準は，SPS 協定が明示する「状況において」「適切な」「危険性評価」

---

43) Tracey Epps, 'Recent Developments in WTO Jurisprudence: Has the Appellate Body Resolved the Issue of an Appropriate Standard of Review in SPS Cases?' (2012) 62(2) *University of Toronto Law Journal* 201, 221; Michael Ioannidis, 'Beyond the Standard of Review: Deference Criteria in WTO Law and the Case for a Procedural Approach' in Lukasz Gruszczynski and Wouter Werner (eds), *Deference in International Courts and Tribunals* (Oxford University Press, 2014) 108-111.

44) Fukunaga ('Standard of Review') 568.

45) Gruszczynski (*Regulating Health and Environmental Risks*) 143.

「に基づいてとる」といった文言を事実上無意味なものにする恐れがある。SPS協定が作成された背景には，既存のガットの規律がSPS措置に上手く対応しきれなかったという事情があったことを考えると，SPS協定をガットと実質的に何ら変わらないものとするような解釈は，ガットをより発展させるために作成されたSPS協定の趣旨及び目的をないがしろにする恐れがある。

7.2.2 その後の展開

7.2.2.1 審査基準の新たな概念化——*US—Continued Suspension*事件

このように，紛争解決機関が用いるべき審査基準のあり方については，学界でも合意が得られていないのが現状である。他方，*US—Continued Suspension*事件の上級委員会は，*de novo*審査に近い形で展開されてきた既存の審査基準に大きな変化をもたらすことになった。上級委員会はまず，SPS措置が5条1項に違反するか否かを検討するに際して，基本的に危険性評価を行うのは加盟国であり，パネルの任務はその危険性評価を審査（review）することであるとし，パネルがこのような任務の範囲を超えて自ら危険性の評価者であるかのように行為する場合には，実質的には加盟国の決定をパネルが自らの決定で代替することに等しく，そのような審査は*de novo*審査になってしまうことから，DSU11条に違反すると説示した。上級委員会によれば，パネルの審査権限は，加盟国が行った危険性評価が「正しいか（correct）」否かを決定することではなく，むしろ，危険性評価が一貫した論証及び理由づけ（coherent reasoning）と信頼できる科学的証拠によって支持されているか，すなわち，客観的に正当化（objectively justifiable）されるかどうかを決定することである[46]。以上のようにパネルの審査権限の限界を明確にした上級委員会は，次いで，加盟国はもしそれが権威あるかつ信頼できる出典によるものであれば，異論又は少数説に基づいてSPS措置を採用することも可能であると再確認し，SPS措置がSPS協定5条1項に違反するか否かを判断する際にパ

---

46) *US—Continued Suspension*, Appellate Body Report, para. 590 ("It is the WTO Member's task to perform the risk assessment. The panel's task is to review that risk assessment. Where a panel goes beyond this limited mandate and acts as a risk assessor, it would be substituting its own scientific judgement for that of the risk assessor and making a *de novo* review and, consequently, would exceed its functions under Article 11 of the DSU. Therefore, the review power of a panel is not to determine whether the risk assessment undertaken by a WTO Member is correct, but rather to determine whether that risk assessment is supported by coherent reasoning and respectable scientific evidence and is, in this sense, objectively justifiable.").

ネルが検討すべき4つの要素を次のように示した[47]。①パネルは，SPS措置の科学的基盤 (scientific basis) を確認 (identify) しなければならない。科学的基盤というのは，学界で多数説と認められるものである必要はなく，少数説を反映するものであっても構わない。②パネルは，科学的基盤が信頼できる出典から導き出されるものであるかを検証しなければならない。科学的基盤は，科学界における多数説を反映する必要はないが，それでも，反証可能な科学として認められるに十分な科学的・方法論的な精密さ (rigour) を有する必要がある。いいかえれば，科学的基盤の正しさが学界で広く受け入れられている必要はないが，関連する学界の基準に照らして正当な科学としてみなされる程のものでなければならない。③パネルは，科学的証拠に基づいて提示される論証及び理由づけが客観的かつ一貫した (objective and coherent) ものであるかを評価しなければならない。いいかえれば，パネルは，加盟国が導き出した結論が科学的証拠によって十分に支持されているかを審査しなければならない。④パネルは，危険性評価の結論が十分にSPS措置を支持 (warrant) しているかを決定しなければならない。ここでも同様に，SPS措置が基づく科学的基盤が学界における多数説を反映する必要は必ずしもない[48]。

上級委員会は，SPS協定の文脈で適用されるべき審査基準とパネルの任務とを以上のように簡潔に説明した上で，パネルが依拠する専門家の意見の性質についての説明も付け加えた。すなわち，上級委員会によると，パネルは基本的にSPS協定11条2項及びDSU13条1項に従い専門家からの助言を求めることができるが，その際に，パネルは加盟国の権利に対して敬譲を与えなければならない。いいかえれば，パネルは専門家の意見に依拠することにより，自分の任務の範囲を超えてはならない。パネルは専門家に諮問を求める際に，自ら危険性評価を行うかのように行動してはならず，専門家の役割もパネルの限定された任務に従ったものでなければならない。パネルとしては，関連する科学的基盤を確認し，それが権威あるかつ信頼できる出典から導き出されたものであるかどうか，科学的基盤に基づいて提示される論証及び理由づけが客観的かつ一貫したものであるかどうか，そして，加盟国が導き出した結論が，科学的証拠によって裏づけられているかどうか，といった点に関して専門家からの助言を求めることができるが，専門家への諮問が，

---

47) *Ibid.*, para. 591.
48) *Ibid.*

専門家なら同じ方法で危険性を評価し、規制当局と同じ結論にたどり着いただろうかを問うようなものになってはならない[49]。

US—Continued Suspension 事件の上級委員会が示した以上のような解釈は、以前の事例でパネルが適用していた審査基準に比べて、加盟国の決定に柔軟性を与えるような印象がある。パネルが自身を国内決定に対する最終的な判断者と位置づけ、自ら判断する最善の科学で規制当局の決定を代替するような形で審査基準を適用していた以前の事例に比べて、同事件で示された上級委員会のアプローチは、パネルの任務及び審査権限の限界をより明確にするものである。すなわち、このアプローチの下では、規制当局が提示する科学的証拠及び危険性評価の「正しさ」が問われるより、危険性評価が科学的証拠との関係で客観的なかつ一貫した形で支持されているかに焦点が当てられる。加盟国が科学界における主流の見解に従う必要はないとの説明は、パネルが国内決定に介入する余地を狭める結果となる。学界では、同事件で示された審査基準が規制当局に相当な敬譲を与えるものであり、その意味で評価に値するとの見解も少なからず見られる[50]。他方で、これを緩やかな審査基準と評価しながらも、決して手続中心の審査基準と理解すべきではないとの指摘もある[51]。すなわち、危険性評価の根幹をなす科学的基盤が信頼できる出典から導き出されるものであるかどうか、特に、科学的基盤が科学的・方法論的な精密さを有しているかどうか、そして、学界の基準に照らして正当な科学としてみなされるかどうか、といった点については、依然としてパネルによる審査が予定されており、その意味で、科学的根拠の中身、すなわち、その実体が一定の知識的な基準点 (epistemic threshold) に照らして審査される余地が残されているということである。パネルとしては、加盟国が提示する論証及び理由づけが客観的で一貫しているかどうかを評価することになり、危険性評価による結論が「十分に」SPS 措置を「支持」するかどうかを決定しなければならないことから、ある種の実体的な検討は依然として想定

---

[49] Ibid., para. 592.

[50] Gruszczynski (*Regulating Health and Environmental Risks*) 144–145; Ming Du, 'Standard of Review under the SPS Agreement after *EC-Hormones II*' (2010) 59(2) *International and Comparative Law Quarterly* 441, 458; Jacqueline Peel, 'Of Apples and Oranges (and Hormones in Beef): Science and the Standard of Review in WTO Disputes under the SPS Agreement' (2012) 61(2) *International and Comparative Law Quarterly* 427, 447.

[51] Gruszczynski (*Regulating Health and Environmental Risks*) 146; Peel (Of Apples) 447.

されているといえる[52]。同事件の上級委員会が，加盟国の決定に対して大きな敬譲を与える審査基準への道を開いていることは間違いなかろうが，以上のように，これを極端に柔軟な審査基準と捉えるには無理があるように思われる。このような審査基準の下で，実体的な検討がどのように行われるべきかをめぐる論点は，以降の *Australia—Apples* 事件でより顕在化される。

7.2.2.2　合理性に焦点を当てた審査基準の確立——*Australia—Apples* 事件

　Australia—Apples 事件は，輸入リンゴが各種の植物に対する病気や有害物質を運ぶ媒介となる恐れがあるとのオーストラリアの主張が，科学的根拠に基づくものとしてSPS協定2条2項に整合的であるか否か，そして，当局からSPS措置の根拠として提示された危険性評価がSPS協定5条1項の要件に整合的であるか否かが争点となった事例である。特に，パネルがオーストラリアの主張を評価する際に用いた審査基準の適切さが問題となった。上級委員会は，パネルが *US—Continued Suspension* 事件で示された審査基準を誤って適用したとするオーストラリアの主張を退け，パネルが適用した審査基準を支持しているが，ここで上級委員会はいくつかの興味深い説明を加えている。上級委員会は，パネルがSPS協定5条1項の下で危険性評価を検討する際には，2点の検討事項，具体的には，危険性の評価者が依拠している科学的基盤についての検討と，そのような科学的基盤に基づいて提示される，危険性の評価者による論証及び理由づけについての検討とが考慮されるべきとし，前者については，パネルの任務は「科学界の基準に照らして，当該科学的基盤が正当な科学を構成するかどうか」の審査に限定されると指摘した[53]。この点は *US—Continued Suspension* 事件で示された審査基準と大きく変わらない。他方で，上級委員会は，後者については，パネルの審査が「危険性評価による結論が科学界において正当なものと考えられる範囲内にあるか」を確認する単純な審査に留まるべきとするオーストラリアの主張を拒否し，パネルとしては，危険性評価による結論が，その根底をなす科学的証拠によって十分に支持されているかどうか，すなわち，危険性の評価者による論証及び理由づけと結論とが客観的で一貫しているかどうかについて審査し

---

[52]　Gruszczynski (*Regulating Health and Environmental Risks*) 146.
[53]　*Australia—Apples*, Appellate Body Report, para. 215.

うると説示した[54]。上級委員会によると，これらの2点，すなわち，危険性の評価者が依拠する科学的基盤そのものに対する審査と，危険性の評価者によって提示される論証及び理由づけと結論についての審査とは区別されるべきであり，パネルは両者を同じ方法で評価すべきではないという。パネルは科学研究の実施及び評価に適しておらず，自らの判断で危険性の評価者による結論を代替してはならないが，それにもかかわらず，危険性の評価者による結論と科学的証拠とが客観的で一貫しているかについては，依然として審査しうるということである[55]。

Australia—Apples 事件で示された以上の審査基準の性質は，*US—Continued Suspension* 事件で示された審査基準との関係で，どのように評価すべきだろうか。上級委員会の解釈は，SPS協定5条1項の文脈で適用される審査基準については，審査の対象によってその厳格さが変動しうるということを示唆する。*US—Continued Suspension* 事件で示された，パネルの検討すべき4つの要素を，*Australia—Apples* 事件で示された解釈と照らし合わせて読むと，主に科学的基盤及び証拠そのものについての審査が求められる①及び②に関しては，パネルの審査権限が限定され，比較的加盟国の決定に対し敬譲を与える審査基準の適用が想定される一方，SPS措置と危険性評価との客観的な関係又は危険性の評価者が提示する論証及び理由づけについての審査が求められる③及び④に関しては，パネルが依然として厳格に実体的な審査を行う可能性が想定されているように見える。結局，*US—Continued Suspension* 事件で示された審査基準がもっぱら措置の手続的な面のみの審査を想定するものではないと理解した識者の見解は，正しいものであったといえる。ただし，依然として不明確さが残されているのは，なぜ前者には柔軟な審査基準が，そして，後者には厳格な審査基準が適用されることになるかについての説明である。科学的基盤及び証拠そのものについての審査に際してパネルが直面する知識上の限界の故に，前者には比較的加盟国の決定に敬譲を与える審査基準が適用されることになるとすれば，後者についてはどうだろうか。SPS

---

54) *Ibid.*, paras. 223-225.
55) *Ibid.*, paras. 224-225 ("A panel, however, must be able to review whether the conclusions of the risk assessor are based on the scientific evidence relied upon and are, accordingly, objective and coherent. Whether or not the requisite rational or objective relationship exists can only be ascertained through the examination of how the scientific evidence is used and relied upon to reach particular conclusions.").

措置と危険性評価との客観的な関係又は加盟国が科学的証拠に基づいて展開する論証及び理由づけの客観性を評価するに当たって，パネルは同様な知識上の限界に直面するのではないか。ただし，上級委員会は，SPS 協定で明示されている科学的根拠の原則の実質的な意義が，極端に柔軟な審査基準の採用，すなわち，対象協定の遵守を加盟国の自己判断に委ねるような解釈の採用によって阻害されてはならないことを意識しているようである。

これまで先例において審査基準の争点が展開されてきた経緯をまとめると，次のようになる。まず，*EC—Hormones* 事件で審査基準の概念が初めて確認され，その後の事例において DSU11 条における「客観的な評価」という概念が，パネルの広い審査権限と相まって，実質的に *de novo* 審査に近い厳格な審査基準が適用されることになったといえる。しかし，一方で，厳格な審査基準は *US—Continued Suspension* 事件で修正が加えられ，一見してより柔軟なアプローチが適用されるかと思われていた中，その後の *Australia—Apples* 事件において，依然として実体的審査を伴う審査基準が確認されている状況であるといえよう。それでは，*US—Continued Suspension* 事件で示された柔軟な審査基準とは何であったのか。Gruszczynski は，2 つの想定可能な解釈を提示する。第 1 に，原則として *de novo* 審査に近い厳格な審査基準が適用されている先例の流れにおいて，*US—Continued Suspension* 事件を異例的 (anomaly) なものと理解するという解釈と，第 2 に，*US—Continued Suspension* 事件のように人の生命又は健康と関連する事案においては，*Australia—Apples* 事件のように植物衛生に関連する事案と比べて，上級委員会がより緩やかな審査基準を適用する傾向があると理解する解釈である[56]。実際，後者の解釈に関しては，SPS 危険性には序列 (hierarchy) が想定されており[57]，SPS 協定で適用される審査基準は，上級委員会が特定の危険性についてどのような価値判断を下すかによって左右されるとの見解もある[58]。特に，Peel は，ガット 20 条の必要性審査の文脈において，人の生命又は健康に関連する危険性が問題となる場合には，上級委員会がより柔軟な審査基準を採用する傾向があると指摘する。ただし，本書で既に指摘したとおり，紛争解

---

56) Lukasz Gruszczynski, 'How Deep Should We Go? Searching for an Appropriate Standard of Review in the SPS Cases' (2011) 2(1) *European Journal of Risk Regulation* 111, 114.
57) Peel (Of Apples) 452.
58) M Gregg Bloche, 'WTO Deference to National Health Policy: Toward an Interpretive Principle' (2002) 5(4) *Journal of International Economic Law* 825, 825-848.

決機関が各々異なる危険性につき，各々異なる価値評価を下す法的根拠，すなわち，そのような価値評価の合法性が問題となる。特にSPS措置は，加盟国の「領域内」における危険性に対処することを目的とするものであり，現地の環境条件や現地人の価値判断が密接に関わってくることから，普遍的な価値判断が適さない場合がある[59]。しかしながら，人の生命又は健康の保護のような直感的に非常に重要と思われる価値が関連する場合や問題となる価値が加盟国の社会的な価値評価と密接に関連付けられているか，又は共同体の価値観に密接に密着している場合，或いは，問題となる危険性の評価に関し著しい見解の対立が存在するなど，科学的な不確実性が顕著な場合であれば，紛争解決機関が画一的な審査基準の適用を避け，事案ごとに審査基準の強度を調整することは，本書でいうところの紛争解決機関の審査権限と加盟国の国内規制権限との間における適切な均衡点を導き出すための有用な方法になりうる。特に，上記のような特殊な状況の下では，紛争解決機関が直面する専門性の限界の故に，画一的な又は均一的な審査基準の適用が容易ではない場合があろう。ただし，特定の価値，そしてそのような価値に関連する危険性の序列を決定し，各国の社会的及び文化的な価値評価を分類し，さらには，科学的な不確実性の存否を体系的に反映又は考慮するような審査基準を，解釈論又は方法論の観点から，どのような形態で具体化するかは，依然として法理の洗練を待つしかない。立憲的な見地から価値の序列を定めていない，消極的な統合体としてのWTO法体制の下で，特定の価値や状況を優先的に取り扱うことは，加盟国の国内規制権限の保障という観点から望ましい場合もあろうが，その逆の場合もあろう。Peelは，このような問題を克服するための方策として，国家が直面する危険性の状況を「社会・政治的な論争の程度 (degree of socio-political contestation)」及び「科学的な不確実性 (characteristics of uncertainty)」に沿って類型化し，それぞれの異なる危険性の状況に応じて審査基準の厳格さを区別するという，新しいアプローチを提案している[60]。

　SPS協定の審査基準に対し上級委員会が今後の事例においてどのようなアプローチを展開し，法理をどのように具体化していくのかは，現時点で明ら

---

[59] Peel (Of Apples) 453.
[60] Peelは，このアプローチが，保護利益の「重要性」についての価値判断を伴うアプローチに比べて，透明性を担保できる論理的なものであると主張する。詳細は，*ibid.,* 454.

かではない。さらに，この点に関しては，既に確認したとおり，学界においても合意が得られていない状況である。WTO 紛争解決機関の知識的又は状況的な限界を理由に，加盟国が国内決定に至る過程における手続のみに焦点を当てるべきとする主張があれば，Peel のように，積極的に紛争解決機関が採用すべき審査基準を新しく概念化して提案する主張もある。したがって，SPS 協定の文脈で適用されるべき審査基準の詳細は，今後の事例の発展を待つしかないのが現状である。ただし，SPS 協定は科学の規範的な役割を強調しており，特に 2 条 2 項及び 5 条 1 項の文言がある程度の実体的な審査を想定していること，及び DSU11 条がパネルに「客観的な評価」を行うように定めていることから，パネルが何らかの形で加盟国の国内決定に踏み込んで審査を行う余地はあると考えられる。紛争解決機関は，加盟国が提示する論証及び理由づけと危険性評価から導き出される結論との関係，又は危険性評価の結論と SPS 措置との一貫したかつ客観的な関係については，審査しうるとの立場を強調している。すなわち，パネルは，加盟国が依拠した科学的根拠及び科学研究が正しいかどうかについては審査できないとしても，科学的根拠が加盟国の SPS 措置との関係で合理的と認められるものであるかどうかについては審査できる。紛争事例の動向を見れば分かるように，パネルが用いる審査基準の焦点が科学的根拠の「正しさ」から，加盟国が提示する論証及び理由づけの「合理性」へと移ってきているのは間違いなかろう。ただし，*Australia—Apples* 事件の上級委員会がオーストラリアの主張を退けていることからも分かるように，この「合理性」の判断は規制当局の自己判断に委ねられるものではなく，何らかの形でパネルが客観的に審査できるものとみなされている。

　他方，WTO 法の解釈において適用されるべき審査基準の厳格さを一般論として提示するのではなく，紛争解決機関が加盟国の国内決定に敬譲を与える「根拠」に焦点を当てる研究は注目に値する。このような研究は，国内規制の特性及び性質により，紛争解決機関が用いる審査基準の厳格さが変動しうることを前提とする。国内規制の手続のみに注目するアプローチは適切な審査基準として望ましくなかろうが，国内規制が行われた経緯や手続を，紛争解決機関が加盟国に敬譲を与える「根拠」として捉えるアプローチは十分実用可能なものである。Ioannidis が指摘するように[61]，国際経済は様々な国

---

61) Ioannidis は，WTO 法で適用されるべき審査基準に関する従来の論争を批判しながら，紛争

際的な行為者の共通利益 (common interest) が散在している空間であり，このような環境の下では，国家の行為は他国における利害関係者の利益に大きな影響を及ぼす。その意味で，国内の政策決定者が基本的なデュー・プロセスを遵守し，国内規制の立案及び実施に際して利害関係者 (WTO法の文脈では，他の加盟国) による参加の機会を確保するなど，透明性及び予見可能性を十分に保障するような形で国内規制を行うことは，他国の利害関係者にも発言の余地を与えるという意味で，民主主義的な要求を充たす面があるといえる[62]。国内決定にたどり着いた経緯や手続に注目するアプローチは，規制当局が国内における利害関係者のみならず，他国における利害関係者に対する公正な参加及び発言の機会を確保するように誘導し，規制当局が他国の事情に目を配って国内規制を採用する誘因を提供する。このような条件を充たす国内規制は，紛争解決機関にとって加盟国の決定に敬譲を与えて審査を行う正当な根拠となる[63]。

措置に反映される手続の合理性及び透明性を強調するアプローチは，加盟国の国内規制にどの程度他国の利害関係が効果的に反映されているか，又は規制措置の立案及び実施に際して他国の利害関係者による参加の機会はどの程度確保されているか，などの検討が求められよう。確かに参加の権利が与えられるべき利害関係者を正確に特定するのは簡単な作業ではなかろうが，Ioannidisによれば，それでも依然として紛争解決機関にとっては，人の生命又は健康の保護など，繊細で政治的な考慮が求められる争点について複雑な価値評価を下すよりは，この種の問題により適切に対処できるだろうと指摘する[64]。

加盟国が国内決定にたどり着いた経緯や手続に注目し，それを根拠として審査基準の厳格さを決めるというアプローチは，規制当局が遵守すべき手続要件を比較的詳細に定めているアンチダンピング協定やセーフガード協定のみならず，手続要件が特に設けられていない関連協定の解釈にも普遍的に適

解決機関が加盟国の決定に敬譲を与える際の根拠に焦点を当てるべきと指摘し，紛争解決機関が加盟国の決定に敬譲を与える根拠として，①主権の概念，②民主主義的な責任，③専門性，④論証の質，⑤参加及びデュー・プロセスの5つを取り上げ，特に最後の要素についての重要性を強調する。Ioannidis ('Beyond the Standard of Review') 91-112.

62) Ibid., 110.
63) Zleptnigは，この種の審査を 'deliberation test' と称する。彼が展開する主張に関しては，Zleptnig ('The Standard of Review in WTO Law') 13-16を参照。
64) Ioannidis ('Beyond the Standard of Review') 110.

用可能である[65]。したがって，ガット，TBT協定及びSPS協定のように，貿易自由化の義務が定められている一方で，国内規制の立案及び実施に関する具体的な手続は加盟国の裁量に委ねられているような場合においても，国内規制が基本的なデュー・プロセスを充足しているかどうか，又はその他の利害関係者による参加の機会が確保されているかどうかを検討するアプローチは，紛争解決機関が加盟国の決定に対して敬譲を与えて審査を行う根拠を提供する。

　結局，このようなアプローチの下では，適用される審査基準の厳格さも，国内決定又は国内規制それ自体の性質やそれらが立案，採用，及び実施される経緯や手続によって変動しうるものとなり，規制当局が最低限のデュー・プロセスを充たしているかどうか，又は国内規制の立案及び実施に際して関連諸国による参加の機会がどの程度認められているかが，審査基準の厳格さを決定する重要な要素となる。WTO法は，加盟国の権利と義務の間における繊細な均衡点を念頭に置いて解釈されなければならならず，同様の意味で，紛争解決機関が用いるべき審査基準は，加盟国から委任されたWTO紛争解決機関の審査権限と，加盟国が依然として保持する規制権との間で確立されるべき均衡点を反映するものでなければならない。国内規制のデュー・プロセス及び透明性に焦点を当てて審査基準の厳格さを決定するアプローチは，国内規制が合理的かつ予見可能な形で実施されるように誘導し，その意味で，保護主義又は国際貿易に対する偽装された制限を防止しながらも，非貿易的

---

[65]　学界では，国内措置に適用される関連協定又は条項が国内措置の採用に際して加盟国が遵守すべき手続を具体的に規律する場合においては，そうでない場合と比べてより柔軟な審査基準の適用が予想されるとの見解が提示されている。すなわち，アンチダンピング措置，相殺関税措置及びセーフガード措置のように，加盟国の遵守すべき形式上の手続が既に協定で定められている場合，紛争解決機関がより柔軟な審査基準を適用し，逆に，ガット，TBT協定及びSPS協定のように，加盟国の国内規制措置についての手続を具体的に規律しない協定の場合，その措置に対しては，より厳格な審査基準の適用が想定されるという主張である。このような区別は，WTO協定の起草作業時に加盟国によって合意された，加盟国とWTOとの権限配分によって根拠づけられる。すなわち，いわゆる貿易救済協定においては，加盟国が貿易救済措置を講じる際に，国内でとるべき手続が既に形式化され，その限度内では，紛争解決機関の審査権限が制限されるのに対し，ガット，TBT協定及びSPS協定の文脈で問題となる国内規制に関しては，原則として特別な手続が定められておらず，加盟国の裁量に大きく委ねられていることから，紛争解決機関が国内規制の実体により踏み込んで審査できるということである。これは，加盟国が保持する規制権限とWTOに委託された権限との間における均衡点が協定ごとに異なる形で確立されているという事実に着目したアプローチである。詳細は，Ehlermann and Lockhart ('Standard of Review') 491-521 を参照。

関心事項に対処する加盟国の正当な規制権を確保できるようにするという利点がある。すなわち，このようなアプローチは，加盟国の国内規制権限を合理的に保障しながらも，貿易自由化という協定の目的又は紛争解決機関の審査権限を損なうことなく，以上のような均衡点を適切に導き出すものであると考えられる。このようなアプローチは，紛争解決機関が国内規制に敬譲を与えるべきか否かについての「根拠」に焦点を当てるものであり，国内規制の適法性が問題となる様々な局面で適用されうる。US—Shrimp 事件や EC—Seal Products 事件において，他国の利害関係への配慮及び関連諸国による参加の確保が紛争解決機関によって問題とされているが，このように，国内規制がデュー・プロセス及び透明性の基準を確保しているかどうかは，紛争解決機関が用いる解釈基準に組み込まれ，全般的な審査の厳格さにも影響しうる。上述したとおり，科学的証拠及び危険性評価についての審査基準の焦点は，科学的証拠の「正しさ」から加盟国が提示する論証及び理由づけの「客観性」及び「一貫性」へと移ってきており，国内規制が最低限のデュー・プロセスを遵守しているかどうか，又は規制措置によって影響される関連諸国による参加及び発言の機会が確保されているかどうかは，国内規制の合理性に対する全般的な評価に影響を及ぼしうると考えられる。

　本書の関連部分 (4.3.3.2) ですでに確認したとおり，危険性評価には，規制の側面でその運用上，危険性管理の側面が非常に密接に関連づけられている。多くの国内規制は，国内法上の適切な手続によって立案される場合が多く，その意味で，規制当局における民主的な要請が反映されているともいえる。そのような手続には，規制当局の社会的，文化的又は倫理的な選好が内在又は投影されている場合が多いだろう。また，そのような状況下で危険性評価を裏づけるとされる科学的な根拠というのも，そのような規制当局の事情を反映するものが多く参照されよう。危険性評価を審査する際に，加盟国が適切と認める保護水準への考慮が伴わなければならないことを強調する上級委員会の解釈も，まさにこのような事情を念頭に置いてのことである。したがって，紛争解決機関が，このような加盟国の事情に基づく科学的根拠の実体に過度に介入し，その正しさの判断を自身の基準に照らして下す場合，加盟国が直面する状況・文脈依存的な関連要素が排除されてしまう恐れがある。さらに，上述したとおり，保護される価値や危険性の序列といった抽象的な概念に照らして審査基準の厳格さを決定するというアプローチも，方法論的な

観点からその精緻化の際に混乱が生じることが予想されており，消極的な統合体としてのWTO法体制の基盤と衝突する恐れがある。むしろ，上記のとおり，規制措置の立案，採用，及び実施に際して，デュー・プロセス又は関連諸国の公正な参加及び発言の機会が担保されているかどうか，つまり，その意味において民主的な手続が保障されているかどうかに注目することは，以上のような敏感な国内事情への介入を慎みつつも，審査基準の厳格さを決定するための根拠を確認できるという意味で有用である。

7.3 その他の国際法分野における参照可能性

興味深いことに，SPS協定の文脈で確立した審査基準に関しては，ガット及びTBT協定のようなWTO法の枠内における協定のみならず，その他の国際法の分野への適用可能性も頻繁に論じられている。*de novo* 審査でもなく，規制当局に対する完全な敬譲でもなく，加盟国が提示する証拠及び理由づけと国内措置との間における客観的かつ合理的な関係に注目すべきというWTO法の審査基準は，複雑な事実関係に基づく国内措置の評価が争点となる他の国際法の分野で参照される場合がある。実際，国際法における審査基準は，司法機関の審査権限と加盟国の主権との間における垂直的な権限配分に影響を及ぼすという意味で，WTO法固有の争点ではない。国内決定にたどり着いた経緯や証拠の評価に際し，司法機関がどの程度介入し，どの程度自身の見解でそれを代替し又は否定しうるかという問題こそが，審査基準の根底をなす本質なのである。国内規制の評価に際し，国内規制が基づく科学的証拠をどのような方法で審査すべきかという問題に関わることから，国際的司法機関が直面する状況は，SPS措置を評価するWTO紛争解決機関の状況に似ているといえる。

審査基準という用語がICJの判決で使われた初めての事例は，2014年に判決が下された南極海捕鯨事件である。本件では，南極海で日本が実施していた「調査捕鯨：JARPA II」が「国際捕鯨取締条約（ICRW）」8条1項の要件を充足するかどうかが問題となった。同条項は，締約国政府に「科学的研究のため (for purposes of scientific research)」の捕鯨を許可する「特別許可証 (a special permit)」の発給を認めている。本件は，ICJが「科学的研究」をどのように理解すべきか，及び国際捕鯨取締条約8条の法的性質をどのように捉

えるべきかなど，様々な法的論点が提起されたが，特に本書との関係で重要なのは ICJ が採用した審査基準である。日本が JARPAII を実施した経緯及びその内容が「科学的研究」及びその証拠と関連づけられており，果たしてそれが国際捕鯨取締条約 8 条 1 項の意味する「科学的研究のため」のものであるか否かの決定を余儀なくされたという意味で，本件の ICJ が直面した状況は，科学的証拠及び危険性評価との関係に照らして SPS 措置の適法性を審査する WTO 紛争解決機関の場合に似ている。

　被告の日本は，本件に適用されるべき審査基準は，日本の決定が「正しいか」否かではなく，「客観的に合理性 (objectively reasonable) のあるものであるか否か，又は一貫した理由づけ及び信頼できる科学的証拠によって支持されているか否か」であり，その意味で同決定が「客観的に正当化 (objectively justifiable) されうるか否か」であると主張した[66]。日本の主張は，US—Continued Suspension 事件でなされた上級委員会の解釈[67]を連想させる。

　ICJ は JARPA II の適法性を判断するために次のように審査基準を提示した。すなわち，鯨を殺し，捕獲し及び処理することを認可する特別許可書を発給した日本の決定を審査する際に，ICJ は第 1 に，当該活動の根拠となるプログラムが，科学的研究を伴う (involves) ものであるかどうかを評価し，第 2 に，致死的手法の利用において，プログラムの計画と実施がその記述された目的を達成することとの関係で「合理的な」ものであるかどうかを精査することによって，鯨を殺し，捕獲し及び処理することが「科学的研究のため」であるかどうかを検討する，ということである。ICJ は，以上の審査基準が「客観的な」ものであると付け加えた[68]。ICJ は，以上の審査基準を適用するに際し，自ら科学又は捕鯨政策上の問題を解決することは求められないと指摘しつつ[69]，各々の科学者や日本によって行われた科学的決定を自ら再評価

---

[66] ICJ, *Whaling in the Antarctic (Australia v. Japan)*, Judgement, 31 March 2014, para. 66 ("Japan agrees with Australia and New Zealand in regarding the test as being whether a State's decision is objectively reasonable, or 'supported by coherent reasoning and respectable scientific evidence and…, in this sense, objectively justifiable'.").

[67] *US—Continued Suspension*, Appellate Body Report, para. 590 ("Therefore, the review power of a panel is not to determine whether the risk assessment undertaken by a WTO Member is correct, but rather to determine whether that risk assessment is supported by coherent reasoning and respectable scientific evidence and is, in this sense, objectively justifiable.").

[68] ICJ, *Whaling in the Antarctic (Australia v. Japan)*, Judgement, 31 March 2014, para. 67.

[69] *Ibid.*, para. 69.

(second-guess) することなく，JARPA II の (記述された) 目的を達成することとの関係で，捕獲される鯨のサンプル数が合理的であるとの結論が証拠によって支持されているかどうかを評価するのみであるとした[70]。一見すると，このような説明は，*de novo* 審査の適用は望ましくなく，紛争解決機関が自らの判断で科学的証拠の正しさを評価すべきではないとの WTO 上級委員会の説明を連想させる。

ICJ は，日本が特別許可証を発給した決定の客観的な根拠を説明できているかに注目するとし[71]，サンプル数をめぐる日本からの証拠を検討した上で，JARPA II が概ね (broadly) 科学的研究と特徴づけられると指摘しながらも[72]，結果としては，日本の証拠が JARPA II の設計と実施が (記述された) 目的を達成することとの関係で合理的であることを証明できていないと結論づけた。

本件で ICJ が適用した方法論は，特に用語の選択の面で WTO 法における審査基準からかなり影響を受けたものと考えられる。ICJ が判決を通じて強調している「客観性」及び「合理性」という用語は，WTO 法で適用される審査基準を参照したものかもしれない。上述のとおり，*US—Continued Suspension* 事件で確認された審査基準によれば，科学的証拠を踏まえて加盟国が提示する論証及び理由づけに焦点が当てられ，それらが問題となる措置を「客観的に」支持しているかどうかが主要な争点となる。他方で，*Australia—Apples* 事件で示されているように，加盟国が科学的証拠を踏まえて提示する論証及び理由づけは，紛争解決機関による実体的な審査を許すものである。すなわち，当事国によって提示される論証及び理由づけが当該措置又は加盟国の決定を十分に支持しているかどうか，つまり客観的で一貫しているかどうか，について最終的な決定を下すのは紛争解決機関である。捕鯨事件で適用されている審査基準は，*Australia—Apples* 事件で確認された法理を連想させる。すなわち，ICJ は日本が依拠した科学的証拠の正しさには触れないとしながらも，特別許可証を発給した日本の決定が日本の主張及び理由づけによって十分に支持されているかに注目している。その主張及び理由づけの妥当性は日本の自己判断にかかるものではなく，日本は裁判所が納得できるような証拠を積極的に提供しなければならない。

---

70) *Ibid.*, paras. 172, 185.
71) *Ibid.*, para. 68.
72) *Ibid.*, para. 127.

指摘すべきは，ICJ が WTO 法の文脈で確立した審査基準から示唆を受けたとしても，自ら提示する用語を十分明確に定義できていないということである。「客観性」及び「合理性」という用語は，非常に文脈依存的なものであり[73]，何を基準にするかによって作用する方向も異なる。例えば，「合理性」という用語は，捉え方によっては加盟国の裁量を制限する形で適用される場合もあれば，加盟国が置かれている条件又は状況に照らして「合理性」が理解されると，むしろ加盟国の裁量を拡大させる形で作用する場合もある[74]。審査基準の根底をなす用語についての正確な定義なしでは，裁判所が用いる審査基準は恣意的に利用される余地を残す。

以上のことは，WTO 法の文脈で確立した審査基準がその他の分野で無条件に持ち込まれる際のリスクを示唆する。ICJ 規程には，WTO 法の DSU11 条のように「客観的な評価」を明示する，審査基準の根拠となる条文が存在せず，審査基準に関する判例の蓄積も体系化されていないことを指摘する必要がある。WTO 法における審査基準は，加盟国の国内規制権限と協定の目的，さらには加盟国の国内規制権限と紛争解決機関の審査権限との間における繊細な均衡点を導き出すために，協定の条文に照らして紛争解決機関によって工夫されてきた法理であり，その意味で，紛争解決機関が行使する審査権限の限界を明確にするものである。審査基準という概念自体が十分に洗練されていない ICJ の文脈では，「客観性」及び「合理性」といった概念がケースバイケースに適用され，場合によっては，ICJ による恣意的な解釈論として使われる可能性もある。そのような現象は ICJ の予見可能性や法的安定性の観点から望ましくない。今後の ICJ の事例において，WTO 法の文脈で確立した審査基準が引き続き持ち込まれ，ICJ の文脈に適した形で洗練されていくのか，それとも，WTO 法からの借用は捕鯨事件に限る特殊な場合となるのかは，現時点では定かではない。ただし，科学的証拠に密接に関連づけられる加盟国の行為及び決定を審査する際に，裁判所が十分明確な形で審査基準を確立する必要性が浮上したことは明らかであろう。

WTO 法で適用される審査基準の類推適用については，特に国際投資法の

[73) Owada 裁判官は，「合理性」は非常に文脈依存的な概念であると指摘しながら，捕鯨事件においては，国家の決定が恣意的であったか否かを判断するための基準として用いられるべきであったと指摘する。ICJ, *Whaling in the Antarctic*, Dissenting Opinion of Judge Owada, para. 39.
74) Tully ('Objective Reasonableness') 552.

分野でも活発に議論が行われている。WTO 法も国際投資法も広く見れば国際経済法に属する分野であることから[75]，前者における審査基準の動向は後者に有益な視野を提供する。近年の国際投資仲裁においては，WTO 法における動向と同様に，科学の「正しさ」から加盟国によって提示される論証及び理由づけの「合理性」や国内決定に反映されている「デュー・プロセス」に注目する方向へと審査基準の焦点が移ってきている[76]。このような動向は，国際投資紛争の根幹をなす二国間投資協定やそれに基づいて設置される仲裁機関が抱える「正当性の危機」と無関係ではなかろう。ただし，国際投資法の場合は，仲裁がアドホックな形で行われること，WTO 紛争解決制度のような体系的な判例の蓄積が容易でないこと，及び審査基準の直接の根拠となる文言が欠如していることから，一貫したかつ明確な審査基準の確立は容易ではない状況である。国際投資法における審査基準は，比較的近年に注目され始めた争点であり，WTO 法における法理の借用に関しては，学界や実行の観点から分野横断的な議論が必要であると考える。複雑で専門的な事実関係の評価を伴う投資紛争事例において，司法(仲裁)機関がどのように当該事実を評価又は審査すべきかという問題は，今後とも引き続き注目されることになろう。その際に，WTO 法の文脈で確立した審査基準の法理が重要な指針となることは間違いないと考える。

7.4 小 括

以上，紛争解決機関の実行を踏まえて，SPS 協定で適用される審査基準の変遷過程を中心に，WTO 法における審査基準を概観した。WTO 初期の事例においては，明確な指針が提供されていない中，比較的厳格な審査基準が適用されていたが，*US—Continued Suspension* 事件の上級委員会の説明をきっかけに，パネルが行使すべき審査権限の限界が具体化され，加盟国の国内規制権限及び政策的な裁量が保障されるような方向へと審査基準が変遷してい

---

[75] 国際投資法の融合的な性質から，国際経済法のみならず，多様な分野からの類推適用が議論されている。詳細は，Stephan W Schill, 'Deference in Investment Treaty Arbitration: Re-Conceptualizing the Standard of Review' (2012) 3(3) *Journal of International Dispute Settlement* 577, 577–607; Vadi and Gruszczynski, *supra* note 1056, pp. 613–633.

[76] 国際投資仲裁における審査基準の動向については，Gruszczynski and Vadi ('Standard of Review in International Investment Law') 152–172 を参照のこと。

ることを確認した。特に，SPS措置の基盤をなす科学的証拠の評価に際しては，審査の焦点が，加盟国が依拠する科学的証拠の正しさから，加盟国がそのような証拠に照らして展開する論証及び理由づけの客観性及び一貫性，すなわち，加盟国の主張が合理的に当該措置を支持しているかどうかの評価へと移ってきている。このような審査基準の発展は，加盟国の国内規制権限の観点から評価に値する。科学的な専門性に精通していない紛争解決機関としては，科学的証拠の実体を自ら評価し，自身の立場を科学裁判所たるものと位置づけてはならない。これは，WTO紛争解決制度に対する加盟国の不信へと繋がり，WTO体制そのものが抱える「正当性の危機 (legitimacy crisis)」をもたらす恐れがある。WTO法における審査基準の法理は依然として発展中であり，より法理の洗練が必要であると思われるが，適切な審査基準の体系化には，常に加盟国に保障されるべき規制上の又は政策上の裁量が共に考慮されなければならない。

他方で，*Australia—Apples*事件で示されているように，WTO法における審査基準は国内措置の手続のみに焦点を当てるものではない。すなわち，WTO法における審査基準は必ずしも加盟国の国内規制権限を優先的に考慮するものではない。加盟国が提示する論証及び理由づけについては，依然として紛争解決機関が実体的な審査を行う権限を有する。これは，まさにDSU11条による要請である。加盟国としては，国内規制の基盤となる科学的証拠に基づき，紛争解決機関が納得できるような論証及び理由づけを積極的に提示しなければならない。このような解釈は，WTO法における審査基準が *de novo* 審査でもなければ，加盟国の決定に完全な敬譲を与えるものでもないとの上級委員会の説明とも整合的である。

国内規制の評価に際して紛争解決機関が用いる適切な審査基準は，加盟国から委託されたWTO紛争解決機関の審査権限と，加盟国が保持する正当な規制権との間における適切な均衡点を反映するものでなければならない[77]。もしあまりにも厳格な審査基準が適用される場合には，加盟国の正当な規制権が損なわれる恐れがあり，逆にあまりにも柔軟な審査基準が適用される場合には，加盟国の国内規制についての実体的な検討が妨げられ，WTO法の根本的な目的である，貿易自由化の促進が阻害される恐れがある。結局，そ

---

77) *EC—Hormones*, Appellate Body Report, para. 115.

7.4 小括　317

のような均衡点を意識した適切な審査基準が導き出されるか，それとも，一方の価値に偏った審査基準が導き出されるかによって，WTO の根本的な目的及び加盟国の国内規制権限も影響を受ける。今後の事例においては，SPS 措置に反映されている科学的証拠（危険性評価）に基づいて提供される論証及び理由づけと SPS 措置との間の合理的かつ客観的な関係を中心に，以上のような均衡点が探られることになると予想される。

　このような解釈は，科学のみならず，その他の専門的な知識が求められる状況にも同様に当てはまるものと考えられる。興味深いことに，SPS 協定の文脈で確立した審査基準の法理は，協定間の相互参照を通じて，SPS 協定のみならず，ガット及び TBT 協定の文脈で適用される審査基準にも影響を及ぼしている。例えば，ガットでは，国内規制が科学的原則に基づいていることは明文の要件とされていないが，国内規制に反映されている科学的な性質や加盟国が依拠する科学的証拠が事実上の証拠として考慮され，当該措置の適法性の評価にも影響を与えている。第 6 章で確認したとおり，ガットの関連事例では，SPS 協定の文脈で発展した審査基準の法理が，ガットにおける国内規制の評価（特に，ガット 20 条における審査の文脈）において参照されている。特に，上級委員会は，ガットの文脈で SPS 協定の関連事例を直接取り上げるなど，相互参照による法理の移植を強く意識している。上述したとおり，ガット 20 条の審査においては，国内規制の基盤となる科学的証拠が必ずしも多数説である必要はなく，少数説に基づくものであっても構わないという原則が踏襲されており，関連の危険性評価が定性的又は定量的な手法のいずれかによっても行われうることが確認されている。このような動向は，SPS 協定の文脈で確立した法理が，相互参照の手法を通じて，ガット及び TBT 協定の解釈における審査基準にも黙示的に影響を及ぼすことを示唆する。このような解釈は，紛争解決機関，特に事実認定を担当するパネルが，国内規制が依拠する科学的証拠の評価に際して，*de novo* 審査を避け，加盟国が提示する論証及び理由づけと当該措置との合理的かつ客観的な関係に注目するよう方向づける。

　審査基準の性質をめぐる論点の中心が，科学的証拠の正しさではなく，加盟国が提示する論証及び理由づけの評価へと移っていることは間違いないように思われる。他方，加盟国が提示する論証及び理由づけについては，依然として紛争解決機関が実体的な審査を行う余地が残されており，結局のとこ

ろ，この論証及び理由づけについての審査基準がどのような形で具体化され又は洗練されていくかが今後重要な争点になると考えられる。加盟国が提示する論証及び理由づけが客観的で一貫しているかどうかについて最終的な決定を下すのは，紛争解決機関の役目なのである。審理過程において，amicus curiae などの制度を通じて様々な観点からの相互検証の場を積極的に活用し，問題となる科学的証拠，それに基づいて提示される論証及び理由づけを評価するというアプローチは，紛争解決機関が考慮すべき方策の1つであると考えられる。amicus curiae は当該事項についての紛争解決機関又は当事国以外の見解を反映するものであり，その意味で，紛争解決機関により広い視野を提供する。他方，加盟国としては，国内規制のデュー・プロセス及び透明性を確保すべく，各協定に設けられている委員会の制度を積極的に活用することが望ましい。TBT 委員会及び SPS 委員会は，国内規制に関する協議の場を加盟国に提供し，議論を促進する機能を果たす (TBT 協定 13 条 1 項及び SPS 協定 12 条 2 項)。このような制度の活用は，国際貿易に悪影響を与える国内規制の立案及び実施に関する透明性の向上にも資する効果があると思われる。本章で指摘したとおり，国内規制が基本的なデュー・プロセスを遵守しているかどうか，又は，国内規制の立案及び実施に際して関連諸国による参加及び発言の機会が確保されているかどうかは，紛争解決機関が審査基準，すなわち，国内規制に敬譲を与えて審査を行うか否かを決定する際に重要な根拠となりうる。その意味で，各協定に設けられている委員会の制度を活用することは，加盟国にとっても重要な意義がある。委員会のレベルで行われる様々な議論及び協議は，加盟国の国内規制に最低限のデュー・プロセスが充足されているかどうか，又は，関連諸国による参加及び発言の機会が確保されているかどうかを確認する際に，紛争解決機関が参考にできる有用な情報を提供する。多くの場合，委員会のレベルで行われる議論及び協議が，国家間の紛争を外交的な形で未然に防止する場合もあろう。国内規制の適法性を評価する紛争解決機関としては，amicus curiae 及び委員会のレベルで行われる様々な議論及び協議を含めて，より広い見地から加盟国の国内規制を評価するのが望ましいと考える。そのような評価方法は，加盟国が提示する論証及び理由づけの「客観性」及び「一貫性」の審査を紛争解決機関に独占させることなく，専門家を含むより広い議論の場へと導く。このような紛争解決機関のアプローチには，司法的な決定を弱化させるとの批判も提起されるだろ

うが，複雑な科学的又は専門的な事実関係に基づく国内規制の適法性は，今後ともWTO紛争解決制度の主なテーマとなることが予想され，紛争解決機関が抱える知識上の限界も一層顕著になっていくであろう。このことを考えると，上記のようなアプローチは，紛争解決機関がいつかは選択すべき方向であるかもしれない。

第8章 結 論
　　——規制権限の現在と課題

　本書では，WTO法の下で加盟国が享受する国内規制権限の範囲を理解すべく，ガット，TBT協定及びSPS協定の関連規定を概観し，加盟国の国内規制権限との関係で紛争解決機関がどのような解釈を展開してきたのかを確認した。WTO法における国内規制権限の範囲は，貿易自由化を追求するWTO法の目的と加盟国が国内事情を踏まえて行使する規制権との間における「均衡点」がどのように導き出されるかによって決定される。これは，WTO法が貿易自由化の価値を極端に優先するような形で解釈されてはならないことを意味すると同時に，加盟国の規制権を極端に受け入れるような形で解釈されてはならないことを意味する。この両極端の間で，紛争解決機関がどのような形で「均衡点」を導き出しているか，特に，この両極端の間における「均衡点」が貿易自由化を追求する方向に近く位置づけられているか，それとも，加盟国の規制権を保障する方向に近く位置づけられているかは，WTO法における国内規制権限の範囲に直結する争点となる。
　ガット，TBT協定及びSPS協定に関する紛争事例において，このような「均衡点」が紛争解決機関によって適切に導き出されていると評価できるだろうか。筆者は本書の検討を土台に，比較的貿易自由化を優先する方向に偏っていた均衡点が，近年では加盟国の規制権をより保障する方向へと移ってきており，その結果，貿易自由化と加盟国の規制権との間における均衡点が，加盟国が十分に納得できるような形で確立されていると主張する。このような結論を裏づけるために，筆者は，第1に，ガット，TBT協定及びSPS協定の解釈が明確化及び洗練化を重ね，加盟国の規制権への配慮を可能にする規範的な根拠が確立されたこと，第2に，国内規制の評価に際して紛争解決機関が用いるべき審査基準が確立されたこと，第3に，ガット，TBT協定及びSPS協定が相互参照の手法を通じて互いに影響を及ぼす形で解釈されており，相互参照の動向及び実行は，各協定における国内規制権限の範囲，そし

てそれに関する法理の具体化に貢献していること,という3点に注目する。筆者の主張をより具体的にまとめると,次のとおりである。

第1に,ガット,TBT協定及びSPS協定の関連事例が蓄積され,これら3協定の規範構造,関連規定の意味及び内容が具体化されたことに伴い,これら3協定の下で保障される国内規制権限の範囲も明確になっている。本書では,ガットにおいて「規則-例外」の構図の下で国内規制の適法性が評価され,特に,ガット20条により,正当な規制目的を踏まえて国内規制の正当化を主張する加盟国の権利が認められていることを確認した。ガット20条の解釈基準は様々な変遷を重ねてきており,加盟国の国内規制権限の保障との関係で,大きな発展が見られる。ガット時代及びWTO初期の事例において踏襲されていた解釈基準は,各号審査,柱書審査の意味及び内容を明確にするものではなく,紛争解決機関による主観的な価値判断が入り込む余地を残すなど,規制当局の国内事情を十分に配慮するものではなかった。このような解釈は,時として,紛争解決機関が貿易自由化の利益を優先するものと受け止められ,ガット及びWTO体制の貿易偏向的な立場を象徴するものとして理解されたこともあった[1]。その意味で,ガット及びWTO初期においては,貿易自由化の追求と加盟国の規制権の保障という両極端の間で,前者に偏った形で均衡点が導き出されていたといえる。しかし,その後の事例において,ガット20条に関する解釈基準が変遷を重ねるに伴い,そのような評価は払拭されている。加盟国は国内事情を踏まえて非貿易的関心事項を達成するための政策的な裁量を享受し,これは加盟国が国内規制の保護水準(実施水準)を自由に設定する権利として具体化される。そのような権利は,加盟国の特権と位置づけられ,貿易自由化の義務によって妨げられない。加盟国の正当な規制権を意識した協定解釈は,加盟国の正当な国内規制権限に柔軟性を与えるものと評価できる[2]。

近年の事例においては,国内規制の必要性が問われる局面で重要な基準となるところの「合理的に利用可能な代替措置」の意味及び内容が明確にされ,比較衡量プロセスを通じて,加盟国の国内事情に対する綿密な考慮を可能に

---

[1] Du ('Rise of National Regulatory Autonomy') 639-675. 必要性審査に焦点を当てる議論としては,Kapterian ('A Critique') 89-127 を参照。

[2] *See, e.g.*, Alan O Sykes, 'Economic "Necessity" in International Law' (2015) 109(2) *American Journal of International Law* 296, 303-304.

するような解釈基準が定着している。紛争解決機関は，国内措置が追求する価値の重要性，そのような価値に対する国内措置の貢献度及び国内措置の貿易制限性を検討し，代替措置との比較検討を通じて，より客観的に国内措置の必要性を審査するアプローチをとっている。措置の根底にある様々な関連要素を踏まえる解釈基準は，紛争解決機関が加盟国の国内事情を配慮しながら協定解釈を行う規範的な根拠となり，その結果，紛争解決機関が自らの判断で貿易自由化の利益を優先的に考慮する余地を狭める。このような解釈基準は，既存のガット時代及びWTO初期に踏襲されていた解釈基準に比べて，加盟国の国内規制権限の範囲を拡大させる方向へと作用する。

　各協定の規範構造及び関連規定の具体化を通じて国内規制権限の範囲がより明確にされていくという展開は，特にTBT協定の文脈で顕著である。ガット20条のような一般的例外条項が存在しないTBT協定の構造的な限界から，貿易自由化と加盟国の正当な規制権との間における均衡点がどのように確立されるべきか，さらには，国内規制権限の保障という観点からTBT協定がどのように捉えられるべきかをめぐり，多くの疑問が呈されていた。しかし，紛争解決機関は，TBT協定の主要な文脈をなす，貿易自由化の目的と加盟国の規制権との間における均衡点を意識し，ガット3条及び20条との関係に類似した形で，TBT協定における適切な均衡点を導き出している。このような解釈の下では，正当な目的に基づき国際貿易に悪影響を与える国内規制を採用する加盟国の権利が認められる。

　国内規制の評価に際して適用される立証責任の法理が明確にされたことも評価に値する。特に国内規制の必要性が問われる局面において，被申立国は自ら理論的に想定可能な代替措置を網羅し，それらすべてが合理的に利用可能でないことを先に証明する必要はなく，問題の措置が必要な措置であるとの一応の証明を果たすことで十分である。規制当局が採用できたはずの代替措置を提示するのは，被申立国の国内規制を問題にする申立国の負担となる。ガット時代においては，このような立証責任の法理が十分に定立されておらず，代替措置の提示が紛争解決機関の役割となるのか，それとも申立国の役割となるのかが定かではなかった。時として紛争解決機関が自ら判断する「合理的に利用可能な代替措置」の採用を被申立国に強いるなど，被申立国の国内事情への十分な配慮を欠いた解釈がなされる余地もあった。近年の事例で確立された立証責任の法理は，そのような懸念を解消しているといえよう。

第2に,国内規制の評価に際して紛争解決機関が用いる審査基準が確立されたことにより,加盟国が享受する国内規制権限の範囲も明確さを増している。今日の国内規制は多様な科学的又は技術的な根拠に基づいて採用されることが多く,紛争解決機関がそのような科学的又は技術的な根拠に対応する際に用いる審査基準は,加盟国が享受する規制権限及び政策的な裁量にも大きな影響を与える。WTO 初期の事例においては,審査基準の概念が体系的に確立されておらず,加盟国の規制権を過度に制限するような形で審査基準が適用されるような印象もあった。しかし, *US—Continued Suspension* 事件の上級委員会が適切な審査基準のあり方を明示して以来,審査基準の焦点は,加盟国が依拠する科学的証拠の「正しさ」から,加盟国が提示する論証及び理由づけの「客観性」及び「一貫性」へと移ってきている。加盟国が依拠する科学的証拠の性質に関しても解釈の発展が見られる。加盟国は,科学的証拠が科学界において主流をなすものでないとしても,自ら適切と判断する科学的証拠に基づいて国内規制を採用する権利を享受する。このような原則の確立は,紛争解決機関が行使する審査権限の限界を明確にし,科学的な方法論又は証拠の選択に関する加盟国の政策的な裁量を保障する。ただし,WTO 法における審査基準は,決して国内規制の手続のみに焦点を当てるものではない。加盟国が自ら適切と考える科学的証拠に依拠して展開する論証及び理由づけについては,依然として紛争解決機関が審査しうる。WTO 法における適切な審査基準は,紛争解決機関の審査権限と加盟国が保持する正当な規制権との間における「均衡点」を反映すべきものであり,どちらかに偏ったものであってはならない。

第3に,協定間の相互参照を通じた協定解釈展開は,ガット,TBT 協定及び SPS 協定における国内規制権限の範囲の明確化に貢献している。本書では,ガット,TBT 協定及び SPS 協定の解釈において,相互参照の動向が顕著であることを確認した。文言の類似性,一括受諾の対象としての WTO 協定の性質,及び貿易自由化の目的と加盟国の規制権との間における均衡点という概念を根拠として,これら3協定は頻繁に相互参照の手法を通じて解釈されている。このような相互参照の手法を通じて,各協定の文脈で発展した解釈基準は,その他の協定の解釈を相互補完する形で踏襲される。特に,各協定の文脈で具体化される「均衡点」の位置は,その他の協定の解釈に影響を及ぼし,そのような相互作用を通じて,ガット,TBT 協定及び SPS 協定の全

体における均衡点が調整されている．本書では，そのような動向が著しい例示として，紛争解決機関がガットとTBT協定との間において「正当な」規制目的の範囲を一致させようとする動きが示唆されていると指摘した．このような動きは，ガットとTBT協定との間で生じうる非一貫性及び非対称性の問題を解消し，より一貫した形で国内規制権限の保障を可能にするものである．このような展開は評価に値する．ガット20条の文言は約70年前に作成されたものであり，当時の認識の下で導入された10個の各号は今日の様々な国内事情に対処するのに必ずしも適しているわけではない．ガット3条4項の解釈において，加盟国の規制目的は原則として国内規制を正当化する根拠として考慮されえないことから，限定列挙されている20条の各号をより柔軟に解釈する必要がある．筆者は，(a)号で規定する「公徳」という概念の潜在的な広がり，(d)号で規定する「法令」における(国内法体制の一部としての)国際規範の受容可能性，紛争解決機関が採用する「発展的解釈」，そして，その他のWTO法で明示されている様々な目的を参考にする方策が，ガット20条の文言上の限界を克服するための有用な根拠になると指摘した．特に，紛争解決機関は各分野で具体化又は精緻化されている国際規範又は国際基準を頻繁に参照しており，WTO法が決して国際法の世界から孤立してはいないことを明白にしている．WTO法以外の国際法の規範を参照し，国際社会における位置づけを正面から考察するような紛争解決機関のアプローチは，WTO法における正当な規制目的の判断に際して，重要な手がかりを提供するかもしれない．

　紛争解決機関が用いる相互参照の手法は，ガット，TBT協定及びSPS協定に適用される審査基準にも影響を及ぼす．紛争解決機関は，主にSPS協定の文脈で発展した審査基準の法理をガット及びTBT協定の文脈で参照し，同様な審査基準を黙示的に適用している．すなわち，ガット及びTBT協定に照らして国内規制の適法性を評価する際にも，紛争解決機関は国内規制が依拠する科学的証拠の「正しさ」を評価してはならず，証拠の採択及び選択に関する加盟国の規制権限及び政策的な裁量を保障しなければならない．ガット，TBT協定及びSPS協定が一貫したかつ調和的な形で解釈されなければならないという解釈原則を踏まえてなされる以上のような相互参照の動向は，一定の状況下でこれら3協定の解釈が一方向へと収斂していく可能性を示唆する．このような現象は，各協定における加盟国の国内規制権限にも影響を

与える。

　事例の蓄積に伴い，ガット，TBT 協定及び SPS 協定の規範構造及び関連規定が具体化されたこと，紛争解決機関が用いる審査基準が確立され，国内規制を評価する際に紛争解決機関が行使する審査権限の限界が明確になったこと，及びこれら3協定が相互参照の手法を通じて相互補完する形で解釈されていること，という以上のような法理の発展により，WTO 法における加盟国の国内規制権限の範囲も明確さを増しているといえよう。

　以上を踏まえると，WTO 法における国内規制権限の範囲に関しては，以下のように結論づけることができる。第1に，加盟国は正当な規制目的を根拠として国内規制を採用する権利を有し，国内規制が貿易自由化の義務に一応違反するとしても，それを正当化する手段が加盟国に与えられる。ガットの下では20条が，TBT 協定の下では，2条1項及び同条2項の審査の文脈で適用される解釈基準が，それぞれそのような役割を果たす。SPS 協定の下では，ガット20条に似た規範構造を有する義務条項がそのような役割を果たす。そこで，国内規制に対する紛争解決機関の審査は，規制当局の国内事情，特に国内規制を採用した政策的な理由及び目的への配慮を伴うものでなければならない。規制当局の国内事情への配慮は，正当な規制目的を設定し，国内規制の保護水準（実施水準）を自由に設定する加盟国の権利を通じて具体化される。このような権利は，加盟国の国内規制権限を保護する最後の砦となり，貿易自由化の義務によっては妨げられない。紛争解決機関は，貿易自由化の目的と加盟国が依然として保持する以上のような正当な権利を同時に考慮すべきであり，一方の極端に偏った解釈を展開してはならない。

　第2に，紛争解決機関が国内規制を評価する際に用いる審査基準は，*de novo* 審査であってはならず，加盟国の決定及び選択に完全な敬譲を与えるものであってもならない。むしろ，紛争解決機関の審査権限と加盟国が保持する正当な規制権との間における適切な均衡点を反映するものでなければならない。その意味で，紛争解決機関は自ら科学的証拠の「正しさ」を判断してはならず，加盟国が国内事情に踏まえて行った決定及び選択を考慮しなければならない。ただし，これは，加盟国の自己判断が無条件に受け入れられるべきことを意味するわけではなく，加盟国は適切な証拠を提出することにより，自身の論証及び理由づけの妥当性を積極的に主張立証する必要がある。

第3に，ガット，TBT協定及びSPS協定は密接に相互作用しており，各協定の文脈で具体化される均衡点の位置は，その他の協定の解釈にも大きな影響を与える。特に，ガットとTBT協定との関係のように，各協定の下で確立されるべき均衡点は原則として異ならないとの前提の下で，各協定における加盟国の国内規制権限の範囲も相互に類似した形で導かれている。本書で確認したとおり，ガット3条と20条を合わせたような形でTBT協定2条1項が解釈されていること，必要性原則を含むTBT協定及びSPS協定の義務条項の解釈に際して，文言の類似性が顕著なガットの解釈基準が広範囲に参照され，類似した形で国内規制が審査されていること，TBT協定における正当な規制目的の範囲に合わせるべく，ガットにおける正当な規制目的の範囲が拡大される傾向が示されていること，及び国内規制の評価に際して適用される審査基準がこれら3協定の文脈で同様な形で適用されていること，といった現象は，これら3協定の下で加盟国が享受する国内規制権限の範囲が協定間の相互参照によって，相互に類似した形で調整されていることを表す代表的な例である。このような現象は，WTO法における国内規制権限の範囲が，各協定の下で展開される解釈の動向によって影響を受けることを示唆する。紛争解決機関は，これら3協定の動態的な相互参照の動向を常に意識し，一貫したかつ調和的な形で加盟国の国内規制権限を考慮しなければならない。

以上のような法理の発展は，紛争解決機関が貿易自由化の目的のみに従って国内規制の適法性を評価しないようにする規範的な根拠となり，加盟国の正当な国内規制権限を考慮しながら両者の間で確立されるべき均衡点に集中するように紛争解決機関の判断を方向づける。貿易自由化の目的と加盟国の規制権との間で比較的前者に偏った形で協定解釈が行われたガット時代及びWTO初期の事例とは対照的に，近年の事例では，国内規制権限への配慮を可能にする規範的な根拠が明確になったことは評価に値する。このような展開は，非貿易的関心事項を追求するために採用された国内規制の適法性を審査する紛争解決機関の正当性，又は紛争解決機関が貿易自由化の目的を優先的に考慮することによってもたらされるWTO体制の正当性の危機といった問題を解消する。ただし，貿易自由化の目的と加盟国の規制権との間における適切な均衡点を導き出し，国内規制権限の範囲をより明確にするためには，依然として紛争解決機関の実行の面で補完されるべき点が残されている。

第1に，国内規制の必要性が審査される局面において，適用される比較衡量プロセスの中身がより明確にされる必要がある。特に，比較衡量の対象となる関連要素を確認したり，比較衡量を行ったりする際に用いられる紛争解決機関の方法論には曖昧さが残されている。現在の解釈基準の下では，純粋に定性的な仮定に基づく証拠を提出することも紛争当事国に認められているが，場合によっては，このような解釈が必要性審査の客観性及び明確性を阻害する恐れがある。実際問題として，紛争解決機関が定性的な仮定に基づく証拠を適切に評価できるかどうかは差し置いても，貢献度及び貿易制限性のような関連要素が具体的にどのような形で比較衡量されるべきかは明確にされていない。なぜ貢献度が貿易制限性に勝るとの結論に至ったのか，関連要素はどのような基準に基づいて比較衡量されるべきかなど，関連要素がどのように比較衡量されるべきかについての方法論の不在は，必要性審査の予見可能性及び透明性を損ない，紛争解決機関による恣意が入り込む余地を残す。特に，紛争解決機関の手元にあるのが比較的，客観的な比較衡量を可能にする定量的な資料ではなく，もっぱら純粋に定性的な仮定に基づく資料である場合，比較衡量そのものが容易ではなかろう。当事国に定量的な証拠の提出を義務づけることにより，証拠の選択に関する加盟国の裁量を制限するような解釈は望ましくなかろうが，予見可能性及び透明性のある必要性審査を実現可能にするためには，紛争解決機関が審理過程で考慮すべき証拠の類型や程度，又は比較衡量の具体的な方法論を例示するのが望ましい。関連要素の比較衡量プロセスが国内規制の一応の必要性が問われる局面で重要な審査となること，そして，同プロセスが代替措置との比較検討が核心をなす最小通商阻害性審査にも影響を与えることを考えると，紛争解決機関が比較衡量の方法論を明確にし，実質的な比較衡量を実現可能にするような基準を提示するのが望ましいと考える。審理過程で考慮される（定性的な）証拠の類型や程度の例示又は比較衡量の具体的な方法論の例示は，紛争解決機関による恣意が入り込む余地を狭め，一層客観的で透明性の高い必要性審査を実現可能にすると同時に，加盟国が国内規制を立案及び実施する際の指針となり，より予見可能性のある形で国内規制を採用する誘因を提供しよう。また，紛争解決機関の方法論とは別に，紛争当事国としては，比較衡量を含む審査を実現可能にすべく，措置が規制目的にどの程度貢献をし，どの程度の貿易制限性を伴うかを，関連資料や証拠に基づいて積極的に証明しなければならない。

具体的な事例において示されているように，単に措置が規制目的に貢献する又は貢献しうることを抽象的な形で示すだけならば，紛争解決機関の適切な方法論の不在と相まって，実質的な必要性審査が適用されえない状態が起こりうる。むしろ加盟国がガット20条の審査における証拠提示義務を充実にかつ正確に果たすことが，紛争解決機関の方法論の不在を克服するための最も効果的な手段かもしれない。

　第2に，紛争解決機関が用いる審査基準の中身は，さらに精緻化される必要がある。審査基準の焦点が科学的証拠の「正しさ」から加盟国の論証及び理由づけの「客観性」及び「一貫性」へと移ってきているのは上述のとおりであるが，後者の審査の中身，すなわち，どのような形で加盟国が提示する論証及び理由づけが審査されるべきかについては，依然として曖昧さが残されている。現在の審査基準の下では，この後者についての紛争解決機関の実体的な審査は妨げられておらず，紛争解決機関の恣意が審査に入り込む可能性も理論上排除されない。この点については，紛争解決機関が明確な説明を提示しない以上，国内規制の評価が不透明な形で行われるという印象も否めない。審査基準の中身をより明確にするための方策として，本書では，紛争解決機関が *amicus curiae* を積極的に活用し，議論の場を広げるという方策と，国内規制のデュー・プロセス及び透明性を確保すべく，TBT委員会及びSPS委員会といった協定に設けられている制度に注目する方策を提案した。このようなアプローチは，国内規制の妥当性が加盟国の論証によって十分に支持されているか，その意味で客観的で合理的なものであるかについての審査を紛争解決機関の判断に独占させることなく，より広い議論の場へと導く。

　関税措置を通じて実質的に保護貿易を図ることが容易ではない今日の国際貿易の流れの中で，国内規制のような非関税障壁の適法性は今後WTO紛争事例の主たるテーマとなることが予想される。国内における非貿易的関心事項についてのニーズは今後も高まっていくことが予想され，複雑な事実関係に基づく多様な類型の国内規制の適法性は，引き続きWTO紛争解決機関が対処すべき重要な課題になると思われる。本書は，国内規制の一般を規律するガット，TBT措置を規律するTBT協定，及びSPS措置を規律するSPS協定がどのような規範構造を有しているかを確認し，加盟国の国内規制権限がどのような形で保障されているかを評価するものである。事例の蓄積が少なかった過去の事例に比べて，今はこれら3協定の規範構造及び解釈基準が

明瞭化されており，加盟国が享受する国内規制権限の範囲が明確さを加えているのは評価に値する。これら3協定で適用される解釈基準及び審査基準の曖昧さのため，紛争解決機関の主観的な価値判断が審査の全般に入り込む余地が多く，時として貿易自由化の利益を優先するかのようにも映っていた過去の事例に比べて，近年の事例においては加盟国の国内規制権限への配慮を可能にする規範的な根拠が明確になってきている。このような状況下で，紛争解決機関には，貿易自由化という協定の目的と加盟国の規制権との間における「均衡点」を意識し，そのような均衡点に焦点を当てて関連規定の解釈を導き出すよう求められる。加盟国は原則として正当な規制目的を追求するために適切な保護水準をもって国内規制を採用する権利を享受し，貿易自由化の義務もそのような加盟国の権利を阻害しない限度内で適用されなければならない。逆に，加盟国が享受する権利も無制限ではなく，協定で定められた原則を遵守するような形で行使されなければならない。貿易自由化と加盟国の正当な権利という両者の利益を阻害しない範囲内で導き出される解釈を通じて，WTO法における国内規制権限の範囲が決定される。

　Jacksonが指摘したように，正当な政策目的を追求する余地を加盟国に与えると同時に，それによって貿易自由化という共通利益が犠牲になることを牽制するという仕組みを確立することは，決して容易な作業ではない[3]。貿易自由化の追求に偏った解釈は，WTO体制の正当性の危機をもたらし，WTO紛争解決制度の信頼性を危うくする恐れがあり，逆に加盟国の規制権の保障に偏った解釈は，貿易自由化を促進するというWTO体制の根本的な目的の達成を阻害する恐れがある。加盟国が保持する国内規制権限の範囲も，両者の利益を妨げない形で，繊細な協定解釈によって確立されなければならない。貿易自由化の目的と加盟国の規制権との間における「均衡点」を探る作業は進行中の争点であり，今後の事例の蓄積に伴い，さらに法理の具体化及び洗練化が試みられていくと予想される。法理の具体化及び洗練が必要な部分として本書で指摘した点を含め，貿易自由化の目的と加盟国の規制権との間における適切な均衡点が導き出され，WTO法における国内規制権限の範囲がより鮮明になっていくかどうかを，ガット，TBT協定及びSPS協定の相互作用の動向に注目し，引き続き関連事例の推移を追跡して研究する必要があ

---

[3]　Jackson (*World Trade and the Law of GATT*) 788.

る。他方，本書はWTO法における国内規制権限の現状を考察するものであるが，周知のように，国内規制権限の範囲に関する論点は，WTO法のみならず国際経済法の研究分野に共通する尖鋭な争点である。WTO法の下で発展した法理は，その他の類似する分野，特に，国際経済法の法理形成にも多大な影響を与えており，特に，国際投資法における主要な法理は，WTO法を参照にしているか又はそれを発展させるものが多く，類似した文脈で適用される法理の解釈に関しては，WTO法における法理の発展動向が多面的に影響を及ぼしうる。この点は，本書の内容を超える主題であるが，国際経済法の法理形成を牽引してきた，WTO法に関する本書の研究内容が，国際経済法における国内規制権限の範囲に関する議論との関わりで，多少なりとも有用な示唆及び研究資料を提供し，国内外における関連分野の研究の進展に貢献できることを期待して筆を擱く。

主要文献目録

英語文献

Ahn, Dukgeun, 'Comparative Analysis of the WTO SPS and TBT Agreements' (2002) 8(3) *International Trade Law and Regulation* 85: KDI School Working Paper 01-03

Andenas, Mads and Zleptnig, Stefan, 'Proportionality: WTO Law: In Comparative Perspective' (2007) 42 *Texas International Law Journal* 371

Andersen, Henrik, 'Protection of Non-Trade Values in WTO Appellate Body Jurisprudence: Exceptions, Economic Arguments, and Eluding Questions' (2015) 18(2) *Journal of International Economic Law* 383

Arato, Julian, 'The Margin of Appreciation in International Investment Law' (2013) 54(3) *Virginia Journal of International Law* 546

Bansal, Vivasvan and Deshpande, Chaitanya, 'The India—Solar Cells Dispute: Renewable Energy Subsidies under World Trade Law and the Need for Environmental Exceptions' (2017) 10(2) *NUJS Law Review* 209

Baroncini, Elisa, 'The *China-Rare Earths* WTO Dispute: A Precious Chance to Revise the *China-Raw Materials* Conclusions on the Applicability of GATT Article XX to China's WTO Accession Protocol' (2012) 4 *Cuadernos De Derecho Transnacional* 49

Bartels, Lorand, 'Article XX of GATT and the Problem of Extraterritorial Jurisdiction' (2002) 36(2) *Journal of World Trade* 353

Bartels, Lorand, 'The Chapeau of the General Exceptions in the WTO GATT and GATS Agreements: A Reconstruction' (2015) 109(1) *American Journal of International Law* 95

Becroft, Ross, *The Standard of Review in WTO Dispute Settlement: Critique and Development* (Edward Elgar, 2012)

Bjorge, Eirik, 'Been There, Done That: The Margin of Appreciation and International Law' (2015) 4(1) *Cambridge Journal of International and Comparative Law* 181

Bloche, M Gregg, 'WTO Deference to National Health Policy: Toward an Interpretive Principle' (2002) 5(4) *Journal of International Economic Law* 825

Bollyky, Thomas J and Mavroidis, Petros C, 'Trade, Social Preferences and Regulatory Cooperation The New WTO-Think' (2017) 20(1) *Journal of International Economic Law* 1

Bond, Eric W and Trachtman, Joel P, '*China-Rare Earths*: Export Restrictions and the Limits of Textual Interpretation' (2016) 15(2) *World Trade Review* 189

Bown, Chad P and Trachtman, Joel P, '*Brazil—Measures Affecting Imports of Retreaded*

Tyres: A Balancing Act' (2009) 8(1) *World Trade Review* 85

Búrca, Gráinne and Scott, Joanne (eds), *The EU and the WTO: Legal and Constitutional Issues* (Hart Publishing, 2003)

Button, Catherine, *The Power to Protect Trade, Health and Uncertainty in the WTO* (Hart Publishing, 2004)

Calster, Geert V, 'Faites Vos Jeux-Regulatory Autonomy and the World Trade Organization after *Brazil Tyres*' (2008) 20(1) *Journal of Environmental Law* 121

Carlone, Jonathan, 'An Added Exception to the TBT Agreement after *Clove, Tuna II*, and *COOL*' (2014) 37(1) *Boston College International and Comparative Law Review* 103

Carr, Indira, Alam, Shawkat and Bhuiyan, Jahid H (eds), *International Trade Law and WTO* (Federation Press, 2013)

Charnovitz, Steve, 'Exploring the Environmental Exceptions in GATT Article XX' (1991) 25(5) *Journal of World Trade* 37

Charnovitz, Steve, 'The Moral Exception in Trade Policy' (1997) 38 *Virginia Journal of International Law* 689

Charnovitz, Steve, 'The Law of Environmental "PPMs" in the WTO: Debunking the Myth of Illegality' (2002) 27(1) *Yale Journal of International Law* 59

Charnovitz, Steve, 'The WTO's Environmental Progress' (2007) 10(3) *Journal of International Economic Law* 685

Chase, Claude, 'Norm Conflict between WTO Covered Agreements—Real, Apparent or Avoided?' (2012) 61(4) *International and comparative Law Quarterly* 791

Chi, Manjiao, '"Exhaustible Natural Resource" in WTO Law: GATT Article XX (g) Disputes and Their Implications' (2014) 48(5) *Journal of World Trade* 939

Cho, Sungjoon, 'Linkage of Free Trade and Social Regulation: Moving Beyond the Entropic Dilemma' (2005) 5(2) *Chicago Journal of International Law* 625

Choi, Wonmog, 'Overcoming the "Aim and Effect" Theory: Interpretation of the "Like Product" in GATT Article III' (2002) 8 *U.C. Davis Journal of International Law and Policy* 107

Conconi, Paola and Voon, Tania, 'The Tension between Public Morals and International Trade Agreements' (2016) 15(2) *World Trade Review* 211

Condon, Bradly J, 'GATT Article XX and Proximity of Interest: Determining the Subject Matter of Paragraphs B and G' (2004) 9 *UCLA Journal of International Law and Foreign Affairs* 137

Condon, Bradly J, 'Climate Change and Unresolved Issues in WTO Law' (2009) 12(4) *Journal of International Economic Law* 895

Condon, Bradly J, 'Treaty Structure and Public Interest Regulation in International Economic Law' (2014) 17(2) *Journal of International Economic Law* 333

Cook, Graham, *A Digest of WTO Jurisprudence on Public International Law Concepts and Principles* (Cambridge University Press, 2015)

Cooreman, Barbara, 'Addressing Environmental Concerns through Trade: A Case for Extraterritoriality?' (2016) 35(1) *International and Comparative Law Quarterly* 229

Cosbey, Aaron and Mavroidis, Petros C, 'Heavy Fuel: Trade and Environment in the GATT/WTO Case Law' (2014) 23(3) *Review of European, Comparative & International Environmental Law* 288

Croley, Steven P and Jackson, John H, 'WTO Dispute Procedures, Standard of Review, and Deference to National Governments' (1996) 90(2) *American Journal of International Law* 193

Davey, William J and Maskus, Keith E, '*Thailand—Cigarettes (Philippines)*: A More Serious Role for the Less Favourable Treatment Standard of Article III: 4' (2013) 12(2) *World Trade Review* 163

Davies, Arwel, 'Interpreting the Chapeau of GATT Article XX in Light of the "New" Approach in *Brazil-Tyres*' (2009) 43(3) *Journal of World Trade* 507

Dawar, Kamala and Ronen, Eyal, 'How "Necessary"? A Comparison of Legal and Economic Assessments—GATT Dispute Settlements Under: Article XX (B), TBT 2.2 And SPS 5.6' (2016) 8(1) *Trade, Law and Development* 1

Delimatsis, Panagiotis, 'Determining the Necessity of Domestic Regulations in Services: The Best is yet to Come' (2008) 19(2) *European Journal of International Law* 365

Delimatsis, Panagiotis, 'Protecting Public Morals in a Digital Age: Revisiting the WTO Rulings on *US—Gambling* and *China—Publications and Audiovisual Products*' (2011) 14(2) *Journal of International Economic Law* 257

Desierto, Diane A, 'Balancing National Public Policy and Free Trade' (2015) 27(2) *Pace International Law Review* 549

Desmedt, Axel, 'Hormones: "Objective Assessment" and (or as) Standard of Review' (1998) 1(4) *Journal of International Economic Law* 695

Desmedt, Axel, 'Proportionality in WTO Law' (2001) 4(3) *Journal of International Economic Law* 441

Diebold, Nicolas F, 'The Morals and Order Exceptions in WTO Law: Balancing the Toothless Tiger and the Undermining Mole' (2008) 11(1) *Journal of International Economic Law* 43

DiMascio, Nicholas and Pauwelyn, Joost, 'Nondiscrimination in Trade and Investment Treaties: World Apart or Two Sides of the Same Coin?' (2008) 102(1) *American Journal of International Law* 48

Downes, Chris, 'From shrimps and Dolphins to Retreaded Tyres: An Overview of the World Trade Organization Disputes, Discussing Exceptions to Trading Rules' (2009) 22 *New York International Law Review* 153

Downes, Chris, *The Impact of WTO SPS Law on EU Food Regulations* (Springer,

2014)

Downes, Chris, 'Worth Shopping Around? Defending Regulatory Autonomy under the SPS and TBT Agreements' (2015) 14(4) *World Trade Review* 553

Doyle, Christopher, 'Gimme Shelter: The "Necessary" Element of GATT Article XX in the context of the *China—Audiovisual Products* Case' (2011) 29 *Boston University International Law Journal* 143

Du, Ming and Kong, Qingjiang, '*EC—Seal Products*: A New Baseline for Global Economic Governance and National Regulatory Autonomy Debate in the Multilateral Trading System' (2016) 13(1) *Manchester Journal of International Economic Law* 1

Du, Ming, 'Domestic Regulatory Autonomy under the TBT Agreement: From Non-discrimination to Harmonization' (2007) 6(2) *Chinese Journal of International Law* 269

Du, Ming, 'Standard of Review under the SPS Agreement after *EC-Hormones II*' (2010) 59(2) *International and Comparative Law Quarterly* 441

Du, Ming, 'Autonomy in Setting Appropriate Level of Protection under WTO' (2010) 13(4) *Journal of International Economic Law* 1077

Du, Ming, 'The Rise of National Regulatory Autonomy in the GATT/WTO Regime' (2011) 14(3) *Journal of International Economic Law* 639

Du, Ming, 'Standard of Review in TBT Cases' in Epps, Tracey and Trebilcock, Michael J (eds), *Research Handbook on the WTO and Technical Barriers to Trade* (Edward Elgar Publishing, 2013)

Du, Ming, 'Taking Stock: What Do we Know, and Do not Know, about the National Treatment Obligation in the GATT/WTO Legal System?' (2015) 1(1) *Chinese Journal of Global Governance* 67

Du, Ming, '"Treatment No Less Favorable" and the Future of National Treatment Obligation in Article III: 4 of the GATT 1994 after *EC—Seal Products*' (2015) 15(1) *World Trade Review* 139

Du, Ming, 'What is a "Technical Regulation" in the TBT Agreement? Some Reflections on *EC—Seal*' (2015) 6(3) *European Journal of Risk Regulation* 396

Du, Ming, 'The Necessity Test in WTO Law: What Now?' (2016) 15(4) *Chinese Journal of International Law* 817

Durán, Gracia M, 'Measures with Multiple Competing Purposes after *EC—Seal Products*: Avoiding a Conflict between GATT Article XX-Chapeau and Article 2.1 TBT Agreement' (2016) 19(2) *Journal of International Economic Law* 467

Eeckhout, Piet, 'The Scales of Trade-Reflections on the Growth and Functions of the WTO Adjudicative Branch' (2010) 13(1) *Journal of International Economic Law* 3

Ehlermann, Claus-Dieter and Lockhart, Nicolas, 'Standard of Review in WTO Law'

(2004) 7(3) *Journal of International Economic Law* 491

Elizondo, CJF, 'Overview of Cases in the WTO Dispute Settlement Mechanism (DSM) in 2016' (2016) 13 *Manchester Journal of International Economic Law* 463

Epps, Tracey, 'Reconciling Public Opinion and WTO Rules under the SPS Agreement' (2008) 7(2) *World Trade Review* 355

Epps, Tracey, 'Recent Developments in WTO Jurisprudence: Has the Appellate Body Resolved the Issue of an Appropriate Standard of Review in SPS Cases?' (2012) 62(2) *University of Toronto Law Journal* 201

Epps, Tracey and Trebilcock, Michael J (eds), *Research Handbook on the WTO and Technical Barriers to Trade* (Edward Elgar Publishing, 2013)

Eres, Tatjana, 'The Limits of GATT Article XX: A Back Door for Human Rights?' (2003) 35 *George Washington Journal of International Law* 597

Flett, James, 'WTO Space for National Regulation: Requiem for a Diagonal Vector Test' (2013) 16(1) *Journal of International Economic Law* 37

Fontanelli, Filippo, 'Necessity Killed the GATT—Art XX GATT and the Misleading Rhetoric about "Weighing and Balancing"' (2012) 5(2) *European Journal of Legal Studies* 35

Foster, Caroline E, 'Public Opinion and the Interpretation of the World Trade Organisation's Agreement on Sanitary and Phytosanitary Measures' (2008) 11(2) *Journal of International Economic Law* 427

Foster, Caroline E, 'International Adjudication—Standard of Review and Burden of Proof: *Australia—Apples* and *Whaling in the Antarctic*' (2012) 21(2) *Review of European, Comparative and International Environmental Law* 80

Francois, Joseph and Whittaker, Janet, 'Colombia—Measures Relating to the Importation of Textiles, Apparel and Footwear (DS461)' (2018) 17(2) *World Trade Review* 335

Fukunaga, Yuka, 'Standard of Review and "Scientific Truths" in the WTO Dispute Settlement System and Investment Arbitration' (2012) 3(3) *Journal of International Dispute Settlement* 559

Gaul, Samantha, 'The Technical Barriers to Trade Agreement: A Reconciliation of Divergent Values in the Global Trading System' (2016) 91(1) *Chicago-Kent Law Review* 267

Green, Andrew and Epps, Tracey, 'The WTO, Science and the Environment: Moving Towards Consistency' (2007) 10(2) *Journal of International Economic Law* 285

Gros, Guillaume, 'The ICJ's Handling of Science in the Whaling in the Antarctic Case: A Whale of a Case?' (2015) 6(3) *Journal of International Dispute Settlement* 578

Grossman, Gene M, Horn, Henrik and Mavroidis, Petros C, 'Legal and Economic Principles of World Trade Law: National Treatment' (IFN Working Paper No. 917, 2012)

Gruszczynski, Lukasz and Vadi, Valentina, 'Standard of Review and Scientific Evidence in WTO Law and International Investment Arbitration: Converging Parallels?' in Gruszczynski, Lukasz and Werner, Wouter (eds), *Deference in International Courts and Tribunals* (Oxford University Press, 2014)

Gruszczynski, Lukasz and Werner, Wouter (eds), *Deference in International Courts and Tribunals* (Oxford University Press, 2014)

Gruszczynski, Lukasz, 'Science in the Process of Risk Regulation under the WTO Agreement on Sanitary and Phytosanitary Measures' (2006) 7(4) *German Law Journal* 371

Gruszczynski, Lukasz, *Regulating Health and Environmental Risks under WTO Law: A Critical Analysis of the SPS Agreement* (Oxford University Press, 2010)

Gruszczynski, Lukasz, 'How Deep Should We Go? Searching for an Appropriate Standard of Review in the SPS Cases' (2011) 2(1) *European Journal of Risk Regulation* 111

Gruszczynski, Lukasz, 'The TBT Agreement and Tobacco Control Regulations' (2013) 8(1) *Asian Journal of WTO and International Health Law and Policy* 115

Gu, Bin, 'Applicability of GATT Article XX in *China—Raw Materials*: A Clash within the WTO Agreement' (2012) 15(4) *Journal of International Economic Law* 1007

Guzman, Andrew T and Pauwelyn, Joost, *International Trade Law* (Aspen Publishers, 2009)

Guzman, Andrew T, 'Determining the Appropriate Standard of Review in WTO Disputes' (2009) 42 *Cornell Journal of International Law* 45

Hartmann, Stephanie, 'Comparing the National Treatment Obligations of the GATT and the TBT: Lessons Learned from the *EC—Seal Products* Dispute' (2014) 40(3) *North Carolina Journal of International Law & Commercial Regulation* 629

Henckels, Caroline, 'Balancing Investment Protection and the Public Interest: The Role of the Standard of Review and the Importance of Deference in Investor—State Arbitration' (2013) 4(1) *Journal of International Dispute Settlement* 197

Herwig, Alexia and Serdarevic, Asja, 'Standard of Review for Necessity and Proportionality Analysis in EU and WTO Law' in Gruszczynski, Lukasz and Werner, Wouter (eds), *Deference in International Courts and Tribunals* (Oxford University Press, 2014)

Herwig, Alexia, 'Whither Science in WTO Dispute Settlement?' (2008) 21(4) *Leiden Journal of International Law* 823

Herwig, Alexia, 'Lost in Complexity? The Panel's Report in *European Communities—Measures Prohibiting the Importation and Marketing of Seal Products*' (2014) 5(1) *European Journal of Risk Regulation* 97

Herwig, Alexia, 'Competition, Not Regulation-or Regulated Competition: No Regulatory Purpose Test under the Less Favourable Treatment Standard of GATT Article

III: 4 following EC-Seal Products' (2015) 6(3) *European Journal of Risk Regulation* 405

Herwig, Alexia, 'Too much Zeal on Seals? Animal Welfare, Public Morals, and Consumer Ethics at the Bar of the WTO' (2016) 15(1) *World Trade Review* 109

Houston-McMillan, Jason, 'The Legitimate Regulatory Distinction Test: Incomplete and Inadequate for the Particular Purposes of the TBT Agreement' (2016) 15(4) *World Trade Review* 543

Howse, Robert, Langille, Joanna and Sykes, Katie, 'Pluralism in Practice: Moral Legislation and the Law of the WTO after Seal Products' (NYU School of Law, Public Law Research Paper No. 15–05, 2015)

Howse, Robert, Langille, Joanna and Sykes, Katie, 'Sealing the Deal: The WTO's Appellate Body Report in *EC—Seal Products*' (2014) 18(12) *American Society of International Law Insights*, at <https://www.asil.org/insights/volume/18/issue/12/sealing-deal-wto%25E2%2580%2599s-appellate-body-report-ec-%25E2%2580%2593-seal-products>

Howse, Robert and Levy, Philip I, 'The TBT Panels: *US—Cloves, US—Tuna, US—COOL*' (2013) 12(2) *World Trade Review* 327

Howse, Robert and Tuerk, Elisabeth, 'The WTO Impact on Internal Regulations—A Case Study of the Canada—EC Asbestos Dispute' in Búrca, Gráinne and Scott, Joanne (eds), *The EU and the WTO: Legal and Constitutional Issues* (Hart Publishing, 2003)

Howse, Robert, 'Democracy Science and Free Trade: Risk Regulation on Trial at the World Trade Organization' (2000) 98(7) *Michigan Law Review* 2329

Howse, Robert, 'Human Rights in the WTO: Whose Rights? What Humanity? Comments on Petersmann' (2002) 13(3) *European Journal of International Law* 651

Howse, Robert, 'The World Trade Organization 20 Years On: Global Governance by Judiciary' (2016) 27(1) *European Journal of International Law* 9

Hudec, Robert E, 'GATT/WTO Constraints on National Regulation: Requiem for an "Aim and Effects" Test' (1998) 32(3) *International Lawyer* 619

Hudec, Robert E, 'Science and Post-Discriminatory WTO Law' (2003) 26(2) *Boston College International and Comparative Law Review* 188

Ioannidis, Michael, 'Beyond the Standard of Review: Deference Criteria in WTO Law and the Case for a Procedural Approach' in Gruszczynski, Lukasz and Werner, Wouter (eds), *Deference in International Courts and Tribunals* (Oxford University Press, 2014)

Jackson, John H, *World Trade and the Law of GATT* (The Bobbs—Merrill Company, 1969)

Jackson, John H, 'National Treatment Obligations and Non-Tariff Barriers' (1989) 10 *Michigan Journal of International Law* 207

Jackson, John H, 'World Trade Rules and Environmental Policies: Congruence or Conflict?' (1992) 49(4) *Washington and Lee Law Review* 1227

Jia, Henry H, 'Entangled Relationship between Article 2.1 of the TBT Agreement and Certain Other WTO Provisions' (2013) 12(2) *Chinese Journal of International Law* 723

Jia, Henry H, 'The Legitimacy of Exceptions Containing Exceptions in WTO Law: Some Thoughts on *EC—Seal Products*' (2015) 14(2) *Chinese Journal of International Law* 411

Jones, Kent, 'The WTO core agreement, non-trade issues and institutional integrity' (2002) 1(3) *World Trade Review* 257

Joshi, Manoj, 'Are Eco-Labels Consistent with World Trade Organization Agreements?' (2004) 38(1) *Journal of World Trade* 69

Kapterian, Gisele, 'A Critique of the WTO Jurisprudence on "Necessity"' (2010) 59(1) *International and Comparative Law Quarterly* 89

Karttunen, Marianna and Moore, Michael O, '*India—Solar Cells*: Trade Rules, Climate Policy, and Sustainable Development Goals' (2018) 17(2) *World Trade Review* 215

Kudryavtsev, Arkady, 'The TBT Agreement in Context' in Epps, Tracey and Trebilcock, Michael J (eds), *Research Handbook on the WTO and Technical Barriers to Trade* (Edward Elgar, 2013)

Lamy, Pascal 'The Place of the WTO and its Law in the International Legal Order' (2006) 17(5) *European Journal of International Law* 969

Lester, Simon, 'The Development of Standards of Appellate Review for Factual, Legal and Law Application Questions in WTO Dispute Settlement' (2012) 4(1) *Trade, Law and Development* 125

Lester, Simon, 'Finding the Boundaries of International Economic Law' (2014) 17(1) *Journal of International Economic Law* 3

Levy, Philip I and Regan, Donald H, '*EC—Seal Products*: Seals and Sensibilities (TBT Aspects of the Panel and Appellate Body Reports)' (2015) 14(2) *World Trade Review* 337

Liu, Jingdong, 'Accession Protocols: Legal Status in the WTO Legal System' (2014) 48(4) *Journal of World Trade* 751

Lo, Chang-Fa, 'The Proper Interpretation of "Disguised Restriction on International Trade" under the WTO: The Need to Look at the Protective Effect' (2013) 4(1) *Journal of International Dispute Settlement* 111

Lydgate, Emily, 'Sorting Out Mixed Messages under the WTO National Treatment Principle: A Proposed Approach' (2016) 15(3) *World Trade Review* 423

Lydgate, Emily, 'Is it Rational and Consistent? The WTO's Surprising Role in Shaping Domestic Public Policy' (2017) 20(3) *Journal of International Economic Law* 561

Marceau, Gabrielle and Trachtman, Joel P, 'The Technical Barriers to Trade Agreement, the Sanitary and Phytosanitary Measures Agreement, and the General Agreement on Tariffs and Trade: A Map of the World Trade Organization Law of Domestic Regulation of Goods' (2002) 36(5) *Journal of World Trade* 811

Marceau, Gabrielle and Trachtman, Joel P, 'A Map of the World Trade Organization Law of Domestic Regulation of Goods: The Technical Barriers to Trade Agreement, the Sanitary and Phytosanitary Measures Agreement, and the General Agreement on Tariffs and Trade' (2014) 48(2) *Journal of World Trade* 351

Marceau, Gabrielle, 'WTO Dispute Settlement and Human Rights' (2002) 13(4) *European Journal of International Law* 753

Marceau, Gabrielle, 'The New TBT Jurisprudence in *US—Clove Cigarettes*, WTO *US—Tuna II*, and *US—COOL*' (2013) 8(1) *Asian Journal of WTO and International Health Law and Policy* 1

Marceau, Gabrielle, 'A Comment of the Appellate Body Report in *EC—Seal Products* in the Context of the Trade and Environment Debate' (2014) 23(3) *Review of European Community and International Environmental Law* 318

Matsushita, Mitsuo, 'Food Safety Issues under WTO Agreements' (2005) 2(2) *Manchester Journal of International Economic Law* 7

Matsushita, Mitsuo, 'Human Health Issues in Major WTO Dispute Cases' (2009) 4 *Asian Journal of WTO and International Law and Policy* 1

Matsushita, Mitsuo, 'Export Control of Natural Resources: WTO Panel Ruling on the Chinese Export Restrictions of Natural Resources' (2011) 3(2) *Trade, Law and Development* 267

Matsushita, Mitsuo, 'A Note of the Appellate Body Report in the Chinese Minerals Export Restrictions Case' (2012) 4(2) *Trade, Law and Development* 400

Mavroidis, Petros C. and Saggi, Kamal, 'Trade Review: What is not so Cool about *US—COOL* Regulations? A critical analysis of the Appellate Body's ruling on *US—COOL*' (2014) 13(2) *World Trade Review* 299

Mavroidis, Petros C, *Trade in Goods: The GATT and the Other WTO Agreements Regulating Trade in Goods* (Oxford University Press, 2012)

Mavroidis, Petros C, 'Driftin' Too Far from Shore—Why the Test for Compliance with the TBT Agreement Developed by the WTO Appellate Body is Wrong, and what should the AB have Done instead' (2013) 12(3) *World Trade Review* 509

McGoldrick, Dominic, 'A Defence of the Margin of Appreciation and an Argument for its Application by the Human Rights Committee' (2016) 65(1) *International and Comparative Law Quarterly* 21

McGrady, Benn, 'Necessity Exceptions in WTO Law: Retreaded Tyres, Regulatory Purpose and Cumulative Regulatory Measures' (2009) 12(1) *Journal of International Economic Law* 153

McGrady, Benn, 'Appellate Body Report, United States—Clove Cigarettes' (2012) 3(2) *European Journal of Risk Regulation* 251

McGrady, Benn, 'Principles of Non-Discrimination after *US—Clove Cigarettes*, *US—Tuna II*, *US—COOL* and *EC—Seal Products* and their implications for International Investment Law' (2015) 16 *Journal of World Investment and Trade* 141

Meltzer, Joshua and Porges, Amelia, 'Beyond Discrimination? The WTO Parses the TBT Agreement in *US—Clove Cigarettes*, *US—Tuna II* (*Mexico*), *US—COOL*' (2013) 14 *Melbourne Journal of International Law* 699

Mitchell, Andrew D and Ayres, Glyn, 'General and Security Exceptions under GATT and GATS' in Carr, Indira, Alam, Shawkat and Bhuiyan, Jahid H (eds), *International Trade Law and WTO* (Federation Press, 2013)

Mitchell, Andrew D and Henckels, Caroline, 'Variations on a Theme: Comparing the Concept of "Necessity" in International Investment Law and WTO Law' (2013) 14(1) *Chicago Journal of International Law* 93

Montaguti, Elisabetta and Lugard, Maurits, 'The GATT 1994 and Other Annex 1A Agreements: Four Different Relationships?' (2000) 3(3) *Journal of International Economic Law* 473

Nakagawa, Junji, *International Harmonization of Economic Regulation* (Oxford University Press, 2011), translated by Bloch, Jonathan and Cannon, Tara

Neumann, Jan and Türk, Elisabeth, 'Necessity Revisited: Proportionality in World Trade Organization Law after *Korea—Beef*, *EC—Asbestos* and *EC—Sardines*' (2003) 37(1) *Journal of World Trade* 199

Ngangjoh-Hodu, Yenkong, 'Relationship of GATT Article XX Exceptions to Other WTO Agreements' (2011) 80(2) *Nordic Journal of International Law* 219

Nielsen, Laura and Calle, Maria-Alejandra, 'Systemic Implications of the EU—Seal Products Case' (2013) 8 *Asian Journal of WTO and International Health Law and Policy* 41

Norpoth, Johannes, 'Mysteries of the TBT Agreement Resolved? Lessons to Learn for Climate Policies and Developing Country Exporters from Recent TBT Disputes' (2013) 47(3) *Journal of World Trade* 575

Nuzzo, Silvia, 'Tacking Diversity Inside WTO: GATT Moral Clause After *Colombia—Textiles*' (2017) 10(1) *European Journal of Legal Studies* 267

Offor, Iyan and Walter, Jan, 'GATT Article XX(a) Permits Otherwise Trade-Restrictive Animal Welfare Measures' (2017) 12(4) *Global Trade and Customs Journal* 158

Osiro, Daborah A, 'GATT/WTO Necessity Analysis: Evolutionary Interpretation and its Impact on the Autonomy of Domestic Regulation' (2002) 29(2) *Legal Issues of Economic Integrations* 123

Pauwelyn, Joost, 'The WTO Agreement on Sanitary and Phytosanitary (SPS) measures as applied in the first three SPS disputes: *EC—Hormones*, *Australia—Salmon* and

Japan—Varietals' (1999) 2(4) *Journal of International Economic Law* 641

Peel, Jacqueline, 'A GMO by Any Other Name … Might Be an SPS Risk!: Implications of Expanding the Scope of the WTO Sanitary and Phytosanitary Measures Agreement' (2006) 17(5) *European Journal of International Law* 1009

Peel, Jacqueline, 'Of Apples and Oranges (and Hormones in Beef): Science and the Standard of Review in WTO Disputes under the SPS Agreement' (2012) 61(2) *International and Comparative Law Quarterly* 427

Porges, Amelia and Trachtman, Joel P, 'Robert Hudec and Domestic Regulation: The Resurrection of Aim and Effects' (2003) 37(4) *Journal of World Trade* 783

Prévost, Denise, 'National treatment in the SPS Agreement: A *sui generis* obligation' in Sanders, Anselm K (ed), *The Principle of National Treatment in International Economic Law: Trade, Investment and Intellectual Property* (Edward Elgar Publishing, 2014)

Purba, Elbinsar, 'Necessary Measure under the SPS Agreement' (2018) 13 *Asian Journal of WTO and International Health Law and Policy* 205

Qin, Julia Y, 'Reforming WTO Discipline on Export Duties: Sovereignty over Natural Resources, Economic Development and Environmental Protection' (2012) 46(5) *Journal of World Trade* 1147

Qin, Julia Y, 'Judicial Authority in WTO Law: A Commentary on the Appellate Body's Decision in *China-Rare Earths*' (2014) 13(4) *Chinese Journal of International Law* 639

Quareshi, Asif H, *Interpreting WTO Agreements: Problems and Perspectives* (Cambridge University Press, 2015)

Quick, Reinhard and Blüthner, Andreas, 'Has the Appellate Body Erred? An Appraisal and Criticism of the Ruling in the WTO *Hormones* Case' (1999) 2(4) *Journal of International Economic Law* 603

Regan, Donald H, 'Regulatory Purpose and "Like Products" in Article III:4 of the GATT (With Additional Remarks on Article III:2)' (2002) 36(3) *Journal of World Trade* 443

Regan, Donald H, 'The Meaning of "Necessary" in GATT Article XX and GATS Article XIV: The Myth of Cost-Benefit Balancing' (2007) 6(3) *World Trade Review* 347

Reid, Emily, 'Regulatory Autonomy in the EU and WTO: Defining and Defending Its Limits' (2010) 44(4) *Journal of World Trade* 877

Reid, Emily, 'Risk Assessment, Science and Deliberation: Managing Regulatory Diversity under the SPS Agreement?' (2012) 3(4) *European Journal of Risk Regulation* 535

Rigod, Boris, 'The Purpose of the WTO Agreement on the Application of Sanitary and Phytosanitary Measures (SPS)' (2013) 24(2) *European Journal of International*

Law 503

Sanders, Anselim K (ed), *The Principle of National Treatment in International Economic Law: Trade, Investment and Intellectual Property* (Edward Elgar Publishing, 2014)

Sappideen Razeen and He, Ling L, 'Dispute Resolution in Investment Treaties: Balancing the Rights of Investors and Host States' (2015) 49(1) *Journal of World Trade* 85

Schebesta, Hanna and Sinopoli, Dominique, 'The Potency of the SPS Agreement's Excessivity Test: The Impact of Article 5.6 on Trade Liberalization and the Regulatory Power of WTO Members to take Sanitary and Phytosanitary Measures' (2018) 21(1) *Journal of International Economic Law* 123

Schill, Stephan W, 'Deference in Investment Treaty Arbitration: Re-Conceptualizing the Standard of Review' (2012) 3(3) *Journal of International Dispute Settlement* 577

Schramm, Daniel, 'The Race to Geneva: Resisting the Gravitational Pull of the WTO in the GMO Labeling Controversy' (2007) 9 *Vermont Journal of Environmental Law* 94

Scott, Joanne, *The WTO Agreement on Sanitary and Phytosanitary Measures: A Commentary* (Oxford University Press, 2007)

Shaffer, Gregory and Pabian, David, 'European Communities—Measures Prohibiting the Importation and Marketing of Seal Products' (2015) 109(1) *American Journal of International Law* 154

Shaffer, Gregory, 'A Structural Theory of WTO Dispute Settlement: Why Institutional Choice Lies at the Center of the GMO Case' (2008) 41 *New York University Journal of International Law and Politics* 1

Shaffer, Gregory, 'United States—Measures Concerning the Importation, Marketing and Sale of Tuna and Tuna Products' (2013) 107(1) *American Journal of International Law* 192

Shany, Yuval, 'Toward a General Margin of Appreciation Doctrine in International Law?' (2005) 16(5) *European Journal of International Law* 907

Shlomo-Agon, Sivan, 'Clearing the Smoke: The Legitimation of Judicial Power at the WTO' (2015) 49(4) *Journal of World Trade* 539

Spielmann, Dean, 'Whither the Margin of Appreciation?' (2014) 67 *Current Legal Problems* 49

Sweet, Alec S and Mathews, Jud, 'Proportionality Balancing and Global Constitutionalism' (2008) 47(1) *Columbia Journal of Transnational Law* 72

Sykes, Alan O, 'The Least Restrictive Means' (2003) 70 *University of Chicago Law Review* 403

Sykes, Alan O, 'Economic "Necessity" in International Law' (2015) 109(2) *American*

Journal of International Law 296

Sykes, Katie, 'Sealing Animal Welfare into the GATT Exception: the International Dimension of Animal Welfare in WTO Disputes' (2013) 13(3) *World Trade Review* 471

Trachtman, Joel P, 'Trade and... Problems, Cost-Benefit Analysis and Subsidiarity' (1998) 9(1) *European Journal of International Law* 32

Trachtman, Joel P, 'Regulatory Jurisdiction and the WTO' (2007) 10(3) *Journal of International Economic Law* 631

Tully, Stephan R, '"Objective Reasonableness" as a Standard for International Judicial Review' (2015) 6(3) *Journal of International Dispute Settlement* 546

Vadi, Valentina and Gruszczynski, Lukasz, 'Standard of Review in International investment Law and Arbitration: Multilevel Governance and the Commonweal' (2013) 16(3) *Journal of International Economic Law* 613

Valinaki, Fay, '"Repairing the Defects" of Article 2.1 of the WTO Technical Barriers to Trade Agreement: An Amendment Proposal' (2016) 43(1) *Legal Issues of Economic Integration* 69

Venzke, Ingo, 'Making General Exceptions: The Spell of Precedents in Developing Article XX GATT into Standards for Domestic Regulatory Policy' (2011) 12(5) *German Law Journal* 1111

Voon, Tania, 'Sizing Up the WTO: Trade-Environment Conflict and the Kyoto Protocol' (2000) 10(1) *Journal of Transnational Law and Policy* 71

Voon, Tania, 'Exploring the Meaning of Trade-Restrictiveness in the WTO' (2015) 14(3) *World Trade Review* 451

Voon, Tania, 'Evidentiary Challenges for Public Health Regulation in International Trade and Investment Law' (2015) 18(4) *Journal of International Economic Law* 795

Vranes, Erich, *Trade and the Environment: Fundamental Issues in International Law, WTO Law, and Legal Theory* (Oxford University Press, 2009)

Wagner, Markus, 'Regulatory Space in International Trade Law and International Investment Law' (2014) 36 *University of Pennsylvania Journal of International Law* 1

Weiler, JHH, 'Brazil-Measures Affecting Imports of Retreaded Tyres (DS322)' (2009) 8(1) *World Trade Review* 137

Wilson, Norbert, 'Clarifying the Alphabet Soup of the TBT and SPS in the WTO' (2003) 8 *Drake Journal of Agricultural Law* 703

Wolfrum, Rüdiger, Stoll, Peter-Tobias and Seibert-Fohr, Anja (eds), *WTO—Technical Barriers and SPS Measures, Max Plank Commentaries on World Trade Law, Vol 3* (Martinus Nijhoff Publishers, 2007)

Wolfrum, Rüdiger, Stoll, Peter-Tobias and Hestermeyer, Holger (eds), *WTO—Trade in Goods* (Martinus Nijhoff Publishers, 2011)

Zhou, Weihuan, 'The Role of Regulatory Purpose under Articles III: 2 and 4—Toward Consistency between Negotiating History and WTO jurisprudence' (2012) 11(1) *World Trade Review* 81

Zhou, Weihuan, '*US—Clove Cigarettes* and *US—Tuna II (Mexico)*: Implications for the Role of Regulatory Purpose under Article III: 4 of the GATT' (2012) 15(4) *Journal of International Economic Law* 1075

Zleptnig, Stefan, 'The Standard of Review in WTO Law: An Analysis of the Laws, Legitimacy and the Distribution of Legal and Political Authority' (2002) 6(17) *European Integration Online Papers (ELoP)*, at http://eiop.or.at/eiop/texte/2002-017.htm

Zleptnig, Stefan, *Non-Economic Objectives in WTO Law: Justification Provisions of GATT, GATS, SPS and TBT Agreements*, (Martinus Nijhoff Publishers, 2010)

日本語文献

岩沢雄司「WTO 法と非 WTO 法の交錯」『ジュリスト』1254 号 (2003 年) 20-27 頁

岩沢雄司『条約の国内適用可能性——いわゆる"SELF-EXECUTING"な条約に関する一考察』(有斐閣, 1985 年)

岩沢雄司『WTO の紛争処理』(三省堂, 1995 年)

伊藤一頼「EC—アザラシ製品の輸入及び販売を禁止する措置 (DS400, 401)——動物福祉のための貿易制限に対する WTO 協定上の規律」(RIETI Policy Discussion Paper Series 15-P-005, 経済産業研究所, 2015 年) 1-41 頁

川瀬剛志「WTO 協定における無差別原則の明確化と変容——近時の判例法の展開とその加盟国規制裁量に対する示唆」(RIETI Discussion Paper Series 15-J-004, 経済産業研究所, 2015 年) 1-33 頁

京極(田部)智子＝藤岡典夫「SPS 協定の『科学』に関する規律の適用・解釈——ホルモン牛肉紛争を中心に」『農林水産政策研究』第 17 号 (2010 年) 1-34 頁

京極(田部)智子＝藤岡典夫「TBT 協定をめぐる最近の判例の動向——米国・丁子タバコ, 米国・マグロラベリング, 米国・COOL 事件の分析」『農林水産政策研究』第 23 号 (2014 年) 51-68 頁

小寺彰『WTO 体制の法構造』(東京大学出版会, 2000 年)

小室程夫『国際経済法』(信山社, 2011 年)

関根豪政「GATT 第 20 条における必要性要件の考察——比較衡量プロセスの内容と意義に関する検討」『日本国際経済法学会年報』第 19 号 (2010 年) 166-186 頁

邵洪範「ガット第二〇条における必要性審査についての批判的考察」『国家学会雑誌』第 129 巻第 3・4 号 (2016 年) 321-389 頁

平覚「WTO 紛争解決手続における多数国間環境条約の位置づけ——適用としての可能性を中心に」(RIETI Discussion Paper Series 07-J-014, 経済産業研究所, 2007 年) 1-25 頁

内記香子「ガット 20 条における必要性要件――WTO 設立後の貿易自由化と非貿易的関心事項の調整メカニズム」『日本国際経済法学会年報』第 15 号 (2006 年) 217-256 頁

内記香子『WTO 法と国内規制措置』(日本評論社, 2008 年)

内記香子「WTO における科学の役割――SPS 協定の限界と近年の体制内の変化」『国際法外交雑誌』第 111 巻第 1 号 (2012 年) 1-19 頁

内記香子「WTO 法と加盟国の非経済規制主権――GATT, SPS 協定, TBT 協定による新秩序」日本国債経済法学会編『国際経済法講座 I』(法律文化社, 2012 年) 65-82 頁

内記香子「米国―クローブ入りタバコ規制事件 (インドネシア) (DS406)――TBT 協定 2.1 条と GATT 3 条 4 項の関係を中心に」(RIETI Policy Discussion Paper Series 13-P-013, 経済産業研究所, 2013 年) 1-24 頁

内記香子「米国―マグロラベリング事件 (メキシコ) (DS381)――TBT 紛争史における意義」(RIETI Policy Discussion Paper Series 13-P-014, 経済産業研究所, 2013 年) 1-37 頁

内記香子「米国―原産国名表示要求 (COOL) 事件 (DS384, 386)――生鮮食品の原産国名表示と国際貿易」(RIETI Policy Discussion Paper Series 14-P-022, 経済産業研究所, 2014 年) 1-44 頁

中川淳司=清水草雄=平覚=間宮勇『国際経済法』(第 2 版, 有斐閣, 2012 年)

中川淳司『経済規制の国際的調和』(有斐閣, 2008 年)

中川淳司『WTO――貿易自由化を超えて』(岩波書店, 2013 年)

日本国際経済法学会編/村瀬信也編集代表『日本国際経済法学会創立 20 周年記念 国際経済法講座 I 通商・投資・競争』(法律文化社, 2012 年)

松下満雄=清水章雄=中川淳司編『ケースブック ガット・WTO 法』(有斐閣, 2000 年)

松下満雄=清水章雄=中川淳司編『ケースブック WTO 法』(有斐閣, 2009 年)

松下満雄「ガット二〇条 (例外条項) の解釈に関する事例研究」『成蹊法学』第 48 号 (1998 年) 33-66 頁

松下満雄「EC のアスベスト及びその製品に係る輸入禁止措置」『WTO パネル・上級委員会報告書に関する調査研究報告書』(経済産業省, 2001 年度版) 99-111 頁

松下満雄「中国鉱物資源輸出制限に関する WTO パネル報告書――天然資源の輸出制限と WTO/ガット体制」『国際商事法務』第 39 巻 9 号 (2011 年) 1231-1239 頁

松下満雄「中国鉱物資源輸出制限に関する WTO 上級委員会報告書」『国際商事法務』第 40 巻 3 号 (2012 年) 333-341 頁

インターネット資料 (ブログほか)

Howse, Robert, 'The WTO Appellate Body Ruling in Seals: National Treatment Article III: 4' (*International Economic Law and Policy Blog*, 23 May 2014), at <http://worldtradelaw.typepad.com/ielpblog/2014/05/the-wto-appellate-body-ruling-in-

seals-national-treatment-article-iii4.html>

Howse, Robert, 'Reply to Joost Pauwelyn' (*International Economic Law and Policy Blog*, 27 May 2014), at <http://worldtradelaw.typepad.com/ielpblog/2014/05/the-public-morals-exception-after-seals-how-to-keep-it-in-check.html>

Lester, Simon 'The Intent of a Measure and the "Likeness" / "Less Favorable Treatment" Elements' (*International Economic Law and Policy Blog*, 2 November 2011), at <http://worldtradelaw.typepad.com/ielpblog/2011/11/the-intent-of-a-measure-and-the-likeness-less-favorable-treatment-elements.html>

Pauwelyn, Joost, 'Tuna: The End of the PPM distinction? The Rise of International Standards?' (*International Economic Law and Policy Blog*, 22 May 2012)), at <https://worldtradelaw.typepad.com/ielpblog/2012/05/tuna-the-end-of-the-ppm-distinction-the-rise-of-international-standards.html>

Pauwelyn, Joost, 'The Public Morals Exception after Seals: How to Keep It in Check?' (*International Economic Law and Policy Blog*, 27 May 2014), at <http://worldtradelaw.typepad.com/ielpblog/2014/05/the-public-morals-exception-after-seals-how-to-keep-it-in-check.html>

Qin, Julia Y, 'Accommodating Divergent Policy Objectives under WTO Law: Reflections on *EC—Seal Products*' (*American Journal of International Law Unbound*, 25 June 2015), at <https://www.asil.org/blogs/accommodating-divergent-policy-objectives-under-wto-law-reflections-ec%E2%80%94seal-products>

Regan, Donald H, 'Measures with Multiple Purposes: Puzzles from EC—Seal Products' (*American Journal of International Law Unbound*, 25 June 2015), at <http://www.asil.org/blogs/measures-multiple-purposes-puzzles-ec%25E2%2580%2594seal-products>

Trachtman, Joel P, 'The WTO Seal Products Case: Doctrinal and Normative Confusion' (*American Journal of International Law Unbound*, 25 June 2015), at <https://www.asil.org/blogs/wto-seal-products-case-doctrinal-and-normative-confusion>

GATT/WTO 発行資料

General Agreement on Tariffs and Trade, *Guide to GATT Law and Practice: Analytical Index* (Geneva 6th ed, 1994)

World Trade Organization Committee on Technical Barriers to Trade, *Second Triennial Review of the Operation and Implementation of the Agreement on Technical Barriers to Trade*, WTO Doc. G/TBT/9 (13 November 2000)

World Trade Organization Secretariat, *Trade and Environment at the WTO* (Geneva, 2004), at <https://www.wto.org/english/tratop_e/envir_e/envir_wto2004_e.pdf>

World Trade Organization Secretariat, *Negotiating History of the Coverage of the Agreement on Technical Barriers to Trade with Regard to Labelling Requirements, Voluntary Standards and Production Methods Unrelated to Product Characteristics,*

CTE, WT/CTE/W/10, G/TBT/W/11 (Geneva, 29 August 1995)

World Trade Organization Secretariat, *World Trade Report 2012: Trade and Public Policies: A Closer Look at Non-Tariff Measures in the 21st century* (Geneva, 2012), at <https://www.wto.org/english/res_e/booksp_e/anrep_e/world_trade_report12_e.pdf>

GATT/WTO CASES

【ガット紛争事例】(採択日順。未採択のものは報告書の送付日順)

Working Party Report, *Border Tax Adjustments*, adopted 2 Dec. 1970, BISD 18s/97

GATT Panel Report, *United States—Prohibition of Imports of Tuna and Tuna Products from Canada* (*US—Canadian Tuna*), L/5198, adopted 22 February 1982, BISD 29s/91

GATT Panel Report, *United States—Imports of certain Automotive Spring Assemblies* (*US—Spring Assemblies*), BISD 29S/110, adopted 26 May 1983

GATT Panel Report, *Japan—Restrictions on Imports of Certain Agricultural Products* (*Japan—Agricultural Products I*), L/6253, adopted 2 March 1988, BISD 35S/163

GATT Panel Report, *Canada—Measures Affecting Exports of Unprocessed Herring and Salmon* (*Canada—Herring and Salmon*), L/6268, adopted 22 March 1988, BISD 35S/98

GATT Panel Report, *United States—Section 337 of the Tariff Act of 1930* (*US—Section 337*), L/6439, adopted 7 November 1989, BISD 35S/116

GATT Panel Report, *European Economic Community—Regulation on Imports of Parts and Components* (*EEC—Parts and Components*), L/6657, adopted 16 May 1990, BISD 37S/132

GATT Panel Report, *Thailand—Restrictions on Importation of and Internal Taxes on Cigarettes* (*Thailand—Cigarettes*), DS/10/R, adopted 7 November 1990, BISD 37S/200

GATT Panel Report, *Restrictions on Imports of Tuna* (*US—Tuna (Mexico)*), DS21/R, 3 September 1991, unadopted, BISD 39S/155

GATT Panel Report, *United States—Measures Affecting Alcoholic and Malt Beverages* (*US—Malt Beverages*), DS23/R, adopted 19 June 1992, BISD 39S/206

GATT Panel Report, *United States—Restrictions on Imports of Tuna* (*US—Tuna (EEC)*), DS29/R, 16 June 1994, unadopted

GATT Panel Report, *United States—Taxes on Automobiles* (*US—Taxes on Automobiles*), DS31/R, 11 October 1994, unadopted

【WTO 紛争事例】(事件番号順)

WTO Panel Report, *United States—Standards for Reformulated and Conventional Gasoline* (*US—Gasoline*), WT/DS2/R, adopted 20 May 1996, as modified by Appellate Body Report WT/DS2/AB/R

WTO Appellate Body Report, *United States—Standards for Reformulated and Conventional Gasoline* (*US—Gasoline*), WT/DS2/AB/R, adopted 20 May 1996

WTO Panel Report, *Japan—Taxes on Alcoholic Beverages* (*Japan—Alcoholic Beverages II*), WT/DS8/R, WT/DS10/R, WT/DS11/R, adopted 1 November 1996, as modified by Appellate Body Report WT/DS8/AB/R, WT/DS10/AB/R, WT/DS11/AB/R

WTO Appellate Body Report, *Japan—Taxes on Alcoholic Beverages* (*Japan—Alcoholic Beverages II*), WT/DS8/AB/R, WT/DS10/AB/R, WT/DS11/AB/R, adopted 1 November 1996

WTO Panel Report, *Australia—Measures Affecting Importation of Salmon* (*Australia—Salmon*), WT/DS18/R and Corr.1, adopted 6 November 1998, as modified by Appellate Body Report WT/DS18/AB/R

WTO Appellate Body Report, *Australia—Measures Affecting Importation of Salmon* (*Australia—Salmon*), WT/DS18/AB/R, adopted 6 November 1998

WTO Panel Report, *Australia—Measures Affecting Importation of Salmon—Recourse to Article 21.5 of the DSU by Canada* (*Australia—Salmon (Article 21.5—Canada)*), WT/DS18/RW, adopted 20 March 2000

WTO Panel Report, *EC Measures Concerning Meat and Meat Products* (*Hormones*) (*EC—Hormones*), WT/DS26/R/USA, adopted 13 February 1998, as modified by Appellate Body Report WT/DS26/AB/R, WT/DS48/AB/R

WTO Appellate Body Report, *EC Measures Concerning Meat and Meat Products* (*Hormones*) (*EC—Hormones*), WT/DS26/AB/R, WT/DS48/AB/R, adopted 13 February 1998

WTO Appellate Body Report, *European Communities—Regime for the Importation, Sale and Distribution of Bananas* (*EC—Banana III*), WT/DS27/AB/R, adopted 25 September 1997

WTO Panel Report, *Indonesia—Certain Measures Affecting the Automobile Industry* (*Indonesia—Autos*), WT/DS54/R, WT/DS55/R, WT/DS59/R, WT/DS64/R, Corr.1 and Corr.2, adopted 23 July 1998

WTO Panel Report, *United States—Import Prohibition of Certain Shrimp and Shrimp Products* (*US—Shrimp*), WT/DS58/R and Corr.1, adopted 6 November 1998, as modified by Appellate Body Report WT/DS58/AB/R

WTO Appellate Body Report, *United States—Import Prohibition of Certain Shrimp and Shrimp Products* (*US—Shrimp*), WT/DS58/AB/R, adopted 6 November 1998

WTO Panel Report, *United States—Import Prohibition of Certain Shrimp and Shrimp Products—Recourse to Article 21.5 of the DSU by Malaysia* (*US—Shrimp (Article 21.5—Malaysia)*), WT/DS58/RW, adopted 21 November 2001, upheld by Appellate Body Report WT/DS58/AB/RW

WTO Appellate Body Report, *United States—Import Prohibition of Certain Shrimp and Shrimp Products—Recourse to Article 21.5 of the DSU by Malaysia US—Shrimp* (*US—Shrimp* (*Article 21.5—Malaysia*)), WT/DS58/AB/RW, adopted 21 November 2001

WTO Panel Report, *Guatemala—Anti-Dumping Investigation Regarding Portland Cement from Mexico* (*Guatemala—Cement I*), WT/DS60/R, adopted 25 November 1998, as reversed by Appellate Body Report WT/DS60/AB/R

WTO Appellate Body Report, *Guatemala—Anti-Dumping Investigation Regarding Portland Cement from Mexico* (*Guatemala—Cement I*), WT/DS60/AB/R, adopted 25 November 1998

WTO Panel Report, *Japan—Measures Affecting Agricultural Products* (*Japan—Agricultural Products II*), WT/DS76/R, adopted 19 March 1999, as modified by Appellate Body Report WT/DS76/AB/R

WTO Appellate Body Report, *Japan—Measures Affecting Agricultural Products* (*Japan—Agricultural products II*), WT/DS76/AB/R, adopted 19 March 1999

WTO Panel Report, *Chile—Taxes on Alcoholic Beverages* (*Chile—Alcoholic Beverages*), WT/DS87/R, WT/DS110/R, adopted 12 January 2000, as modified by Appellate Body Report WT/DS87/AB/R, WT/DS110/AB/R

WTO Appellate Body Report, *Chile—Taxes on Alcoholic Beverages* (*Chile—Alcoholic Beverages*), WT/DS87/AB/R, WT/DS110/AB/R, adopted 12 January 2000

WTO Panel Report, *Korea—Definitive Safeguard Measure on Imports of Certain Dairy Products* (*Korea—Dairy*), WT/DS98/R and Corr.1, adopted 12 January 2000, as modified by Appellate Body Report WT/DS98/AB/R

WTO Appellate Body Report, *Korea—Definitive Safeguard Measure on Imports of Certain Dairy Products* (*Korea—Dairy*), WT/DS98/AB/R, adopted 12 January 2000

WTO Panel Report, *Thailand—Anti-Dumping Duties on Angles, Shapes and Sections of Iron or Non-Alloy Steel and H-Beams from Poland* (*Thailand—H-Beams*), WT/DS122/R, adopted 5 April 2001, as modified by Appellate Body Report WT/DS122/AB/R

WTO Appellate Body Report, *Thailand—Anti-Dumping Duties on Angles, Shapes and Sections of Iron or Non-Alloy Steel and H-Beams from Poland* (*Thailand—H-Beams*), WT/DS122/AB/R, adopted 5 April 2001

WTO Panel Report, *EC—Measures Affecting Asbestos and Asbestos-containing Products* (*EC—Asbestos*), WT/DS135/R, adopted 5 April 2001, as modified by Appellate Body Report WT/DS135/AB/R

WTO Appellate Body Report, *European Communities—Measures Affecting Asbestos and Asbestos-Containing Products* (*EC—Asbestos*), WT/DS135/AB/R, adopted 5 April 2001

WTO Panel Report, *Argentina—Measures Affecting the Export of Bovine Hides and the Import of Finished Leather* (*Argentina—Bovine Hides*), WT/DS155, adopted 16 February 2001

WTO Panel Report, *Korea—Measures Affecting Imports of Fresh, Chilled and Frozen Beef* (*Korea—Beef*), WT/DS161/R, WT/DS169/R, adopted 10 January 2001, as modified by Appellate Body Report WT/DS161/AB/R, WT/DS169/AB/R

WTO Appellate Body Report, *Korea—Measures Affecting Imports of Fresh, Chilled and Frozen Beef* (*Korea—Beef*), WT/DS/161/AB/R, WT/DS169/AB/R, adopted 10 January 2001

WTO Panel Report, *United States—Anti-Dumping Measures on Certain Hot-Rolled Steel Products from Japan* (*US—Hot-Rolled Steel*), WT/DS184/R, adopted 23 August 2001 modified by Appellate Body Report WT/DS184/AB/R

WTO Appellate Body Report, *United States—Anti-Dumping Measures on Certain Hot-Rolled Steel Products from Japan* (*US—Hot-Rolled Steel*), WT/DS184/AB/R, adopted 23 August 2001

WTO Panel Report, *European Communities—Trade Description of Sardines* (*EC—Sardines*), WT/DS231/R and Corr.1, adopted 23 October 2002, as modified by Appellate Body Report WT/DS231/AB/R

WTO Appellate Body Report, *European Communities—Trade Description of Sardines* (*EC—Sardines*), WT/DS231/AB/R, adopted 23 October 2002

WTO Panel Report, *Japan—Measures Affecting the Importation of Apples* (*Japan—Apples*), WT/DS245/R, adopted 10 December 2003, upheld by Appellate Body Report WT/DS245/AB/R

WTO Appellate Body Report, *Japan—Measures Affecting the Importation of Apples* (*Japan—Apples*), WT/DS245/AB/R, adopted 10 December 2003

WTO Panel Report, *European Communities—Conditions for the Granting of Tariff Preferences to Developing Countries* (*EC—Tariff Preference*), WT/DS246/R, adopted 20 April 2004, as modified by Appellate Body Report WT/DS246/AB/R

WTO Appellate Body Report, *European Communities—Conditions for the Granting of Tariff Preferences to Developing Countries* (*EC—Tariff Preferences*), WT/DS246/AB/R, adopted 20 April 2004

WTO Panel Report, *Canada—Measures Relating to Exports of Wheat and Treatment of Imported Grain* (*Canada—Wheat Exports and Grain Imports*), WT/DS276/R, adopted 27 September 2004

WTO Appellate Body Report, *Canada—Measures Relating to Exports of Wheat and Treatment of Imported Grain* (*Canada—Wheat Exports and Grain Imports*), WT/DS276/AB/R, adopted 27 September 2004

WTO Panel Report, *United States—Measures Affecting the Cross-Border Supply of Gambling and Betting Services* (*US—Gambling*), WT/DS285/R, adopted 20 April

2005

WTO Appellate Body Report, *United States—Measures Affecting the Cross-Border Supply of Gambling and Betting Services* (*US—Gambling*), WT/DS285/AB/R, adopted 20 April 2005

WTO Panel Reports, *European Communities—Measures Affecting the Approval and Marketing of Biotech Products* (*EC—Biotech Products*), WT/DS291/R, Add.1 to Add.9 and Corr.1 / WT/DS292/R, Add.1 to Add.9 and Corr.1 / WT/DS293/R, Add.1 to Add.9 and Corr.1, adopted 21 November 2006

WTO Panel Report, *Dominican Republic—Measures Affecting the Importation and Internal Sale of Cigarettes* (*Dominican Republic—Cigarettes*), WT/DS302/R, adopted 19 May 2005, as modified by Appellate Body Report WT/DS302/AB/R

WTO Appellate Body Report, *Dominican Republic—Measures Affecting the Importation and Internal Sale of Cigarettes* (*Dominican Republic—Cigarettes*), WT/DS302/AB/R, adopted 19 May 2005

WTO Panel Report, *Mexico—Tax Measures on Soft Drinks and Other Beverages* (*Mexico—Taxes on Soft Drinks*), WT/DS308/R, adopted 24 March 2006, as modified by Appellate Body Report WT/DS308/AB/R

WTO Appellate Body Report, *Mexico—Tax Measures on Soft Drinks and Other Beverages* (*Mexico—Taxes on Soft Drinks*), WT/DS308/AB/R, adopted 24 March 2006

WTO Panel Report, *United States—Continued Suspension of Obligations in the EC—Hormones Dispute* (*US—Continued Suspension*), WT/DS320/R and Add.1 to Add.7, adopted 14 November 2008, as modified by Appellate Body Report WT/DS320/AB/R

WTO Appellate Body Report, *United States—Continued Suspension of Obligations in the EC—Hormones Dispute* (*US—Continued Suspension*), WT/DS320/AB/R, adopted 14 November 2008

WTO Panel Report, *Brazil—Measures Affecting Imports of Retreaded Tyres* (*Brazil—Retreaded Tyres*), WT/DS332/R, adopted 17 December 2007, as modified by Appellate Body Report WT/DS332/AB/R

WTO Appellate Body Report, *Brazil—Measures Affecting Imports of Retreaded Tyres* (*Brazil—Retreaded Tyres*), WT/DS332/AB/R, adopted 17 December 2007

WTO Panel Report, *China—Measures Affecting Imports of Automobile Parts* (*China—Auto Parts*), WT/DS339, 340, 342/R, adopted 12 January 2009

WTO Panel Report, *United States—Final Anti-Dumping Measures on Stainless Steel from Mexico* (*US—Stainless Stell (Mexico)*), WT/DS344/R, adopted 20 May 2008, as modified by Appellate Body Report WT/DS344/AB/R

WTO Appellate Body Report, *United States—Final Anti-Dumping Measures on Stainless Steel from Mexico* (*US—Stainless Steel (Mexico)*), WT/DS344/AB/R, adopted 20 May 2008

WTO Panel Report, *China—Measures Affecting Trading Rights and Distribution Services for Certain Publications and Audiovisual Entertainment Products* (*China—Publications and Audiovisual Products*), WT/DS363/R, adopted 19 January 2010

WTO Appellate Body Report, *China—Measures Affecting Trading Rights and Distribution Services for Certain Publications and Audiovisual Entertainment Products* (*China—Publications and Audiovisual Products*), WT/DS363/AB/R, adopted 19 January 2010

WTO Panel Report, *Australia—Measures Affecting the Importation of Apples from New Zealand* (*Australia—Apples*), WT/DS367/R, adopted 17 December 2010, as modified by Appellate Body Report WT/DS367/AB/R

WTO Appellate Body Report, *Australia—Measures Affecting the Importation of Apples from New Zealand* (*Australia—Apples*), WT/DS367/AB/R, adopted 17 December 2010

WTO Panel Report, *Thailand—Customs and Fiscal Measures on Cigarettes from the Philippines* (*Thailand—Cigarettes (Philippines)*), WT/DS371/R, adopted 15 July 2011, as modified by Appellate Body Report WT/DS371/AB/R

WTO Appellate Body Report, *Thailand—Customs and Fiscal Measures on Cigarettes from the Philippines* (*Thailand—Cigarettes (Philippines)*), WT/DS371/AB/R, adopted 15 July 2011

WTO Panel Report, *United States—Measures Concerning the Importation, Marketing and Sale of Tuna and Tuna Products* (*US—Tuna II (Mexico)*), WT/DS381/R, adopted 13 June 2012, as modified by Appellate Body Report WT/DS381/AB/R

WTO Appellate Body Report, *United States—Measures Concerning the Importation, Marketing and Sale of Tuna and Tuna Products* (*US—Tuna II (Mexico)*), WT/DS381/AB/R, adopted 13 June 2012

WTO Panel Reports, *United States—Certain Country of Origin Labelling (COOL) Requirements* (*US—COOL*), WT/DS384/R / WT/DS386/R, adopted 23 July 2012, as modified by Appellate Body Reports WT/DS384/AB/R / WT/DS386/AB/R

WTO Appellate Body Reports, *United States—Certain Country of Origin Labelling (COOL) Requirements* (*US—COOL*), WT/DS384/AB/R / WT/DS386/AB/R, adopted 23 July 2012

WTO Panel Reports, *United States—Certain Country of Origin Labelling (COOL) Requirements—Recourse to Article 21.5 of the DSU by Canada and Mexico* (*US—COOL (Article 21.5—Canada and Mexico)*), WT/DS384/RW and Add.1 / WT/DS386/RW and Add.1, adopted 29 May 2015, as modified by Appellate Body Reports WT/DS384/AB/RW / WT/DS386/AB/RW

WTO Appellate Body Reports, *United States—Certain Country of Origin Labelling (COOL) Requirements—Recourse to Article 21.5 of the DSU by Canada and Mexico* (*US—COOL (Article 21.5—Canada and Mexico)*), WT/DS384/AB/RW /

WT/DS386/AB/RW, adopted 29 May 2015
WTO Panel Report, *United States—Certain Measures Affecting Imports of Poultry from China* (*US—Poultry (China)*), WT/DS392/R, adopted 25 October 2010
WTO Panel Reports, *China—Measures Related to the Exportation of Various Raw Materials* (*China—Raw Materials*), WT/DS394/R, Add.1 and Corr.1 / WT/DS395/R, Add.1 and Corr.1 / WT/DS398/R, Add.1 and Corr.1, adopted 22 February 2012, as modified by Appellate Body Reports WT/DS394/AB/R / WT/DS395/AB/R / WT/DS398/AB/R
WTO Appellate Body Reports, *China—Measures Related to the Exportation of Various Raw Materials* (*China—Raw Materials*), WT/DS394/AB/R / WT/DS395/AB/R / WT/DS398/AB/R, adopted 22 February 2012
WTO Panel Report, *European Communities—Measures Prohibiting the Importation and Marketing of Seal Products* (*EC—Seal Products*), WT/DS400/R, WT/DS401/R, adopted 18 June 2014, as modified by Appellate Body Reports WT/DS400/AB/R WT/DS401/AB/R
WTO Appellate Body Reports, *European Communities—Measures Prohibiting the Importation and Marketing of Seal Products* (*EC—Seal Products*), WT/DS400/AB/R / WT/DS401/AB/R, adopted 18 June 2014
WTO Panel Report, *United States—Measures Affecting the Production and Sale of Clove Cigarettes* (*US—Clove Cigarettes*), WT/DS406/R, adopted 24 April 2012, as modified by Appellate Body Report WT/DS406/AB/R
WTO Appellate Body Report, *United States—Measures Affecting the Production and Sale of Clove Cigarettes* (*US—Clove Cigarettes*), WT/DS406/AB/R, adopted 24 April 2012
WTO Panel Report, *India—Measures Concerning the Importation of Certain Agricultural Products* (*India—Agricultural Products*), WT/DS430/R and Add.1, adopted 19 June 2015, as modified by Appellate Body Report WT/DS430/AB/R
WTO Appellate Body Report, *India—Measures Concerning the Importation of Certain Agricultural Products* (*India—Agricultural Products*), WT/DS430/AB/R, adopted 19 June 2015
WTO Panel Reports, *China—Measures Related to the Exportation of Rare Earths, Tungsten, and Molybdenum* (*China—Rare Earths*), WT/DS431/R and Add.1 / WT/DS432/R and Add.1 / WT/DS433/R and Add.1, adopted 29 August 2014, upheld by Appellate Body Reports WT/DS431/AB/R / WT/DS432/AB/R / WT/DS433/AB/R
WTO Appellate Body Reports, *China—Measures Related to the Exportation of Rare Earths, Tungsten, and Molybdenum* (*China—Rare Earths*), WT/DS431/AB/R / WT/DS432/AB/R / WT/DS433/AB/R, adopted 29 August 2014
WTO Panel Report, *United States—Measures Affecting the Importation of Animals,*

Meat and Other Animal Products from Argentina (*US—Animals*), WT/DS447/R and Add.1, adopted 31 August 2015

WTO Panel Report, *Argentina—Measures Relating to Trade in Goods and Services* (*Argentina—Financial Services*), WT/DS453/R and Add.1, adopted 9 May 2016, as modified by Appellate Body Report WT/DS453/AB/R

WTO Appellate Body Report, *Argentina—Measures Relating to Trade in Goods and Services* (*Argentina—Financial Services*), WT/DS453/AB/R and Add.1, adopted 9 May 2016

WTO Panel Report, *India—Certain Measures Relating to Solar Cells and Solar Modules* (*India—Solar Cells*), WT/DS456/R and Add.1, adopted 14 October 2016, as modified by Appellate Body Report WT/DS456/AB/R

WTO Appellate Body Report, *India—Certain Measures Relating to Solar Cells and Solar Modules* (*India—Solar Cells*), WT/DS456/AB/R, adopted 14 October 2016

WTO Panel Report, *Colombia—Measures Relating to the Importation of Textiles, Apparel and Footwear* (*Colombia—Textiles*), WT/DS461/R and Add.1, adopted 22 June 2016, as modified by Appellate Body Report WT/DS461/AB/R

WTO Appellate Body Report, *Colombia—Measures Relating to the Importation of Textiles, Apparel and Footwear* (*Colombia—Textiles*), WT/DS461/AB/R and Add.1, adopted 22 June 2016

WTO Panel Report, *Russian Federation—Measures on the Importation of Live Pigs, Pork and Other Pig Products from the European Union* (*Russia—Pigs* (*EU*)), WT/DS475/R and Add.1, adopted 21 March 2017, as modified by Appellate Body Report WT/DS475/AB/R

WTO Appellate Body Report, *Russian Federation—Measures on the Importation of Live Pigs, Pork and Other Pig Products from the European Union* (*Russia—Pigs* (*EU*)), WT/DS475/AB/R and Add.1, adopted 21 March 2017

WTO Panel Report, *Indonesia—Importation of Horticultural Products, Animals and Animal Products* (*Indonesia—Import Licensing Regimes*), WT/DS477/R, WT/DS478/R, Add.1 and Corr.1, adopted 22 November 2017, as modified by Appellate Body Report WT/DS477/AB/R, WT/DS478/AB/R

WTO Appellate Body Report, *Indonesia—Importation of Horticultural Products, Animals and Animal Products* (*Indonesia—Import Licensing Regimes*), WT/DS477/AB/R, WT/DS478/AB/R, and Add.1, adopted 22 November 2017

WTO Panel Report, *Korea—Import Bans, and Testing and Certification Requirements for Radionuclides* (*Korea—Radionuclides*), WT/DS495/R and Add.1, circulated to WTO Members 22 February 2018

索　引

欧　文

amicus curiae　318, 329
Argentina—Finanvial Service 事件　38, 252
Australia—Apples 事件　182, 190, 303–305, 307, 313, 316
Australia—Salmon 事件　175, 179, 180, 182, 186, 187, 190, 212, 249
Brazil—Retreaded Tyres 事件　47, 63–66, 71, 72, 87–89, 91, 101, 174, 255, 264, 266
Canada—Herring and Salmon 事件　53, 77, 78
China—Publications and Audiovisual Products 事件　44, 64, 66, 67, 232, 234, 237
China—Rare Earths 事件　53, 81, 84, 233, 237, 238
China—Raw Materials 事件　52, 80, 236
Colombia—Textiles 事件　44, 65, 67, 72, 255
COOL 措置　136, 156, 158
Dominican Republic—Cigarettes 事件　25, 27–30, 32, 33, 266
de novo 審査　290, 294, 296–298, 300, 305, 311, 316, 317, 326
EC　23, 32, 33, 35, 46, 47, 64, 89, 90, 92, 96, 112, 113, 143, 196, 204, 293
EC—Asbestos 事件　16, 18, 24, 30, 33, 38, 47, 48, 61, 74, 98, 109–112, 115, 117, 280
EC—Banana III 事件　21, 23, 36, 224, 225
EC—Biotech Products 事件　27, 28, 182, 198, 203, 204
EC—Hormones 事件　179, 182, 186, 188, 191, 193, 196, 280, 293, 296, 305
EC—Parts and Components 事件　49
EC—Sardines 事件　109, 225, 283
EC—Seal Products 事件　31–34, 36, 38, 44, 46, 64, 66, 68, 84, 89, 94, 96, 101, 113, 115, 143, 243, 251, 310
EC 科学委員会　204
Guatemala—Cement I 事件　223
IC（indigenous communities，先住民）例外　89, 92–94, 96, 114, 120, 126, 143
ILO（国際労働機関）　90, 93
India—Agricultural Products 事件　173, 175, 177, 182, 213, 249, 271
India—Solar Cells 事件　43, 51
Indonesia—Autos 事件　223
Japan—Agricultural Products II 事件　183, 198, 200, 209
Japan—Alcoholic Beverages II 事件　15, 20, 21, 36
Japan—Apples 事件　184, 188, 198, 296
JECFA（FAO/WHO 合同食品添加物専門家会議）　191
Korea—Beef 事件　22, 24, 29, 59–61, 66, 74, 76, 100, 255, 262, 264, 266, 277
MERCOSUR　71, 87
MERCOSUR 仲裁裁判所　87
Mexico—Taxes on Soft drinks 事件　49
MRM（Marine Resource Management，海洋資源管理）例外　120
NAFTA（North American Free Trade Agreement，北米自由貿易協定）　40
SPS 委員会　318, 329
TBT 委員会　318, 329
TFEU（Treaty on the Functioning of European Union，欧州連合の機能に関する条約）　40, 43
Thailand—Cigarettes（*Philippines*）事件　28, 30, 70
Thailand—Cigarettes 事件　47, 57
US—Animals 事件　208, 247
US—Canadian Tuna 事件　53
US—Clove Cigarettes 事件　29, 31, 106, 110, 128, 148, 150, 249, 254

358　索　引

US—*Continued Suspension* 事件　187, 203, 205, 297, 300, 302–305, 312, 313, 315, 324
US—*COOL* 事件　31, 106, 110, 136, 149, 156, 226, 256
US—*COOL*（*Article 21.5 — Canada and Mexico*）事件　154, 256
US—*Gambling* 事件　44, 45, 66, 68, 74, 76, 83
US—*Gasoline* 事件　42, 52, 57, 62, 78, 79, 83, 85, 95, 98, 179
US—*Hot Rolled Steel* 事件　223
US—*Malt Beverages* 事件　19
US—*Poultry*（*China*）事件　232
US—*Section 337* 事件　29, 46, 56, 57, 60, 264
US—*Shrimp* 事件　46, 54, 78, 82, 86, 88, 95, 120, 281, 310
US—*Spring Assemblies* 事件　56
US—*Taxes on Automobiles* 事件　19, 52
US—*Tuna EEC* 事件　53
US—*Tuna* 事件　48
US—*Tuna II*（*Mexico*）事件　31, 106, 110, 117, 120, 125, 134, 148, 150, 156, 225, 255
US—*Tuna II*（*Mexico*）（*Article 21.5—Mexico*）事件　139
WTO 協定前文　54, 94
WTO 協定付属書ⅠAに関する解釈のための一般注釈　222, 249
WTO 設立協定　4, 5, 7, 51, 233, 249
WTO 紛争解決機関（紛争解決機関）　4, 8, 18, 23, 36, 38, 42, 43, 46, 52, 55, 56, 58, 72, 75–77, 84, 98, 99, 125, 187, 214, 239, 250, 261, 280, 291, 321, 322, 324, 325, 328, 329

あ　行

アコーディオン　15, 31, 128
アザラシ　32, 47, 64, 89, 96, 113–115, 126
アスベスト　47, 61, 111, 112, 116, 117
後にされた合意　284
アルゼンチン　27
安全保障　1, 40, 103, 146, 149
アンチダンピング協定17条6項(i)　292–294
アンティグア　62

域外適用　46
異種の産品　247
一括受諾　3, 7, 105, 166, 217, 224, 226, 233, 241, 249, 324
一貫したかつ調和的な（coherent and consistent）解釈　10, 71, 134, 163, 241, 246, 249, 250
一貫性　180
一貫性原則　214, 275, 276
一貫性審査（consistency test）　277
一般原則　11, 13, 14, 17, 23, 24, 33, 43
一般的例外条項　6, 9, 11, 12, 20, 31, 39, 62, 107, 133, 252, 323
遺伝子組み換え体（GMO）　27, 165, 229
移動性野生動物種の保全に関する条約　54
イルカ　48, 53, 54, 117, 118, 140, 148, 157
因果関係　27, 29, 30, 37, 100, 184
インド　51, 54, 174, 175, 271
インドネシア　128, 148, 150
受け入れられる危険性の水準　169
ウミガメ　46, 53, 86, 120, 281
ウミガメ除去装置（Turtle Excluder Devices, TEDs）　86
ウルグアイ・ラウンド　3, 105, 122, 165, 166, 218
欧州人権裁判所（European Court of Human Rights, ECtHR）　289
オーストラリア　179, 182, 303, 307

か　行

改正（amended）された COOL 措置　154
蓋然性（probability）　186
開放型　35, 142, 160
科学　206, 280, 291
科学の根拠の原則　5, 10, 167, 180, 181, 214, 248, 277, 299
科学的証拠の不確実性（uncertainty）　201
科学的証拠の不十分性　201, 205, 206
各号段階　41, 43, 82–84, 88, 91, 96, 99, 100, 141, 147, 162
各号審査　42, 45, 55, 163, 320
ガソリン　52, 57, 85, 86, 95
価値の重要性　60–63, 73, 74, 76, 156, 159,

255, 257, 265
ガットに反しない法令の遵守を確保　39,
　49, 253
ガットプラス　238
カナダ　47, 53, 61, 92, 149
可能性（likelihood）　185
可能性（potential）　186
加盟議定書　40, 232, 234–238
加盟国が適切と認める保護水準　170, 195,
　212, 259, 268–270, 273, 274
仮の結論（preliminary conclusion）　63–
　65, 67
環境　1, 34, 47, 51, 52, 54, 97, 103, 120, 122,
　138, 228
環境と開発に関するリオ宣言（Rio Declaration on Environment and Development）　51
環境保護　1, 54, 103, 120, 138
韓国　59, 74, 76
関する（relating to）　41, 42, 77, 79, 81
関税　2
関税譲許　104, 105
関税地域　232
関税同盟　40
関税分類（tariff classification）　16, 128
関税法337条　56
完全なる敬譲（defer completely）　271,
　294, 316, 326
管理された使用（controlled use）　61
関連（nexus）　42
関連性審査（"relating to"test）　42, 77, 81
危険性　48, 147, 153, 256
危険性管理（risk managemennt）　193,
　195
危険性評価　48, 62, 180, 184, 193, 195, 277
気候変動枠組条約（United Nations Framework Convention on Climate Change）　51
技術的障害　3, 103–105
規制の関心事項（regulatory concerns）　37,
　100, 131
規制目的　14–19, 23–27, 29–31, 33, 34, 36,
　38, 43, 45, 87, 88, 95, 102, 107, 251, 252, 323
起草過程　36

希土類　53, 81
機能的な分担　20, 36
規範性（normativity）　50, 94, 95, 143
客観的な評価　294–297, 305, 307, 314
狭義（stricte sensu）の比例性原則　73
強制規格（technical regulation）　35, 90,
　102, 103, 109, 111, 112, 115, 126
競争関係　16, 37, 38, 100, 104, 129, 130
競争条件　13, 21, 22, 24, 25, 27–30, 32–34,
　132, 135
均衡点（balance）　5–7, 9, 12, 38, 82, 99, 100,
　106, 108, 127, 133, 140, 144, 161, 167, 185,
　213, 215, 244, 250–252, 262, 292, 293, 306,
　314, 316, 321, 323, 324, 330
グリーンランド　92, 96
クローブ　116, 128, 129, 134
敬譲（deference）　8, 287, 302–304, 307–309,
　318
敬譲的（deferential）な審査　290
ケネディ・ラウンド　104
検閲制度　44
原産地情報　140, 158, 228
限定列挙　12, 34, 35, 39, 46, 50, 91, 93–95,
　102, 142, 143, 160, 251, 252, 257, 261, 325
権利の濫用防止原則　82
効果審査　22, 80
貢献度　45, 60, 63–65, 67, 72, 76, 147, 152,
　153, 255, 328
公序良俗　45
公徳　1, 39, 41, 43, 44, 46, 55, 89, 92, 94, 101,
　116, 232, 252, 253, 325
公平性（even-handedness）　79, 133, 137–
　140
公平に（even-handed）　135, 136, 141, 145
合理的かつ客観的な関係（rational or objective relationship）　183
合理的な関連性（rational connection）　87,
　88, 90, 91, 93, 174
合理的な期間内（within a reasonable period of time）　208
合理的に利用可能な（reasonably available）
　代替措置　57, 59, 61, 63, 67–70, 147, 156,
　157, 210, 255, 257, 260, 262, 264, 277, 322, 323

360　索　引

国際イルカ保全プログラムに関する協定（Agreement on the International Dolphin conservation Program: AIDCP）　158
国際環境法　50, 51
国際基準　94, 104, 279, 281, 283, 284, 325
国際基準との調和原則　167, 171, 214, 248, 277, 279, 282
国際規範　50, 55, 90, 94, 95, 325
国際経済法　4, 295, 296, 315, 331
国際司法裁判所（International Court of Justice, ICJ）　288, 311, 313, 314
国際獣疫事務局（OIE）　171, 174, 191, 207, 213
国際条約　49, 50, 55, 95
国際植物防疫条約（IPPC）　171, 191, 207
国際的な協力　281
国際的な標準化のための機関　283
国際投資仲裁　315
国際投資法　288, 315, 331
国際文書　50, 51, 55
国際法　93, 94, 295, 296, 311
国際貿易促進の利益　278
国際貿易の偽装された制限　39, 81, 85, 98, 99, 105, 172, 175, 176, 178, 215, 275, 309
国際捕鯨取締条約（JCRW）　311, 312
国内規制　1, 3, 4, 6, 8, 11, 13, 14, 16–18, 24, 34, 36, 39, 102, 129, 142, 217, 327
国内規制権限（規制権）　1–12, 14, 20, 21, 31, 33–35, 37, 38, 55, 59, 62, 72, 73, 75, 82, 89, 94, 99, 101, 106, 108, 128, 133, 140, 143, 146, 161, 163, 167, 177, 189, 206, 215, 234, 244, 250, 251, 252, 262, 274, 286, 288, 291–293, 295, 306, 314–316, 321, 322, 324, 326, 327, 330, 331
国内の生産又は消費に対する制限と関連して効果的であること（made effective in conjunction with domestic restrictions）　79, 80
国連海洋法条約　54
国連先住民権利宣言　90, 93
異なる状況（different situations）　178
異なる待遇（different treatment）　22, 24, 27, 28, 34, 174

コロンビア　45, 65
コンセンサス　105, 122, 123, 279, 283, 284, 289
根本的な原則（fundamental principle）　75, 264, 265

さ　行

サービス貿易に関する一般協定（GATS）　38, 39, 44, 62, 252, 253, 255
最恵国待遇　1, 12, 51, 127, 172, 173, 243
最終用途　16, 128, 129
最小通商阻害性審査（Least Trade-Restrictive Means（LTRM）Test）　56–66, 71, 100, 157, 159, 213, 253, 259
再生タイヤ　48, 63, 87
最善の科学　302
再評価（second-guess）　8, 287, 293, 299, 312
詐欺的慣行の防止　1, 74, 103, 105, 138, 146, 149–151, 246, 267
作業部会　7, 241
サケ　53, 179
差し戻し権限　298
差別的な効果　20, 26, 70
暫定的措置　10, 197, 198, 206, 207
暫定的に正当化（provisional justification）　42, 77, 91
産品関連（product related, pr）PPMs　120, 122, 125
産品の特性（product characteristics）　109, 110, 113–116, 119, 124, 126
産品非関連（non product related, npr）PPMs　120, 122, 125, 126
恣意的又は不当な（正当と認められない）差別　39, 71, 81, 85–89, 92, 95–97, 99, 105, 137, 139, 174, 247, 281
自己執行性　50
自己判断　305, 307, 313, 326
事実上（de facto）の差別　17, 21, 26, 162
市場（競争関係）中心のアプローチ　16, 17, 18, 19, 20, 31, 36, 128, 129, 130, 131, 223
市場占有率　25
持続可能な発展（sustainable development）　54, 94

索　引　　361

実効性原理（principles of effectiveness）　183
実施水準（level of enforcement）　4, 56–58, 60, 100, 230, 264, 265, 320, 324
実質的な貢献度（material contribution）　64, 65
司法敬譲（Judicial Deference）　289
社会的な規範（social norms）　151
十分条件　22, 24, 30, 32, 137, 179, 192, 281
十分な関連（sufficient nexus）　47, 119, 125, 126
自由貿易地域　40
主題（subject matter）　43
主たる目的　88–91, 93
需要弾力性　16, 38
狩猟　46, 47, 89, 92, 96, 116, 126
照会所（enquiry point）　196
状況において適切な　190, 191
消極的な統合体（negative integration）　75, 306, 311
条件（conditions）　97
証拠提示義務　196, 329
消費者の選好・習慣（consumer tastes and habits）　16, 38, 128
条約法条約　284
食品規格委員会（CODEX）　171, 191, 207, 279
信義誠実　280
人権　55, 289
審査基準（standard of review）　8–10, 73, 77, 287, 311, 315, 324–326
審査権限　8, 58, 76, 292, 293, 306, 311, 314, 316
真正な関係（genuine relationship）　29, 30, 33, 37
垂直的な権限配分　311
水平的な権限配分　287
数量制限の一般的廃止の原則　1
税印紙貼付要件　25
政策的な裁量　2, 8, 9, 19–21, 75, 89, 94, 99, 101, 151, 189, 288, 295, 315, 322, 324
政策目的　41, 43, 75, 97, 101, 252, 253
生産工程及び生産方法（process or production methods, PPMs）　47, 119, 123
清浄な空気（clean air）　52
成長ホルモン　165, 188
正当化　11, 12, 18–20, 31, 33, 34, 39, 41, 42, 46, 47, 49, 52, 59, 61, 62, 65, 81, 90, 93, 97, 99, 102, 107, 232, 326
正当性の危機（legitimacy crisis）　315, 316, 327, 330
正当な規制上の区別（a legitimate regulatory distinction）　132, 133, 137, 138, 140, 141, 161, 244, 282
正当な規制目的（正当な政策目的）　2, 4, 5, 9, 12, 20, 26, 35, 37, 55, 100, 101, 108, 128, 143, 146, 160, 162, 322, 327, 330
生物資源　54
生物多様性条約　54
セーフティーネット　12, 37, 180
世界保健機関（WHO）　207
積極的抗弁　34, 144
設計（designed）　43, 45, 153
絶対的な物理的必要性（absolute physical necessity）　59
ゼロ・リスク　170
善意（good faith）　295, 296
先住民条約（1989年の先住民及び種族民条約（第169号））　90, 93
先進（工業）国　97, 122
全体的な作業（holistic operation）　64
専門家意見　174, 184, 203, 204, 297, 301
相関分析（relational analysis）　153, 159, 256
相互参照　7–10, 241, 242, 245, 248, 251, 285, 286, 317, 321, 324–326
訴訟経済の原則　220, 225–227

た　行

タイ　28, 54, 57
対応（calibrated）　136, 139, 140
多角的貿易体制　34, 239
多国間貿易体制　59
タバコ　28, 47, 57, 128, 134
断片化（fragmentation）　105, 226, 250
地域的な貿易協定　40

362　索引

中間結果 (intermediate findings)　64, 67
中国　52, 81, 232, 234–237
調査捕鯨：JAPPA II　311–313
直接効果 (direct effect)　50, 51
抵触 (conflict)　222–226, 249
低病原性鳥インフルエンザ (LPNAI)　174, 175
適合性評価手続 (conformity assessment procedure)　103
適用法の選別　228, 231, 250
デュー・プロセス　308–311, 315, 318, 329
ドイツ　204
同一又は類似する (identical or similar) 条件　172, 247
東京・ラウンド　104, 166
同種性　16, 17, 19, 37, 38, 100, 130, 243, 248
同種の産品　13–19, 31, 33, 127, 130, 243, 245, 247
動物福祉　44, 90, 92, 116
透明性原則　196
同様の条件の下にある諸国の間で　85, 96, 105
特定可能な (identifiable) 産品　109, 110
特定性 (specificity)　50, 188
特別法は一般法を破る (lex specialis derogate legi generali)　223
特別法優先原則　221, 222, 224, 226
途上国　97, 122
賭博　45, 62
ドミニカ共和国　25, 26
鳥インフルエンザ (AI)　174, 175

な 行

内国民待遇　1, 9, 11, 12, 14, 38, 51, 127, 172, 173, 242, 243
南極海捕鯨事件　288, 311, 313, 314
二国間投資協定　40, 315
ニシン　53, 179
2000 年 TBT 委員会の決定　284
日本　183, 184, 198, 209, 296, 312, 313
入手可能な科学的証拠　192
入手可能な適切な情報　207
任意規格　103, 117, 283

農業補助金　166
ノルウェー　47

は 行

バイオテク産品　27
パキスタン　54
柱書審査　36, 46, 86, 96, 99, 101, 140, 163, 281, 320
柱書段階　41, 84, 100, 163
発展的解釈 (evolutionary interpretation)　54, 55, 95, 101, 252, 325
パラダイムシフト　205
反対の推定 (a reverse inference)　220
比較衡量プロセス (weighing and balancing process)　59–67, 72, 100, 153, 157, 159, 253, 262, 265, 328
東熱帯太平洋海域 (ETP)　135, 140, 148, 157
非関税障壁　3, 104, 166
非人道的　47, 89
非対称性　35, 94, 102, 250, 325
必要条件　32, 138
必要性原則　9, 10, 146, 162, 209, 214, 253, 258, 261, 263, 272, 274, 327
必要性審査 (necessity test)　42, 43, 45, 46, 55–58, 60–62, 64, 65, 72, 80, 96, 100, 147, 159, 253, 274, 281, 328
必要な (necessary)　39, 41–43, 49, 55, 57–59, 146, 181, 253
人，動物又は植物の生命又は健康の保護　1, 39, 41, 47, 48, 105, 138, 166, 169–171, 180, 181, 185, 197, 210, 211, 227, 253, 259, 262, 267, 268, 278
非貿易的関心事項　1, 2, 4, 19, 47, 59, 82, 140, 291, 309, 322, 327
評価の余地 (Margin of Appreciation) 理論　289
平等性　13, 21, 29, 32
費用便益分析 (cost-benefit analysis)　73, 265
比例性原則　73, 184, 265
付加価値税要件　28
不可欠 (indispensable)　59

索　引　363

不可欠審査　43
不可欠の（essential）　41, 43
複合関税措置　45, 65
物品貿易　217, 234, 237, 239
ブラジル　63, 86, 87
フランス　61, 74, 204
不利でない待遇（treatment no less favourable）　13–15, 21, 32, 107, 127, 130, 243
不利な待遇（less favourable treatment）　15, 21–25, 27–33, 38, 57, 100, 132, 133, 134, 136, 137, 138, 140, 141, 243, 245, 246
ふるい機能　67
紛争解決に係る規則及び手続に関する了解（DSU）11条　294–296, 300, 305, 307, 314, 316
文脈依存的　108, 236, 260, 298, 310
米国　30, 52, 53, 56, 57, 62, 85, 86, 95, 96, 110, 117, 128, 148, 150, 254, 296
ベネズエラ　52, 86
便益（convenience）　59
貿易権（right to trade）　234
貿易自由化　1, 5–9, 11, 19, 39, 59, 99, 106, 108, 127, 140, 161, 167, 215, 244, 250, 252, 262, 309, 316, 321, 323, 324, 326, 327, 330
貿易制限性（trade-restrictiveness）　59, 60, 62, 63, 65, 69–72, 146, 147, 153, 155, 255, 261, 328
貿易に関する多角的協定（Multilateral Trade Agreements）　233
貿易の技術的障害に関する協定（スタンダード協定）　104, 105, 166
貿易偏向的　58, 61, 99, 322
包装　123–125
法律上の（de jure）差別　2, 3, 21, 22, 36
法令（laws or regulations）　49–51, 94, 252, 323
保護主義　2, 3, 12–14, 17, 19, 20, 23, 24, 26, 27, 32, 33, 59, 98, 99, 104, 148, 166, 176, 274, 275, 278, 299, 309
保護水準（level of protection）　4, 56–58, 60–62, 69, 73–76, 100, 105, 154, 156, 170, 177, 211, 230, 263, 264, 267–273, 322, 326, 330

保護を与えるように（so as to afford protection）　13, 14, 17, 19, 23, 24
ポスト差別（post-discriminatory）主義　214
ホンジュラス　25, 26

ま　行

マグロ　48, 53, 117, 118, 148, 157
マネーロンダリング　44, 46, 65
未達成による危険性（目的が達成できないことによって生ずる危険性、risks of non-fulfilment）　146, 147, 153, 155, 156, 159, 256, 257
密接かつ真正な目的と手段の関係（close and genuine relationship of ends and means）　78
民主主義　214
無差別原則　1, 3, 6, 9, 10, 12, 31, 39, 51, 104, 127, 172, 214, 242, 243, 246, 248
メキシコ　117, 118, 123, 148, 150, 158
免除　200
メンソール　128, 129, 134, 148
目的効果（aim and effects）アプローチ　19–21, 36, 129, 131
基づいて・基づく（based on）　195, 207
文言主義的解釈　23, 33, 238–240

や　行

火傷病　165, 184, 296
有限天然資源（exhaustible natural resources）　39, 41, 48, 51–54, 77, 79, 80
輸出税　237
輸入割当　2

ら　行

ラベル　123–125, 135, 140, 157, 158, 228
リオ＋20の成果文書「我々が求める未来（The Future We Want）」　51
立証基準（standard of proof）　73, 77, 290
立証責任　20, 34, 68, 96, 97, 144, 157, 173, 200, 260, 323
理論的な不確実性（theoretical uncertainty）　189

邵 洪範（ソウ ホンボム）

1985 年　韓国釜山生まれ
2011 年　成均館大学校法科大学法学科（韓国）卒業
2017 年　東京大学大学院法学政治学研究科博士課程修了
　　　　　博士（法学）
2018 年　東京大学大学院法学政治学研究科附属ビジネスロー・
　　　　　比較法政研究センター　特任研究員
現　在　日本学術振興会外国人特別研究員（PD）

貿易自由化と規制権限
WTO 法における均衡点

2019 年 4 月 15 日　初 版

［検印廃止］

著　者　邵 洪範（ソウ ホンボム）

発行所　一般財団法人　東京大学出版会
代表者　吉見俊哉
　　　　153-0041　東京都目黒区駒場 4-5-29
　　　　電話 03-6407-1069　Fax 03-6407-1991
　　　　振替 00160-6-59964

印刷所　研究社印刷株式会社
製本所　誠製本株式会社

© 2019 Hongbum So
ISBN 978-4-13-036152-1　Printed in Japan

JCOPY〈出版者著作権管理機構 委託出版物〉
本書の無断複写は著作権法上での例外を除き禁じられています．複写される場合は，そのつど事前に，出版者著作権管理機構（電話 03-5244-5088, FAX 03-5244-5089, e-mail:info@jcopy.or.jp）の許諾を得てください．

国際租税法　第3版
増井良啓・宮崎裕子 著　　　　　　　　A5　3200 円

国際経済法
松下満雄・米谷三以 著　　　　　　　　A5　8800 円

国際経済学のフロンティア
木村福成・椋 寛 編　　　　　　　　　A5　8500 円

WTO 体制下の中国農業・農村問題
田島俊雄・池上彰英 編　　　　　　　　A5　12000 円

伝統的中立制度の法的性格
和仁健太郎 著　　　　　　　　　　　　A5　7200 円

領域権原論
許 淑娟 著　　　　　　　　　　　　　 A5　8800 円

国連が創る秩序
山田哲也 著　　　　　　　　　　　　　A5　4600 円

ここに表示された価格は本体価格です。ご購入の際には消費税が加算されますのでご了承ください。